JN303933

総括編集者
伊藤滋夫

民事要件事実講座 1

〔総論Ⅰ〕
要件事実の基礎理論

編集者
伊藤滋夫
難波孝一

青林書院

刊行のことば

　最近におけるわが国の社会経済情勢の極めて激しい動きに司法制度が的確に対応できるようにするため，司法制度改革審議会意見書（2001年6月12日）は，多くの改革案を提言したが，その重要な柱である法曹養成制度の抜本的改革の一環として，法科大学院制度の創設を掲げた上，法科大学院において，理論と実務を架橋する重要な教育として「要件事実や事実認定に関する基礎的部分」がされるべきことをも明言した。このような司法制度改革審議会意見書の趣旨に沿って，2004年4月から法科大学院制度が実際に発足した。

　確かに要件事実論は，民事紛争の解決に当たる法曹の共通言語とも呼ばれ，今や要件事実論の民事実務における有用性は疑う余地のないものとなったと言っても過言ではあるまい。しかし，翻って考えてみると，現在，要件事実論が多数の人々の大きな関心を呼び，これについての理論と実務の両面からする研究が非常に活発になってきたのは，上記のような法科大学院制度の発足を中心とする法曹養成制度を巡る動きに触発されているところが大きいと考えられる。要件事実論が，どの程度，昨今の激しい社会経済状況の変化に伴って生起する新たなタイプの紛争や複雑多様化する今日の民事紛争の解決のために，真に有用なトゥールとして有効に機能しているかという観点から考えてみるときは，要件事実論にもなお改善の余地があることは言うまでもない。

　従来は，要件事実論は，ともすれば通常の民事訴訟，しかも更に現実にはより狭く通常事件の判決手続において生起する伝統的な民事紛争を主として念頭に置いて論じられてきたように思われる。そうした検討が引続き重要であることは当然であるが，それと同時に，要件事実論ないし要件事実論的考察は，そうした伝統的な手続に限らず，訴訟事件における和解手続についてはもちろんのこと，広く行政事件，労働事件，人事訴訟事件，非訟事件，家事事件，調停事件，更には今や日々その重要性を増していると思われる知的財産権事件，渉外事件，企業法務，予防法学等においても，有用な機能を持っているものと言わなければならない。

　こうした現状認識の下に，本講座は，要件事実論の伝統的分野の問題を重視

することはもちろんであり，大きな比重をそうした問題の検討に充てているが，同時に，要件事実論の活用を広い視野から眺め，法学教育・予防法学，各種の多様な事件における問題から伝統的な民事事件における問題に至るまで，広範な場面で生起する課題を各般の視点から，徹底的に考察することを目指している。そのため，総巻数も多くを要することになるであろうが，差し当たり，今回は，そのうち第1巻から第5巻を刊行することとした。

　全体の特色は，理論的水準の高さを堅持しながら，あくまで真に実務に役立つ分析と展開を目標とすることであり，本講座は，要件事実論の正確な理解を踏まえて，その機能の重要性を具体的に説き，かつ，要件事実論が実務のための理論である点を直視して，要件事実論の過度の精緻化・理論倒れを注意して排除することを目指したいと考えている。

　本講座は，要件事実論が問題になるあらゆる場面について，多数のその道に練達の士が，要件事実論をその理論と実務の両面において徹底的に検討し，その充実と発展を図るものであり，そのカバーする分野においてもその多様な執筆陣においても，まさに前例を見ない画期的な企画であると考える。そして，その企画の出発点には，要件事実論を今日においてこのように多様な側面から徹底的に論ずる意義があるとの認識がある。またこうした企画の実施が可能であること自体が，要件事実論の現状を象徴しているとも言える。

　本講座が，民事紛争の解決に関心を持つ多くの方々に広くお役に立つことを願って，刊行のことばを終えることとしたい。

　　2005年3月

　　　　　　　　　　　　　　　　　総括編集者　　伊　藤　滋　夫

第1巻　はしがき

　本巻は，要件事実論の今日的状況を踏まえて何を考察すべきかということを論じた「要件事実論の現状と課題」に始まり，「裁判官又は当事者の視点から見た要件事実の機能」，「主張責任と立証責任」などの要件事実論の基礎理論，裁判所外の広い範囲(公証業務・司法書士業務・弁理士業務など)においても重要な意味を持つ要件事実論と進み，最後に，「法学・法曹教育における要件事実論」で終わっている。
　第2巻以降の具体的事件の検討に先立ち，本講座の冒頭にふさわしい諸論稿が登載されている。編者なりの抱負を持ってこれを世に送り出せることを喜んでいる。

　2005年3月

　　　　　　　　　　　　　　　　　　　　第1巻編集者　伊　藤　滋　夫
　　　　　　　　　　　　　　　　　　　　　　　　　　　難　波　孝　一

総括編集者

伊藤　滋夫	創価大学法科大学院客員教授・ 法科大学院要件事実教育研究所長

編　集　者

伊藤　滋夫	前掲
難波　孝一	東京地方裁判所判事

執　筆　者（執筆順）

伊藤　滋夫	前掲
原田　和德	仙台高等裁判所長官
永石　一郎	弁護士・一橋大学法科大学院特任教授
難波　孝一	前掲
大江　　忠	弁護士・慶應義塾大学法科大学院教授
小倉　　顕	弁護士・白鷗大学法科大学院教授・元公証人
関根　誠一郎	司法書士
光石　俊郎	弁護士・弁理士
田尾　桃二	元仙台高等裁判所長官・帝京大学名誉教授

（編集者・執筆者の所属・肩書は執筆当時）

凡　例

凡　　例

1　本文の用字・用語は原則として常用漢字・現代仮名づかいによったが，法令に用いられているもの，あるいは引用文は原文どおりとした。

2　本文中の段落構成は，**1**，**2**，**3**……，(1)，(2)，(3)……，(a)，(b)，(c)……，(ｱ)，(ｲ)，(ｳ)……のような区分によっている。

3　本文中でさらに補足説明や文献引用等の注記を必要とする場合は，注番号1)，2)，3)……を付し，各段落本文の末尾に別注としてまとめた。ただし，判例，法令の引用及び語句の言換え，学説の呼称（「○○説」など）等は本文中に（　）書で表わした。

4　判例の引用
　(ｱ)　判例の引用にあたっては，以下の【例】のような略記法を用いた。
　　　【例】①最判昭32・12・10民集11巻13号2117頁
　　　　　　②横浜地川崎支判平6・1・25判時1481号19頁
　(ｲ)　引用判例集の略語は，後掲〔判例集等略語表〕を参照。

5　法令の引用
　(ｱ)　以下の【例】のように略記した。法令名の表記については，大方の慣例に従った。
　　　【例】民訴223条4項1号・226条，不登21条1項
　(ｲ)　本文中の解説と「民法の一部を改正する法律」（平成16年法律第147号）との関係については，各論稿の末尾に「民法の一部を改正する法律（平成16年法律第147号）との関係について」という表題を記載した上，必要な注記を付した。

6　文献の引用
　(ｱ)　単行本の場合…著者（編者）名・書名・頁（出版社，刊行年）で表わした。
　(ｲ)　論文の場合……執筆者名「論文名」編者名・書名・頁（刊行年）〔単行本の場合〕又は執筆者名「論文名」雑誌名・巻・頁（刊行年）〔雑誌の場合〕で表わし

凡　例

(ウ)　講座，その他の編集物については，編者名・書名・頁のほか，執筆者名を〔　〕内に示した。

〔判例集等略語表〕

　　(ア)　最高裁，法務省，法曹会等関係のもの（50音順）

家月	家庭裁判月報
下民(刑)集	下級裁判所民事(刑事)裁判例集
行集	行政事件裁判例集
刑月	刑事裁判月報
高民(刑)集	高等裁判所民事(刑事)判例集
裁時	裁判所時報
裁集民(刑)	最高裁判所裁判集民事(刑事)
訟月	訟務月報
知的(無体)例集	知的(無体)財産権関係民事・行政裁判例集
東高民(刑)時報	東京高等裁判所民事(刑事)判決時報
民(刑)集	最高裁判所民事(刑事)判例集
労民集	労働関係民事裁判例集

　　(イ)　その他民間関係（50音順）

ＮＢＬ	ＮＢＬ
金商	金融・商事判例
金法	旬刊金融法務事情
交民	交通事故民事裁判例集
ジュリ	ジュリスト
商事	旬刊商事法務
新聞	法律新聞
曹時	法曹時報
判時	判例時報
判自	判例地方自治
判タ	判例タイムズ
民商	民商法雑誌
労判	労働判例

目　次

1　要件事実論の現状と課題　　　　　　　　　　伊藤　滋夫　3

- 1　本稿の趣旨 …………………………………………………………3
- 2　序　　説 ……………………………………………………………4
  - (1)　要件事実論の定義 …………………………………………………4
  - (2)　要件事実の法律的性質 ……………………………………………4
  - (3)　民事訴訟における要件事実論の機能 ……………………………7
- 3　要件事実論の現状 …………………………………………………9
  - (1)　若干の回顧 …………………………………………………………9
  - (2)　現　　状 …………………………………………………………10
  - (3)　要件事実論批判説への若干の反論 ………………………………15
    - (a)　はじめに　15
    - (b)　松本論文における見解について　16
      - (ア)　裁判規範としての民法を適用して裁判することは違法ではないかとの批判について　16
      - (イ)　要件事実論（特に私見）が訴訟法学の発展の方向に反するとの批判について　17
      - (ウ)　その他の批判について　22
- 4　要件事実論と事実認定論 …………………………………………22
- 5　要件事実論の課題 …………………………………………………25
  - (1)　はじめに …………………………………………………………25
  - (2)　民事紛争解決手続に関する法規・プラクティスの改革との関係における課題 ………………………………………………………26
    - (a)　民事訴訟における計画審理に関係して　26
    - (b)　和解手続に関係して　31
  - (3)　新たな実体法の動きとの関係における課題 ……………………36
    - (a)　はじめに　36
    - (b)　新たな権利の生成に関する問題　37

目　次

　　　　　　　　(ア)　受動喫煙を受けない権利　37
　　　　　　　　(イ)　著作権に関する問題　38
　　　　　(c)　財産法の改正に伴う問題　42
　　　　　(d)　財産法の改正が予想されることに伴う問題　45
　　　　　(e)　まとめ　48
　　　(4)　その他の分野における問題 …………………………………49
　　　　　(a)　はじめに　49
　　　　　(b)　コンプライアンスに関連して　49
　　　　　(c)　高齢化社会における紛争予防に関連して　54
　　(5)　法科大学院における要件事実教育 …………………………55
　　(6)　要件事実論と民法学 …………………………………………61
　　　　　(a)　はじめに　61
　　　　　(b)　要件事実論が民法学から学ぶべきこと　62
　　　　　(c)　要件事実論からみた民法学への問題提起　64
　　　　　　　(ア)　第3の要件の考え方の可能性　64
　　　　　　　(イ)　裁判規範としての民法の要件をそのまま従来の民法学にいう要件としてもよいかもしれない場合　64
　　　　　　　(ウ)　要件を具体的に厳密に考えるというメリット　65
　6　おわりに―司法への市民の参加にも触れて ……………………66

2　要件事実の機能―裁判官の視点から ────── 原田　和德　70
　1　はじめに ……………………………………………………………70
　　(1)　裁判所の役割 …………………………………………………70
　　(2)　新民訴法等の制定，施行 ……………………………………70
　　(3)　法科大学院の設置 ……………………………………………71
　　(4)　本稿の趣旨 ……………………………………………………72
　2　要件事実とのかかわり …………………………………………72
　　(1)　司法修習生として ……………………………………………72
　　(2)　裁判官として …………………………………………………73
　　　　(a)　新任判事補時代　73
　　　　　　(ア)　交通部において　73

				(ｲ) 保全部において　74

- 　　　　(b) その後の裁判官生活　75
- 　　　　　　(ｱ) 函館地裁等において　75
- 　　　　　　(ｲ) 東京高裁において　75
- 　(3) 民事裁判教官として………………………………………………75
- 　　　(a) 司法修習生に対する講義　75
- 　　　(b) 教官室における合議　75
- 　　　(c) 教材等の作成　76
- (4) 基本的な考え方……………………………………………………76

3 要件事実教育の変遷等……………………………………………………76
- (1) 第1期―発祥期……………………………………………………77
- (2) 第2期―発展期……………………………………………………77
- (3) 第3期―完成期……………………………………………………78
- (4) 第4期―変動期……………………………………………………78

4 要件事実……………………………………………………………………79
- (1) 民事訴訟における判断の構造……………………………………79
- (2) 要件事実の意義……………………………………………………79
- (3) 要件事実と主張責任………………………………………………80
- (4) 要件事実と立証責任（証明責任）…………………………………80
  - (a) 立証責任の概念　80
  - (b) 立証責任の分配　80
- (5) 主張責任と立証責任との関係……………………………………81

5 攻撃防御方法の体系………………………………………………………82
- (1) 攻撃防御方法の意義………………………………………………82
  - (a) 請求原因　82
  - (b) 抗　　弁　82
  - (c) 再 抗 弁　82
  - (d) 再々抗弁　82
- (2) 攻撃防御方法の体系の具体的検討………………………………82

6 要件事実論…………………………………………………………………83
- (1) 要件事実論の意義…………………………………………………83

目　次

　　(2)　裁判規範としての民法という考え方 ……………………………… 84
　　(3)　要件事実論の在り方 ………………………………………………… 85
　　(4)　民法等の実体法の解釈学と要件事実論との関係 ………………… 87
　　(5)　要件事実論に対する批判又は懐疑的見解 ………………………… 87
　7　要件事実の機能 ……………………………………………………………… 88
　　(1)　要件事実の重要性 …………………………………………………… 88
　　(2)　適切な訴訟物の選択 ………………………………………………… 88
　　(3)　争点整理 ……………………………………………………………… 90
　　(4)　真の争点の早期把握 ………………………………………………… 91
　　　　(a)　訴　　状　91
　　　　(b)　答弁書　91
　　　　(c)　準備書面の記載　92
　　(5)　争点整理の在り方 …………………………………………………… 92
　　　　(a)　当事者の役割　92
　　　　(b)　裁判所の役割　92
　　　　(c)　当事者と裁判所との間の信頼関係　93
　　　　(d)　間接事実の重要性　93
　　　　(e)　計画審理の実施　94
　　　　(f)　釈明権の行使　94
　　(6)　必要最小限の審理—無駄のない審理 ……………………………… 94
　　(7)　充実した証拠調べの実施 …………………………………………… 95
　　(8)　不意打ちの防止 ……………………………………………………… 95
　　(9)　要件事実論と事件の筋 ……………………………………………… 96
　　(10)　現代型訴訟と要件事実 ……………………………………………… 96
　　(11)　和解手続と要件事実 ………………………………………………… 96
　　(12)　判決書の作成 ………………………………………………………… 97
　　(13)　判例の正確な理解 …………………………………………………… 97
　　(14)　民事紛争の予防 ……………………………………………………… 97
　　(15)　要件事実の限界 ……………………………………………………… 97
　8　判決書の作成 ………………………………………………………………… 98
　　(1)　在来様式判決書 ……………………………………………………… 98

(2) 新様式判決書 …………………………………………………… 98
　　　(3) よりよい判決書を目指して ………………………………… 100
　9　おわりに ……………………………………………………………… 101
　　(1) 優れた法曹の養成 ……………………………………………… 101
　　　(a) 法科大学院における要件事実教育　101
　　　(b) 司法研修所における要件事実教育　101
　　(2) 要件事実の活用 ………………………………………………… 101
　　(3) 民事訴訟の適正迅速な解決を目指して ……………………… 102

3　当事者からみた要件事実──当事者代理人に必要な要件事実の基礎知識────────────────────永石　一郎　103

本稿の趣旨 ……………………………………………………………… 103
　1　要件事実に入る前に（とくに弁論主義について）……………… 104
　　(1) 弁論主義 ………………………………………………………… 104
　　(2) 主張責任 ………………………………………………………… 109
　　　(a) 主要事実（直接事実とも言う）　110
　　　(b) 事　情　110
　　　　(ア) 間接事実　110
　　　　(イ) 補助事実　111
　　　　(ウ) 本来の事情　111
　　(3) 立証責任（証明責任，挙証責任とも言う）………………… 112
　　　(a) 立証責任とは　112
　　　(b) 立証責任の分配により主張責任の分配も決まる　113
　　　(c) 立証責任分配に関する諸説　113
　　　　(ア) 法律要件分類説　113
　　　　(イ) 修正法律要件分類説　114
　　　(d) 主張・立証責任論の新たな流れ　116
　2　要件事実について ………………………………………………… 117
　　(1) 要件事実とは何か ……………………………………………… 117
　　　(a) 要件事実とは　117

目　次

　　　　(b) 要件事実論とは　*118*
　　　　(c) 請求原因における要件事実（請求原因事実）　*118*
　　　　(d) 要件事実は訴訟物と訴訟の形式により決まる　*119*
　　　　(e) 要件事実と判例　*120*
　　　　(f) 要件事実論で難しいのは評価と事実の区別である　*120*
　　　　(g) 非典型契約の要件事実の考え方　*122*
　　　　(h) 要件事実を核にした訴訟の推移　*122*
　　　　(i) 要件事実の効用　*124*
　　　　(j) 要件事実における注意点　*124*
　　　　(k) 要件事実（ひいては法解釈）の思考順序　*125*
　　　　　　(ア) 法的問題の発見から解決の検証まで　*125*
　　　　　　(イ) 分析して考える　*126*
　　　　　　(ウ) これらの能力の修習の仕方　*126*
　　　　　　(エ) 「筋」「落ち着き」（バランス感覚・リーガルマインド・常識）の習得方法　*126*

3　司法研修所の要件事実 ……………………………………………*127*
　　(1) 司法研修所の要件事実論の特色 ……………………………*127*
　　　　(a) 旧訴訟物理論を採用　*128*
　　　　(b) 修正法律要件分類説を採用　*129*
　　　　(c) 証明責任規範は不要　*131*
　　　　(d) 主張責任と立証責任の分配基準の一致　*131*
　　　　(e) 要件事実と主要事実は同じ　*134*
　　　　　　(ア) 要件事実の意味　*134*
　　　　　　(イ) 債務不存在確認の訴えにおける「訴えの利益」等に関する事実の主張は要件事実といえるか　*136*
　　　　　　(ウ) 具体的事実（主要事実）の記載方法　*137*
　　　　　　(エ) 要件事実は相手方の争い方により逐次具体化する　*137*
　　　　(f) 規範的要件という概念を創設　*138*
　　　　(g) 条件・期限は付款として抗弁と考える　*141*
　　　　(h) 契約を売買型と貸借型に分類　*142*
　　　　(i) 同一の法律要件から複数の法律効果が生じても要件事実は

　　　　　同一　*144*
　　　(j)　不存在の主張立証はさせない　*144*
　　　(k)　合意より任意規定優先　*145*
　　　(l)　時的要素・時的因子という概念を考案　*146*
　　　(m)　黙示の意思表示のとらえ方　*146*
　　　(n)　占有は事実概念　*147*
　　　(o)　択一的認定をしない　*147*
　　(2)　司法研修所の要件事実論に対する批判 ……………………………*148*
　4　ブロック・ダイアグラムについて ……………………………………*150*
　　(1)　ブロック・ダイアグラムとは ………………………………………*150*
　　(2)　ブロックの前提としての法律効果の持続 …………………………*150*
　　(3)　攻撃防御方法の一覧 …………………………………………………*151*
　　(4)　抗弁・再抗弁の判断のメルクマール ………………………………*152*
　　(5)　ブロックに記載されるもの …………………………………………*152*
　　(6)　仮定抗弁，予備的抗弁，選択的抗弁 ………………………………*152*
　　(7)　ブロックの記号 ………………………………………………………*153*
　　(8)　ブロック作成の意義，符号の振り方 ………………………………*153*
　　(9)　ブロック作成における注意事項 ……………………………………*153*
　　(10)　規範的要件における評価根拠事実と評価障害事実はワンセットで
　　　　はない …………………………………………………………………*154*
　　(11)　一つの事実はブロックにおいてただ一回しか使われるものとは限
　　　　らない …………………………………………………………………*154*
　　(12)　ブロックでは要件事実を表示しない場合がある …………………*154*
　　(13)　ブロックの同一系列では既出の事実主張は改めて主張不要 ……*154*
　　(14)　被告が複数（Y_1，Y_2）の場合でも請求原因事実は一つのブロック
　　　　にまとめられる ………………………………………………………*155*
　　(15)　当事者関係図，時系列表，ブロックの実際 ………………………*155*
　　　(a)　事　　案　*155*
　　　(b)　当事者関係図　*156*
　　　(c)　時系列表　*157*
　　　(d)　ブロック　*157*

4 主張責任と立証責任 ──────────── 難波　孝一　*160*

1. 本稿の趣旨 …………………………………………………… *160*
2. 裁判規範としての民法と要件事実 …………………………… *163*
   - (1) 民法（実体法）は裁判規範か ………………………… *163*
   - (2) 裁判規範としての民法 ………………………………… *166*
     - (a) 必　要　性　*166*
     - (b) 裁判規範としての民法の構成原理等　*168*
     - (c) 裁判規範としての民法と要件事実，主張立証責任との関係　*170*
3. 立証責任 ……………………………………………………… *171*
   - (1) 立証責任の意義 ………………………………………… *171*
   - (2) 立証責任の分配をめぐる考え方の検討 ……………… *172*
     - (a) はじめに　*172*
     - (b) 規　範　説　*173*
     - (c) 利益衡量説　*173*
     - (d) 修正法律要件分類説　*174*
     - (e) 裁判規範としての民法説　*176*
     - (f) 証明責任規範説　*177*
     - (g) 小　　括　*178*
4. 主張責任 ……………………………………………………… *178*
   - (1) 主張責任の意義 ………………………………………… *178*
   - (2) 主張責任の分配 ………………………………………… *180*
5. 立証責任と主張責任との関係 ………………………………… *180*
   - (1) 立証責任と主張責任との一致 ………………………… *180*
   - (2) 立証責任と主張責任とは一致する必要はないとの考え方について …… *182*
     - (a) はじめに　*182*
     - (b) 中野論文について　*182*
     - (c) 前田論文について　*186*
     - (d) 松本論文について　*191*
   - (3) 小括─立証責任と主張責任との一致について─ ……… *195*

(4)　立証責任と主張責任の所在の決定の先後関係 …………………… *195*

　6　最 後 に ……………………………………………………………… *196*

5　規範的要件・評価的要件 ──────── 難波　孝一　*197*

　1　本稿の趣旨 ……………………………………………………………… *197*
　2　実体法上の法律要件の種類，区別の実益等 ………………………… *199*
　　(1)　事実的概念，価値的概念，評価的概念 …………………………… *199*
　　(2)　区別の実益 ………………………………………………………… *202*
　3　評価的要件・規範的要件の意義，種類 ……………………………… *204*
　　(1)　意　　義 …………………………………………………………… *204*
　　　(a)　評価的要件の特徴　*204*
　　　(b)　評価的要件が立法されている理由　*204*
　　　(c)　規範的要件と一般条項との関係　*205*
　　(2)　評価的要件の限界等について …………………………………… *206*
　　　(a)　評価的要件か否かの区別の基準　*206*
　　　(b)　評価的要件か否かが問題となる法律要件　*206*
　　　　(ア)　欠　　陥　*206*
　　　　(イ)　瑕　　疵　*207*
　　　　(ウ)　占　　有　*208*
　　　(c)　黙示の意思表示　*209*
　4　評価的要件の要件事実 ………………………………………………… *210*
　　(1)　はじめに …………………………………………………………… *210*
　　(2)　各説の紹介 ………………………………………………………… *211*
　　　(a)　間接事実説　*211*
　　　(b)　主要事実説　*211*
　　　(c)　準主要事実説　*212*
　　(3)　各説の長所，短所 ………………………………………………… *212*
　　　(a)　間接事実説　*212*
　　　　(ア)　長　　所　*212*
　　　　(イ)　短　　所　*213*

         (b) 主要事実説 213
            (ア) 長　　所 213
            (イ) 短　　所 213
      (4) 両説の検討 ……………………………………………………214
   5 評価障害事実について 217
      (1) 評価障害事実の意義 …………………………………………217
      (2) 評価障害事実の攻撃防御方法としての位置づけ …………218
         (a) 間接事実説 218
         (b) 否 認 説 219
         (c) 間接反証類推説 219
         (d) 抗 弁 説 221
   6 評価的要件における判断の構造 ………………………………223
   7 最 後 に …………………………………………………………228

6 攻撃防御方法としての要件事実——契約の履行請求権を例として ——————————————————— 大江　　忠 229
   1 はじめに …………………………………………………………229
   2 契約に基づく履行請求権の要件事実 …………………………233
      (1) 冒頭規定説 ……………………………………………………233
      (2) 部分合意説（返還約束説） …………………………………235
      (3) 条件・期限一体合意説 ………………………………………240
      (4) 全部合意説 ……………………………………………………242
   3 契約無効に基づく不当利得返還請求権 ………………………243
      (1) 不当利得返還請求権の要件事実 ……………………………243
      (2) 予備的請求 ……………………………………………………244

7 公証業務と要件事実 ——————————— 小倉　　顕 246
   1 はじめに …………………………………………………………246
      (1) 本稿の趣旨 ……………………………………………………246
      (2) 公証制度の意義について ……………………………………246

(3) 要件事実の意義についての理解 …………………………………248
　　(4) 公証業務と要件事実とのかかわりについて ………………………251
　2　公証制度の紛争予防機能について ………………………………………254
　3　公証業務において要件事実論を取り入れる場合の問題点について ……………………………………………………………………………………255
　4　公正証書作成と手続的要件について ……………………………………258
　5　公正証書作成と実体的要件について ……………………………………260
　6　類型別の公正証書における要件事実とのかかわりについて ……261
　　(1) 金銭消費貸借契約に関する公正証書 ……………………………261
　　(2) 準消費貸借契約に関する公正証書 ………………………………264
　　(3) 債務承認弁済契約に関する公正証書 ……………………………265
　　(4) 求償債務履行に関する公正証書 …………………………………265
　　(5) 売買契約（割賦販売）に関する公正証書 ………………………267
　　(6) 一般定期借地権設定契約に関する公正証書 ……………………268
　　(7) 事業用借地権設定契約に関する公正証書 ………………………269
　　(8) 定期建物賃貸借契約に関する公正証書 …………………………270
　　(9) 死因贈与契約に関する公正証書 …………………………………271
　　(10) 離婚に関する公正証書 ……………………………………………272
　　(11) 任意後見契約に関する公正証書 …………………………………273
　　(12) 死後事務委任契約に関する公正証書 ……………………………274
　　(13) 遺言に関する公正証書 ……………………………………………275
　7　むすび ………………………………………………………………………276

8　司法書士と要件事実――司法書士業務における要件事実論の有用性　　　　　　　　　　　　　　　　　　　　関根　誠一郎　278
　1　本稿の趣旨 …………………………………………………………………278
　2　筆者が受けた4つの相談事例 ……………………………………………281
　3　要件事実論の有用性――4つの相談事例について …………………282
　　(1) 【相談事例1】（添付書面例）について …………………………282
　　(2) 【相談事例2】（登記原因例）について …………………………284

(3)　【相談事例3】（判決例）について …………………………… *286*
　　(4)　【相談事例4】（和解例）について …………………………… *287*
4　要件事実論の有用性─添付書面を例にして ……………………………… *288*
　(1)　はじめに ……………………………………………………………… *288*
　(2)　相談事例 ……………………………………………………………… *289*
　(3)　利益相反取引の規制 ………………………………………………… *290*
　(4)　取締役会の承認を要する取引 ……………………………………… *291*
　(5)　取締役会の承認を要しない行為 …………………………………… *292*
　(6)　取締役会の承認を受けない直接取引の効力と追認 ……………… *292*
　(7)　取締役会の決議と決議の瑕疵 ……………………………………… *293*
　(8)　特別利害関係人 ……………………………………………………… *295*
　(9)　兼任取締役会社間の取引と取締役会決議における特別利害関係人 …… *295*
　(10)　所有権移転登記と取締役会議事録添付の要否 …………………… *297*
　(11)　下級審判例の事案 …………………………………………………… *297*
　　(a)　原告の主張(1)「訴状」　*299*
　　(b)　被告の主張(1)「答弁書」　*299*
　　(c)　原告の主張(2)「準備書面」─答弁書の被告の主張に対する反論─
　　　　300
　　(d)　被告の主張(2)「準備書面」─原告への再反論─　*301*
　　(e)　東京地裁の判断　*301*
　　(f)　控訴人（被告）の主張「準備書面」　*303*
　　(g)　被控訴人（原告）の主張「準備書面」　*304*
　　(h)　東京高裁の判断　*304*
　　(i)　学説・判例の状況　*305*
　(12)　まとめ ………………………………………………………………… *310*
5　裁判規範としての民法 …………………………………………………… *312*
　(1)　裁判規範としての民法（実体法）と行為規範としての民法（実体法） …………………………………………………………………… *312*
　(2)　裁判規範としての民法の構成─特別利害関係のある取締役が取締役会の議長を務めた場合 …………………………………………… *315*
　(3)　行為規範としての民法の要件の定め方 …………………………… *317*

(4) 行為規範としての民法からの裁判規範としての民法の構成 ……… *318*
　6 おわりに ……………………………………………………………… *319*
　　(1) 要件事実論と実体法 ……………………………………………… *319*
　　(2) まとめ …………………………………………………………… *321*

9　弁理士業務と要件事実 ──────────── 光石　俊郎　*323*
　1 はじめに …………………………………………………………… *323*
　2 証明責任の意義 …………………………………………………… *324*
　3 民事訴訟における証明責任の分配 ……………………………… *325*
　4 行政訴訟（抗告訴訟）における証明責任の分配 ……………… *326*
　5 審査における証明責任 …………………………………………… *328*
　　(1) 審　査 …………………………………………………………… *328*
　　(2) 証明責任 ………………………………………………………… *329*
　　(3) 証明責任の分配 ………………………………………………… *329*
　　　(a) 特許法36条4項1号　*329*
　　　　(ｱ) 実施可能要件　*329*
　　　　(ｲ) 委任省令要件　*330*
　　　　(ｳ) 証明責任の分配　*330*
　　　(b) 特許法36条6項　*331*
　　　(c) 新規性・進歩性　*332*
　　　　(ｱ) 先行技術文献開示制度　*332*
　　　　(ｲ) 証明責任の分配　*333*
　6 審判における証明責任 …………………………………………… *334*
　　(1) 審　判 …………………………………………………………… *334*
　　(2) 証明責任 ………………………………………………………… *334*
　　(3) 証明責任の分配 ………………………………………………… *334*
　　　(a) 査定系審判　*334*
　　　(b) 当事者系審判　*335*
　7 審決取消訴訟における証明責任 ………………………………… *336*
　　(1) 実務の審理方式及びその判決書の構成の問題 ……………… *336*

(2) 証明責任の分配 ……………………………………………… *338*
　　　　(a) 拒絶審決取消訴訟　*338*
　　　　(b) 無効審決取消訴訟　*338*
　　　　(c) 無効不成立審決取消訴訟　*338*
　8　まとめ ……………………………………………………………… *338*

10　法学・法曹教育における要件事実論 ─── 田尾　桃二 *340*

　1　はしがき ………………………………………………………… *340*
　　(1) 概　　説 …………………………………………………… *340*
　　(2) 司法制度改革と要件事実教育，要件事実論 ………………… *341*
　　(3) 本稿の内容 …………………………………………………… *342*
　2　要件事実論：要件事実教育のはじまり ………………………… *343*
　　(1) 本稿の趣旨 …………………………………………………… *343*
　　(2) 法曹養成における判決起案─司法官試補の教育と司法修習の比較 …… *343*
　　(3) 司法官試補教育の改革の動き ……………………………… *344*
　　　　(a) 島方判事の研究　*344*
　　　　(b) 村松判事の研究　*345*
　　(4) 司法修習制度発足直後の要件事実教育 …………………… *347*
　　(5) 要件事実教育の発足に影響した諸理論 …………………… *348*
　　　　(a) 刑事法における構成要件理論　*348*
　　　　(b) 訴訟の動態的考察　*349*
　　(6) その後の司研における要件事実論 ………………………… *350*
　3　要件事実論の現況寸描 ………………………………………… *351*
　　(1) 本稿の趣旨 …………………………………………………… *351*
　　(2) 司研民裁教官室刊行の編著 ………………………………… *351*
　　(3) 伊藤滋夫教授（元司研教官，判事，弁護士）の諸著 …… *352*
　　(4) 大江忠弁護士（元司研教官，慶應義塾大学大学院教授）の諸著 …… *354*
　　(5) 加藤新太郎司研教官・細野敦判事の共著 ………………… *355*
　　(6) 升田純教授（元判事，弁護士）の諸著 …………………… *355*
　　(7) 倉田卓次弁護士（元判事）等の諸著 ……………………… *356*

(8) 並木茂教授（元司研教官，判事）の著書 …………………………… *357*
　　(9) 松本博之教授の著書 ………………………………………………… *357*
　　(10) その他の単行本 ……………………………………………………… *358*
　　(11) 最近の雑誌論文 ……………………………………………………… *358*
4 要件事実論の特徴，内容 ……………………………………………………… *359*
　(1) 本稿の趣旨 ……………………………………………………………… *359*
　(2) 要件事実論の特徴 ……………………………………………………… *359*
　　　(a) 実務家による理論　*359*
　　　(b) 実務的技術性　*360*
　　　(c) 総合的な考察方法　*360*
　　　(d) 汎用的通用性　*360*
　　　(e) 動態的考察，ダイアログ的考察　*361*
　　　(f) 事実の重視　*361*
　　　(g) 各論の重視　*361*
　　　(h) 法規の文言，体裁の重視　*362*
　(3) 要件事実論の内容 ……………………………………………………… *362*
　　　(a) 要件事実の定義について　*362*
　　　(b) 法律要件分類説　*363*
　　　(c) 法規不適用説か証明責任規範（BEWEIS LAST NORM）説
　　　　 か　*363*
　　　(d) 「裁判規範としての民法」という考え　*363*
　　　(e) 主張責任と立証責任の関係　*365*
　　　(f) 停止条件付契約についての抗弁説と否認説　*365*
　　　(g) 無権代理人の責任追及訴訟における要件事実　*365*
　　　(h) 所有権訴訟における要件事実　*366*
　　　(i) その他の諸論点　*366*
5 法学教育，法曹教育における要件事実論 ……………………………………… *366*
　(1) 本稿の趣旨 ……………………………………………………………… *366*
　(2) 要件事実論の法学学習上の（ひいて法曹育成上の）効用 ………… *367*
　　　(a) 本質的な事柄を選別する能力，習性の涵養　*367*
　　　(b) 法律の読み方，考え方の厳密化　*367*

          (c) 法律の立体的・動態的・総合的把握　*367*
          (d) 事実の重視による効用　*368*
          (e) 主張・立証責任を絶えず念頭に置くことによる効用　*369*
    (3) 要件事実論の学習，教育について ………………………………………*369*
      (a) 大学法学部における学習，教育　*369*
         (ｱ) 概　　説　*369*
         (ｲ) 要件事実論学習における基礎的一般的法学教育の意義，重要性
            　369
         (ｳ) 民法の学習，教育において　*370*
         (ｴ) その他の実体法学習，教育において　*370*
         (ｵ) 民事訴訟法の学習，教育において　*370*
         (ｶ) 演習・ゼミナールにおいて　*370*
      (b) 法科大学院における要件事実論の学習，教育　*371*
         (ｱ) 概　　説　*371*
         (ｲ) 法科大学院における要件事実教育の問題点と対策―司研のそれ
            との対比において　*372*
      (c) 新司法修習と要件事実教育　*374*
         (ｱ) 概　　説　*374*
         (ｲ) 問　題　点　*375*

事項索引 ……………………………………………………………………………*377*

民事要件事実講座

第1巻

総論Ⅰ●要件事実の基礎理論

1
要件事実論の現状と課題

伊藤　滋夫

1　本稿の趣旨
2　序説
3　要件事実論の現状
4　要件事実論と事実認定論
5　要件事実論の課題
6　おわりに―司法への市民の参加にも触れて

1　本稿の趣旨

　本講座は，要件事実論が問題になるあらゆる場面について，多数のその道に練達の研究者や実務家が，要件事実論をその理論と実務の両面において徹底的に検討し，その充実と発展を図るものであり，そのカバーする分野においてもその多様な執筆陣においても，まさに前例を見ない画期的な企画であると考える。そして，その企画の出発点には，要件事実論を今日においてこのように多様な側面から徹底的に論じる意義があるとの認識がある。またこうした企画の実施が可能であること自体が，要件事実論の現状を象徴しているとも言える。ある意味で，今日ほど要件事実論が多く論じられ，その著作も多く出されているときは，かつてなかったと言ってもよいが，それは主として平成16年4月から発足した法科大学院制度に伴うものであって，どれだけそれ以外の問題について，今日の要件事実論が適切に対応できているかは，必ずしも明らかではない。こうした現状に鑑み，「要件事実論の現状と課題」を論じる意味がある。
　「要件事実論の現状と課題」と言う以上，先ず「要件事実論」とは何を言うかを検討し，かつ，要件事実論の民事訴訟における機能の基本とその具体的例

を検討しておかなければならない。この点は直後の2「序説」において簡単に述べることとする。

次に要件事実論の現状がどのようなものであるかを，後記3「要件事実論の現状」において述べ，更に，要件事実論が機能すべき今日の注目すべき状況との関係で，要件事実論の当面する課題を，後記5「要件事実論の課題」において述べることにする。

更に，本稿の題は，「要件事実論の現状と課題」ではあるが，要件事実論は事実認定論と相まって，民事訴訟を支えている基本的理論であるから，その両者の関係を検討することが必須であるので，事実認定論の検討や要件事実論と事実認定論との関係の検討も必要であり，そのことを後記4「要件事実論と事実認定論」において述べることとする。

そして最後に，後記6「おわりに―司法への市民の参加にも触れて」において，要件事実論の課題を総括して本稿を終えることとする。

2 序　説

(1) 要件事実論の定義

筆者は，「要件事実論とは，要件事実というものが法律的にどのような性質のものであるかを明確に理解して，これを意識した上，その上に立って民法の内容・構造や民事訴訟の審理・判断の構造を考える理論である。」と考えている。

   1)　伊藤滋夫・要件事実の基礎　裁判官による法的判断の構造14頁（有斐閣，2000）〔以下「伊藤・要件事実の基礎」と言う〕。

(2) 要件事実の法律的性質

要件事実が法律的にどのような性質のものであるかを考えるというのは，次のようなことを意味する。要件事実は，確かに民事訴訟において主張立証責任の対象となる事実のことであるが，それを単に結論としてそうであると捉えるのではなく，なぜそうなるのかをその基本的性質から考える必要があるという

ことである。民事訴訟における権利の存否の判断は実体法，例えば民法の適用という形でされるのであるが，現行民法典において要件と定められている事実が存否不明になることがあるにもかかわらず，現行民法典の条文は事実の存否が明らかであるという前提で定められている[2]ため，こうした事態に適切に対処することができない。そこで，こうした証明の問題に適切に対処するためには，民事訴訟における裁判規範としての実体法（以下においては，実体法を私法の基本をなす民法をもって代表させることとし，単に「裁判規範としての民法」と言う）の要件を，民法典の条文の解釈から適切に定めなければならない。要件事実とは，こうして定められた裁判規範としての民法の要件に該当する具体的事実であるという性質を有する。要件事実論を考えるに当たっては，まずこのことを明確に意識することが必要である[3]。

　裁判規範としての民法とは，上記のような性質を有するものであるから，要件事実というものは必然的に実体法である民法の効果と切り離して考えることはできない性質のものである。

　要件事実が前記のようなものである以上，要件事実を決定するためには，裁判規範としての民法の要件を決定しなければならない。直ぐ前に述べたように，現行民法典は証明のことを考えないで要件を定めているために，その要件をそのまま裁判規範としての民法の要件と考えることはできず，ある考え方を基準として，民法の解釈の問題として裁判規範としての民法の要件を構成しなければならない。その考え方を詳説することは本稿の目的ではないので，極めて簡潔にこれを述べれば，まず立証責任の対象となる事実[4]（以下「立証責任対象事実」と言う）を最終的には立証の公平を基準として，かつ，同事実を要件とする法条の適用の結果が実体法上妥当になるように定め[5]，その事実を内容とする要件を裁判規範としての民法の要件と考えるのである。そして，その要件に該当する具体的事実を要件事実と考えるのであるから，この立証責任対象事実がすなわち要件事実である。そして，「立証責任とは，訴訟上ある要件事実の存否が不明に終わった結果，その事実を存在するものと訴訟上扱うことができないために，当該要件事実の存在を前提とする法律効果の発生が認められないという不利益又は危険をいう。[6]」のであるから，要件事実は，その事実の存在から実体法上の効果が生ずるものであって，それは，従来の民事訴訟法学で言われる

1 要件事実論の現状と課題

主要事実と同義であり[7]，その事実については，弁論主義の働く訴訟においては主張責任があることになる。民事裁判が，訴訟物（原告が当該訴訟において審理判断を求めて提示している実体法上の権利，例えば売買代金請求権）の存否の判断によって結論を出しているものである以上当然のことである。しかし，ときに，要件事実の持つこのような実体法上の性質を看過し，要件事実を単に民事訴訟における主張立証責任の対象となる事実という意味しか持たないものとして考える傾向があるように思われるので，この点を先ず強調しておきたい。このことをよく理解しておかないと，要件事実論として，実体法の新たな動きに適切に対応することができなくなるのみならず，民事訴訟における審理・判断の構造の理解も正当に行うことができなくなることに留意しなければならない。

2) 第161回国会（臨時会）において，民法の現代語化を主な内容とする「民法の一部を改正する法律」（平成16年法律第147号）が成立したが，基本的には，この状況は変わらない。この法律については，後に（後記3(2)「現状」）述べる。

3) 「裁判規範としての民法」については，伊藤・要件事実の基礎59頁，206頁以下各参照。

4) 主張責任の対象となるべき事実（主張責任対象事実）を決めるのに先立ち，まず立証責任の対象となるべき事実を決めなければならない。それは，主張責任対象事実については，主張するだけであれば，いわばどのようにでも言うことが可能であるから，主張責任対象事実を独立に決めるべき基準を見出すことは，極めて困難である。この点については，伊藤・要件事実の基礎97頁，98頁，伊藤滋夫・要件事実・事実認定入門　裁判官の判断の仕方を考える52頁，53頁（有斐閣，2003）〔以下「伊藤・要件事実・事実認定入門」と言う〕各参照。

5) 立証責任対象事実をどのような原理で定めるかを簡単に述べれば，「どのような形で立証責任対象事実を考えるべきかを決定するに当たってまず前提とすべき基本的考え方は次のとおりです。ここでもやはり，普通の人の考え方を重要な基準とすべきであると考えます。そうすると，普通，人はある事実が証明されたときに限ってその事実があったものと扱うと考えますから，このような普通される考え方に従えば，ある民法の条文の要件に該当する事実があって，その事実のあることを前提として法律効果が発生したと扱ってよいためには，その事実が証明された場合であることが必要です。しかも，そうした考え方に従って条文を適用した結果が実体法上も妥当なものとなることが必要です。」伊藤・要件事実・事実認定入門66頁。

そのような考え方に従って妥当となるような形で立証責任対象事実を決めればよく，それがすなわち要件事実である。

6) 伊藤・要件事実の基礎71頁。

7) 代表的な教科書の一つは次のように述べている。「主要事実　権利の発生・変更・消滅という法律効果を判断するのに直接必要な事実をいう（直接事実ともいう）。」中野貞一郎ほか編・新民事訴訟法講義〔第2版〕（有斐閣大学叢書）188頁〔青山善充〕（有斐閣，2004）。

(3)　民事訴訟における要件事実論の機能

　民事判決において，裁判所は，当該事件における訴訟物である実体法上の権利が，事実審の口頭弁論終結時において存在すると言えるかを，当該権利の発生・障害・消滅の各要件事実の存否についての判断を組み合わせることによって判断しているのであるから，要件事実論が民事訴訟の適正迅速な審理判断をするために不可欠なものであることは当然である。すなわち，要件事実論は，民事訴訟における審理判断にとって本質的に必要なものである。

　そうした要件事実の存否の組み合わせによる判断の仕方について，次に少し説明する。このような判断をする場合における基本的判断の枠組みとして，請求原因・抗弁・再抗弁といった考え方がある。

　請求原因とは，訴訟物である実体法上の権利の発生要件に該当する具体的事実を言い，抗弁とは，請求原因と異なり，かつ，請求原因と両立する具体的事実であって，請求原因から発生する法律効果を排斥することができるものを言う。同様に，再抗弁とは，抗弁と異なり，かつ，抗弁と両立する具体的事実であって，抗弁から発生する法律効果を排斥することができるものを言う。以下，再抗弁と再々抗弁との関係，再々抗弁と再々々抗弁との関係など，すべて同様である。そして，右にいう具体的事実は，すべて何らかの法律効果を発生させる法律要件に該当する具体的事実，すなわち要件事実であり，それが要件事実である以上，当該要件事実から発生する法律効果が有利な当事者にその事実の主張責任も立証責任もある。そしてこのような要件事実というものは，それぞれ権利の発生・障害・消滅にとって必要な本質的事実であることに留意すべきである。多様な事実関係のなかから，法律効果の発生に本質的に必要な事実を発見し構成するということが要件事実論の一つの特徴である。[8]

　次に，こうした判断の構造を売買代金請求訴訟に例を採って具体的に説明する。訴訟物が売買契約に基づく代金請求権であり，さしあたり問題となること

が，同契約についての要素の錯誤，それについての重過失，更にそれについての信義則違反というようなことであり，かつ，すべての事実が証明されているとすると，その場合の具体的に判断する場合の理論的構造は，次のようなものになるであろう。売買契約締結の請求原因が認められるとその限りでは請求が理由があることになるが，要素の錯誤の抗弁が認められるとその限りで請求が理由がないことになる。しかし，さらに重過失の再抗弁が認められるとその限りでは要素の錯誤の抗弁は理由がないことになり，請求が理由があることになる。その上で，信義則違反の再々抗弁が認められるとその限りでは重過失の再抗弁が理由がなくなり，要素の錯誤の抗弁が理由がある結果となり，そのため請求が理由がないことになってしまう。そして，この再々抗弁に対する原告の反対主張である再々々抗弁がなければ，そのまま請求が理由がないというのが，結論となるわけである。もしこうして判断をした結果，被告の主張である，信義則違反の再々抗弁が認められない場合には，その限りでは，原告の請求が理由があることになる。しかし，もし今までの各主張とは別に請求原因の売買契約の締結に対して，「同契約を合意解除した」という別の抗弁があるとすると，この抗弁とそれに対する再抗弁（「合意解除の合意には停止条件が付いていた」），再々抗弁（「同停止条件は成就した」）などの各主張についても前記と同様な過程を経て判断をしなければ，最終的に原告の請求が理由があるかどうかは決められないということになる。

　以上が，訴訟物である実体法上の権利について各種の要件事実の存否の判断の組み合わせで行う，裁判所の判断の具体的例である。

　以上のような機能を持つ要件事実論は，いろいろな特徴を持っているが，その点についてここで述べることはできない。[9]

　　8)　もとより，こうした本質的事実のみが民事訴訟において重要であって，他の事実は重要でないなどと言っているのでは，全くない。その点については，後記 3(3)(b)(イ)「要件事実論（特に私見）が訴訟法学の発展の方向に反するとの批判について」参照。
　　9)　要件事実論の特徴については，伊藤・要件事実・事実認定入門187頁以下参照。

3　要件事実論の現状

(1)　若干の回顧

　要件事実論の回顧といっても，ごく限られた視点からごく簡単な説明をするに止めたい。詳細な説明は田尾桃二教授の論稿があるし[10]，筆者自身も拙著において司法研修所の要件事実教育の歴史について，また要件事実論について大著を表しておられる実務家の業績について触れたことがある[11]。

　ここでは，司法研修所のいわば内部において行われてきた要件事実論の発展の過程をたどることではなく，ある時期まで司法研修所の内部のみにおいて，語弊はあるが，やや極端に言うと，徒弟教育における伝承技術のようにして行われてきたとの感もなくはなかった要件事実教育及びそれを支える要件事実論が，どのようにして司法研修所外において広く語られるようになったかについて述べてみたい。

　司法研修所論集などに登載して発表したことを別とすれば，司法研修所がその要件事実についての考え方を一本にして公刊し世に問うたのは，『民事訴訟における要件事実第一巻』(1985) が最初である。これによって[12]司法研修所の要件事実論は，初めて一般に学者の批判を受け得る対象となったと言ってよいと思われる。その当時の学界の受け止め方は必ずしも理解のあるものとは言えなかったと思われる[13]。しかし，当時から要件事実論に対する理解を示す考え方も少数ではあったが存在した[14]。

10)　田尾桃二「要件事実論について―回顧と展望小論」曹時44巻6号1030頁以下（1992）。
11)　伊藤・要件事実の基礎288頁以下。
12)　山川隆一「労働法における要件事実」現代企業法学の研究―筑波大学大学院企業法学専攻十周年記念論集613頁（信山社，2001）は，「1980年代頃から要件事実論への関心が高まり，現在では，民法などの実体法における各規定の要件事実を探求する包括的な業績が積み重ねられつつある。」と言うが，1980年（昭和60年）代は，まさに本文記載の司研・民事訴訟における要件事実第一巻が発行された頃である。
　あるいは，学者と司研教官による研究会（ジュリストで発表された東大との研究会

〔星野・後掲注13）参照〕なども，そうした機会の一つとして捉えることができるかもしれない。また，おこがましいことではあるが，「要件事実と実体法」ジュリ869号14頁以下（1986）ほかの多少の拙稿も，ほんの少しでもそうした機会を提供したことになるかもしれない。その頃数年間に発表した拙稿については，伊藤・要件事実の基礎の凡例に挙げてある。

13) 例えば，松本博之・証明責任の分配―分配法理の基礎的研究―（大阪市立大学法学叢書〔41〕）295頁以下（有斐閣，1987）。同書は新版（信山社，1996）もあるが，1987年当時の論調を示すために，あえて旧版を引用した。

　また星野教授は，司法研修所教官を中心とする立証責任ないし要件事実に対する当時の学者の無関心について，「全体としては，学界は，敢えていえば白眼視していた感さえなくはない。」と指摘しておられる（星野英一「はじめに」（共同研究　要件事実と実定法学）ジュリ869号11頁〔1986〕）。

14) 例えば，星野「はじめに」・前注13）における星野教授の見解。

(2) 現　状

　その後状況は，著しく変化し，要件事実という用語を題名に含む著書は枚挙に暇がないほど多くなり[15]，一般の民事法の教科書・論文においても要件事実論の考え方は相当程度受け入れられるようになったと言っても過言ではない[16]。

　更に注目すべきは，最近の立法にみる立証責任の所在に配慮した法条の形式である。たしかに，従来の立法においても，比較的近時の立法においては，立証責任の所在を明らかにするための工夫がされていなかったわけではない。しかし，その方法は，「証明したときはこの限りではない」というような立証責任に関する規定の形で条文を定めていた（一種の証明責任規範を定めていた）のではないかと思われる[17]。しかし，最近の立法例，例えば破産法では，実体法の要件を定める条文の形式によって立証責任の所在をも明らかにするようになってきたということである。そこには，立証責任の所在を明らかにするという目的があるにもかかわらず，証明とか立証とかいう言葉は全く用いられておらず，通常の本文・ただし書き（真正なただし書きも追加的な本文の実質を有するただし書きもあるが）の形で書き分けることにより，実体法の要件そのものを定めている[18]。

　そして，最も注目すべきは，いつの日か将来の民法典も同様の方向に沿って改正がされるであろうということが言えるということである。なぜなら，民法典の条文の表現を片仮名漢字混じりの文語体から，平仮名漢字混じりの口語体

に改めるなどして，民法を国民に分かり易いものとするためその表記を現代用語化することなどを目的とした「民法の一部を改正する法律案」が第161回国会（臨時会）に提出され，平成16年法律第147号として成立し，同年12月1日に公布された（公布の日から起算して6月を超えない範囲内において政令で定める日から施行されることになっている）。同法は，保証債務に関する限定の整備を行うほか，基本的には民法の現代用語化を目指す法律であるが，ごく一部については，立法の不備を直している部分がある。そうした改正の一つとして，立証責任の所在を明らかにするという考えを取り入れて現代用語化がされているところもある。例えば，代理権授与の表示による表見代理を定めた現行民法109条は，文言上は相手方（条文上の用語は第三者）の認識に関する部分は，善意無過失という形にせよ悪意有過失という形にせよ，問題としていない。しかし，そうした相手方の認識は，表見代理の成否に関係があり，その点に関する立証責任は，相手方の悪意有過失を言う本人側にあることに争いはない。この度の「民法の一部を改正する法律」（平成16年法律第147号）による改正後の民法109条は，まずその本文において現行法と同様の文言を口語化して記載した上，ただし書きとして「ただし，第三者が，その他人が代理権を与えられていないことを知り，又は過失によって知らなかったときは，この限りでない。」と定めている。代理権に関する第三者の認識について，悪意又は過失という形でただし書に規定する法形式をとったのは，これらの点について本人に立証責任があることを条文上も明確にする立法意図であったことは，立法担当官の解説により明らかである（池田真朗編・新しい民法—現代語化の経緯と解説33頁〔吉田徹法務省民事局参事官〕〔有斐閣，2005〕。再校刷の校正段階で同書に接したので，文献も便宜本文中に記載した）。

以上の考察から，次のようなことが言えると考える。すなわち，最近の立法は，証明ということが問題となった場合に適切に対処できる実体法とするために，実体法の性質を裁判規範として捉え，その上で，そうした実体法の性質を実体法の要件の形式に適切に反映させるようにするとの見地から，意識的に実体法の要件の形式を定めていると言うことができる（証明責任規範という形を採ることはしていない）。

そうした裁判規範としての実体法の要件が定められているのであるから，そうした規定は，その要件に該当する具体的事実が充足されることによって直接

に法律効果を生ずることになる性質を有する。とりもなおさず，その要件に該当する具体的事実はいわゆる主要事実（要件事実論に言う要件事実）であり，このような具体的事実については，弁論主義の働く訴訟においては主張責任があることになる。こう考えてくると，以上のように，立証責任の所在を明確に意識して実体法の要件を定めるということは，それによって立証責任のみならず主張責任も定めたことを意味することになる。

こうした立法のあり方は，いわば，私見による「裁判規範としての民法」という考え方の実際の立法への採用と考えることができると考えるのは，言い過ぎであろうか。

こうした状況の変化は，司法制度改革審議会がその意見書において，法科大学院における実務基礎教育の一つとして「要件事実や事実認定に関する基礎的部分」を実施すべきであると提唱した[20]ことが有力な原因の一つとなっていることはもちろん否定できないが，同意見書にそのように述べられるようになったのは，既にそれまでに要件事実論が学界の理解を得て浸透してきた一つの証左とみることもできるであろう。

そして，平成16年4月から発足した全国の法科大学院においては，ほとんどの法科大学院において，何らかの形の要件事実教育がスタートすることになった[21]。

更に注目すべきは，平成16年11月12日に法務省司法試験委員会から発表された〔新司法試験サンプル問題（民事系科目）〕においても，要件事実論・事実認定論が重視されていることである。同時に発表された同サンプル問題〔論文式試験問題　出題趣旨〕は，同問題のうちの第1問（いわゆる民法・民事訴訟法融合問題である）の小問1，同2について，次のように述べている。すなわち，「小問1は，当事者双方の言い分から法的に意味のある事実を抽出し，当事者双方の言い分の違いに注意して場合分けをした上で実体法上の問題点を検討させる問題であり，小問2は，当事者の主張の一部についてだれが主張・立証責任を負うかを検討させる問題である。」と（なお，小問3，同4は民事訴訟法，民事執行法，民事保全法等に関する問題であるが，小問3は事実認定についても尋ねているものと見る余地がある）。以上の説明と筆者が，要件事実論についてした，次のような説明との間にある明確な類似性に注目すべきである（もとより後者の説明の方が詳細

であるのは入門書における説明として当然であるが、それは、前者の説明を敷衍したものに過ぎない)。すなわち、筆者は、要件事実論の特徴として、「要件事実論は、当初の多種多様な当事者の言い分について、まずそれを当該紛争において原告Xが提示している訴訟物(例えば、貸金返還請求権)との関係を考えて、それと無関係の主張を取りあえず視野の外に置きます。次いで、当該訴訟物に関係のある事実のうち、要件事実とそれ以外の事実(例えば間接事実)との仕分けをし」ていくと述べたことがある[22]。ここで要件事実が何かを考えることは、同時に実体法上の問題点や主張立証責任の所在を考えることをも意味することは言うまでもない。ただ、前記小問2と同3は、問題文の表現に疑義があり、筆者は、近くその問題点を判例時報誌上(2005年3月21日号)に発表する予定である。

以上のような状況を考えるときには、要件事実論は、今や実務において「共通言語」[23]といわれる理論であるのみならず、民法理論の中にも根付き始めていると言える。そして、実際に新たな法曹養成制度・試験制度の中で揺るぎない地位を占めるに至ったと言っても過言ではないように思われる。

しかし、同時に要件事実論は、激動する時代の動きにどれだけ適切に対応できているか、また基本的問題として民法学界との対応が適切にできているかなど、解決すべき課題も数多くあることもまた事実である。こうした課題については、後に(後記5「要件事実論の課題」)おいて詳しく述べることにする。

15) 他の例を挙げるまでもなく、今刊行されようとしている本講座の第1巻から第5巻の存在が、このことを雄弁に物語っていると言って差し支えないであろう。
16) その状況については、伊藤・要件事実・事実認定入門221頁参照。

なお、内田貴・民法IV親族・相続203頁(東京大学出版会、2002)には、「認知の訴えにおいて原告が証明すべき要件事実は、子と父との間に親子関係があるということである」との表現があるが、今までの家族法の教科書で要件事実という表現は、恐らく使われていなかったのではなかろうか。ちなみに、きわめてポピュラーな教科書の一つである遠藤浩ほか編・民法(8)親族〔第4版増補補訂版〕(有斐閣双書)186頁以下(有斐閣、2004)の「父子関係の証明」の項の中では、要件事実という用語は一切用いられていない。

また、河上正二・民法学入門—民法総則講義・序論2頁、3頁(日本評論社、2004)には、要件事実論が正面から説明されている。
17) その適例は、いわゆる開発危険の抗弁を「免責事由」として定めた製造物責任法4条の立法形式である。同法3条により製造物責任としての損害賠償責任がある場合

においても、「製造者等は、次の各号に掲げる事項を証明したときは、前条に規定する賠償の責めに任じない。」と定める。
　民法117条（現行民法典も平成16年法律第147号による改正後の民法も同じである）は、100年以上も前に制定された民法において、上記と類似の定め方をしており、その意味では極めて珍しい規定である。

18) 新破産法（平成16年法律第75号。同17年1月1日施行）160条1項1号、2号を旧破産法72条1号、2号と対比してみれば、このことは明らかである。立法担当者もこうした改正により立証責任の所在を明確にすることも意図したと明言している（小川秀樹法務大臣官房参事官ほか「新しい破産法の要点」民事法情報214号22頁（2004））。なお、山本克己「否認権（上）」ジュリ1273号77頁、78頁（2004）は、明確に新旧両法の上記の両条文の要件の形の違いを立証責任と関係づけて説明している。

19) 例えば、内田貴・民法Ⅰ〔第2版〕補訂版総則・物権総論183頁（東京大学出版会、2000）参照。

20) 司法制度改革審議会・司法制度改革審議会意見書—21世紀の日本を支える司法制度—（以下、「改革審意見書」と言う）66頁（Ⅲ第2、2(2)（エ「教育内容及び教育方法」）（2001）。
　筆者は、司法制度改革審議会の意見書に先立ち、同様の見解を「『法科大学院』における実務教育」判時1713号3頁以下（2000）において述べている。筆者が同稿において使用した表現は、「要件事実の基礎理論」、「事実認定の基礎理論」という用語である。

21) ちなみに、法科大学院協会設立準備会・カリキュラム・教育方法検討委員会「法科大学院における実務基礎科目の教育内容・方法等について（中間報告案）」（2003.2.1）のⅢ2「民事訴訟実務の基礎」においては、『民事の分野における・要件事実・事実認定の基礎』は、民事実体法と民事手続法とを有機的に関連させ、かつ、理論と実務とを密接に架橋する分野であって、法科大学院における教育の目的・理念を端的に具現する重要なテーマである。」と述べられている。
　どの程度の法科大学院が要件事実に関する教育を行っているかは、「法科大学院協会ホームページからリンクで入ることもできる各法科大学院のホームページ（http://www.lawschool-jp.info/link.html）」を見れば明らかであるが、要件事実教育に特化した科目を設けているかどうかを別として、何らかの意味での要件事実教育をすべての法科大学院が行うことにしていると言ってよいであろう。

22) 伊藤・要件事実・事実認定入門187頁。

23) こうした表現は、しばしば使用される。例えば、井上哲男「所有の意思と他主占有事情」自由と正義2000年5月号69頁、森宏司「要件事実論の基礎にあるもの」自由と正義2001年5月号163頁。

(3) 要件事実論批判説への若干の反論

(a) はじめに

上記(2)において述べたように，今日においては，要件事実論が実務においても学説においても法科大学院における教育においても無視できない理論になったものと考える。しかし，そうした現在においても，要件事実論を前提とした上で考えられる前記のような課題とは別の性質のものとして，要件事実論自体に対する批判もなくなったわけではない[24]。

本稿は，このような要件事実論への批判に対する反論を述べることがその目的ではないので，ここで，要件事実論において取り扱われる多くの問題に関する批判についての詳しい反論を試みようとは思わない。ただ，「要件事実論の現状と課題」を述べる以上，要件事実論の基本的考え方やその有用性に対して，筆者から言えば誤解に基づいて，かつ，強い調子でされる批判（民事訴訟法学者の一部からされている）については，簡単にでも言及して，その当たらないことを指摘しておかなければならないであろう（そうでなければ，そうした誤解の広がる危険が全くないとも言い切れないからである）。

主張責任と立証責任との関係は，要件事実論の基本に関わる問題ではあるが，本巻では別に論じられることになっているので[25]，ここでは触れない。

また，主張立証責任の所在に関する個別的問題についての司法研修所の見解や私見についてされる批判については，以上のような観点から，ここでは言及しないこととする。私見によれば，それらの主張立証責任の所在に関する個別的問題は，すべて立証責任の所在が決まれば，それと常に一致して主張責任の所在も決まるのであるから，こうした個別的問題の実質は，立証責任の所在に関するものであることになる。こうした個別的問題として筆者がどういう性質の問題を念頭に置いているかを明らかにするために，一つだけ例を挙げて説明しておこう。こうした個別的問題とは，例えば意思表示に付された期限・条件は，当該意思表示と不可分一体のものとして，当該意思表示と同一の当事者が主張立証責任を負うのか，あるいは当該意思表示とは可分のものとして反対当事者が主張立証責任を負うのか（いわゆる否認説か抗弁説か）といった問題のことである[26]。こうした個別的問題は，もとより極めて重要であるが，いわば無数

と言ってよいほどある問題であり，それらはいずれも結局最終的には立証の公平といった観点から決められるべきことであって，[27]いわゆる要件事実論者のなかにおいても，意見が分かれ得るものであり，[28]要件事実論の拠って立つ基本理論が相当でないとの批判とは性質を異にするものと考えるからである。

そこで，要件事実論の基本的考え方やその有用性に対して強い調子でされる批判の例として，次に松本論文中の2点のみを取り上げることとする。

24) 最近発表されたものとしては，例えば，前田達明「主張責任と立証責任について」民商129巻6号777頁（2004），松本博之「要件事実論と法学教育(1)〔要件事実教育批判を中心に〕」自由と正義2003年12月号98頁以下（以下この論文のみを指して「松本論文」と言う）がある。松本博之教授の要件事実論批判は，自由と正義2004年1月号54頁以下，同年2月号92頁以下においてもされている。他に中野貞一郎「特別講義　要件事実の主張責任と証明責任」法学教室2004年3月号34頁以下もあるが，同論文は，前記2論文とは要件事実論に対する批判の姿勢においてかなり距離があるものと思われ，要件事実論の考え方に理解を示している面があると考える。この点については，中野貞一郎・民事裁判入門〔第2版〕64頁，65頁（有斐閣，2004）参照。

25) 本講座第1巻には，「主張責任と立証責任」の項があるので，両責任の一致に関する問題の詳細は，そこで論じられるものと考える。

26) 否認説・抗弁説がどのような問題かについては，司法研修所民事裁判教官室・増補民事訴訟における要件事実第一巻48頁以下（1986）参照。

27) 伊藤・要件事実・事実認定入門68頁以下参照。

28) 現に，いわゆる要件事実論を支持すると考えられる石川義夫氏（元司法研修所民事裁判教官）も，石川義夫「主要事実と間接事実」新・実務民事訴訟講座2（判決手続通論2）17頁以下（日本評論社，1981）において，要件事実論を支持する者の多数が抗弁説を支持するのに対し，否認説を採る。

(b) 松本論文における見解について

(ｱ) 裁判規範としての民法を適用して裁判することは違法ではないかとの批判について[29]　裁判によって民事訴訟の結論を出すためには，訴訟物である実体法上の権利の存否を判断しなければならず，そのためには民法を裁判の場で適用できるようにしなければならない。しかし，民法典の条文は立証を考慮しないで決められているので，それを，立証を考慮せざるを得ない裁判の実際に適用できるように構成し直す（このような趣旨で構成し直された民法を「裁判規範としての民法」と言う）ことは当然に許されていると考えるべきである。この作業は，実体法としての民法に内蔵されている意味を裁判規範としての民法という観点

から明確にするものであり，この作業の本質は，民法典の条文の解釈にほかならないのである[30]。そうしたからといって，国会で決められた民法と異なる法律を適用したことにはならない。私見は，裁判規範としての民法の内容が，全体において民法典の内容と異なるなどとは言っていない。「債務の履行の提供がなかったこと」を請求原因とするのか「債務の履行の提供があったこと」を抗弁とするかという違いに過ぎず，債務の履行の提供があっても債務不履行となるなどと言っているのではない[31]。

　上記批判は当たっていないと考える。

 29)　松本論文105頁下段，108頁下段，112頁上段・下段。
 30)　伊藤・要件事実の基礎237頁参照。こうした裁判規範としての民法を民法典から構成する作業の性質が，民法典の条文の解釈の性質を有することは，松本論文と異なり，中野・前掲注24) 38頁も認めるところである。
 31)　伊藤・要件事実の基礎93頁以下参照。

(イ)　要件事実論（特に私見）が訴訟法学の発展の方向に反するとの批判について　　松本教授は，「近時の訴訟法学においては徐々にではあるが，証明責任を負わない当事者も相手方の事実主張を否認する場合に一定の要件のもとに具体的な事実を陳述すべきことを命じられるという，事案解明義務または証明責任を負わない当事者の具体的事実陳述義務の理論が提唱されている。このような義務が認められると，その限りで主張責任のある当事者に具体的な事実陳述を求めることができず，この事実を争う相手方が具体的事実を陳述して争わなければならず，証明責任と主張責任は完全には一致しない。『要件事実論』，とくに伊藤氏の『裁判規範としての民法』ではこのような当事者の義務を位置づけることができず，訴訟法学の発展の方向に反することになる。」と言われる[32]。

　私見は，要件事実論が民事訴訟の運営において万能であるなどとは全く述べておらず，筆者が要件事実論についての論稿を発表し始めた20年前から最近に至るまで，多くの筆者の著書・論文[22]において，訴訟運営において要件事実論の果たす有用性を指摘するとともに，その限界に留意すべきであって，要件事実論を過大視することの弊害を繰り返し，かつ，一貫して強調してきた。松本教授が，このような筆者の多くの著書・論文における説明について全く触れない

まま，以上のような批判をされることは相当ではないと考える。

　もとより，主張責任と立証責任が一致するとの考え方が，訴訟において，その優れて実践的な要請から事案説明責任ないしは事案説明義務（いずれも筆者自身の提案になる考え方である）[34]や事案解明義務[35]を認めることに何の障害にもなるはずがない。主張責任又は立証責任という考え方は，口頭弁論においてある要件事実が当事者双方から主張されない結果又は訴訟上ある要件事実の存否が不明に終わった結果，その事実を存在しているものと訴訟上扱うことができないために，当該要件事実の存在を前提とする法律効果の発生が認められないという不利益又は負担をいう，という考え方であり，しかもその判断基準時を最終的には事実審の口頭弁論終結時（主張自体失当として判決で請求を棄却する場合においても，その時には弁論を終結して，その時点で主張自体失当という判断を行うのである）とする考え方であって，訴訟の進行中（開始時を含む）において，当事者双方が適正迅速な審理判断のためにどのような義務（事実の主張に限らず，証拠の提出など多様な義務）を負うかという考え方（事案解明義務などの考え方）とは別のことである[36]。仮に要件事実論の批判者が言うように，主張責任と立証責任とを一致しないものと考えたとしても，訴訟の進行中における当事者のすべき事実の主張立証はどうあるべきかの問題を，主張責任又は立証責任という，上記のように別の限られた機能を持つ考え方で律することは（松本教授がその点をどのように考えておられるかは，少なくともここでの説明においては不明確である）[37]，それこそ「訴訟法学の発展の方向に反する」硬直した考え方であると言わなければなるまい。

　筆者は，以上のように，要件事実論の有用性とその限界は明確に意識してきており，こうした優れて実践的な要請からされる様々の当事者の陳述義務や立証義務は，主張責任や立証責任という考え方とは別のものとして，十分にその意義を認めているところである。

　上記批判も当たっていないと考える。

　また，以上に関連して，要件事実論についてしばしばある誤解についてここで反論をしておきたい。要件事実論が請求原因・抗弁・再抗弁という考え方を述べていることは，民事裁判における判断の構造を述べているものであって，常に主張がそのような時間的順序で，主張立証責任のある各当事者から，それ

それされなければならないなどということを述べているものでは，決してない。要件事実論者と言われる筆者も，民事訴訟においては，早期にすべての事実関係が述べられ，早期に争点が明らかになって，それに関して充実した証拠調べがされるべきものである，と考えている。例えば，再抗弁の成否が争点であれば，自ら進んで訴状において請求原因，抗弁を述べた上，再抗弁を述べること（又は，請求原因に争いがなく抗弁が争点となることが予想される場合において，訴状において抗弁を先行的に否認し，それに関係する多様な事実関係を述べること）に何の支障もあるはずがない。こうしたことは，これまでに長年にわたって筆者が既に（前記注33）の著書・論文などで）繰り返し述べてきたことであって，「要件事実論によれば，例えば，被告が抗弁を述べた後でなければ，再抗弁を述べてはいけないことになる。したがって，そのために口頭弁論期日を重ねなければならず，要件事実論は訴訟の遅延を招く。」などと言うのは，全くの誤解であると言わなければならない。なお，個々の問題として，どのように請求原因・抗弁・再抗弁を考えたらよいかという問題は，既に（前記(a)「はじめに」）述べたように，主張立証責任の所在に関する個別的問題であって，意見の分かれ得るところであり，本稿で論じるつもりはない。ここで言いたいのは，ある請求原因・抗弁・再抗弁というような要件事実論的枠組みを考えるということは，民事裁判における判断の構造を述べているものであって，それによって事案の具体的状況に応じてされる当事者の臨機応変の具体的主張の先後関係が拘束されるものではないということである（もとより原告の主張によって訴訟物が特定されることは先ず必要であることは当然である）。

そして，もとより，以上のように相手方の主張立証責任のある要件事実（例えば抗弁）を，争点の所在などの事案の実情に応じて先行的に主張すること（又は，抗弁の先行否認になる事実関係を主張すること）が妥当な場合があるということは，判断の構造として，請求原因・抗弁・再抗弁という判断の構造が正当であると考えることと矛盾することになるわけがない（上記のような先行主張をすることが妥当な事案があるからといって，請求原因・抗弁・再抗弁という判断の構造が不当であることになるわけがない）。

例えば，賃貸借契約終了（例えば，1年の賃貸期間の末日の到来により請求ができることになる）に基づく建物収去土地明渡請求事件において，賃貸借契約の成立

など(請求原因)と建物所有を目的とする旨の合意が当該賃貸借契約にあったことが,いずれも争いがない場合において,借地借家法25条の一時使用の合意があったかどうかが争点である事案であったとする。その場合には,原告が訴状において,抗弁の性質を有する建物所有目的の合意を主張し,同時にそれに対する再抗弁の性質を有する一時使用の合意を主張することは何ら差し支えがない。そして,このような抗弁の先行主張とそれに対する再抗弁が主張された場合においても,それぞれが抗弁・再抗弁の性質を有することに何ら変わりはなく,そう考えることによる不都合は何もない。民法上の賃貸借契約がされ(請求原因),それについて建物所有目的の合意があるため(請求原因の民法上の賃貸借契約に対する特約の性質を有するため,抗弁と考えられている。特約として抗弁となると考えるかについては,異なる見解もあり得る),賃貸期間が原則30年間となるべきところ,その例外として一時使用の合意(再抗弁)があるという判断の構造となる。そして,再抗弁である一時使用の合意の成否が争点となって,再抗弁が認められれば,抗弁である建物所有目的の合意の成立に争いがないのではあるが,請求原因の賃貸借契約の1年間という期間の末日の到来に基づいて発生した建物収去土地明渡請求権が認められて,原告の請求が認容される結果となり,再抗弁が認められなければ,抗弁に争いがない結果,原告の請求が棄却されるという結果となる。判断の構造としては,このとおりであり,抗弁の先行主張がされることによって,判断の構造自体は何も変更はなく,何の不都合も混乱も生じないのである。

32) 松本論文112頁下段。
33) 例えば,「『民事訴訟における要件事実─総論─』について(1)」判時1124号6頁 (1984),「要件事実と実体法」ジュリ869号17頁以下 (1986),伊藤・要件事実の基礎164頁以下 (175頁までの紙幅を割いている),伊藤滋夫=山崎敏彦編著・ケースブック要件事実・事実認定9頁 (有斐閣,2002)。伊藤・要件事実・事実認定入門219頁以下。同書132頁以下では,最初に要件事実論の限界を述べた上,事情を記載した訴状,答弁書の実作までしている。
34) 筆者は,伊藤滋夫「要件事実と実体法」ジュリ869号18頁において,「紛争の適正迅速な解決のためにどのような時期にどのような事実を当事者が主張すべきかという面に限って論じるときには,主張責任という用語を用いるのは相当でない。」と指摘し,同所に付した注9)同号19頁において「事案説明責任」,「事案説明義務」という用語を試みに提案している。高橋宏志教授は,同教授の重点講義 民事訴訟法〔新

版〕456頁（有斐閣，2000）において，この筆者の考え方を，民事訴訟の運営との関係で「興味深い」ものとして紹介しておられる。
35) 上原教授は，「当事者には主張責任，つまり自己に有利な事実（証明責任を負う事実）を主張する責任が観念されるのである。」と言われる（上原ほか・民事訴訟法〔第4版〕144頁〔上原敏夫〕（有斐閣，2003））から，両責任は一致するとの見解であられると考える。そうした考え方の上原教授は，同書163頁，164頁において，「一方の当事者の証拠の偏在や立証の困難を解決するためには，証明責任の分配を問題とするだけでは不十分である，という考え方も広まってきた。〔中略〕この動きは，理論的には，証明責任を負わない当事者に，一定の要件のもとで具体的な事実を主張し証拠を提出する義務ないし責任を負わせる事案解明義務（責任）〔中略〕として，現れている。」と述べておられる。こうした説明からも分かるように，事案解明義務と主張責任，立証責任とは，別の観念であると考えるべきである。
36) 伊藤・要件事実の基礎164頁以下参照。
37) 本文(イ)冒頭で引用した松本論文112頁の説明（以下「この説明」と言う）は，全体として明確性を欠き理解が困難であるが，この説明が当初から主張責任と立証責任とが一致しないことを当然の前提として説明しているとすれば，それは，結論を理由なしに先取りしているものであって，無意味である。そうだとすると，この説明は，事案解明義務等が認められることによって，それまでは一致していると考えてよかった両責任の分離が生じざるを得なくなる場面があることを述べ，それによって，両責任の不一致の場合のあることを論証しようとするものと考えることができる。以下この前提で考える。ただ，松本教授のこの説明が不明確であるので，いろんな仮定を立てて反論するほかはない。

　まず，この説明における，相手方（この説明では，「相手方」という一つの表現が異なった意味で使われているので分かり難いが，筆者が本注において「相手方」と言うのは，立証責任のない当事者のことを意味し，松本論文に出てくる2番目の「相手方」の意味である）の陳述義務の性質を主張責任との関係で明確にしないと，松本教授がこの説明で述べようとされることの意味がはっきりしない。なぜなら，この説明の全体の趣旨に照らせば，事案解明義務などの一部として具体的事実陳述義務を負うことになる相手方は，主張責任を負っていない当事者であるから，そうであれば，この具体的事実陳述義務と主張責任とは直接に関係がないことになり，そうした陳述義務が生じることを，主張責任と立証責任の一致を批判する根拠とすることはできないことになるからである。松本教授は，恐らく，この説明においては，上記のような具体的事実陳述義務を負う限りで，主張責任がなかった相手方に主張責任が移転することになり，その結果，こうして移転したことになる主張責任と元の当事者のところに存在する立証責任との間に不一致が生じると言われるのではなかろうか。しかし，このようにして生じる相手方の陳述義務を主張責任という性質のものとして位置づける

ことは，相当ではないと考える。なぜなら，そう考えることは，事案の具体的情況に応じて必要となる具体的な事実の陳述義務という性質にふさわしくないからである。

あるいは（恐らくそうではないと思うが），松本教授は，上記説明のうち「争わなければならず」という部分を「立証責任がある」という趣旨で述べられ，そうすると，ある当事者に主張責任があり，事案解明義務のある，その相手方に立証責任が生じることになるから，両責任は一致しなくなると言われるのかもしれない。しかし，松本教授は，上記説明のなかでその相手方に具体的事実の陳述義務が生じると言われるのであるから，ここでもやはり，先ずその陳述義務の性質を主張責任との関係で明確にしなければ議論が曖昧になる（もしこの陳述義務が主張責任ならば，この場合に両責任は一致することになる）。のみならず，提唱されるようになった「このような義務」のなかには「証明責任を負わない当事者の具体的事実陳述義務」も入っているのであるから，具体的事実陳述義務を負う相手方が立証責任を負うことにはならないはずである。したがって，そのように理解することも困難である。

松本教授は上記説明部分の結論で，私見が「訴訟法学の発展の方向に反する」とされるが，その指摘は，本文で述べたように不相当であるのみならず，その理由とされる同教授の上記説明部分は，私見に対する批判として，その理由が不明確である。

(ｳ) その他の批判について　　以上のほか，松本論文は，私見による要件事実論について，多くの批判をしておられるが，それらは，既にされた議論の繰り返しであるものもあり[38]，また敢えて反論をする必要もないと思われる点もある[39]。結局，松本論文による要件事実論の基本的考え方やその有用性に対する批判は，上述した私見により十分に反論されていると考えるので，本稿の目的に照らし，この程度に止めておきたい。

38) 松本論文110頁上段の5から下段に至る論述は，伊藤滋夫「要件事実と実体法断想（上）」ジュリ945号109頁以下（1989）で反論済みであり，本箇所の論旨も，小生の反論に答えてはいないまま，以前の論旨と同様のことを繰り返している。
39) 例えば，松本論文107頁下段「第二に」で始まる段落，112頁下段（三）の部分。

4　要件事実論と事実認定論

前に（前記2(1)「要件事実論の定義」）述べたように，「要件事実論とは，要件事実というものが法律的にどのような性質のものであるかを明確に理解して，これを意識した上，その上に立って民法の内容・構造や民事訴訟の審理・判断の構造を考える理論である」が，要件事実論は，事実認定論と極めて密接な関係

を有している。簡単に言えば，要件事実論は，民事裁判における裁判官による法的判断の構造であり，事実認定論は，民事裁判における裁判官による事実判断の構造である。このように言うと，一見両者は全く無関係のような印象を受けるかもしれないが，そうではない。むしろ両者は，極めて密接な関係を有し，また，その判断の構造において類似した構造をも有している。

まず，要件事実論は，その性質上，事実認定論と無関係にはあり得ない。なぜなら，要件事実は，立証責任対象事実と同じ事実であり，その立証責任対象事実は立証の公平を最終的基準として定められるものであり[40]，その立証の公平という基準は，事実認定論，例えば，①間接事実による推認の仕方や②証明度の考え方と離れて考えることはできない。いずれも，要件事実を定めるための最終的基準である立証の公平を考えるに当たって必要な立証の方法・その難易・程度などに深く関係した考え方である。

次に，要件事実論における請求原因，抗弁，再抗弁といった法的判断の構造は，間接事実[41]と反対間接事実といった事実判断の構造と類似している面もある[42]。例えば，消費貸借契約に基づく貸金返還請求訴訟においては，ある過去の時期に金銭を貸し付けて貸金返還請求権が発生した場合には，弁済によって消滅しない限り，同請求権は存続すると扱う，というのが要件事実論の考え方である。前者の貸付の事実が請求原因であり，後者の弁済の事実が抗弁である，というわけである。ある時点において金銭に窮していたものは，それを変更させる事情（例えば金銭の借受けないし別の原因の収入）がない限り，窮したままの状態が続くと考えるのが，事実認定論の考え方である。金銭に窮した状態があったということは，金銭の貸付を推認させる一つの事情となり得るという意味で，貸付という要件事実を推認させる間接事実であり，その後他に収入があったという事実は，貸付の推認を妨げる事実という意味で，金銭に窮していたという間接事実に対する反対間接事実であるというわけである。いずれも，そうした事実のみでは，もとより適正な事実判断をするのには不十分であるが，このように比べてみるだけでも，要件事実論と事実認定論の類似性が分かるであろう。

そして具体的事案において，この要件事実論と事実認定論とが両々相まって，裁判官による審理・判断がされていき，裁判の結論が決まることになる。具体的審理判断のあり方を考えると，間接事実やいわゆる事情を含んでされる当事

者の多様な主張の中から，当該事案における訴訟物は何かを判断し，当該訴訟物に照らして要件事実とそれ以外のこととを仕分けをし，要件事実をその性質に従い，請求原因・抗弁・再抗弁などというような判断の枠組みに構成し，それらの事実に争いがあるかないかを考える。次いで，争いがある要件事実については，直接証拠があるか，直接証拠がなければ，間接事実・再間接事実・反対間接事実などとして考えられるものにどのようなものがあるか，それらの事実の存否に争いはあるか，争いがある場合にそれを巡ってどのような証拠があるか，それらの証拠の信用力はどうか，といった順序で考えていくことになる[43]。もとより，いつもこのように順序だてて考えていくとは限らず，ある時は一種の直感的総合判断が先に出るように思われることもある。しかし，そうした場合でも，厳密にその判断の過程を検証しなければならず，その際には，上記のような判断構造となるのである。

したがって，後記5「要件事実論の課題」を論じるに当たっても，単に要件事実論の見地のみから検討するのでは，不十分なことが多い。要件事実論による検討をする場合においても，自ずから事実認定論をも念頭において検討しなければならないことが多い。特にその必要性の高い場合には，以下においては「要件事実論（事実認定論を含む）」と表現することとする。このような意味では，まさに事実認定論との有機的連携が要件事実論の課題の一つであると言って過言ではない[44]。

40) 前記2(2)「要件事実の法律的性質」参照。
41) 反対間接事実の意味については，伊藤滋夫・事実認定の基礎　裁判官による事実判断の構造（有斐閣，1996〔2000補訂〕）〔以下，「伊藤・事実認定の基礎」と言う〕116頁以下参照。
42) 伊藤・要件事実・事実認定入門186頁において，筆者は，要件事実論と事実認定論の類似性を述べている。
43) 事実認定についてのごく概括的な説明は，伊藤・要件事実・事実認定入門120頁以下を，詳細な説明は，伊藤・事実認定の基礎を参照。
44) こうした有機的連携の試みがされている実務の適例として，後記5(2)(a)「民事訴訟における計画審理に関係して」において述べる「労働事件審理ノート」がある。

5　要件事実論の課題

(1)　はじめに

　要件事実論の課題を論じるに当たっては，既に（3⑶(b)(イ)「要件事実論（特に私見）が訴訟法学の発展の方向に反するとの批判について」）述べたように，要件事実論の機能と限界を十分に念頭に置く必要がある。換言すれば，要件事実論にとって何ができることであり，何ができないことであるのかを明確に意識して論じなければならない。民事訴訟による紛争解決のためには，まさに多くの方法（例えば事案解明義務の考え方など）がそれぞれの機能を有しながら存在するのであって，そうしたいろいろの方法の総合的活用によって，民事訴訟による紛争解決の適正迅速な解決が図られることになるのである。その際に，この直前に（4「要件事実論と事実認定論」）述べた事実認定論との総合的活用にも十分に留意して検討すべきである。
　要件事実論の課題は，大きく分けて二つあると考えられる。
　一つは，近時とみに急激に進行している社会の変化，民事財産法の変化[45]，司法制度改革に伴う動きなどとの関係から生じる問題である[46]。こうした変化は，誠に瞠目すべきものがあり，まさに激動の時代の様相を呈している。当然に，要件事実論の視点から考えても，そうした状況の変化に適切に対応するための具体的課題が数多くあると考える。
　いま一つは，要件事実論としていつも変わらず，これと向き合い，真剣に考えなければならない課題として，従来の民法学との関係がある。
　これらが，今日における要件事実論の課題であると考えている。まず第1に近時における激しい社会などの変化に要件事実論がどのようにして適切に対応すべきかの課題について，次に第2の民法学との関係についての課題について考えることにする。
　第1の問題を後記(2)，(3)，(4)及び(5)の四つに分けて，第2の問題を後記(6)で，述べることとしたい。

　　45)　そうした激しい変化の状況と考察した論稿の一例としては，河野玄逸「大変革期

の金融法務と地域金融機関」と題して様々な最近の問題について検討した連載（第1回から第8回。金融法務事情1696号，1699号，1702号，1705号，1707号，1710号，1713号，1715号〔いずれも2004〕）がある。
46）　周知のとおり，司法制度改革審議会は，改革審意見書を発表し，司法に関する数々の重要な提言を行っており，その後の司法に関する諸改革は，基本的にはこの意見書の線に沿って行われていると考えられる。

(2)　民事紛争解決手続に関する法規・プラクティスの改革との関係における課題

　ここで述べることは新たな法現象・社会現象とどのように結びついているかと言えば，現代という時代が民事訴訟の迅速な処理を強く求め，審理判断の過程や結論における透明性と説得力の強化を求めているというところに，その基本的原因があるということである。

(a)　民事訴訟における計画審理に関係して

　司法制度改革審議会意見書（平成13年6月12日）において「民事司法制度の改革」の一環として提言された「民事裁判の充実・迅速化」の要望を受けて，「民事訴訟法の一部を改正する法律」（平成15年法律108号）が平成15年7月9日に成立し，平成16年4月1日から施行されている。同法は，近年の社会・経済関係の高度化などの伴い，複雑な事件などが増加していることに鑑み，それらの「審理の充実・迅速化を図るため，これらの事件については，裁判所が当事者双方との協議の結果を踏まえて審理の終期を見通した審理計画を定め，それにしたがって審理を実施しなければならないこととするなど」[47]，いわゆる計画審理の実施について規定を設けた（民訴147条の2，147条の3）。

　民訴法147条の3は，複雑な事件などについて，この計画審理の策定のための重要な事項として「争点及び証拠の整理を行う期間」を定めなければならないとしているが，具体的期間まで定めなければならないことはないとしても，すべての事件において，計画的な訴訟進行を図る必要があることは，民訴法147条の2の明定するところである。従来から，民事訴訟による適正迅速な解決を図るためには，争点及び証拠の整理が適正迅速にされることが重要であったことは言うまでもないが，今回のような改正によって，ますますその重要性

が増したということができる。

　そこで課題としては，要件事実論（事実認定論を含む）がこうした事態に対して適切に対処するためには，どのようにすべきかということである。

　筆者が繰り返し述べているように，要件事実論の機能は，口頭弁論終結時において当事者からされた主張が訴訟物の判断に必要にして十分なものとなっているかを判断することであり，そのことを踏まえて，要件事実論は，審理の途中においても，実体法に基づく法律効果発生のために必要な法律要件に該当する具体的事実（要件事実）が漏れなく主張されているかを確かめることのできる基準を提供し，その限りにおいて訴訟活動の基本的指針となるという機能を有している。しかし，このことは，今後されるべき訴訟の審理を展望して，当該紛争を適正迅速に処理するためにはどのような主張が今の段階でされるべきかということについての十分な基準を提供するものではない。現在の訴訟実務を支配する考え方によれば（そして私見も同様であるが），双方当事者が，その主張責任を負うか否かにかかわらず，早期に紛争の実態を明らかにするすべての実情（もとより要件事実に限らない）を主張することが必要であるとされている。そうすることによって，早期に事案の実態が明らかになり，真の争点がどこにあるかを確定することができ，その真の争点について，的を射た集中証拠調べをすることができるというのである。

　こうした考え方の下においては，争点及び証拠の整理というものが，どの程度のレベルにおいて行われるか，主張の整理という意味での争点の整理と，それと有機的に関連づけた証拠の整理とが，どのように行われるべきかが，具体的に検討されなければならない。この場合においても，要件事実を念頭において攻撃防御方法の骨格がどのようになるかを，要件事実レベルで正確に理解した上で，争点の整理をすることが基本的に重要であることは言うまでもない。ただ，争点の整理は，その段階で止まっていては，実務上の有用性が薄く，要件事実レベルで争いがあるときに，それが間接事実以下のレベルの具体的事実においてどのような争いとなって現れ，そうした具体的事実と具体的な証拠の関係がどのようになっているか，ということまで及んで争点と証拠の整理がされることが重要であると考えられる。このように考えてくると，要件事実論のみではなく，経験則や動かし難い事実などの事実認定論の考え方の基本を活用

して，多くの事実の要件事実レベルの争点との関係，間接事実レベルでの多様な事実相互の関係などを的確に整理しておくことが必要である。そして，事案の実情をいわば常識に従って総合的に判断することを可能にするために，上記のような要件事実，間接事実の体系としての整理のほかに，いわゆる時系列的な（時間的順序に従った）事実の流れに従って，紛争発生の背景，紛争発生の直接の原因，その後の経緯，双方当事者や関係人の態度などを，把握しておく必要がある。こうすることによって，大きな全体の時の流れの中で経験則に照らして，人間の自然の行動をよく理解することができるようになる。こうした，やや性質の異なった整理を両者の有機的関連に注意しながら行うことが，的確な事件処理のために有益であると考えられる。[52] このように考えてくると，このような意味での争点及び証拠の整理には，要件事実論が主張整理の骨格を示すことが重要であるが，それのみではもとより不十分であり，さらに間接事実以下のレベルの諸事実・事情なども含めて，事案の実態をできるだけ早期に整理された形で漏れなく明らかにすべきである（それには，要件事実論のみならず，要件事実論と事実認定論とを有機的意識的に連携させた，両者の総合的活用が必要である）。それによって，計画審理の具体的進行に必要な争点と証拠の整理を行うべきであるということになる。今後の要件事実論・事実認定論の課題は，こうした計画審理の運用のために，より有用な道具を提供できるようにする方策を充実していくことであると言えよう。

　反面，ここで留意しなければならないのは，以上の考え方のうちのある一面のみを強調する，バランスを欠く議論のされる危険があることである。すなわち，要件事実論自体の機能には限界があり，訴訟による紛争の解決に真に有用な道具たり得るためには，以上のような意味での事実認定論と有機的に連携された，今後の訴訟手続の進行を将来に向かって展望した検討が必要であるということから，上記のような現在の訴訟の在り方のもとでは，要件事実論は今やその使命を終えたというようなことを強調する見解が唱えられる危険があるということである。もしそうした見解があるとすれば，それは大きな誤りであると言わなければならない。あくまでも，要件事実の存否の判断の組み合わせで訴訟物である権利の存否を判断することによって裁判の結論を出すという民事訴訟の基本構造が変わらない限り，訴訟による紛争の解決に当たって，そこで

問題になるすべての事実は，訴訟物及びその判断のために直接に必要な要件事実というものとの関係をいつも考えなければならない。何もそれは，最後の手段として，他のことで解決できないときになって初めて登場するといった性質のものではない[53]。そのことは，以上のような今日の支配的な訴訟審理の考え方を前提としても変わることはない。要件事実の重要性はいささかも揺らぐことはないことを理解すべきである（直ぐ後に言及する「労働事件審理ノート」における説明を見てもこのことは明らかであろう）。

　それでは，そのための更に具体的な案はどのようなものであるべきかということになるが，それは筆者が，私見として示すよりも，現に実務を実際に行っている立場から，上記の私見と基本的には同様な考えのもとに，優れた計画審理の運用指針が発表されているので，それを紹介し，今後の要件事実論・事実認定論の課題を解決するための一つの方策として注目したいと考える。

　それは，労働事件について「労働事件審理ノート　1～8」として判例タイムズの，平成16年5月から7月にわたって発表されている[54]。執筆者はいずれも執筆当時東京地裁裁判官の職にあった方々である。東京地裁労働部の3人の総括判事が「『労働事件審理ノート』の連載に当たって」として，その連載の趣旨を次のように述べておられる[55]。

　「労働事件においては，訴訟指揮の困難性もさることながら，権利の濫用，必要性・合理性の有無など規範的要件の有無が問題となることが少なくなく，これを基礎づけるため数多くの事実が主張され，また，直接証拠が少ないため，多くの間接事実，間接証拠が主張，提出されることから，いきおい訴訟記録が厚くなる傾向がある。また，労働事件においては，各論点について多くの裁判例が出されており，判例の占める割合は一般の通常民事事件よりも格段に大きい。」こうした困難な労働事件の処理のための審理の手引のようなものの作成が痛感されたことが，この「労働事件審理ノート」作成のための理由とされている[56]。

　更に，続けて連載の具体的内容の例示として，次のように述べられている。
　「各事件類型ごとに，第1に，各事件の訴訟物を示した上で，要件事実等の項目を設け，ブロックダイヤグラムを使用するなどして攻撃防御方法の相互関係やその主張立証責任の所在等が分かるように工夫している。第2に，各事件

類型ごとの典型的な争点を明示した。第3に，各事件ごとに早期に確定すべき基本的な事実関係，早期に提出されるべき基本的な書証を明らかにした。最後に，各事件類型ごとの訴訟運営上のポイントを明らかにした。」

以上の連載の趣旨の説明と実際にされている具体的説明を総合して，これを要件事実論という観点から考えてみると，それらは，いずれも要件事実論というものの役割を民事訴訟の審理において過大にも過小にも評価せずこれを適切に位置づけて，事実認定論との協働を通じて，両理論の有機的機能の発揮を図ったものと言うことができ，要件事実論の課題の一つに適切に答えたものと評価することができる（もっとも，ここでは，「労働事件審理ノート」においてされている個別的な主張立証責任の分配の仕方の当否について触れているわけではない）。今後こうした方向の検討が更に深まりかつ広がることが望まれるところである。

以上のことは，後に説明する近時の訴訟全体に通ずる問題点とそれに対処する方法を含んでおり，単に労働事件の審理についてのみではなく，他の種類の困難な事件の審理においても，近時は同様のことが多かれ少なかれ問題となっていると思われ，その改善のための努力もされつつあると考える。こうした努力が引続きより大きな成果を生むようにすることが，要件事実論（事実認定論を含む）の課題の一つであると考えられる。

47) 小野瀬厚ほか編著・一問一答平成15年改正民事訴訟法17頁（商事法務，2004）。
48) 計画審理の実務における運用一般を説明したものとして最新でスタンダードなものは，おそらく東京地方裁判所プラクティス委員会編著・計画審理の運用について（判例タイムズ社，2004）であろう。
49) 筆者は，こうした考え方につとに賛成であり，古くから，基本的には同様の趣旨を述べてきている。前記注33），34），36）及びその本文参照。
50) 例えば，東京地方裁判所プラクティス委員会・計画審理の運用について・前掲注48）24頁参照。
51) こうした考え方については，伊藤・要件事実・事実認定入門120頁以下参照。
52) そうした点について，ほぼ同様と思われることを，森宏司判事は，「法律的争点（いわゆる『論点型争点整理』）」と「事実的争点（いわゆる『事実型争点整理』）」などの分類をして説明しておられる（森宏司「計画審理の理論と実践」判タ1147号83頁〔2004〕）。
53) 座談会・民事訴訟の新展開〔下〕」判タ1155号4頁以下（2004）において，笠井正俊教授が，要件事実だけでは不十分であると言われることには同感であるが，要件事

実は「本当に最後の手段なんだということを，これからの時代の法曹に伝えていくべきなのだと思います。」と強調される（36頁）のには，違和感を覚える。同座談会で，山本和彦教授は，審理過程がブラックボックスにならないように，理論的にもコントロールすることができるようにしておかなければならないという観点から，従来の弁論主義や立証責任の理論の枠組みの存在の必要性を述べられて，上記笠井教授の発言に批判的な立場を述べておられると思う（37頁）。

54) いずれも判タ1144号11頁以下，1145号42頁以下，1146号30頁以下，同号40頁以下，1147号54頁以下，同号63頁以下，1148号52頁以下，同号60頁以下。
55) 判タ1144号9頁，10頁。
56) 山川「労働法における要件事実」前掲注12) 613頁以下は，労働法における要件事実の有用性を明確に認識した上，規範的・抽象的要件の多さなどから要件事実的発想には一定の限界もあることをも認め，同639頁においては，「労働民事事件における典型的な訴訟形態を取り上げ，請求原因や代表的な抗弁等の内容を検討した。〔中略〕こうした作業はこれまでごく僅かしかなされてこなかった」とも述べられている。

これに対し，本文記載の「労働事件審理ノート」は，まさに労働事件が上記のような特色を有するからこそ要件事実論的分析が計画審理のために必要であると指摘していることになる。

(b) 和解手続に関係して

近時，とみに裁判外の紛争解決手続が強調されるが，その一因は改革審意見書の提唱した「裁判外の紛争解決手続（ADR）の拡充・活性化」であろう。何を以ってADRと考えるかがまさに問題であり，司法制度改革推進本部事務局が平成15年7月に発表した「総合的なADRの制度基盤の整備について―ADR検討会におけるこれまでの検討状況等―」（5頁）は，1「ADRに関する基本的な法制における『ADR』の範囲」の〔論点1〕として，「ADRに関する基本的な法制を整備する場合には，第三者の関与の下，裁判によらないで民事に関する紛争の解決を図るための手続（裁判上の和解を除く。）」という前提の下に，ADRの範囲について問題提起をしているが，筆者は，この中に民事訴訟手続の一環として行われる和解手続も含まれるべきであると考える。したがって，以下に述べる和解手続における要件事実論（事実認定論を含む）的思考の有用性を述べる意見は，こうした大きな流れの中でも意味を持つものと考えている。

筆者は，和解手続においても要件事実論（事実認定論を含む）的思考が有益

であると考え,比較的最近になってそうした考えを発表した[59]。多少の重複をいとわず,ここにその骨子を述べて,今後和解手続の特質を考慮した,同手続における要件事実論が活性化する[60]ことを望みたい。

　従来,要件事実論・事実認定論的思考,特に要件事実論的思考と和解とは無縁,極端に言えば,対立するかのように言う考え方もあったように思われるが,そのように考えるべきではないであろう。

　確かに,要件事実とは,裁判規範(より厳密には判決規範)としての民法に該当する具体的事実であり,事実認定とはそうした要件事実に争いがあるときにその存否を認定することであると考える限りにおいては,そうした要件事実や事実認定の考え方は,和解手続とは無関係のものかもしれない。こうした前提で考える限りにおいては,従来の要件事実論・事実認定論の和解手続におけるかかわりは,和解が不調に終わって判決手続に戻ったときに,どうなるかという視点でしか存在しなかったようにも思われる。例えば,和解手続を実施する裁判官が,被告を説得する際に,「被告が請求原因に対する抗弁として主張するところは,どうも主張自体として,この請求原因に対する抗弁としては無理ではないでしょうか。要件事実としての主張が不十分なのではないでしょうか。」と述べたり,あるいは原告を説得する際に,「どうも原告の請求原因事実は十分に証明されてはいないのではないでしょうか。」と述べたりして,もし和解が成立しないで判決をすることになった場合には,それぞれの当事者が上記のような理由で敗訴する可能性があることを示唆して,そうした当事者の譲歩を促し和解の成立を図るというやり方がされることが珍しくないと思われる。すなわち,従来の実務においては,要件事実論・事実認定論そのものはあくまでも,判決手続においてのみ意味を持っているものと考えられ,これと類似の考え方を和解手続において採用する契機はなかったように思う。

　しかし,そのように考えるのではなく,和解手続においては,判決手続において問題となる実体規範である裁判規範(判決規範)[61]とは異なる和解規範[62]とでも言うべき実体規範(和解手続において,和解の内容を考えていくに当たって,紛争の適正妥当な解決のために基準とすべき規範)を考えることができると思うが,そうした和解規範を基準とした要件事実論的思考や事実認定論的思考を考えることが可能であると思う。和解規範という考え方が定着してくれば,和解手続

における要件事実論・事実認定論的思考を活用することによって，裁判官が和解を当事者に勧めるに場合にも，また，当事者が裁判官に和解についての考え方を述べる場合にも，更には当事者相互で和解について意見の交換をする場合にも，それぞれに基準とすべき規範が明確になり，和解手続の円滑な進行が図られ，また和解の押し付けなどの行き過ぎた使用もチェックすることが可能になるように思われる。

　問題は，今述べたような和解規範の要件をどのような一般的基準によって定めることができるかである。それは，法律上の各制度の基本的趣旨，条理，人間の他者への思いやり，人の行為の動機や理由の持つ行為に対する評価などを総合的に考慮した一般的規範ということにならざるを得ず，その意味では不明確なものにならざるを得ない。しかし，そうではあっても，どのような内容のことがあったときに要件が充足されると考えるかについて，およそ通常の人達の間で合意が得られないというものでもないと考える（事実の証明の度合いの問題も，和解手続の特徴に照らして緩和して考えることになるであろう）。もとより，各事案に応じて，具体的事情を十分に取り入れた柔軟で安定した合理的類型化（例えば，売買の目的物の引渡し債務の不履行事件，賃料債務不払いによる解除に基づく明渡請求事件などの事件類型や当事者の人間関係に基づく類型など多くの種類の類型が考えられる）を研究する必要があるが，そうした研究の成果が挙がれば，あたかも判決規範に照らして法律効果の発生を考えるように，和解規範に照らして当事者の言い分を和解上は正当化する効果の発生を肯定してもよいように思われる。

　そして，和解規範の要件に該当する具体的事実（仮に，こうした事実を「和解上の要件事実」と名づけることにする）は，あたかも判決規範の要件に該当する具体的事実である要件事実に対応して考えることができ，そうした具体的事実から発生する当事者の言い分の和解上の正当化効果は，あたかも判決規範の場合の要件事実から発生する法律効果に対応して考えることができる。こうした和解規範の要件は判決規範における要件に比べて，けるかに多くの多様な事情を組み込んで考えるべきものであろう。この要件をあまり形式的に厳格に考えてしまうと，和解規範を無意味にしてしまいよくない。しかし，逆に，やはり和解という見地から考えても，およそ意味のないような無関係の事情というものがあるはずである（そうした事情を考慮に入れる必要はない）し，また，無関係とは言

えなくても，その具体的事実の性質を考えると，主として一方当事者が問題として取り上げて主張立証（証明度も和解規範に照らして考えるのである）しない限り裁判官が職権によって取り上げるまではしなくてもよいようなものもあると思われる。

判決規範において要件事実に争いがある場合にその証明ということが問題となるように，和解規範の要件に該当する具体的事実（和解上の要件事実）についても争いがある場合には，その証明ということが問題となる。しかし，争いのある事実をどの程度証明したら，和解手続においてその事実を存在したものとして扱うかという証明度は，判決規範における証明度よりは相当程度低くてよいと思う。どの程度まで低くてよいかについては，一概には言えないが，一応は，和解上の要件事実があったものとして，和解における前記の正当化効果を発生させてもよいと考えられる程度に確かであったら十分であるということになる。すなわち，和解手続における正当化効果は，相手に対して一種の説得的効果を持つに過ぎず，相手は直ちに法律効果の発生に基づき法律上の義務を課せられるわけではないので，事実の証明の度合いも，判決規範における場合よりも，相当程度低くてもよいと考えられる。

以上のように考えることが原理的に正当であるとすると，和解規範の特質に照らし，非常に柔軟に考えるべきではあるし，判決規範の場合とはもとより異なる面もあるが，和解手続においても，一種の要件事実論・事実認定論が判決手続におけるとある程度の共通性を持って考えることができるように思われる。

こうした考え方が，裁判官を含む和解関係者に多く共有されるようになれば，和解手続の円滑な進行や和解成立の促進に実際上大きな効果を持つと考える[63]。一応，上記のように考えることができるが，上記私見は，和解手続における要件事実論・事実認定論の機能について，一種のデッサンをしたに過ぎず，小生としては，こうした基本的考え方を更に具体的に発展させていく必要があると考えている。今日の要件事実論の課題の一つと考える所以である。

57) 同意見書35頁以下。
58) この点も含め，本文記載の司法制度改革推進本部事務局の文書については，高野耕一「ADRと民事調停・家事調停」法の支配132号15頁以下（2004）に詳細なコメントがあり，有益である。

59) 伊藤・要件事実・事実認定入門166頁以下。
60) ごく最近のこの分野に関する注目すべき論文として，河村浩「家事調停事件における『説得の基礎』要件事実論・事実認定論を手掛かりに」判タ1151号26頁以下（2004）がある。同論文は，その冒頭において「家事調停においても，紛争解決機能を高めるためには，法的判断と事実判断という規範的論理（要件事実論・事実認定論）に基づく判断が，『説得の基礎』として重視されるべきであ」ると述べており，その基本において私見と同様のものがあると考える。

なお，北秀昭「民事訴訟法改正後の弁論準備手続のなかの和解のあり方―峻別論を踏まえた上での和解論の再活性化を求めながら―」ジュリ1266号182頁（2004）は，本稿で述べる私見のような考え方を「和解規範を要件事実論・事実認定論に準じて活用することは，判決か，和解かの振り分け機能を果たすうえで無意味な主張を封じる機能を果たし，争点の拡散化を防ぐうえでも有効な手立ての1つとなりうるものと考える。」と評している。
61) 「判決規範」とは，判決手続において，証人尋問をどのような手続でするかなどの手続に関する規範ではなく，訴訟物である実体法上の権利の存否を判断するための実体法に関する規範のことである。
62) 調停規範という考え方はつとに高野耕一氏が述べておられところである。この点については，高野・前掲注58)（特に24頁の注9)）参照。

浦本寛雄教授は，「有責配偶者からの離婚請求―判例の変遷とその背景」判タ1100号26頁（2002）及び「破綻主義離婚法と配偶者保護の法理（3・完）」熊本法学51号54頁以下（1987）において「調停規範」や「和解規範」という用語を，裁判所が判決における裁判所の判断規範とは別の調停や和解における判断規範として使用する規範の意味で使用しておられる（ただ，詳しく述べる紙幅はないが，そこで前提とされている状況は，本書で例を挙げて説明している場合とはやや異なるように思われる）。「調停規範」という用語については，例えば，梶村太市・新版離婚調停ガイドブック―当事者のニーズに答える―25頁以下（日本加除出版，2004）も参照。古くは三ケ月章「紛争解決規範の多重構造―仲裁の判断基準についての裁判法学的考察―」法学協会編・法学協会百周年記念論文集第1巻法一般・歴史・裁判（1983）掲載〔民事訴訟法研究第9巻所収，235頁以下（有斐閣，1984）〕も調停等の当事者の合意が重要である手続における規範が判決手続における規範と異なることを説いている。

また，廣田尚久教授は，「紛争解決規範」という用語を使用され，その意味を『紛争解決のためにそれを使うことが正当とされる基準』と定義される（廣田尚久　紛争解決学（新版）21頁〔信山社，2002〕）。

なお，筆者自身も，全く簡単にではあるが，多様な規範の可能性について触れたことがある（伊藤滋夫「要件事実と実体法」ジュリ869号21頁〔1986〕）。
63) ただ，こうした考え方が行き過ぎると，判決規範に照らせば正当である権利の追

求が，和解規範に照らして不当であると評価され，その結果そうした権利の実現のための行為が白眼視されることになりかねない。そうした点に十分に留意した運用がされなければならず，更にきめ細かい基準が考え出されなければならない。判決規範に照らして正当である当事者の権利の実行は，それが濫用になると評価されない限りは，最終的には禁ずることはできない（そうした当事者は和解手続の打切りを求めることができる）と思われる。

(3) 新たな実体法の動きとの関係における課題

(a) はじめに

現在は，法現象（あまり熟していない言葉かもしれないが，社会現象が社会に現れる現象を言うように，法制度の面で現れる現象といった程度の趣旨である）又は社会現象（それが法現象に反映してくる）が激しく動いているときであると言えよう。要件事実論は法制度の一部である実体法の構造に関する理論であるから，こうした法現象又は社会現象の動きと無縁でおられるはずがない。[64]

典型契約その他の典型的な場合については，ある程度その要件事実についての研究は進み，その研究成果も公表されている。[65] 更に最近は，大江忠弁護士が[66]『要件事実○○法』という形式で刊行されている業績は，民法，商法の域を超えて，租税法なども含む広範な分野に及んでいる。また直ぐ前に述べた「労働[67]事件審理ノート」などの優れた実務上の工夫も発表されている。ただ，こうした業績や工夫の進展をもってしても，法や社会の激しい変化に伴って，次々と新たな紛争の形が発生し，常にこうした新しい事態に対処できる具体的な要件事実論の構築が望まれることになる。そのためには，既にある又は予想される類型の紛争に対処できる具体的要件事実論の考え方に基づく理論の絶え間ない充実蓄積に努めるとともに，どのような態様の紛争にも柔軟に対処できる要件事実の，汎用性を有する基本理論を充実することも必要であると考える。[68] これも要件事実論の当面する一つの課題であると考える。

そうした汎用的要件事実論を抽象的に述べてみても，小生の現在の知見では，結局は，「立証の公平」，「原則例外」，「制度の趣旨」などを重視して要件事実論を構築すべきである，といったことになってしまうので，新たな法現象に対して具体的にどのように要件事実論が対処すべきかを，筆者なりに，上記の汎用的要件事実論の一適用の場面として，以下に考えてみることにしたい。

そうした問題として，

①新たな権利の生成に関する問題，②財産法の改正に伴う問題，③財産法の改正が予想されることに伴う問題などを検討してみたい。

- 64) 六本佳平・法の世界（放送大学教育振興会，2004）の70頁以下は，「法と社会」という章に充てられているが，その冒頭（70頁）において，「法の実際のあり方や実際に働く局面に注目して，法が社会からどのように影響を受け，また社会にどのように影響を与えるかを見る。」として，社会と法の関係が詳細に検討されている。そこでの検討の結果からも，社会と法との間に存する相互作用は明らかになっている，と考える。
- 65) 司法研修所編・紛争類型別の要件事実―民事訴訟における攻撃防御の構造―（法曹会，1999）など。
- 66) 同弁護士は，慶應義塾大学法科大学院教授でもあられる。
- 67) 同弁護士の業績が，どのような法域に及んでいるかを示す意味で，書名のみを挙げてみると，次のようになる。要件事実民法（上），（中），（下），要件事実商法（上），（中），（下），要件事実民事訴訟法（上），（下），要件事実労働法，要件事実知的財産法，要件事実租税法（上），（下）など（いずれも第一法規）である。
- 68) この点については，小生なりに要件事実・事実認定入門や要件事実の基礎などの著書において努力をしてきたところである。

    そうした努力は，直ぐ続いて本文で述べる「立証の公平」，「原則例外」，「制度の趣旨」などを重視して要件事実論を構築すべきであるといった考え方の強調であるが，そう言うだけでは不十分であると考える。こうした考え方については，伊藤・要件事実・事実認定入門68頁以下参照。

(b) 新たな権利の生成に関する問題

㋐ 受動喫煙を受けない権利　　この問題については東京地判昭62・3・27判時1226号33頁（いわゆる嫌煙権訴訟判決）以来，受動喫煙を理由とする原告の慰謝料請求を初めて認めた最近の東京地判平16・7・12（平成11年㋬第13320号　損害賠償請求事件。残念ながら，まだ同判決を登載した刊行物を見つけることができない）まで，状況は大きく変わってきた。健康増進法も成立して受動喫煙の防止をうたっている（同法25条）。

その状況の変遷については，筆者もかつて未熟ながら論じたことがあり，そこでは，たばこの有害性に関する科学的知見の進展と市民の法意識がそうした変化の原因となっていることを説き，多少の要件事実論的分析を試みた。その場合には，原則的に原告の権利を基礎付ける評価根拠事実は何か，換言すれば，

例えば受動喫煙を受けたことを理由とする損害賠償請求事件における請求原因事実は何か，ということを，受動喫煙の原則的危険性から考え，それについての抗弁は何かなどを考えた。このように，受動喫煙を理由とする損害賠償請求権の問題を扱う場合においても請求原因事実と抗弁とに分けて考える説明をした。今後，更に，受動喫煙の弊害が明らかになり，それを受けるいわれはないとの（言い換えれば，受動喫煙によって権利が侵害されたとの）権利性の意識が高まるにつれて，請求原因事実が減少し，請求原因事実の一部がその反対の形で抗弁に回るという現象が予測できると考える。当初は，受動喫煙の弊害をかなり詳しく請求原因事実として主張立証しなければならないが，それが段々とその必要が少なくなり，抗弁として，請求原因事実のような状況があっても，原告の請求は理由がない特段の事情を述べるべきであるというような状況になると考える。

ここで要件事実論の行っている注目すべき点は，単に受動喫煙を理由とする損害賠償請求が可能かという，やや漠然とした検討ではなく，そうした損害賠償請求権を発生させるために基本的に必要な具体的事実（請求原因事実）は何か，その発生を妨げると考えるべき具体的事実（抗弁事実）は何かというように，裁判の場において必要な要件としての具体的事実を追求しているということである。請求原因事実を考えるに当たっては，損害賠償請求権の発生のために本質的に必要な事実を突き詰めて考えており，しかもそれを受動喫煙をめぐる社会の実態との関係で，かつ，その変化をも考慮に入れて考えているということに注目してほしい。

今後の課題としては，受動喫煙に関する諸状況の変化に対応して，どのように柔軟かつ的確に要件事実的構成を行い，もって民事訴訟による紛争の解決に寄与することができるかにあると言えよう。

69) 伊藤滋夫「権利の生成過程と内容—主として受動喫煙問題を題材として—」司研論集107号35頁以下（2002）。

(ｲ) **著作権に関する問題**　最近は，知的財産に関する内外の諸情勢の著しい変化に伴い，わが国の国際競争力の強化のためにも，知的財産に関するわが国として採るべき対応についての検討が強く要請され，そのための法制度や政府としての機構の整備・推進が図られている。こうした状況に適切に対応する

5 要件事実論の課題

ためには，新たな具体的状況にその都度迅速に対応する法制度の改正が必要であることは言うまでもないが，あまりにも諸情勢の変動が激しいために，立法がそれに追いつかないという現状にあるように思われる。そうすると，判例などによる適切な対応が必然的に望まれることになる。そうした対応において，最も重要なことは，法解釈論として行われる以上，現存する法条と無関係にこれを行うことは許されない。したがって，現存する法条がそのままでは，あるいは現存する法条についての従来の解釈のままでは，新たな状況に対応できない場合にどうするか，そこに要件事実論の働く場合はあるのか，その場合の課題は何かということになるであろう。要件事実論は，ある権利，例えば損害賠償請求権の発生のために本質的に必要な事実を突き詰めて考えていくという特徴を持っている。そうすると，ある法条に定められている要件にそのまま該当する具体的事実がないとしても，それと本質的に同じ性質の事実であるならば，要件事実論としては，それを等価値と考えて，同法条の適用（又は類推適用）を認めるという考え方をするのである。そうした考え方が，社会の実態の激しい変化に法条の改正が追いつかない場合には，有益であると考える（もとより，その行きすぎは戒めなければならず，その限界について，常に厳しい検討をしなければならない）。例えば，以下の判例の動きも，要件事実論の考え方からすれば肯定できるものである。

最判昭63・3・15民集42巻3号199頁は，X（社団法人日本著作権協会）とYら（生演奏の代わりにカラオケによる伴奏で客やホステスに歌唱をさせて利益を上げる店の経営者）との間で争われた著作権侵害による不法行為に基づく損害賠償請求事件について，「客による歌唱も著作権法上の規律の観点からはYらによる歌唱と同視しうる」ことを理由に，Yらによる音楽著作権の侵害を認めて，Yらに不法行為責任を認めた。すなわち，本判決は，著作権法22条の規律する基本的な制度趣旨を根拠として，直接Yら自身が歌唱した場合でなくても，Yらが著作権を侵害したものと等価値であると評価したと考えられる。これも要件事実論的考え方と言ってよい。[71]

最近の事件では，東京地決平14・4・11判時1780号25頁①も，インターネット上のサーバーとしての接続業務の提供ということを介して，サーバーであるYは，直接にはYの客である利用者の行う送受信を行っていないのであるが，

39

それを可能にしているという根拠で，公衆自動送信等を自ら行っている者に当たるとして，Ｙの著作権侵害を認めた。これも前記最判と同様の考え方であると思われる[72]。

競走馬の所有者が当該競走馬の名称を無断で利用したゲームソフトを製作，販売した業者に対しいわゆる物のパブリシティ権の侵害を理由として当該ゲームソフトの製作，販売等の差止請求または不法行為に基づく損害賠償請求をすることの可否が問題になり，これを否定した最高裁判決があるが[73]，そうした問題についても，従来認められてきたと思われる著名人の氏名等についてのパブリシティ権との本質的同一性，それとの等価値性といったものがどれだけ認めることができるかという問題であり，今後論議が続くことになるであろう。

以上で扱った問題は，ある法条で定められている要件の持つ本質的意味をどう考えるべきかということに関連した，要件事実論的思考の有用性を述べたものであるが，もとよりそうした考え方は，民法における類推解釈の一種の問題として考えれば[74]，要件事実論のみに特有というわけでもないのであるから，そうした場で，要件事実論に特有の視点からした分析というものが，どういう特徴を持って，その有意義性を発揮できるかという点は，なお今後十分に検討すべき課題と言えよう。

現段階における一応の私見を述べるとすれば，次のようになるであろう。通常の民法学の考え方では，一括してある権利の発生根拠と考えるところを，要件事実論では，例えば，それを更に絞ってぎりぎり発生原因事実としての評価根拠事実と評価障害事実とに分けて考えるということがあると考えられ，その限りにおいて，権利の本質にいっそう迫る考え方であると言えよう。また，ある状況に全体として全く同じことが言えなくても，「特段の事情」があるときは，そうした事情と一体をなすものとして考えて，ある権利の発生根拠事実として肯定できる場合もあるとの考え方をすることもあるであろう[75]。そういう意味では，民法一般に言われる類推解釈よりも，よりきめ細かく具体的事実の特質を考慮して考えるという思考方式ということができよう。そうした考え方を，具体的に新たな法現象に即して考えて，広すぎる類推に伴う弊害を防止しつつ，より適切な対応をできるように改善していくということが今後の要件事実論の課題の一つと言えよう。

70) こうした状況に適切に対応するために，知的財産基本法（平成14年法律122号）も制定されている。更に知的財産高等裁判所設置法（平成16年法律第119号）等が成立し，裁判所における知的財産権に関する審理の一層の適正迅速化が図られようとしている。こうした状況については，小田真治「知的財産高等裁判所設置法／裁判所法等の一部を改正する法律」ジュリ1276号74頁以下（2004）参照。

71) なお，類似の問題を扱った判例として，最判平13・3・2民集55巻2号185頁，大阪地判平15・2・13判時1842号120頁（判評548号44頁）における考え方も参考になるであろう。

72) こうした点については，牧野利秋「著作権等侵害の主体」牧野利秋ほか編・新・裁判実務大系22巻346頁以下（青林書院，2004），牧野利秋「ファイル・ローグ事件仮処分決定と複数関与者による著作権侵害（上）」，「同（下）」NBL750号18頁以下，同751号45頁以下（2002）に，優れた分析がある。

73) 最判平16・2・13判時1863号25頁。同頁以下の同判決についてのコメントが参考になる。

　　パブリシティ権一般については，五十嵐清・人格権法概説179頁以下（有斐閣，2003）に有益な説明がある。設楽隆一「パブリシティの権利」牧野利秋ほか編・新・裁判実務大系22巻546頁以下（青林書院，2004）は，パブリシティ権に関する判例を概観している。

74) 類推解釈については，椿寿夫教授が中心になって行われている研究があり，そのまとめとも言うべき論文が，椿寿夫「類推適用論覚書―まとめに代えて」法学セミナー2004年12月号38頁以下であるが，同論文をもってしても，類推解釈の本質を実際の具体的適用の可能な形で解明し尽しているといえるか，疑問が残るところである。伊藤滋夫「実践的法学教育論―民法の授業の現場からの一試論」大東法学第8巻第2号31頁以下（1999）は，類推解釈にも関連してささやかな努力をしている。

75) 例えば，パブリシティ権の問題にしても，極めて有名な動物（例えば，競馬の競走馬）があった場合に，その名前を特に信義則に反するような仕方で（例えば，あたかも，その競走馬の持主であるとの誤解を招きかねないような仕方で），無関係の者が使った場合において，これをパブリシティ権と明示しなくても，実質的にそうした権利を認めるの同様に，何らかの効果（例えば，慰謝料請求権）を認めることもないとは言えないであろう。

　　五十嵐・前掲注73）189頁も，「一流の競走馬については，有名芸能人に劣らぬパブリシティ価値があることは確かだし，それに第三者が無断でただ乗りすることは防がれなければならない。さしあたり不法行為法を弾力的に運用して対処すべきであろうか。」と言い，同頁の注82）において興味ある文献を紹介している。

　　同様の見地から，木村和成「物のパブリシティ権侵害に基づく差止請求・損害賠償請求の可否」（民事判例研究）法時76巻11号87頁以下（2004）における説明にも注目

すべきである。

(c) 財産法の改正に伴う問題

消費者契約法（平成12年法律61号）は、平成13年4月1日施行の法律であるから、制定されて既に3年以上の年月が経過しているが、基本的には時代の変化に応じて出来た新法の性格をまだ保持していると言ってよいであろう。そのため、今なお、その解釈には、判例などの積み重ねが少なく（特に、同法の法条についての解釈を説示した最高裁判所の判決がなく）疑問の余地があるものも少なくない。

その1例として消費者が事業者との契約で定められていた損害賠償額の予定又は違約金の額が過大であるとして、すでに何らかの事由で支払った過大とする額の返還の請求をする場合又は事業者が未払いの損害賠償金等の請求を求める場合において、消費者契約法9条1号が「当該事業者に生ずべき平均的な損害の額を超える部分の額は無効である。」旨を定めていることの要件事実論的位置づけが問題となる。すなわち、予め予定された当該損害賠償額の予定等に、「当該事業者に生ずべき平均的な損害の額を超える部分」を定めた部分があることについて、消費者に主張立証責任があるのか、そうではなく、当該損害賠償額の予定等には、「当該事業者に生ずべき平均的な損害の額を超える部分」を定めた部分はないことについて、事業者に主張立証責任があるのか、ということが問題となる。[76]

こうした問題が、どういう意味で今論じている要件事実論の課題となるのかということを、まず述べておかねばなるまい。新法の場合には、とりわけ制定当時と現在の時期の差が短いだけに、立法者の意思（国会の意思のみではなく、法律の立案に当たった各種審議会、立案担当機関の意思などを含む。以下簡単に「立法趣旨」と言う）の尊重ということが重要であるが、同時に具体的な事案の妥当な解決、要件事実論の基本的な考え方との整合性などの視点も無視することはできない。[77]更には、立法趣旨と言っても、新法全体についての立法趣旨と当該条項についての立法趣旨があり、その整合的な調整も必要である。最近の法律は、概ね要件事実論的観点を踏まえて立法されていることが多いが、当該法条を定めるに当たって、立法がいつも要件事実論的観点から、これを検討しその結果を条文上の表現に明示しているとも限らないことに留意すべきであろう。[78]

新法の場合には，同法の法条に関して主張立証責任が問題になるときには，裁判例・学説の蓄積が少ないだけに，要件事実論の基本的理論を正確に踏まえて，しかも立証の困難ということを考える（それが立証責任の所在を決めるに当たって重要な判断基準の一つとなる）事実認定論の立場からの考察をも十分に踏まえて，要件事実論として適正な判断をしなければならない。現在のような社会経済情勢の変化の激しい時代には，以上のような判断を要請される場合が多く，これに適切に対処できるようになることが，要件事実論の現下の課題であると言うことができる。

そこで，消費者契約法9条1号の問題に戻ることにしましょう。

同条の基本的性格について，立法担当官署は，「本条においては，消費者が不当な出捐を強いられることのないよう，事業者が消費者契約において，契約の解除の際または契約に基づく金銭の支払義務を消費者が遅延した際の遅延賠償額の予定または違約金を定めた場合，その額が一定の限度を超えるときに，その限度を超える部分を無効とすることとする。」と説明している[79]。また同号の立証責任について，立法に当たって中心的役割を果たされた落合誠一教授は，「本号の『当該超える部分』の立証責任は，消費者にあるから，その前提としての『当該事業者』の平均的損害額の立証責任も消費者にある。しかしそれは，一般に『当該事業者』の内部的事情に属する事実であることを考慮すれば，消費者の立証については，文書提出命令あるいは事実上の推定の活用等による運用上の軽減が裁判において積極的になされることが期待される。」と述べられる[80]。

以上によれば，立法者は，同号は，消費者と事業者との間に成立した損害賠償額の予定等の合意（民420条1項〔現行民法典も平成16年法律第147号による改正後の民法も同じである〕の定めるところであり，同項によれば，裁判所はその減額をすることができない）の特段の事情（成立した合意は特段の事情のない限り有効と扱うのが原則である）として無効原因を定めた規定の性質を有するものとの理解の上に立って，同号における平均損害額を超えて無効となる部分の立証責任は消費者にある，と考えていたことは，ほぼ疑いがないものと言うことができよう。

その上で，検討すると，そうした経緯は，決定的な意味を持つとまでは言えないとしても，このような比較的新しく立証責任のことも制定に当たって考慮

されたと考えられる法条の解釈に当たっては、その点に関する立法趣旨を軽々に無視することは許されないこと[81]、消費者保護を目的とする消費者契約法全体の立法趣旨が、本号について具体的に存在すると理解できる個別的立法趣旨を覆すとまで言うには不十分であることなどを考えると、一応は、上記の点に関する主張立証責任は、消費者にあると解すべきことになる。しかし比較的新しい法律であっても、法条の表現は、立証の困難がいかに著しく不合理な結果を招くとしても、最終的な基準となるべきである、とまで言うことはできない。特に、消費者契約法の基本理念が消費者保護であるのであるから、この点はなお慎重でなければならないであろう。そうすると、最終的には、「当該事業者に生ずべき平均的な損害の額を超える部分の額」の立証、ひいては「当該事業者に生ずべき平均的な損害の額」の立証の困難がどの程度であると考えるべきか、その困難を軽減する文書提出命令などの訴訟法上の方法、証明度の軽減、事実上の推定などがどの程度活用できるかについての判断に係ってくることになる。筆者の現段階での一応の見解としては、恐らくそうした事実認定に関する方策の総合によって、消費者の立証の困難はある程度軽減されると考えているが、その確定的な結論を出すことが本稿の目的ではないので、なお断定をさけたい。

以上の検討から明らかなように、新たな社会経済現象に対応してできた新たな法律において、裁判例・学説などの蓄積が十分ではない場合においては、要件事実論の立場からは、以上のような諸要素を総合的に駆使して、的確な結論を出すべきであると考えている。以上の筆者の分析は必ずしも十分ではないであろう。そこでそうした観点からの一般的方法論と具体的適用に関する検討が今後更にされるべきであり、これが現下の要件事実論（事実認定論を含む）の課題の一つであると考える。

76) このことについては、公刊された印刷物に載ってはいなくても、ある程度の下級審裁判例の蓄積ができつつある。裁判例・学説等の詳細については、山本豊「消費者契約法9条1号にいう『平均的な損害の額』」（民法判例レビュー80　判例評釈①契約）判タ1114号73頁以下（2003）、朝倉佳秀「消費者契約法9条1号に規定する『平均的損害』の主張立証責任に関する一考察―問題点の検討と裁判例の紹介―」判タ1149号27頁以下（2004）、山崎敏彦「消費者契約法9条1号所定の『平均的な損害の額』の主張立証責任」私法判例リマークス29（2004年〈下〉）50頁以下（2004）各参

77) 筆者は，かつて新法の解釈にあたっては，特にその立法趣旨の尊重が重要であるなどと述べたことがある。こうした点については，伊藤滋夫「民事訴訟法248条の定める『相当な損害額の認定』(上)」判時1792号3頁（2002）参照。
78) 例えば，債権譲渡の民法の特例等に関する法律（平成10年法律第104号）は，比較的新しい法律と言えようが，同法2条3項（同項は，平成16年法律148号によって改正されてはいない）は，そこで言う通知と債務者が譲渡人にした弁済等の事由の先後関係についての主張立証責任について条文の表現上においてこれを明らかにしたものと言うことはできない。
79) 経済企画庁〔当時〕国民生活局消費者行政第一課編・逐条解説消費者契約法163頁，164頁（商事法務研究会，2000）。
80) 落合誠一・消費者契約法140頁（有斐閣，2001）。
81) 現行民法典のように，立証責任のことを考えて法条を定めているのではないものについて考えるときは，本文記載のことは，前提を異にした場合についての説明であることに留意すべきである。誤解を避けるために，念のため述べておく。筆者が，要件事実論の一般論として，主張立証責任の所在の判断基準として法条の形式を基準とする，いわゆる規範説を採らないことと矛盾するものではない。なお前掲注2）参照。

(d) 財産法の改正が予想されることに伴う問題

今後も，いろいろの財産法の改正が予想される[82]ところであり，そうした予想される立法問題について，要件事実論がどのように寄与できるかを考えるべきである。でき上がった法律について，そこで定められた法条を踏まえて，正しい要件事実論を展開することも，もとより重要であるが，新たな立法の動向を要件事実論の視点から見てあるべき方向へ導いていくための努力も積極的になされるべきである。

こうした問題の一例として，今問題となっている債務者を特定しない債権譲渡の対抗要件の整備の問題[83]を考えてみたい。

平成16年3月3日，法務省民事局参事官室は，「動産・債権譲渡に係る公示制度の整備に関する要綱中間試案　補足説明」を発表し，現下の金融経済情勢を踏まえて，「事業者に対する資金供給を円滑化し，事業者の資金調達手法を多様化する上で，動産・債権担保を手段とする新たな資金調達・融資手法は，重要な意味を持つものである。」とした上，「債権の譲渡担保については，債務者不特定の将来債権の譲渡に関して，これを公示して対抗要件を具備し得るこ[84]

ととすることが実務界を中心とする各界から強く要望されているところである。」[85]として，債務者不特定でも，債権譲渡特例法5条1項6号の要件を満たすような立法をするとの説明をしている。更に，「債務者不特定の将来債権の譲渡が有効であるためには，債務者以外の基準（例えば，発生原因や発生時期の始期・終期）によって譲渡の目的とする債権の範囲が画定されていなければならず，かつ，譲渡の目的とする債権の範囲を画定するこの基準は，将来において譲渡人が有することになる個々の債権について，その基準に該当するか否かを明確に判断することができるようなものでなければならない。」[86]と説明し，こうした債務者不特定の将来債権の例としては，将来のある特定期間にわたる，あるビルの各室の賃料債権その他を挙げている。

その後この問題は，平成16年9月8日「動産・債権譲渡に係る公示制度の整備に関する要綱」として，法制審議会総会における決定，法務大臣への答申という段階を経て，「債権譲渡の対抗要件に関する民法の特例等に関する法律の一部を改正する法律案」が第161回国会（臨時会）に提出され，平成16年法律第148号として成立し，同年12月1日に公布された（公布の日から起算して1年を超えない範囲内において政令で定める日から施行されることになっている）[87]。同法では，現行法5条1項6号の「譲渡に係る債権の債務者その他の譲渡に係る債権を特定するために必要な事項で法務省令で定めるもの」という規定のうち，冒頭の「譲渡に係る債権の債務者その他の」が削られ，債務者は債権の特定の要素として不要とされている。そして，同法律案を提出する理由としては，「法人がする債務者の特定していない将来の金銭債権の譲渡等についても登記により対抗要件を備えることができるようにする等の措置を講ずる必要がある。」とされている。法務省令が定められれば，内容が明らかになることではあるし，その内容も前記の説明などから，ある程度予想されるところではあるが，現在はまだ上記法務省令が出ていない段階であるので，今の段階で要件事実論の立場から，考え得る問題点を述べておきたい。[88]

債務者を特定しないまま債権の譲渡が可能であることになると，当然に債権の特定の方法が問題となる。どのような事実で譲渡対象である債権を特定できるかということが問題となるわけであり，理論上は，譲渡対象の債権の発生原因事実（通常は，債権特定のためには，債権発生原因事実と不可分のものとして債務者が

考えられている。例えば，Aに対する○年○月○日貸し付けた100万円の債権といった具合である）を基本として特定することになると考えられる。これは債権発生のための要件事実は何かという問題であり，要件事実論そのものにほかならない。そして，その要件事実の特定性と具体性を厳密に要求すればするほど譲渡対象である債権は明確に特定されて混乱を生じない反面，不特定の債権をも担保の対象として，企業の金融の利便を図るという新法の目的からは離れることになる。この調整をどう採るかということであるが，この問題は民事訴訟において，要件事実，例えば請求原因事実について要求される具体性と特定性を厳格に要求すればするほど，被告の防御権の保障には役立つものの，原告の権利の迅速な救済からは遠ざかる結果となるとうことと，驚くほど機能的には似た問題であり，まさに要件事実論がその真価を発揮するためには，どう考えるべきかということになり，今後の要件事実論の課題の一つと言えよう。[89]

82) こうした現在の激しい立法の動きについては，河野・前掲注45）参照。
83) この問題については，佐藤正謙「債務者不特定の場合における将来債権の譲渡」金商1186号124頁以下（2004）が有益である。
84) 同補足説明「はじめに」の1「動産債権担保の活用」中の説明。
85) 同補足説明「はじめに」の2「公示制度の整備の必要性」中の説明。
86) 同補足説明第2，1(3)イ「債務者不特定の将来債権の特定」中の説明。
87) その意味では，表題の「財産法の改正が予想されることに伴う問題」では既になくなってしまったということになるが，ここで最も問題になる部分は，今後法務省令で定める部分がどうなるかということであるから，実質的には，まだ「改正が予想されることに伴う問題」と言ってよいであろう。

　率直に言って，筆者が原稿を執筆しているうちに，非常なスピードでこのように立法が進行したということであり，そのこと自体，現在の時代の流れを反映する法律の流動化を如実に示していると言えよう。

　同法の内容については，植垣勝裕ほか「『債権譲渡の対抗要件に関する民法の特例等に関する法律の一部を改正する法律』の概要」民事法情報221号11頁以下（2005）参照。
88) 法務省令がどのような内容になろうとも，筆者としては，この問題を題材として，新たな立法が予想される場合の，要件事実論的な考え方の一適用例として，検討をしているのであるから，ここでの検討の本質が無意味になるものではないと考えている。

　もとより，このように債務者不特定の将来債権の譲渡について登記による対抗要件を認めることは，ひとり要件事実論の立場から問題として取り上げるべきことという

に止まらず，根本的な問題として，こうした改正が，民法の公示制度・対抗要件制度の構造の理解にどのような影響を及ぼすか，という問題がある。例えば，こうした改正は，最判昭49・3・7民集28巻2号174頁が理論的前提とすると思われる「債務者は債権譲渡に関する情報のセンターとしての機能を有する」との考え方の崩壊につながるものと考えるべきか，民法の債権譲渡の対抗要件に関する例外的な特則を設けたに過ぎないと考えるべきかなど，大きな問題があるであろう。そうした点については，ここで触れる余裕はない。

89) 筆者は，伊藤・要件事実の基礎140頁参照。なお「要件事実の具体性と特定性」の問題全体については，同書137頁以下参照。

(e) まとめ

以上において，「新たな実体法の動きとの関係における課題」として幾つかの問題を取り上げ，それぞれにおいて，それらが要件事実論の課題となる理由を説明した。ここでこれらの問題を通観して，そこにどのような重要な点が見い出されたかを考えてみたい。

「新たな実体法の動きとの関係における課題」の考察の冒頭の「はじめに」において，筆者は，「どのような態様の紛争にも柔軟に対処できる要件事実論の，汎用性を有する基本理論を充実すること」が必要であるとして，これを要件事実論の課題と考え，その具体的な考察として以上の(b)，(c)及び(d)の諸問題を考えてきたのである。その結果，こうした汎用的要件事実論を発展させるためには，次のような諸点に留意して検討を進めるべきことが明らかになったと言えると考える。

① 要件事実論において基本となる事実の本質的部分をどう捉えるかについての考え方，発生根拠事実と障害事実，特段の事情などの事実を分析して捉える考え方，事実とはどこまで具体化，特定化されることが必要かという点についての考え方を更に深く多くの具体例について検討し，そうした具体例について何らかの類型化を図るべきである。そして，結局は，立証の公平ということの具体化を出ることができないのではないかとの危惧はあるのであるが，できればそれを通じて説明できる基礎理論を構築すべきである。

② 要件事実論と事実認定論を有機的に連携させて考察し，どのような要件事実論的な分析をする場合においても，立証の公平といった理念を抽象的

に考えるに止まるのではなく，常に具体的に，事実上の推定，証明度などの事実認定論の考え方を活用して立証の公平など，要件事実論の中核をなす問題をより深く検討すべきである。

(4) その他の分野における問題

(a) はじめに

従来，要件事実論は，主として民事訴訟の審理判断に関する実務上の理論としての視点から論じられることが多く，訴訟以外の分野における要件事実論の活用については，論じられることが少なかったように思われる。訴訟と密接に関連する和解や調停についてすら，ごく最近に至るまで同様の状況であったと考える。[90]

しかし，要件事実論的思考は，ひとり訴訟においてのみならず，更に広い分野において，その有用性を発揮するものであることに着目すべきである。[91] そうした分野としてどのようなものがあるかについては，その分野があまりにも多く，一々それをここで個別に挙げることは困難であるが，そうした分野としていかに多くのものが考えられるかは，本講座の各巻の目次を見るだけでも明らかとなるであろう。

90) この点については，前記 5(2)(b)「和解手続に関係して」参照。
91) 筆者は，このことをごく簡単にではあるが，伊藤・要件事実・事実認定入門217頁以下において指摘している。

(b) コンプライアンスに関連して

ここでは，まず，弁護士の職域拡大に伴う要件事実論の新展開について述べることとするが，具体的には，その一例として，近時のコンプライアンスの問題について少し詳しく述べることとしたい。[92]

こうした考察の背景にある大きな流れは，次に引用する改革審意見書の中に明確に表れていると言ってよいであろう。すなわち，同意見書は，今我が国が取り組んでいる種々の改革は，「過度の事前規制・調整型社会から事後監視・救済型社会への転換を図」ろうとするものであるとしている。そして同意見書は別の所で，「今後は，弁護士が，個人や法人の代理人，弁護人としての活動にとどまらず，社会のニーズに積極的に対応し，公的機関，国家機関，非営利[93]

団体 (NPO)，民間企業，労働組合など社会の隅々に進出して多様な機能を発揮し，法の支配の理念の下，その健全な運営に貢献することが期待される。」と述べている[94]。同意見書自身は，この両者を直接に関連付けて論じてはいないが，前者のような事後規制の社会の意味するものは，それぞれの個人や企業が自らの責任において判断，行動をし，もしその結果何らかの法令違反等があった場合には，司法の場における透明な紛争の事後的解決を図ることに繋がり，そうした社会の運営が適切に行われるためには，質量ともに充実した法曹が社会の各般の分野に進出して，法の支配の理念の下に真に適法な社会経済活動がされることを期待しているものと考えられる。

そうした認識の下に考えると，今後の法曹，特に弁護士の果たすべき使命は極めて重大であり，その期待されるべき職域も，従来の訴訟活動に止まるものでないことはもちろん，いわゆる狭義の企業法務（例えば，具体的訴訟事件に関する事務や具体的問題についての紛争予防など）の範囲に止まるべきものでもなく，広範な活動範囲が予想される[95]。そうした中で，ひときわ重要な役割を占めるべきものは，最近とみに論じられるようになったコンプライアンスという考え方である。コンプライアンスという考え方は，単に受動的に企業活動が法令に違反しなければ良いという消極的な考え方ではなく[96]，上記のような事後規制型の社会において企業がその社会的使命を果たそうとするためには，積極的に法令の趣旨，法令の実現しようとする価値を体して，社会から指弾を受けることのないような，対内的にも対外的にも倫理性の高い企業活動を目指すべきものであるという考え方を言うものと考える[97]。

こうした考え方は，今後の立法においても，ますます強調されるようになるものと思われる。平成16年12月9日に発表された法制審議会会社法（現代化関係）部会の「会社法制の現代化に関する要綱案」も，まさにこうした流れと軌を一にするように，コンプライアンスという表現こそ使用してはいないが，基本的には同様の考え方を根底の一つに据えていると考えられる。同要綱案第2部，第3，3，(5)「内部統制システムの構築に関する決定・開示」②においては，「大会社については，内部統制システムの構築の基本方針の決定を義務付けるものとする。」と定められている（大会社の定義については，株式会社の監査等に関する商法の特例に関する法律第1条の2第1項参照）。これを報じた朝日新聞同日

付朝刊（東京本社・第14版・第1面）は、「規制緩和の一方，経営の健全さを促す決まりもできる。大会社は職務の法令違反がないかチェックする体制（内部統制システム）の構築方針を定め，開示することが義務付けられる。」と述べている。こうした内部統制システムの構築に現れている法令順守のための積極的姿勢は，規模の大きい大会社においてこそより重要であり，法的義務でもあるわけであるが，考え方の問題としては，広く企業一般に求められているものと言ってもよいのではなかろうか（内部統制システムの構築という問題を財務面から見た経営の健全性いう視点からだけ捉えるのでは，やや狭いのではないかと筆者には思われる）。

　コンプライアンスという考え方は，上述したところからも分かるように，単に個別的紛争の法律に基づく解決ということではなく，まず第1に，法令の趣旨に従った企業全体の姿勢を基礎に，それに相応しい企業の体制の構築のために必要な考え方として，また，そのようにして構築された体制の下においての具体的実践を適正にするために必要な考え方として，捉えるべきである。こうした考え方としてコンプライアンスを捉えると，そうした企業活動の中で弁護士としては，法令の趣旨に従った企業の体制の構築，例えば取締役などの業務執行機関から独立性をもった法令順守の監視機構の設置・運営のために積極的助言をすることがまず重要であり，更に，そうした監査機構が設置された上では，そうした組織を通じて，またそうした組織と緊密な連絡を保ちながら，各種の業務遂行機関に法令順守の考え方を浸透させていくことなどによって，企業の具体的行動が対内的にも対外的にも真に法律の趣旨に適った行動を取るように推進していかなければならない。そして，弁護士としては，事前又は事後すみやかに，企業の具体的行動を法令順守の観点から，迅速的確に観察し判断することが必要である。

　以上のような視点からの具体的法的問題の例は直ぐにでも幾つか挙げることができる。例えば，①対内的には従業員についての差別的取扱いがされないような体制はできているか，具体的な差別事例はないか，対外的には，②自社の取引行為が知的財産権保護の趣旨に反しないようにする体制はできているか，具体的な侵害事例はないか，③環境保護のための規制や更には地域住民の適正な居住利益の保護を十分に考えて企業として行動する体制はできているか，具

体的侵害事例はないかなどなどである。個別的なトラブルだけを予想したり，それが起きてから考えるというのではなく，常に，企業のあるべき姿勢・体制としてこうしたことに留意し，必要に応じそれに適切に対応した対策を速やかに取るといったことが，企業全体の活動に対して求められていると言わなければならない。この場合の弁護士の姿勢としては，単に依頼者としての企業の狭い意味での利益の擁護にのみ腐心すべきではなく，社会全体の立場から見ての公益的視点をも重視して活動すべきものであり，それが現代の社会においては，結局は長い目で見ての企業のリスクを避け，企業イメージの向上にもつながり，企業の真の利益に資するものであることを認識すべきである。

　こうした場合に，弁護士は，激動する時代の動きや方向と，そこに潜む問題点をいち早くかつ鋭く把握し，多様な法律問題が全体として本質的にどのような問題であるのかを的確に判断できなければならない。例えば，当該企業が建築したある建造物にからむ付近住民とのトラブルが，隣地の所有者との間の境界争いのように，企業の行動と特定の人との間の個別的トラブルか，それとも，景観保護や公害という問題にもからんだ大きな環境保護・健康増進のうねりの中で捉えるべき地域住民全体との潜在的紛争の象徴的現れかなど，当該具体的問題の本質について，深い洞察力に基づいた法的観点から的確に判断できなければならない。そして，こうした具体的な紛争を予想し又は同紛争に対峙して，そこで問題になっている実体法上の権利は，基本的にどのようなものなのか，その要件事実は何か（具体的問題の本質を正しく洞察することが，そこで問題となっている実体法上の権利は何か，ひいてはその要件事実は何かを考える上で極めて重要である），そこからどのような法律効果が発生することになるのか，そうした要件事実の存否が不明確であるときには，それを推認させる間接事実や証拠にはどのようなものがあるのか，既に紛争の様相を呈しているものについては相手方はどのような態度を採っているのか，自分側の関係者の述べている供述の信用性は果たして十分かなどなど，多くの事柄が問題となる。この場合にも，問題となっている事柄の本質を摑む要件事実論の基本的考え方の徹底と，要件事実論と事実認定論の幅広い有機的連携が問題の解決，紛争の予防や解決のために重要であると考える。弁護士の関係者に対応する態度も，今までの個別の事件依頼者に対するのとは異なった，一種の公益的要請といったものをも加味したもので

なければならない場合もあるように思われる。その意味では，裁判官に類似した意味での要件事実論（事実認定論を含む）の活用が期待されるところでもある。

　今後ますますこうしたコンプライアンスの考え方は重視されていくものと思われ，こうした事態にいかに要件事実論（事実認定論を含む）が対処できるかも，その課題の一つであると思われる。

　　92）　この問題については，例えば，加藤新太郎編・民事司法展望第5章「民事司法と弁護士」（判例タイムズ社，2002）参照。
　　93）　改革審意見書Ⅰ第1「21世紀の我が国社会の姿」（4頁）。
　　94）　改革審意見書Ⅲ第3，2「弁護士の活動領域の拡大」（79頁）。
　　95）　まさに本講座第5巻『企業活動と要件事実』の各項目が示すような広範な分野での弁護士の活動が期待されることになる。
　　　　大塚勝義「企業内法務人材の流動化」NBL788号3頁（2004）は，社内弁護士の需要の拡大という近時の傾向について触れている。
　　96）　河野玄逸弁護士は，「いま企業トップに求められているコンプライアンス取組みは，〔中略〕法令遵守を新時代の戦略的武器（たとえば戦国時代の鉄砲）と位置付けるくらいの"攻め"のコンプライアンス態勢でなければならない。」と言われる（河野玄逸＝北沢義博＝北秀昭編著・実践コンプライアンス・ファイル9頁（商事法務，2003）
　　97）　北沢義博弁護士は，「コンプライアンスは，法令の趣旨を理解し，その法令が守ろうとする，あるいは増進しようとする利益や価値に従った行動を，企業に求めるものである。企業がそのような行動をすることによって，リスクは減殺されるとともに，社会から尊敬される企業となり，その企業の価値も増大するはずである。」と述べられる（河野玄逸ほか編著・前掲注96）17頁）。
　　　　神田秀樹教授は，「規模がある程度以上の会社になると，健全な会社経営のために会社が営む事業の規模・特性等に応じたリスク管理体制（いわゆる内部統制システム）を整備する必要がある（コンプライアンス＝法令順守体制の整備を含む）。」と言われる（神田秀樹・会社法〔第4版補正2版〕126頁（弘文堂，2004））。
　　　　コンプライアンスという考え方とそれに伴う各種の問題について，いわばコンプライアンスという理念から説き起こして全体の問題を概観した優れた分析として，「コンプライアンス系制裁制度研究会報告書（上）　平成16年2月25日」NBL782号52頁以下，「同（下）」NBL783号77頁以下（いずれも2004）がある。
　　　　コンプライアンスの問題と企業の社会的責任と言われる問題との関係については，松井秀樹「CSRと企業法務」法時76巻12号51頁以下（2004）参照。
　　98）　コンプライアンスで問題となる具体的事項については，河野玄逸ほか編著・前掲

注96）に詳しい。
　　また，そうした問題については，企業は専門家である弁護士と有機的な連携を取ることがますます重要になることを指摘するものとして，河野玄逸「会社関係事件と要件事実」（本講座第2巻）中の 2(2)(b)「取締役の故意過失が否定される場合」における説明参照。
99）　例えば，当該紛争において伝統的な所有権が問題なのか，一種の環境的利益が問題なのかなどにより，要件事実は基本的に異なってこよう。たまたま当該建築物の敷地境界線近くで汚水がにじみ出たという現象があったときに，それが単に隣地所有者との間で起きた隣地の所有権侵害の紛争なのか，建築の際に使用した有害な材料が地下に大量に不法投棄されていて，当該地域に有害な汚水などとなって大量に排出される初期現象として考えるべきものであったのか，というような場合を考えてみると，その相違がよく理解できるであろう。

(c)　高齢化社会における紛争予防に関連して

　我が国の社会の著しい高齢化は公知の事実であるが，それに伴い高齢者を悩ませる法律問題も数多く登場している。それと関連して公証人の行う各種業務（任意後見契約や遺言についての公正証書の作成など）もその重要性を増してきており，そうした公証業務においては正確で将来の紛争を予防することのできる書面の作成が要求される。その場合にも重要なことは，どのよう実体法上の権利が問題となっており，それに関係する要件事実を的確に踏まえて（権利発生根拠事実のみならず，各種の権利発生障害事実などもすべて見通して），紛争の発生を未然に防止することが重要である。ここでも，主として訴訟という場において問題となった従来の要件事実論が，ある意味で回顧的（口頭弁論終結時を基準とするという意味で）意味を持っていたのに対し，紛争の予防という面から，将来を展望した理論をも視野に入れて考えなければならない。この問題も事実認定論と深く関係する。こうしたことも要件事実論（事実認定論を含む）の課題の一つであると言えよう。

　　100）　そのいくつかについては，升田純・高齢者を悩ませる法律問題　成年後見制度をめぐる裁判例（判例時報社，1998），河上・前掲注16）220頁以下参照。
　　101）　そうした問題の詳細は，小倉顕「公証業務と要件事実」本講座第1巻246頁以下参照。

(5) 法科大学院における要件事実教育

　法科大学院における教育の重要な部分を占める要件事実教育をどうすべきかの検討も，今日における要件事実論の重要な課題であると考えている。以下その点について検討する。

　法科大学院制度発足後の新司法修習制度の正確な姿はまだ明らかではないが，司法修習制度は，実務修習を中心として1年間という期間行われることはほぼ確定していると思われる[102]。現在の司法修習制度では，前期及び後期の各3か月間の司法研修所における集合教育が行われ，そのほかの1年間が各地の裁判所，検察庁及び弁護士会における実務修習に充てられている[103]。従来は，この司法研修所における前期修習の期間に，大学法学部などで学生が学んできた理論法学と法曹として必要な実務法学との架橋を目指して，そのための教育が高い密度で集中的に行われた。そうした教育のうち，民事系教育の重要な部分を占めるものが要件事実教育であった。

　今後の新司法修習制度の下においては，従来の前期修習に対応する期間がほとんどなくなると思われることから，ここで行われていた要件事実教育をどこかで行わなければならなくなった。それは，法科大学院をおいて他には考えることができない。確かに，法科大学院制度の検討が始まった段階では，法科大学院において要件事実教育を行うことについていろいろな議論もあったが[104]，その後改革審意見書は，法科大学院において「要件事実や事実認定に関する基礎的部分」を教育すべきであることを明言した[105]。

　実務法曹の養成を目指す法科大学院において，民事訴訟による紛争解決のための基礎理論の一つである要件事実論を教えなければならないことは，ほとんど自明の理であるほど重要なことであり，こうした司法制度改革審議会の指摘は全く正当である。しかし，法科大学院における要件事実教育が具体的にどのようなものであるべきかについては，まだ定説と言うほどのものはないと考えられる。改革審意見書に言う「要件事実や事実認定の基礎的部分」というものが，具体的に果たしてどのようなものであるべきかが問題なわけである[106]。

　かなり明確に言えることは，法科大学院における要件事実教育が，従来の司法研修所における前期修習において行われていたそれを単純に模倣したもので

1 要件事実論の現状と課題

あってはならない，ということである。

その理由は，以下に述べるように，従来の司法研修所前期における要件事実教育（以下，「司研の要件事実教育」と言う）と法科大学院における要件事実教育とは，少なくとも次の2点において，重要な差異があるからである。

まず，司研の要件事実教育は，直後に実務修習を控えてそれに直結するものとして実務的側面が極めて強調されているのに対し，法科大学院における要件事実教育は，法科大学院を卒業して，更に司法試験に合格した後に実務修習が行われるという点において，実務修習への直結度が前者に比べて少ない。この差異は，法科大学院における要件事実教育は，その基本的性質をどう考えるべきか，どの年次においてこれをどのように実施すべきかなどについて，大きな問題を提起することになる。この点についてはまだ定説があるわけではない。要件事実論を法科大学院における民事法関係の教育の根幹にあるものと位置づけ，入学時から要件事実論に基づく実体法の教育をすることが重要であるという考え方もあるし，実務に近い授業と位置づけ3年次後期に実施するのが適切であると考えるものもある。

次に，司研の要件事実教育を受ける司法修習生は，大部分は大学法学部の卒業生である上，すでに難関と言われる司法試験に合格し，民事法に関しても相当水準以上の学力を有する者であるのに対し，要件事実論を学び始める頃の法科大学院の学生は，まだ学力形成途上にあって，司法修習生ほどの学力を有していると言えるか疑問の余地もあると考えられる。この点は，どの程度のレベルまでの要件事実論の教育を法科大学院においてすべきかという問題にもつながる。

以上のほかにも多くの差異があると思われるが，少なくとも上記2点の差異は，法科大学院における要件事実教育を論ずるに当たって，見逃すことのできない問題点である。しかも，そうしたことを踏まえた法科大学院における要件事実教育を深く論じたものは，今のところまだ非常に少ないように思われる。

各法科大学院においては，要件事実教育を理論と実務を架橋するものとして重視し，これをカリキュラムの中に取り入れて実施しているが，実務基礎科目の中に2単位程度の「民事訴訟実務の基礎」といった科目の中で，他の実務的問題とともに，これを実施するというやり方も多いように思われる。しかし，

法科大学院における要件事実教育の重要性に鑑みれば，それでは不十分であると考えられる。筆者は，法科大学院における要件事実教育は，民事実体法学の理論と民事実務との理論的架橋という側面が重要であることはもちろんであるが，それのみではなく，要件事実論が民事実体法による判断の構造に根ざした理論であることから，民事法教育の基礎理論の役割をも担うものとして位置づけるべきであると考えている。この点の考え方によって，要件事実教育の実際がある程度変わってくることに注意しなければならない。

2004年4月から7月まで要件事実論を実際に法科大学院において約30コマ（1コマ90分）教えてみて，幾つかの困難に逢着したが，そのうちの一つが，前記二つの問題点とも関係して，要件事実論をどの程度のレベルまで教えるかという問題である。

法科大学院における要件事実教育の位置づけを前述のように考えると，単に実務に必要な限度で要件事実論を教えれば足りると考えるのではなく，要件事実論の基本的考え方，特に民事実体法による判断の構造を学生に理解させるという点にも大きな重点を置くべきであるということになる。例えば，債務不履行責任について学生に教えるときにも，「債務不履行による損害賠償責任は，債務者の債務不履行があり，かつ，その不履行が債務者の責めに帰すべき事由に基づいたものであることによって発生する。」という考え方で教えるのではなく，「債務不履行による損害賠償責任は，債務不履行があったときに発生し，同不履行が債務者の責めに帰すべからざる事由に基づくときには例外的に発生しないことになる。」という考え方を基本にして教えるべきなのである（この点は，現行民法典でも平成16年法律第147号による改正後の民法でも変わりはない）。こうした考え方は，要件事実論の考え方である。

そうすると，要件事実論を教えるにあたっては，当事者双方の主張事実を要件事実論に従って請求原因・抗弁・再抗弁と構成していくときに，普通実務ではこのような形で構成しているということだけを教えるのではなく，どうしてそのような形で構成しているのか，なぜそのように考えるかの理由を徹底して検討することが必要である。そのようにすることによって，初めて学生は，民事実体法と要件事実との関係をその根底から理解することができるのである。そしてまた，そのような教育方法を採ることによって，従来の伝統的な紛争類

1 要件事実論の現状と課題

型のみについて暗記的に学んだ知識では対処できない，新たな紛争類型の事案に対しても，適切に対処できる要件事実論的思考が養われることになるのである（同時にもちろん，こうした教育方法によりながら，実務上問題となることの多い類型の具体的ケース〔当事者の多様な言い分と争いのある事実関係を含むもの〕をなるべく多数検討することも必要である）。

したがって，実務ではあまり問題にならないような要件事実の構成（その一例としては，実益があまりないように思われる議論—例えば，訴訟物に変化を来たさない場合での再抗弁か請求原因の予備的主張かの問題など[113]）についても，実体法に従って判断していくときには，考え方としてはこうなるということを教える必要があると考える。その際には，こうした問題を教えるのは，実体法の判断の構造を正確に理解するために重要であることを説明する，すなわち，こうした問題を教える意義を明確にする必要がある，と考える。そして，同時に，こうした問題は実務的にはそれほどの差をもたらさないということも付加しておくのが相当であると考える。

ただ，今後の問題としては，更に検討を進め，実務的にそれほどの差がないものについて，なぜ要件事実論においてはその区別を考えざるを得ないことになるかについて，なお検討を進め，何かそのギャップを埋める理論的工夫なり説明なりはないものかを考えるべきかもしれない。

ここで，前記二つの問題点の一つとして挙げた学生の理解の程度という視点をも含めて，もう一度より具体的に要件事実教育のやり方を検討しておこう。一般的に言えば，確かに法科大学院の学生のレベルは，司法修習生のレベルと比べれば低いということになるのであろうが，筆者の法科大学院における教育の経験（それはまだ極めて限られたものでしかないが）によれば，法科大学院の学生も，要件事実論のよって立つ基本的考え方（その中心となる考え方は，実体法の制度趣旨との関係を深く考えた立証の公平という考え方である）から徹底的に「なぜそう考えるか」を具体的に考えることを中心に授業を始め，「なぜ」を重視する同様の態度を維持しながら，徐々に具体的事例の検討を開始して，その程度を進めて行くという方法をとれば，少なくとも要件事実論の基礎理論を習得させることは十分に可能であると考えている。

要件事実論における基本となる考え方は，今も述べたように，立証の公平と

いう考え方であるから，大きく言えば正義の問題に関係すると言うこともできる。その意味で，基礎法学の叡智をも借りて，そうした点についても十分に考えなければならない。特に法科大学院における要件事実教育を民事法教育の基礎理論の役割を担うものと位置づけるべきであるという視点から見ると，この点は非常に重要であることになる。

以上いろいろと法科大学院における要件事実教育について述べてきたが，もとより不十分なものであることは，筆者自身よく承知している。法科大学院における教育の重要な部分を占める要件事実教育をどうすべきかの検討も，今日における要件事実論の課題の一つと言うべきである。

102) 現行の前期修習に対応する集合教育は，仮に残ったとしても，過渡的に当面の間，ごく短期間（例えば1か月程度）行われるに過ぎないと考えられる。「〈特集〉有斐閣法律講演会2004 これからの司法試験・司法修習の理想を語る」法学教室2004年10月号19頁における荒井勉司法研修所事務局長の発言参照。

103) 現行司法修習制度の概要については，前注102）の特集17頁以下における荒井勉司法研修所事務局長の発言参照。

104) 伊藤・要件事実の基礎277頁以下参照。

105) 改革審意見書Ⅲ第2，2(2)エ「教育内容及び教育方法」(66頁)。
なお，筆者自身も，伊藤滋夫「『法科大学院』における実務教育」判時1713号3頁以下（2000）において，当時の議論の状況なども紹介しながら，改革審意見書の発表に先立ち，本文記載の改革審意見書と同旨の私見を述べている。

106) その後，この改革審意見書を更に具体化したものが多少あるが，その最近のものとして，法科大学院設立準備会・カリキュラム・教育方法検討委員会「法科大学院における実務基礎科目の教育内容・方法等について（中間報告案）」（2003年2月）が発表され，同案は，そのⅢ2「民事訴訟実務の基礎」において「前期集合修習が廃止されること」を前提として，「『要件事実と事実認定の基礎』は，民事実体法と民事手続法とを有機的に関連させ，かつ，理論と実務とを密接に架橋する分野であって，法科大学院における教育の目的・理念を端的に具現する重要なテーマである。」と述べ，改革審意見書の前記提言を更に明瞭にしている。

107) 新司法修習制度においては，僅かな期間の司法研修所における前記修習が残る可能性のあることについて，前記注102）参照。

108) 2004年11月初めに結果をまとめた創価大学法科大学院による全国の法科大学院宛アンケート調査の結果による。

109) そのうちの大きな問題として，実施する教員側の態勢の大きな違いがある。司研の要件事実教育では，専任の多数の教官（2004年の現在では，裁判官〔民事裁判教

官〕と弁護士〔民事弁護教官〕各16名，合計32名）による組織的教材作成，合議，共同授業が，豊富な従来のノウハウの蓄積の上に極めて充実した形で行われているのに対し，法科大学院における要件事実教育では，各法科大学院により差があるとしても，その態勢は充実しているとは言いがたい。こうした差異もあるが，この差異は本稿においては，あまり言及しないことにする。

110) 伊藤・前掲注105) もあるが，同稿は，法科大学院発足前のものであり，今となって見ると，基本的趣旨に誤りはないと考えるが，細部については不十分というほかはない。

司法制度改革が論議され始めてから，法科大学院における教育一般については数多くの論稿があるが，要件事実教育に絞って書かれたものは数少ない。東孝行久留米大学法科大学院教授が「法科大学院における要件事実論教育について」として，2002年から2004年にかけて，久留米大学法学43号，44号，48号，49号に書かれたものは，その数少ない例である。

最近のものとしては，椛嶋裕之ほか「座談会 司法改革が法学教育に与える影響―法科大学院を中心に」，四宮啓「法理論と実務の架橋―司法制度改革と法科大学院における実務教育・新任教員の同僚への手紙」などがある（いずれも法時76巻5号）(2004)。

なお，本講座第1巻340頁以下には，田尾桃二氏の優れた論稿「法学・法曹教育における要件事実論」がある。

111) 最近のアンケート調査の結果（前記注108)）による。

ちなみに，創価大学法科大学院では，2年次前期（第3セメスター）という早い時期に，実務基礎科目としてではなく法律基本科目として，「民事法総合Ⅰ（要件事実・事実認定基礎理論）」を配置し（要件事実論を中心として授業を行うことを予定し，現にそうしている），これに週2コマ4単位を充てている。

112) 債務不履行自体も，例えば履行遅滞について「履行のない」ことは要件事実ではないという問題が更にあるが，その点は省略する。その点については，伊藤・要件事実の基礎81頁以下参照。

113) 具体的にどのような場合があるかであるが，その一例として民法612条（現行民法典でも平成16年法律第147号による改正後の民法でも同じである）による解除に対して，「背信性があると認めるに足りない特段の事情」として，「転借人が従来の賃借人を代表取締役とし，その家族を取締役とする同族会社であること」を抗弁とした場合において，「当該同族会社は実質的に第三者である債権者の金融会社に支配されていること」は，抗弁の特段の事情の更に特段の事情となる性質の主張であるから，再抗弁であり，請求原因の予備的主張ではないと考えるべきである（伊藤・要件事実・事実認定入門111頁以下参照）。この場合，請求原因の予備的主張と考えても，再抗弁と考えても，訴訟物は異なるわけではない（いずれも賃貸借契約の終了に基づく請求

である）し，抗弁の判断の後に判断することであり，かつ，いずれにしても，原告の主張立証責任に属する事実であるという意味で，実務においては，争点になって証明を要するという事態になっても，そのどちらと考えるかによって実際上の差異をもたらさないように思われる。
114) 伊藤・要件事実・事実認定入門52頁，68頁各参照。
115) 実際に，基礎法学者の中に，実務と理論の統合も含めた法曹養成教育に強い関心を持つ人もあることを忘れてはならない。例えば，石部雅亮（同氏は大阪市立大学名誉教授で，著名な法制史学者である）「『実務法学』（Praktische Rechtsgelehrsamkeit）について―レラチオーンステヒニク（Relationstechnik）を中心に―」海老原明夫編・法の近代とポストモダン137頁以下（東京大学出版会，1993），同「法科大学院構想と法学教育改革　ドイツ法学史の視点から見た場合」法時72巻11号75頁以下（2001）参照。
　筆者自身も，基礎法学におよそ未熟ではあるが，法科大学院における授業として，「要件事実・事実認定基礎理論」のほかに，基礎法学と実定法学との協働を目指して，「実定法と基礎法Ⅰ」という授業をも担当している。

(6)　要件事実論と民法学

(a)　はじめに

これまでは，要件事実論が新たな時代との関係で直面する課題を述べてきたが，実は，昔からある課題も必ずしも解決されたとは言えないことに深く思いをいたさなければならない。

既に（前記3(2)「現状」）述べたように，かつて星野英一教授は，司法研修所教官を中心とする立証責任ないし要件事実に対する当時の学者の無関心について，「全体としては，学会は，敢えていえば白眼視していた感さえなくはない。」と指摘されたことがあった。その当時と比べれば，状況は著しく変わったと言えるが，それも，既に（前記1「本稿の趣旨」）触れたように，平成16年4月から発足した法科大学院制度に伴うものであって，果たして要件事実論がどれだけ民法の研究者の方々に真に好意的に迎えられているかについては，必ずしも楽観はできないのではないかと案じられる。こう考える明確な根拠はないのではあるが，法科大学院において要件事実教育が盛んであるとしても，それを中心になって行っているのは，いわゆる実務家教員であるようにも思われ，純粋の研究者である民法の教授の方々にとっては，まだあまり親しみのない分

野と感じられているのではないかと拝察もするのである。こうした意味で，民法の研究者の方々（民事訴訟法の研究者の方々ももちろん）全員から，要件事実論は基本的には民法学の一部であるとのご理解を賜るようになることが，要件事実論にとっては，非常に重要な課題と言うべきである。

こうした状況の中で，仄聞するところによれば，来たる平成17年秋の私法学会においては，「要件事実論と民法学との対話」というテーマが取り上げられるようである。誠に時宜を得た適切な企画であり，大いにご教示を得たいと考えている次第である。

上記のような民法学との真の相互理解をどれだけ達成することができるかは，今後の要件事実論の発展のために，大きな試練であり課題であると言えよう。このときに当たり，要件事実論をサポートする立場にあるものとしては，実体法の構造についていっそう真摯な研究と考察をしなければならない。

「要件事実論と民法学」と言うと，何か要件事実論が民法学の外にあるような印象を受けるが，要件事実論もその大部分は民法学に属する（主張立証責任というように証明という考え方を入れてくることから，一部従来の民法学と異なる側面があるに過ぎない）のであるから，こうした表題は奇妙な感じもするが，従来の民法学は，ほとんど証明の問題を考えないで議論されてきたので，少なくとも今日の時点における表題としては，おかしいとは言えないであろう。

以下においては，説明の便宜上，民法学を証明の問題を考えていない従来の民法学の意味で，要件事実論を主として証明に重点を置いた民法学に関係した理論という程度の意味で，それぞれ，少し本来のあるべき意味より狭い意味で使うことにする。

　　116)　前記注13)参照。

(b)　要件事実論が民法学から学ぶべきこと

要件事実論が民法学から学ぶべきことは数限りなくある。要件事実論は，民法学なくして，文字通りあり得ない理論である。小生は，そのことを古くから主張してきた[117]。その意味では，ここで書くべきことは何もない（学ぶべきことは無数にある）という一言に尽きることになる。

しかし，そう言い切るだけでは，読者のご参考にならないので，ここでは，そのポイントになるべき点を指摘しておきたい。要件事実論は，その主張する

主張立証責任論において，意識して，実体法（代表させて，民法という）との関係を強調すべきである。私見によれば，主張立証責任の分配を決める決め手となる（立証責任対象事実を決める決め手となる）べき立証の公平という考え方は，民法の制度の趣旨から離れてはあり得ないことを理解すべきであると考える。[118] 立証の公平と言うと，直ぐに立証の容易な方に立証させるのが公平であり，立証の困難な方に立証させるのは公平に反するとの意見が予想されるが，いつもそうした立証の困難のみを基準に，そのように考えるべきではあるまい。もし，民法の定める制度の趣旨が，あえて立証の困難な方に立証させて，他方の当事者の保護を図っていると考えられ，それが妥当と考えられるのであれば，それに従って立証責任の所在を決定すべきであると考える。例えば，実質的民法の一つである製造物責任法4条（いわゆる開発危険の抗弁を定めた規定）は，製造業者等が免責されるためには，極めて立証の困難な高度の注意義務を尽くしたことを立証して，初めて免責されることとしている。これは，消費者の保護のため，あえて立証の困難な事実について製造業者等に立証責任を負わせたものと解すべきである。[119] そうだとすれば（民法の制度の趣旨の理解が要件事実論の基本として必須であるとすれば），民法の理解がなくしては，要件事実論の基本をなす立証責任対象事実すら正確に決めることはできないわけなのであって，民法学に学ぶべきことは数限りなくある，ということになる。

　こうした点を強調することによって，要件事実論を正しく理解するためには，民法の理解が必須のものであり，要件事実論を研究する者は，当然のことながら民法を研究しないで，実務ではこうしているということだけを根拠に論じたりしてはいけないこと，要件事実論を使用して実務を行っている方々が，従来の民法の研究者の方々に対して，「これまでの民法の研究者は要件事実論が分かっていない。」という点のみを指摘して，いわれなき一種の優越感を持つようなことが万が一にもあるとすれば（そういったことはないと信じたいが），それは甚だしい誤りであることなどが，十分に理解できるはずであると思うのである。

　要件事実論の立場から，その理論が民法学にいかに多くを負っているかを自覚して，民法学に教えを求めるようにすることが，要件事実論と民法学との真の相互理解の始まりとして有用であると考える。

　それでは，要件事実論は，民法学から教えを乞うてさえいればそれでよいか

と言えば，もとよりそうではない。それでは，両者の交流による学問ないし実務の発展はあり得ないであろう。要件事実論と民法学は，基本的に同一の分野に属するものであると同時に，それぞれ，その特色を有するものであるのだから，それぞれの視点からの指摘があってしかるべきであると考える。

そういう意味で，要件事実論の立場から，民法学に対して，若干の提案をしてみたいと考える。以下，その点について述べる。

- 117) 例えば，同旨のことを主張した伊藤滋夫「続・要件事実と実体法（上）」ジュリ881号92頁，同「続・要件事実と実体法（下）」ジュリ882号63頁（いずれも1987）は，既に約17年前の刊行物である。筆者の要件事実論を説明した書物である伊藤・要件事実の基礎（2000）においても，もとよりそうしたことを強調している（同書162頁以下）。
- 118) 伊藤・要件事実・事実認定入門69頁以下参照。
- 119) 伊藤・要件事実の基礎38頁参照。

(c) 要件事実論からみた民法学への問題提起

(ｱ) 第3の要件の考え方の可能性　　例えば，虚偽表示によって作出された外観（例えば登記）を信じて当該土地を購入した第三者が保護されるためには，善意のみでよいか善意無過失であることを要するかという議論がされるが[120]，要件事実論の視点からすれば，善意のみで足りるとの説，善意無過失を要するとの説のほかに，善意を積極要件とし有過失を消極要件とするとの説（すなわち，善意であることが証明され，有過失であることが証明されない限り保護されるとの説）も考え得る[121]。

こうした要件の考察方法を加味することによって，民法学の要件論の内容がより豊かに，実際に柔軟に対応したものになる可能性がある。

- 120) 例えば，内田貴・民法Ⅰ〔第2版〕補訂版　総則・物権総論54頁（東京大学出版会，2000）参照。
- 121) 伊藤・要件事実の基礎46頁，47頁は，占有における「自己のためにする意思」について類似の分析をしている。虚偽表示に関する同書49頁の説明も参照。

(ｲ) 裁判規範としての民法の要件をそのまま従来の民法学にいう要件としてもよいかもしれない場合　　要件事実論においては，「その主張する民法の要件は裁判の場において証明という問題を考慮すべき場合においてのみ問題になるものであって，従来の民法学が問題としてきたような証明を問題としない場

合においては，その場合の要件は，従来の民法学において論じられてきたとおりでよい。例えば，過失のある場合に損害賠償責任があると言おうが無過失の場合には責任がないと言おうが，それは同じことである。」と論じているのが一般である。

　そして，そのことの延長線上にあることとして，一般に，従来の民法学の要件は証明を問題としない限り，要件事実論の口を出すべきことではないと考えられてきたと思う[122]。筆者には，それで良いのかどうか，まだ明確な判断を持ち得ないでいるが，課題としては，検討すべき問題があることは間違いあるまい。

　その一つの例は，民法109条は，第三者に対しある他人に代理権を授与した旨の表示をした者は，当該第三者が当該他人に代理権がないことを知り又は過失によって知らなかった場合でない限りは，当該他人が，当該代理権の範囲内において，当該第三者とした法律行為について責任を負わなければならない，旨を定めている。しかし，同条の条文は，格別，代理権がない場合のことであると定めているわけではない（この点は，現行民法典でも平成16年法律第147号による改正後の民法でも同じである）。

　従来の民法学では，それにもかかわらず，こうした表見代理というのは，代理権のない場合のことを定めたものであると考える。筆者も，今直ちにそれに異論を述べる自信はないが，一応はなぜそう考えなければならないのか，109条の要件を具備すればそれで本人に法律効果が生じると言ってなぜいけないのかを検討してみる余地はあるように思われる[123]。

　　122)　例えば，賀集唱「要件事実の機能—要件事実論の一層の充実のための覚書—」司法研修所論集90号71頁（1994）は，「要件事実論は，所詮『請求原因・抗弁・再抗弁』の並べ方である。〔中略〕要するに，認定対象論としての技法・手順である。〔中略〕要件事実論が一般の民法理論に対してそれほど大きな問題提起をすることができるとは思えない。」と述べるが，そうした考え方の典型的なものであろう。
　　123)　筆者は，伊藤・要件事実の基礎47頁において，この点についてある程度の検討をしている。賀集・前注122）62頁，63頁は，こうした考え方を否定するものと思われる。

(ウ)　要件を具体的に厳密に考えるというメリット　　前に（前記 5 (3)「新たな実体法の動きとの関係における課題」，特に(b)）述べたように，要件事実論は，いろいろな新たな法現象に対して，そのどのよう部分が本質的な問題であるかを突

き詰めて厳密に考え，かつその際に具体的事実をもって根拠付けができるかを考える，という特徴を持っている。そうした考え方は，生成の過程における新たな権利の発生要件を考えたり（同(b)(ア)），類推適用の問題（同(b)(イ)）を考えるなどのときに，従来の民法学の問題として考えた場合にも効用を発揮する。

現在，自己決定権という問題が大きく論じられているが，ここで大きな問題は，自己決定権という，他の保護されるべき法的利益と無関係の独立の権利があるかということである。例えば，ある最高裁判例（注124）記載）の事案で，守られるべき宗教的人格権というものとは全く独立した自己決定権というものを考え，自己決定権というもの自体の発生要件事実を観念することができるかというと，その点については疑問が残ることになろう（重大な問題であるので，断定を避ける）。こうした場合の思考方法としては，要件事実論の具体的事実に基づいて法的判断をするというメリットを生かすことが可能である。

もちろん以上のほかにも多くの問題があり得ると思うが，ここでは，これ以上詳論する紙幅の余裕もない。

124) 自己決定権に関するものとして，判例としては，最判平12・2・29民集54巻2号582頁（いわゆるエホバの証人輸血拒否事件）が著名であり，最近の文献としては，例えば，田中成明・現代法の展望　自己決定の諸相（有斐閣，2004）がある。
125) 例えば，証明の問題を考えないにしても，要件を立体的に考えた方が，事柄の実質に合うという場合もあるように思われる。例えば，よく現行民法95条の説明として，錯誤が要素についてあって，重過失がないことというような説明がされるが，この場合にも実際に問題になるのは，重過失があるかどうかなのであるから，要件も，錯誤が要素についてあり，重過失がある場合を除く，といった形で考えた方が事柄の実態に合っているのではないかと思うのである。これも要件事実論的発想から来るものであると言ってよいであろう。こうした点については，伊藤・要件事実の基礎46頁以下参照。

6 おわりに―司法への市民の参加にも触れて

これまでに，要件事実論にとっては解決すべき当面のいろいろな課題の重要なものについて述べてきた。次に述べることは，その重要な一つと位置づけてもよいのであるが，やや性質の違うことであり，今直ちに大きな問題となって

6 おわりに―司法への市民の参加にも触れて

いることでもないので，これまでの課題としては取り上げなかった。しかし，要件事実論の将来にとって非常に重要な検討課題であるので，この「おわりに」において取り上げて，強く読者の注意を喚起したいと考える。

司法制度改革審議会の提言[126]に端を発して，この度実現することになった刑事事件における裁判員制度[127]に見られるように，今後ますます司法に対する市民の参加という問題が重要となってくると考える。将来，何らかの形で民事裁判への市民の参加ということが現実になってきた場合において，裁判官と参加する市民との間の意思の疎通を円滑適正にする方策が考えられなければならない。こうした方策を適切に工夫することによって，裁判官の専門性と市民の良識・感覚との適切な総合がされ，市民の司法参加の実が挙げられることになると思われる。裁判官の専門性にはいろいろな態様があって，無意識的に裁判官の専門性の領域であるから市民の判断にはなじまないと考えられているものの中にも，案外そうでないものもあると考えられるし，やはり相当程度専門的技術的要素があって市民の良識・感覚とそのままではうまくドッキングし難いものもあるように思われる。[128]

筆者は，これまで民事訴訟における要件事実論の有用性を強調してきた（もとより，その機能の限界も同時に述べてきた）が，今後，民事裁判に対する市民の司法参加が実現することになる場合には，要件事実論の持っている有用性と正確性を維持しながら，その技術性・専門性を解きほぐして市民に分かり易いものとし，法律家でない市民にも要件事実論を理解してもらうようにする工夫が是非必要である。要件事実論の分かり易い解説書を書くことなども直ぐに思いつくことではあるが，そうしたレベルのことを超えて，より根本的に考えるべき問題があるように思われる。[129]筆者としても，直ちにその具体案を提示するだけの用意がないが，今後重大な関心を持ってこうした問題を真剣に検討していきたいと考えている。[130]

要件事実論を支持する立場の者から発言するのも，若干ためらわれるが，要件事実論の歴史は，絶え間ない誤解との論争の連続であった。[131]今はそうした誤解は非常に少なくなったが，今後も要件事実論を支持する者としては，正当な批判には謙虚に耳を傾け，要件事実論の理論的正確性を保持しながら，これをますます民事訴訟のみならず，広範な分野の法律関係実務に実践的に役立つ実

1 要件事実論の現状と課題

際的な議論として改善していくべきである。総括的に言えば，これこそが要件事実論の最大の課題であると言わなければならない。[132]

　本講座では，要件事実に関する広範な分野にわたり，それぞれの問題についての練達の士が優れた論稿を発表しておられ，これらが，筆者が以上に述べてきた要件事実論の多くの課題に答えるものとなっていることは，間違いないところである。

126) 改革審意見書Ⅳ第1，1「刑事手続への新たな参加制度の導入」（102頁以下）参照。
127) この問題については，ジュリ1268号（2004）に「特集・裁判員制度の導入」として詳しく紹介されている。なお，後藤昭「刑事司法改革の到達点と展望」法時76巻10号25頁以下（2004），渕野貴生「裁判員制度と刑事手続改革」法時同号30頁以下も参照。
128) こうした問題について，筆者は，伊藤滋夫「民事裁判官の判断の特徴―その専門性に着目して―」（特集・シンポジウム・法的判断の専門性と協働）判タ1101号12頁以下（2002）において簡単に述べている。
129) まことに未熟ながら思いつくままを述べれば，例えば，裁判官と市民の役割分担の中での要件事実論の位置づけ，要件事実論を市民と裁判官の協議の中でどのように共通言語とできるか（すべきか），市民の参加する裁判の場で要件事実論を最小限使用しなければならない場とはどのような場と考えるべきか，必要な要件事実論の基本をなす立証の公平の考え方について市民と共通の感覚をどうしたら持つことができるかなどなどが，浮かんでくる。
130) 「民法の一部を改正する法律」（平成16年法律第147号。民法の現代語化が重要な内容となっている）も，こうした問題について，少しでも好影響を与える一因となることが期待される。
131) もとより，細部にわたってまでいつも要件事実論の見解が正しく，これを批判した見解が誤りであったなどという傲慢なことを言うつもりは全くないし，要件事実論の中に分類される見解のなかには，ときに実態と離れた観念的な議論をする意見もなかったとは言わない。しかし要件事実論の基本的見解が正当であったことは，現在では明確になったと考えている。
132) これまでに要件事実論の課題として挙げてきたもろもろの問題は，すべて，これらをこの最後のまとめのように，総括することができるということである。

　　　　　　　　＊　＊　＊　＊　＊

　今後，要件事実論について更に研究・検討が進められ，これが充実・発展して，民事実務の発展のために役立ち，ひいては真に市民のために有用なものと

なるように心から願って，本稿を終えることとする。[133]

> 133) 校正の段階で次の各論稿に接したので，それらを次に掲げておく。いずれも有益な論稿であるが，これらの内容を考慮しても，今の段階で，これまでの説明に変更を加えなければならないことがあるとは，思われなかった。
> ① 二宮照興「要件事実論と弁護士の視点」判タ1162号99頁以下（2004）。
> ② 西口 元「民事訴訟における要件事実の役割」（要件事実の理論と実務1）判タ1163号9頁以下（2005）。
> ③ 山本和彦「民事訴訟における要件事実」（要件事実の理論と実務2）判タ1163号15頁以下（2005）。
> ④ 那須弘平「要件事実論の多層性―弁護士からみた『要件事実』―」（要件事実の理論と実務3）判タ1163号20頁以下（2005）。

〈民法の一部を改正する法律（平成16年法律第147号）との関係について〉

　以上の本稿の説明は，上記法律による改正を織り込み済みである。

2
要件事実の機能——裁判官の視点から

原田 和徳

1 はじめに
2 要件事実とのかかわり
3 要件事実教育の変遷等
4 要件事実
5 攻撃防御方法の体系
6 要件事実論
7 要件事実の機能
8 判決書の作成
9 おわりに

1 はじめに

(1) 裁判所の役割

　情報通信技術の著しい発達，経済活動や文化交流の国際化の進展は，社会のあらゆる分野に大きな影響を及ぼし，国民の意識の多様化と社会経済構造の変革が加速されており，社会経済情勢の変動は目まぐるしいものがある。また，昨今の低迷する経済状況等を反映して，社会のあらゆる分野において将来に対する不透明感が漂っている。価値観の多様化，国民の権利意識の高揚，家族の崩壊等により，国民の司法に対する期待と要望はますます高まっており，社会に生起する法的紛争も複雑多様化し，裁判所の役割はますます重要なものとなっている。

(2) 新民訴法等の制定，施行

　社会経済情勢の変化及び発展等に伴う民事紛争の複雑化，多様化等の状況に

かんがみ，民事訴訟に関する手続を現在の社会の要請にかなった適切なものとするとともに，民事訴訟を国民に利用しやすく，分かりやすいものとし，適正かつ迅速な裁判の実現を図るために，新民訴法及び新民訴規則が，平成10年1月1日から施行された。立法の柱となっている主要な改正点の一つに，争点及び証拠の整理手続の整備がある。

また，裁判の迅速化に関する法律が，平成15年7月16日に公布され，同日から施行された。この法律は，1条において，「この法律は，司法を通じて権利利益が適切に実現されることその他の求められる役割を司法が十全に果たすために公正かつ適正で充実した手続の下で裁判が迅速に行われることが不可欠であり，また，内外の社会経済情勢等の変化に伴い，裁判がより迅速に行われることについての国民の要請にこたえることが緊要となっていること等にかんがみ，……手続全体の一層の迅速化を図り，……」と規定し，2条において，「……充実した手続を実施すること並びにこれを支える制度及び体制の整備を図ることにより行われるものとする。」と規定し（1項），さらに，「裁判の迅速化に当たっては，当事者の正当な権利利益が害されないよう，手続が公正かつ適正に実施されることが確保されなければならない。」と規定している（3項）。参議院法務委員会の附帯決議において，当事者の納得の得られる適正かつ充実した審理が行われることが前提であるとされている。

さらに，民訴法の一部を改正する法律が，平成16年4月1日から施行され，一定の複雑訴訟について計画審理が義務づけられた。

(3) 法科大学院の設置

平成16年4月から法科大学院が開設された。法科大学院の設置を提言した司法制度改革審議会の最終意見書は，法科大学院における法理論教育と実務の架け橋として，「要件事実教育」を法科大学院のカリキュラムに採用することを提言し，この提言を受けて，司法研修所における法曹養成教育の中心とされてきた「要件事実教育」が法科大学院における法律実務教育の一部として導入されることになった。

(4) 本稿の趣旨

司法研修所において初めて要件事実教育を受け，裁判官に任官後，主として民事事件を担当して今日に至った。本稿は，私個人と要件事実とのかかわりについて言及の上，裁判官の視点から，要件事実の機能，すなわち，民事裁判において要件事実の果たす役割について論述するものである。

2　要件事実とのかかわり

(1) 司法修習生として

私は，昭和40年に司法研修所に入所したが，前期修習の民事裁判科目において，鈴木敏夫教官から，講義と判決起案の講評を通じて，要件事実教育を受けることになった。講義は，「民事第一審訴訟手続の解説」等の教材を使用しながら，民事訴訟の実際の手続の順序に従って，実体法上，手続法上の諸問題及び訴訟指揮等の実務上の諸問題について行われ，民事訴訟手続の流れと要件事実の基本を徐々に理解していくことになった。

当時の民事裁判のノートによると，昭和40年4月26日の欄には，民法587条の規定する消費貸借契約は，要物契約であり，要件事実として，「返還約束」と「物の交付」との2要件が必要であるとの記載がある。さらに，6月8日の欄には，所有権に基づく動産の返還請求権の要件事実として，「原告所有」と「被告占有」との2要件が請求原因として必要であり，占有権原については被告が抗弁として主張立証すべきであるとの記載がある。そして，我が国の民法には明文の規定はないが，ドイツ民法985条には，「所有者は占有者に対し物の引渡しを請求することができる」，同法986条には，「占有者は所有者に対して占有する権利を有するときは物の引渡しを拒絶することができる」という趣旨の規定があり，我が国においても同様に考えるべきであるとの記載がある。学生時代には，民法をはじめとする実体法を平面的に理解していたが，これを立体的に組み立てて理解することの重要性を徐々に認識していくことになった。

後期修習の民事裁判科目においては，武藤春光教官の御指導を受けることに

なった。後期に使用された教材（白表紙の記録）は，当事者の主張が複雑に交錯する事件が多く（少なくとも私にはそう思えた），請求原因及び抗弁等の攻撃防御方法の体系を適切に組み立てることができず，不十分な起案を提出していた。後日の講評において，教官から事実整理と理由の概要の説明を受け，要件事実的分析の甘さを何度も味わうとともに，訴訟物の的確な把握及びこれを前提にした適切な事実整理と説得力のある理由とがいかに重要であるかを痛感した。まさに快刀乱麻を断つ明快な教官の講義を受け，裁判官の仕事の困難性と奥深さを感じながらも，裁判官として紛争解決に尽力してみたいと強く感じ，裁判官任官への道を選択した。

(2) 裁判官として

(a) 新任判事補時代

㋐ 交通部において　　2年間の修習期間を経て，売買契約等の典型契約に関する基礎的な要件事実については一応理解したつもりで，裁判官に任官した。しかし，私が配属されたのは，東京地裁の民事27部（交通部）であり，全く勉強していなかった不法行為法の領域の仕事を日々担当することになった。

着任当時の交通部の部総括判事は占岡進判事であり，A合議体（占岡進裁判長）とB合議体（倉田卓次裁判長）との2つの合議体が編成されており，着任後しばらくの間，私は，それぞれの合議体の左陪席を務めることになった。当時は，まさに交通戦争といわれた時代であり，新受件数が既済件数を大きく上回り，未済件数は増加の一途をたどり，事実認定の困難な事件や未解決の法律問題を抱えた事件が多数係属していた。そのような臨戦態勢にある部に全く役に立たない新任判事補が配属され，諸先輩に多大なる御迷惑をかけながらも，暖かい御指導を受けて執務することになった。[1]

合議事件は，それぞれ固有の問題を抱えており，事実認定の難しさを痛感するとともに，自賠法3条の解釈をめぐる法律論や損害賠償論をめぐり，文字どおり四苦八苦の日々を送ることになった。原告は，運行供用者責任を追及するためにいかなる事実を主張立証すべきなのか，[2]被害者が死亡したり，傷害を負った場合の損害とは何か，人身損害賠償請求事件における訴訟物をどのように把握すべきなのか，損害を請求する場合の要件事実をどのように考えるべきな

2 要件事実の機能——裁判官の視点から

のか等々の問題が，先例となる判例も問題点について言及する学説もない状況で山積していた。

A合議事件の中には，「妻は他人」事件として社会の耳目を集めた事件[3]が係属していた。この事件は，夫の運転する車に同乗していた妻は自賠法3条の他人に当たるのか，当事者双方の主張立証責任をどのように考えるべきなのか，妻から夫に対して慰謝料請求が認められるのか等の問題を抱えていた。また，B合議事件の中には，原告が請求している慰謝料額以上の慰謝料を認容することができるのか，すなわち，人身損害賠償請求事件における訴訟物をどう考えるべきか等の問題を抱えた事件[4]が係属していた。これらの事件を含む各種合議事件の処理を通じて，訴訟物の把握と要件事実的分析との重要性を強く認識することになった。

(ｲ) 保全部において　約2年半の交通部の勤務を終え，民事9部（保全部）に配属され，鈴木潔裁判長の御指導の下で約6か月間各種事件を担当することになった。事件の種類の多さに驚きを感じながら，一件一件について，被保全権利と保全の必要性に関して検討することになった。能力不足のために要件事実的分析が甘く，諸先輩から厳しい中にも暖かい御指導を受けながら，事件と格闘する日々であった。

1) 当時の民事交通部の状況については，倉田卓次「思い出すままに（第二部）36—続・裁判官の戦後史」判タ843号4頁（1994）に詳細に記載されている。着任後間もなく，民事27部は，赤レンガの旧東京地裁庁舎から旧日比谷庁舎（飯野ビルに面した日比谷公園の一角に建っていた旧少年部庁舎で，現在は噴水公園になっている）に移転することになった。
2) この点については，吉岡進「交通事故訴訟の運営」判タ212号10頁（1967），林泰民「『運行供用者』の立証責任—いわゆる抗弁説について—」司研論集42号88頁（1969）参照。
3) 東京地判昭42・11・27判タ214号166頁。
4) 東京地判昭42・10・18判タ211号203頁。同判決は，身体傷害に基づく各種損害は合わせて一個の訴訟物であるから，慰謝料を請求額以上に認定しても，賠償総額において請求額を超えなければ，民訴法186条の違反はない旨述べている。その後，最判昭48・4・5民集27巻3号419頁は，「同一事故により生じた同一の身体傷害を理由とする財産上の損害と精神上の損害とは，原因事実および被侵害利益を共通にするものであるから，その賠償の請求権は一個であり，……訴訟物は一個であると解すべきであ

る。」と明言した。

(b) その後の裁判官生活

(ア) 函館地裁等において　2度目の任地である函館で特例判事補となり，民事部の合議の右陪席を務めるとともに，はじめて民事単独事件を担当することになった。初任時代の経験を頼りに，司法研修所から刊行されていた資料等を参考にして事件に取り組んだ。その後，福岡高裁を経て東京地裁で民事事件を担当したが，訴訟物の明確でない事件や主張が複雑に入り交じった事件を担当するときは，要件事実的検討を怠らないようにして取り組んできた。

(イ) 東京高裁において　平成16年末まで，東京高裁民事通常部において執務していたが，担当する事件はまさに千差万別で，多くの事件がそれぞれ問題を抱えており，その解決に苦慮していた。紛争の実態に即した訴訟物が選択された上，適切な事実整理が行われ，争点に対する判断が必要にして十分にされた判決書に接したときは，心強く感じた。しかし，他方，当事者が求めていると考えられる訴訟物と原審裁判官が把握した訴訟物とが一致しない事例に出会ったり，当事者が真に主張したい事実が判決書に記載されていない事例に接したときは，民事訴訟事件の審理の難しさを実感した。このような場合には，事件の適正迅速な解決を目指して，当事者との信頼関係を保ちながら釈明権をいかに適切に行使していくべきかについて頭を痛めたものである。

(3) 民事裁判教官として

(a) 司法修習生に対する講義

民事裁判教官として，司法修習生に要件事実を教える立場となり，分かりやすく説明することの難しさを実感した。講義においては，要件事実の基本的な考え方を理解してもらうことと，民事裁判の実務において要件事実的分析がいかに大切なものであるかを理解してもらうことに力を注いだ。

(b) 教官室における合議

最初に教官室に勤務した当時は，武藤春光上席教官の下，2度目に勤務した当時は，伊藤滋夫（その後，大石忠生）上席教官の下，合議が徹底的に行われた。白表紙の薄い記録1件について，民裁教官全員がそれぞれ自分自身の担当事件として議論することができるという体験は，実務では経験することのできない

貴重なものであった。また，民事弁護教官と合議等を通じて率直に議論する機会にも恵まれ，非常に有益であった。

(c) 教材等の作成

民裁教官室においては，私が最初に教官になった昭和54年4月当時は，民法の主要条文についての検討が行われており，2度目の昭和59年4月当時は，「民事訴訟における要件事実第一巻」の作成に向けての検討が行われていた。また，3度目の平成5年9月当時は，紛争類型別の要件事実についての検討が行われていた。

> 5) 司研編・民事訴訟における要件事実第一巻（法曹会，1985）。その翌年に「増補民事訴訟における要件事実第一巻」が刊行されている。以下，後者を「要件事実第一巻」という。
> 6) その後合本され，司研編・紛争類型別の要件事実（法曹会，1999）として刊行された。

(4) 基本的な考え方

私の要件事実に対する基本的な考え方は，司法修習生時代に教官から受けた講義，裁判官に任官以来各裁判所及び司法研修所において経験してきた有益な合議等を通じて形成されたものである。したがって，以下に記述する内容は，要件事実第一巻の第一部総論の説くところと基本的に異なるところはない。

3 要件事実教育の変遷等

司法研修所における要件事実教育は，約半世紀にわたる実績を経て見事に定着し，我が国が誇れる法曹養成メソッドであるといわれている。田尾桃二教授は，要件事実論及び要件事実教育の歴史を概括し，次のように，第1期―発祥期，第2期―発展期，第3期―完成期及び第4期―変動期に分類されている。

> 7) 田尾桃二「要件事実論について―回顧と展望小論―」曹時44巻6号1頁（1992）。詳細については，同文献参照。

(1) 第1期―発祥期

　要件事実論は，村松俊夫教官を中心にして，法曹教育の場である司法研修所において，判決書作成ないしその訓練とのかかわりで始まった。この時期においては，要件事実の意義及び重要性は強調されたが，要件事実論の内容自体についての見解は明らかにされず，研究もされていなかったようである。この時期には，要件事実論は，民事訴訟の審理においての道標というよりも，判決書作成との関係で考えられていたようである。

(2) 第2期―発展期

　その後，司法研修所における要件事実の研究及び要件事実教育は深化し，昭和33年に「民事判決起案の手びき」及び「民事第一審訴訟手続の解説」が刊行され[8]，昭和36年には吉岡進元教官の執筆による「民事訴訟における要件事実について第一部民法総則」が刊行されている[9]。教官室における要件事実論についての研究は深化し，理論は精緻になり，法律要件分類説を採用するなど大方の意見が一致している点もあったが，重要な問題で教官室の意見がまとまっていないものも少なくなかった。この時期には，要件事実論は，訴訟運営上も重視されるようになった。

 8) 東京高裁広報265号4頁（「吉岡進さんと語る」鈴木潔判事）(1983) 及び吉岡進「司法研修所の頃」裁判今昔318頁（西神田編集室，1988）によれば，「民事判決起案の手びき」及び「民事第一審訴訟手続の解説」は，いずれも吉岡進教官（当時）によって著されたものである。東京高裁広報には，第一審手続の解説に関して「教官として修習生に対してする講義の原稿として書いたものをもとにしてつくったわけです。」との記述があり，裁判今昔には，「『民事判決起案の手びき』は，私が判決の起案講評をする度に，そのつど用意したメモ様の原稿を土台とし，そのうちの各事件に共通する総論的部分をつざはざしてまとめたものに適宜加筆した程度の代物であり，　表題も重々しく受け取られないよう……『手びき』と名付けたのであった。」との記述がある。

 9) 司研所報26号164頁（1961）。

(3) 第3期—完成期

昭和50年代に入ると，教官室は，新たな構想の下に要件事実の研究を進め，民法の主要条文についての要件事実の解説を発表するとともに，一般的基礎的な理論についても検討を続け，昭和60年3月，その成果を「民事訴訟における要件事実第一巻」として公にした。

(4) 第4期—変動期

従来，学者と実務家とが膝を交えて要件事実について議論するという機会はなかったといえるが，昭和60年に，大学における法学教育と司法研修所における研修との連携及び改善を図るために，学者と司法研修所教官との共同研究が開催された[10]。また，昭和61年7月には，学者と実務家との5年間にわたる共同討議を踏まえた共著「要件事実の証明責任債権総論[11]」が公にされ，平成元年には，「89九州法学会シンポジウム」において，要件事実論がとりあげられ，多数の学者及び実務家による報告や討論が行われた[12]。

さらに，「民事訴訟における要件事実第一巻」が公表されたことにより，学者から司法研修所の要件事実論に対する批判も行われ，また，伊藤滋夫判事が前述の学者と司法研修所教官との共同研究の成果として昭和61年に発表された「裁判規範としての民法[13]」という考え方をめぐり，活発な議論が展開されるようになった。司法研修所においては，その後，平成4年3月には「民事訴訟における要件事実第二巻」が，平成11年には「紛争類型別の要件事実[14]」が，平成15年には「問題研究要件事実[15]」がそれぞれ刊行された[16]。

10) 星野英一「はじめに」「［共同研究］要件事実と実定法学」ジュリ869号10頁（1986）以下参照。この共同研究は，昭和60年4月から11月に至るまでの間8回にわたって開催されている。なお，この研究会に参加された高橋宏志教授の報告書として，同「要件事実と訴訟法学——民事訴訟法研究者の感想—」ジュリ881号98頁（1987）があり，要件事実をめぐる議論が紹介されている。

11) 倉田卓次監修・要件事実の証明責任債権総論（西神田編集室，1986）。結論の一致しなかった論点についての両論併記が参考になる。「法律学には一つの正解はないのだ，当然異説があるのだ」という監修者の強い思いが込められている（はしがき参照）。その後，同書の続編として，要件事実の証明責任契約法上巻（同，1993），要件

事実の証明責任契約法下巻（同，1998）が刊行されている。
12) 九州法学会「要件事実をめぐるシンポジウム」法政研究57巻1号119頁（九州大学法政学会，1990）参照。
13) 伊藤滋夫「要件事実と実体法」ジュリ869号14頁（1986）。
14) 司研編・前掲注6) 参照。
15) 司研編・問題研究要件事実―言い分方式による設例15題―（法曹会，2003）。
16) 現在，司研においては，条文ごとの検討は中断されているようであるが，大江忠弁護士は，民法，商法等についての逐条解説書（大江忠・要件事実民法（上）（中）（下）（第一法規，1995），要件事実商法（上）（中）（下）（同，1997）等）を発表されているが，大変な労作である。

4　要件事実

(1)　民事訴訟における判断の構造

　民事訴訟は，原告が訴訟物として主張する一定の権利（又は法律関係）の存否について判断し，原告の訴えの当否を判断するものである。そして，当該権利の存否の判断は，その権利の発生が肯定されるか（請求原因），その権利が消滅しあるいは阻止されたか（抗弁），その消滅等の効果の発生が妨げられたか（再抗弁）などを判断する。そして，実体法によって，権利の発生，障害及び消滅等の各法律効果の発生要件（法律要件又は構成要件）が規定されており，発生要件に該当する具体的事実（要件事実，主要事実）が，当事者によって主張され，裁判所がその有無を判断することになる。
　17) 伝統的な旧訴訟物理論が前提となっている。

(2)　要件事実の意義

　実体法は，権利の体系として構成され，ある一定の事実関係があるときは，ある一定の法律的に意味のある効果が発生するという形で構成されている。前者が法律要件又は構成要件，後者が法律効果と呼ばれている。法律効果とは，権利の発生，障害及び消滅等のことであり，法律効果が肯定されるかどうかは，その発生要件に該当する具体的事実の有無にかかることになる。要件事実とは，

このような法律効果を発生させるために必要な実体法の要件に該当する具体的事実をいい，要件事実と主要事実（主要事実と間接事実とを区別する場合の主要事実）とは，同義に解するのが相当である。[18]

18) 要件事実と主要事実との関係に関する異説については，要件事実第一巻3頁参照。なお，並木茂「要件事実離れ?!」判タ756号12頁（1991），同・要件事実原論（悠々社，2003）69頁参照。

(3) 要件事実と主張責任

民事訴訟においては，弁論主義が採用されているため，要件事実は，口頭弁論において当事者から主張されることが必要である。この主張がない限り，仮に証拠上その存在が認められる場合であっても，それが存在するものと訴訟上扱うことはできない。したがって，その存在を前提とする法律効果についても，それが発生しているものと訴訟上扱うことはできない。このように，口頭弁論においてある要件事実が当事者から主張されない結果，その事実を存在しているものと訴訟上扱うことができないために，当該要件事実の存在を前提とする法律効果の発生が認められないという不利益又は危険を主張責任と呼んでいる。

(4) 要件事実と立証責任（証明責任）

(a) 立証責任の概念

権利の発生，障害及び消滅等の各法律効果の発生が認められるためには，その要件事実が欠けることなく存在する必要があり，訴訟においてその存在が争われるときは，証拠によってこれを立証しなければならず（例外として，民訴179条の「顕著な事実」），この立証ができなかったときは，当該法律効果の発生が認められないことになる。このように，訴訟上，ある要件事実の存在が真偽不明に終わったために当該法律効果の発生が認められないという不利益又は危険を立証責任（証明責任）と呼んでいる。

(b) 立証責任の分配

通説的見解は，立証責任がいずれの当事者に帰属するかは，その要件事実の存在が認められたならば発生するであろう法律効果との関係で論理的，客観的に定まると解する。要件事実第一巻は，「ある要件事実を証明することができ

ないで終わったために当該法律効果の発生が訴訟上で認められないという不利益又は危険を立証責任と定義する以上，立証責任は当該法律効果の発生によって利益を受ける側の訴訟当事者に帰属することになるが，法律効果の発生要件は，すべて客観的に実体法の各法条が規定するところであり，これら実体法の規定は，その法律効果が他の法律効果に対してどのように働くかという観点から，権利（法律関係）の発生要件を定めた権利根拠規定（拠権規定），その権利発生の障害要件を定めた権利障害規定（障害規定），その権利行使を一時的に阻止する要件を定めた権利阻止規定（阻止規定），及びその権利の消滅を定めた権利減却規定（減却規定）の四つに分類されると考え，これらの法律効果の働き方によって論理的に定まる組合せに従い，訴訟の当事者は，それぞれ自己に有利な法律効果の発生要件事実について立証責任を負うとするもので，この通説的見解を一般に法律要件分類説と呼んでいる。」と説明する[19]。

  19) 要件事実第一巻5頁。さらに，同書10頁は，「実体法規の解釈に当たっては，各実体法規の文言，形式を基礎として考えると同時に，立証責任の負担の面での公平・妥当性の確保を常に考慮すべきである。具体的には，法の目的，類似又は関連する法規との体系的整合性，当該要件の一般性・特別性又は原則性・例外性及びその要件によって要証事実となるべきものの事実的態様とその立証の難易などが総合的に考慮されなければならないであろう」と説明している。

(5) 主張責任と立証責任との関係

前記のような主張責任と立証責任との定義によれば，両責任は常に一致すべきものである[20]。すなわち，ある法条の法律効果の発生によって利益を受ける当事者が一定している以上，この当事者に右法律効果発生の要件事実についての主張責任はもちろん立証責任もまた帰属することになるのは，当然の帰結となる。要件事実第一巻は，「ある法条の解釈によって，その法律効果の発生要件が確定されたときは，この要件に該当する事実の立証責任及び主張責任の帰属もまた客観的に定まり，いずれも，右法律効果の発生によって利益を受ける者がこれを負担する。」と説明している[21]。

  20) これに対し，必ずしも一致しないとする見解も主張されているが，ここでは深入りしない。
  21) 要件事実第一巻21頁。

5 攻撃防御方法の体系

(1) 攻撃防御方法の意義

民訴法156条及び157条は,「攻撃又は防御の方法」という表現を用いており,その中核となるのが,次に述べる請求原因等である。

(a) 請求原因

訴訟物,すなわち原告が審判の対象として当該訴訟において提示している実体法上の権利の発生要件に該当する具体的事実をいう。

(b) 抗　弁

請求原因とは異なり,かつ,請求原因と両立する具体的事実であって,請求原因から発生する法律効果を排斥するに足りるものをいう。

(c) 再抗弁

抗弁とは異なり,かつ,抗弁と両立する具体的事実であって,抗弁から発生する法律効果を排斥するに足りるものをいう。

(d) 再々抗弁

再抗弁と再々抗弁との関係も上記と同様の関係である。

(2) 攻撃防御方法の体系の具体的検討

原告が土地の所有権に基づいて登記名義人である被告に対して抹消登記手続を求めたのに対し,被告が原告は第三者Aに当該土地を売り渡したので所有権を喪失したと主張し（所有権喪失の抗弁）,これに対し,原告が原告からAへの売買契約の成立自体は争わないが,売買契約が虚偽表示等により無効であると主張して争った場合を例に,攻撃防御方法の体系をブロック・ダイヤグラム[22]で表示すると,次のとおりとなる。

請求原因		抗　弁		再抗弁	
原告　もと土地所有 被告　登記名義人	○	原告→A 土地の売買契約	○	売買契約 の無効原因	×

このような一般的な構成に対し，松本博之教授は，このような割り振りは，必ずしも訴訟における迅速な争点の形成を実現するものではなく，原告が所有権移転原因の存在を前提にその無効等を問題にする意思である場合には，原告は，はじめから請求原因として当該所有権移転事由についてその無効等を主張すべきであり，それによって争点が明らかになると指摘される[23]。

しかしながら，前述の攻撃防御方法の体系は，前記(1)のとおり論理的に決まってくるものであって，原告の意思によって，請求原因となったり，再抗弁となったりするものではない。ただし，以上の論理的体系と原告が訴状にどこまでの事実を記載するかということとは別論である。松本博之教授の批判されるところは，まさに，早期の争点の絞り込みの問題であり，この点については，後記7(4)において説明するとおりである。

> 22）ブロック・ダイヤグラムの意義について分かりやすく説明するものとして，司研編・前掲注15) 18頁がある。ブロック・ダイヤグラムとは，訴訟における攻撃防御方法の構造や相互関係を把握するためにこれを図式化したものである。なお，典型的な訴訟について，ブロック・ダイヤグラムについてより分かりやすく説明するものとして，司研編・前掲注6) がある。
> 23）松本博之「要件事実論と法学教育(3)」自由と正義55巻2号92頁 (2004)。松本博之教授は，司研の要件事実第　巻やほとんどすべての要件事実論者の説く「要件事実論」に従った主張＝証明責任の分配が，実務において杓子定規に実行されると，真の争点の形成までに時間がかかって訴訟の遅延を招くおそれがあると指摘される。

6　要件事実論

(1)　要件事実論の意義

要件事実論とは，立証責任の分配に合わせて，民法等の実体法の条文の書き直しをしようとする考え方である[24]。すなわち，要件事実論は，民法等の実体法の正確な理解に基づいて，これを立体化し，前記5(2)の例のように攻撃防御方法の体系に組み立て直そうとする考え方である。司法研修所は，長年にわたり条文ごとの検討を続け，その成果を発表してきた。この作業は，まさに民法等の実体法を主張立証責任の観点から論理的に分析し，攻撃防御方法の体系に組

み立てて構成し直していくものである。

要件事実第一巻は,「ある法律効果の発生要件が何か,法文にある一定の要件を権利(又は法律関係)の発生要件又は障害要件のいずれと理解すべきかというような要件の確定の問題は,いずれも実体法規の解釈によって決められるべき事柄である。そして,この解釈は,立証責任の分配という視点に立ったものでなければならない。」と説明している[25]。

24) 賀集唱「要件事実の機能―要件事実論の一層の充実のための覚書―」司研論集90号30頁(1994)。
25) 要件事実第一巻10頁。

(2) 裁判規範としての民法という考え方

伊藤滋夫教授は,実体法としての民法(その代表的なものが民法典である)には行為規範の性質と裁判規範の性質とがあるが,裁判規範としてみると,民法の規定は不備であり,これを裁判において機能させるためには,立証責任の分配を考慮に入れ,実際の裁判の場において適用することのできる「裁判規範としての民法」を構成する作業が必要であり,「その作業の本質は,民法の解釈にほかならない。」と指摘された[26]上,「裁判規範としての民法」という考え方について,詳細かつ理論的な解明を試み,骨子次のとおり論述される[27]。

「裁判官が裁判をするに当たっては,事実の存否が不明の場合に遭遇することは避けられないので,そうした場合にも,適切に対応することのできるような形で要件が定められている民法というものを検討しなければならない。裁判規範としての民法においては,『A事実の存否が訴訟上不明の場合には,A事実の存否は不明なものと扱う』という考え方,換言すれば,『A事実が存在したことが訴訟上明らかな場合に限って,A事実を存在したものと訴訟上扱う』という考え方によって,その規定の要件を構成すべきであり,この考え方が,裁判規範としての民法の構成原理をなす。裁判規範としての民法の要件は,それに該当する具体的事実の存在が訴訟上明らかな場合に限ってその存在を認め,それを前提とする法律効果を認めるのが実体法上相当な結果になるように定められている。したがって,ある当事者にとって有利な事実が立証されなければ,その事実に基づく法律効果の発生が認められないという意味で,その当事者は

不利益を受けることになる。この考え方に立脚すると，立証責任規範という概念は不要となり，立証責任規範説を採用することはできない。また，法律効果の発生する根拠となる民法の要件を裁判規範としての民法の要件であると明確に位置づける点が，修正法律要件分類説と違うところである。」

そして，伊藤滋夫教授は，「要件事実とは，裁判規範としての民法の要件に該当する具体的事実をいい，いわゆる主要事実と同義である。」と定義される。[28]

「裁判規範としての民法」という考え方は，要件事実第一巻の考え方を理論的に基礎づけようとするものであり，この見解に対しては，批判も加えられているが，[29] 傾聴に値する考え方である。

> 26) 伊藤滋夫・要件事実の基礎237頁（有斐閣，2000）。なお，定塚孝司「主張立証責任論の構造に関する一試論」司研論集74号28頁（1985）［故定塚孝司判事遺稿論文集「主張立証責任論の構造に関する一試論」5頁（判例タイムズ社，1992）］は，一の序説（裁判規範としての実体法）において，「ある権利の発生，消滅を主張するとき，何を要件事実として主張しなければならないか，また，逆にどのような事実は主張立証を要しないかは，訴訟において重要な問題であり，これを明らかにすることは，裁判の場において実定法規を適用するための実定法規の解釈そのものなのである。」と指摘している。
> 27) 伊藤・前掲注13) 19頁，同・前掲注26) 206頁，同・要件事実・事実認定入門47頁（有斐閣，2003）等。
> 28) 伊藤・前掲注26) 113頁。
> 29) 松本博之・証明責任の分配〔新版〕338頁（信山社，1996）は，この「裁判規範としての民法」という考え方によってすべての事態に対応することができるのか，証明責任規範が指示すべき内容を「裁判規範としての民法」の中に組み込んだものにすぎない，真偽不明を要件とする客観的証明責任の分配を出発点としたことと調和しない，法律は，法律効果に結びつけられる法律要件に該当する事実の存在が訴訟上確定するときは，その法規が適用され，その事実の不存在が確定するときは，その法規が適用されないことを当然の前提としている，「裁判規範としての民法」という考え方の長所とされる主張責任と立証責任との一致を基礎づけ得ることが指摘されているが，そもそも両者は例外なく一致すべきものであるか，などと指摘している。なお，同「要件事実論と法学教育(1)」自由と正義54巻12号107頁（2003）参照。

(3) 要件事実論の在り方

要件事実論は，前述のとおり，実体法を主張立証責任の観点から論理的に分

析し，攻撃防御方法の体系に組み立てるものである。要件事実論は技巧的すぎるとの批判（後記(5)のとおり）もあるが，要件事実的分析をするに当たっては，実体法規を掘り下げて検討した上で，攻撃防御方法の体系の中にどのように位置づけるかをあらゆる場合を想定しながら検討しなければならない。したがって，要件事実論は，必然的に論理的かつ緻密な検討を要するのである[30]。

要件事実第一・二巻には，攻撃防御方法の内包関係（いわゆるaプラスbの議論），攻撃防御方法の内包関係（続）―予備的主張及び攻撃防御方法の避けられない不利益陳述―「せり上がり」をはじめとして，技術的かつ緻密な議論が展開されているが，攻撃防御方法の体系を理論的に説明するためには，これらの説明を避けて通ることはできないのである。

請求異議訴訟を例にすると，公正証書に対する請求異議の訴えにおいては，公正証書の存在が請求原因事実であり，公正証書に記載されている請求権の発生原因事実と公正証書の成立を根拠づける事実（当事者又はその代理人が公正証書の作成を嘱託し，かつ，執行認諾の意思表示をした事実）が抗弁となり，その請求権の消滅等の事実が再抗弁となる。これに対し，判決に対する請求異議の訴えにおいては，判決に表示された請求権の消滅という事実をも請求原因事実として主張しなければならない[31]。この攻撃防御方法の体系の相違を理論的に根拠づけるためには，判決に表示された請求権の存在が既判力をもって確定されている関係で，上記の「せり上がり」の理論によって説明せざるを得ないのである[32]。

 30) 賀集・前掲注24) 70頁は，「要件事実論それ自体はマクロの価値判断はしない，ということである。……要件事実論は，ミクロの技法に徹すべきではないか。……要件事実論は，ミクロの技法であるだけに精密でなければならない。精密でない技法は使いものにならない。……ミクロの技法は，それだけが独り歩きするものではない。一般の民法理論に支えられ，これから離れることができないからである。このようにして理論的に裏付けられた要件事実論以外には，審理や判断の指針となるものを考えることができない。そして，マクロの価値判断とミクロの技法は，良き裁判のためには，二つとも必要である。」と明快に論じている。

 31) 請求異議の訴えにおける請求原因の記載例としては，司研編・九訂民事判決起案の手引（法曹会，2001）に添付された事実摘示記載例集19頁参照。

 32) 富越和厚＝原田和徳・執行関係等訴訟に関する実務上の諸問題（司法研究報告書37輯2号）115頁（1989）参照。

(4) 民法等の実体法の解釈学と要件事実論との関係

　要件事実論とは，従来の民法等の実体法の解釈学によって各法条の要件として取り上げられる事項について，主張立証責任の分配に合わせて，攻撃防御方法の体系に組み立て直そうとする考え方である。したがって，当然のことながら，従来の民法等の実体法の研究の成果の上に成り立っているものであり，実体法に関する解釈学を前提としており，正しい攻撃防御方法の体系を組み立てるためには解釈学の進歩に期待するところが大きい。なお，要件事実論が実体法の解釈学に影響を及ぼしたことも否定することができない。[33]今後は，法科大学院において，研究者教官と実務家教官との連携により，実体法の解釈学と要件事実論との有機的連携が図られていくことが期待される。

　　33)　伊藤・前掲注 26) 46頁。なお，この点について消極的に解するものとして，星野英一「民法の解釈のしかたとその背景（下）」法学教室97号22頁 (1988) がある。

(5) 要件事実論に対する批判又は懐疑的見解

　要件事実論の考え方に対しては，次のような批判又は懐疑的意見がある。[34]
(a)　概念法学であり，技巧的すぎる。[35]
(b)　間接事実や事情を無視又は軽視することになる。[36]
(c)　真の争点の出方が遅くなり，訴訟手続の遅延を招く。[37]
(d)　要件事実依存型の訴訟観は硬直的にならざるを得ない。[38]
(e)　弁護士業務との関係では有益な議論ではない。[39]
(f)　現代型訴訟に対して無力である。[40]

　　34)　要件事実論に対する批判等について紹介するとともに，これらの批判等に対して適切に反論を加えるものとして，大江忠「要件事実論と弁護士業務」自由と正義47巻1号67頁 (1996) 及び永石一郎「要件事実のすすめ（上）」自由と正義50巻4号83頁 (1999) 参照。
　　35)　大江・前掲注 34) 71頁，永石・前掲注 34) 83頁各参照。
　　36)　小林秀之「民事判決書新様式の評価と検討」判タ724号11頁 (1990)，津田聰夫「弁護士実務と要件事実」前掲注 12) 134頁。
　　37)　松本・前掲注 23) 92頁。
　　38)　井上治典「法律要件求心型手続の問題点」前掲注 12) 145頁。

39) 津田・前掲注36) 132頁。
40) 大江・前掲注34) 70頁参照。

7　要件事実の機能

(1)　要件事実の重要性

　要件事実論の考え方に対しては，前述のような批判等が存在するが，裁判官として実際に民事訴訟事件を担当していると，要件事実の重要性についてはいかに強調しても強調しすぎることはないと感じている。要件事実は，民事訴訟の審理の過程において，当事者の攻撃防御の焦点となり，当事者の主張立証の要となるものであり，訴訟提起の段階から判決書の作成に至るまで，民事訴訟の充実した審理を実現し，紛争の適正迅速な解決を図るために大いに貢献している。要件事実は，当事者にとっても裁判所にとっても，訴訟の適正迅速な解決のために必要不可欠なものであり，要件事実論に対する上記のような批判等は適切なものとはいえない。

　民事弁護の手引は，「これまで要件事実やブロックダイヤグラムは裁判官が判決を起案するに際して必要になるにすぎないなどと誤って理解されたこともあるが，請求原因にとどまらず，抗弁，再抗弁などの要件事実を見据えてブロックダイヤグラムを作ることは，訴訟の早い段階から重要になる。……原告訴訟代理人は訴訟提起の準備段階から十分な調査をし，精度が低くてもよいから一応のブロックダイヤグラムと争点整理メモ（争点となる要件事実ごとに重要な間接事実を列挙し，これに対応する証拠を記載する争点整理メモ）を準備しておかなければならない。」と指摘している[41]。

41) 司研編・六訂民事弁護の手引30頁〔補正第三版〕（日弁連，2000）。なお，要件事実論と弁護士業務との関係については，大江・前掲注34) 参照。

(2)　適切な訴訟物の選択

　必要にして十分な審理を実現するためには，適切な訴訟物の選択と要件事実的分析が不可欠であり，民事紛争を適切に解決するためには，最も適切な訴訟

物が選択されることがまず肝要である。訴訟物の選択は，第一次的には当事者の責任であるが，当該紛争の最善の解決を図るという観点から，裁判所の責任も重要である。紛争の早期解決を図るためには，裁判官が当事者と十分に議論して訴訟物を選択することが大切である[42]。しかし，実際の訴訟手続は，なかなか理想的には進行しないものである。裁判所の考えているとおりには，当事者は行動してくれないし，残念ながら多くの場合，裁判所には不十分なものしか与えられていないのである。裁判官は，独善に陥らないように，当事者と膝を付き合わせて十分に討論しなければならない。

　地裁において審理をしていると，複雑な事件では，未だ混沌としている当事者の主張の中から核となる訴訟物を特定し，当該訴訟物を前提として攻撃防御方法の体系を築き上げていくという作業は，非常に困難な作業であることを痛感する。

　高裁において審理をしていると，事件の実態と第一審判決書が把握している訴訟物との間に何となく違和感を感じるケースに直面することがある。そのようなケースにおいては，第一審判決書から得られた予断を排除して虚心に記録を読み直したり，更に証拠調べを実施してみることなどによって，より適切な訴訟物が浮かび上がってくることがある。

　　42) 武藤春光「民事訴訟における訴訟指揮について―釈明と和解を中心として―」司研論集56号73頁（1976）が，非常に参考になる。武藤春光判事（当時）は，東京地裁民事部判事補会主催の講演会で，次のように述べられている。

　　　「裁判所にとって最も重要なことは，それぞれの訴訟物についてその請求原因の要件事実は何々であるかということをよく理解していることです。裁判所は，日頃よく判例・学説を研究して，できるだけ多くの種類の請求についていわばその要件事実表を，少なくとも頭の中に叩き込んでいなければなりません。……訴状に書かれているある事実から，これまでの経験を頼りに，背後にある社会的事実は何であろうかと推察してみるのです。つまり，訴状中の請求原因事実からそれが出て来た請求の基礎へいわばフィードバックしてみる訳です。……この事件はあの型かな，この型かなと推察する訳です。この場合，どれか一つの型と決める必要はありませんし，また，そう決めてはいけません。幅を持たせてXかYかZか大体三つ位の型を想定する必要があります。そして，それぞれの型，つまり請求の基礎から更に3種類位の請求権を法律構成してみるのです。そうすると，組合せは最高9種類の訴訟物ができる訳ですが，大抵は何種類か重複しますから，要件事実としては4,5種類検討しておけば足りるで

しょう。……一通りにせよ，これだけの準備をした上で期日に臨み，まず事件の事実関係について詳しく質問致します。……私は，こういう裁判所と代理人との間における事実関係及び法律問題についての討論こそが，本当の釈明であり，口頭弁論であると思っております。私は，このように，事前に仮説を立て，それを導きの糸として，代理人との討論によって，事件の骨組を考えて行くという方法をとっているのです……。」

練達の裁判官にして実現することのできる訴訟指揮であるが，裁判官としては，常にこのような訴訟指揮ができるように心がけるべきである。

(3) 争点整理

争点とは，事実面においては，要件事実及びこれを推認させる間接事実についての主張の不一致であり，法的面においては，当事者間における法律効果の発生要件についての法律解釈等に関する争いや間接事実から主要事実を推認させる経験則に関する争いをいうと解されている。

争点整理[43]とは，必要にして十分な主要事実が主張されているか，相手方が争う要件事実と争わない要件事実とは何か，要件事実を推認させる間接事実，推認を妨げる間接事実としていかなる事実があるか，相手方が争う間接事実と争わない間接事実とは何かという観点から当事者の主張する事実についての検討を行い，次に，争いのある事実を証明する証拠方法は何か，証拠の信頼性等に関する補助事実の争いは何か，書証によってその事実は立証することができているかなどの証拠方法の検討を行い，さらには，法律上の争いに関して，自己の主張する法的解釈の根拠となる判例，学説を明らかにし，経験則を証明することのできる証拠を提出することなどを通して，争点の絞り込みと争点の深化を行い，その結果，訴訟における真の争点を確定し，最後に人証調べ等の証拠調べの対象を限定する作業である。

43) 争点整理については，今井功「争点・証拠の整理と審理の構造」竹下守夫ほか編・講座新民事訴訟法Ⅰ201頁（弘文堂，1998），前田順司「弁論準備手続の在り方」上谷清ほか編・新民事訴訟法施行三年の総括と将来の展望127頁（西神田編集室，2002）参照。

(4) 真の争点の早期把握

事件の適正迅速な解決を実現するためには，真の争点をいかに早期に把握するかが重要であり，その第一段階としては，当事者の主張立証に負うところが大きい。

(a) 訴　　状

民訴規則53条1項は，訴状には，民訴法133条2項の規定する請求の趣旨及び原因に加えて，請求を理由づける事実を具体的に記載し，かつ，立証を要する事由ごとに，当該事実に関連する事実で重要なものを記載しなければならないと規定している。原告は，真の争点が何であるかを早期に裁判所に理解してもらうために訴状に記載するように心がけなければならない。したがって，前記5(2)に示した例のような場合には，原告は，原告からAへの売買契約の事実については争いがなく，真の争点が再抗弁に該当する虚偽表示の有無であることを明確に主張すべきである。

民事弁護の手引は，「裁判所に早期にかつ的確に事案や争点を把握してもらうため，なぜ本件の法律行為をするに至ったかとか，どのようなことから紛争が生じたかなどの，紛争の背景や，争点となる要件事実（主要事実）の存否を推認させる間接事実，更には重要な証拠の証明力に関する補助事実などの関連事実を，訴状に記載することも有意義である。」と指摘している。[44]

44）司研編・前掲注41）120頁。

(b) 答 弁 書

民訴規則80条1項は，答弁書には，訴状に記載された事実に対する認否及び抗弁事実を具体的に記載し，かつ，立証を要する事由ごとに，当該事実に関する事実で重要なものを記載しなければならないと規定している。

民事弁護の手引は，「答弁書は最初に提出される準備書面であるから，紛争の核心を速やかに裁判所に理解させるためにも，抗弁の骨組みだけの要件事実にとどまらず，証拠の検討や事実関係の綿密な調査から得られた間接事実を取捨選択した上，答弁書において被告の主張として展開すべきである。」と指摘している。[45]

45）司研編・前掲注41）150頁。

(c) 準備書面の記載

さらに，その後提出される準備書面を通して争点が明確になっていく。

(5) 争点整理の在り方

争点整理手続は，要件事実及び間接事実並びに証拠収集方法に対する正確な理解と応用力を必要としており，裁判所と当事者との活発な議論を通じた協働作業によって実現される。争点整理についての第一次的責任者である当事者と争点整理の主宰者の立場に立つ裁判所とが，争点を絞り込んで真の争点を解明し，証拠によって証明すべき事実を明らかにしていくという共通の認識に立って争点整理に当たる必要がある。

(a) 当事者の役割

充実した審理が行われるためには，争点整理についての第一次的責任者である当事者が，期日に向けて期日前や期日間に十分な準備をすることが必要である。当事者は，訴状，答弁書及び準備書面に，民訴法や民訴規則が前述のとおり要求しているように，要件事実とこれらに関連する間接事実等を区別して記載しなければならない。

さらに，民事弁護の手引は，「民事弁護実務では，『その段階に応じた精度のブロックダイヤグラム』とか『アバウトなブロックダイヤグラム』を重視している。弁護士にとって『事実』はその段階において入手している情報に基づく一つの仮説であって，その中には確実な情報もあれば不確実な情報もある。」と指摘している。[46]

46) 司研編・前掲注41) 34頁。

(b) 裁判所の役割

裁判所は，争点整理の主宰者として，中心的役割を果たさなければならない。実質的な内容のある争点整理を行うためには，間接事実まで掘り下げた，深みのある争点及び証拠の整理を行うことが重要であり，そのためには，当然のことながら，裁判所が徹底的に記録を読み込み，事実関係を把握していなければならない。裁判所は，前記(2)のような検討を経て適切に選択された訴訟物を前提にして，請求原因以下の要件事実を適切に検討していかなければならない。

審理の状況に応じた柔軟な訴訟指揮を心がけるべきであり，硬直した姿勢は

厳に慎まなければならない。実体法の解釈が必ずしも明確でない場合も多いので、攻撃防御方法の体系を考えるに当たっては、裁判所としても柔軟に要件事実的分析をする必要がある。当該事案において、必要にして十分な要件事実的分析が行われていれば、訴訟の審理はおのずから適正迅速に行われるはずである。事件の実態と訴訟物をはじめとする要件事実とが一致しているケースにおいては、審理の充実が図られる。そのためには、次に述べる当事者と裁判所との間の信頼関係の樹立が肝要である。

47) 河野正憲「要件事実論と民事訴訟法学」前掲注12) 162頁は、この点を強調する。

(c) 当事者と裁判所との間の信頼関係

民訴法2条は、「裁判所は、民事訴訟が公正かつ迅速に行われるように努め、当事者は、信義に従い誠実に民事訴訟を追行しなければならない。」と規定しており、その趣旨を十分に念頭に置いた訴訟活動が行われることが期待される。民事紛争の真の解決のために、当事者と裁判所とが協働して主張立証が尽くされるようにしていくためには、お互いの間に信頼関係が樹立されていることが肝要である[48]。この信頼関係を樹立するためには、当事者双方と裁判所とが共通の認識に立っていることが必要不可欠であり、要件事実は、当事者双方と裁判所とが共通の認識に立つためのまさに共通の言語であるといえる[49]。

48) 司研編・前掲注41) 39頁は、「司法修習生は、民事裁判が裁判官と双方代理人が相互に協力し模索しながら合理的な解決方法を創造する手続であり、裁判官と当事者・訴訟代理人との間のコミュニケーションが特に重要であることを学び取らなければならない。」と指摘する。

49) 司研編・前掲注41) 30頁等。

(d) 間接事実の重要性

民事訴訟の審理においては、間接事実が非常に重要な役割を果たしている。民事弁護の手引は、「要件事実の効用と機能を重視する余り、間接事実による立証活動を軽視するようなことがあってはならない。」と指摘し、さらに、同書は、「要件事実を立証する直接的な証拠がないからこそ訴訟に持ち込まれることが多いことを考えると、弁護士にとっては、間接事実による要件事実の立証活動は、極めて日常的でかつ重要な作業となっている。経験則に対する広く深い理解、そして間接事実を駆使しての効果的な説得、つまり立証活動、それ

が弁護士の力量でもある。現に実際の訴訟においては，前述の請求原因，抗弁，再抗弁の論理構造の中で，その訴訟の勝敗を決する最大の争点が，右の段階のいずれかの箇所に存し，かつ，その争点の要件事実の存在証明が，ある間接事実の存在いかんに係り，その間接事実の存在がまた次の間接事実の存在いかんに係っているような場合もあって，結局，その訴訟の勝敗の帰趨が二次的な間接事実の存否いかんに左右されるような場合も決してまれではないのである。主張責任の視点から要件事実の重要性を強調することが，直ちに間接事実の軽視に短絡するような誤解は厳に戒められなければならないというのはこの理由による。両者は，明らかに機能する局面を異にしているのである。」と正当に指摘している[51]。

50) 司研編・前掲注41) 20頁。
51) 司研編・前掲注41) 19頁。

(e) 計画審理の実施

平成15年の民訴法の改正により新設された法147条の2は，裁判所及び当事者は，適正かつ迅速な審理の実現のため，訴訟手続の計画的な進行を図らなければならないと規定し，147条の3は，裁判所は，適正かつ迅速な審理を行うため必要があると認めるときは，当事者双方との協議を踏まえて審理の計画を策定しなければならないと規定している。計画審理により適正かつ迅速な審理を実現するためにも，要件事実的分析が必要不可欠である。

(f) 釈明権の行使

適切な釈明権を行使して，事案の適正迅速な解決を図るためには，前述のことから明らかなように，要件事実的検討が不可欠である。

(6) 必要最小限の審理—無駄のない審理

要件事実的分析は，攻撃防御方法として何が必要不可欠なものであるかを厳密に検討することになる。例えば，次のような事案においては，Yが抗弁として主張している事実の持つ法的意味を十分に検討する必要がある。Xが所有権に基づいて，動産を占有しているYに対して返還請求権を行使している場合，YがXは第三者Aに対して所有権を譲渡し，YはAから所有権を譲り受けたという抗弁と，YはXから賃借したAから転借しているという抗弁を提出した場

合，前者の抗弁は，Xの所有権喪失の抗弁として構成されるので，Yとしては自分が所有していることまで主張立証することは必要なく，Xが所有権を喪失していることを主張立証すれば足りる。これに対し，占有権原の抗弁は，Xに対しYに占有権原があることを主張立証する必要があるので，Yに占有権原があることまで主張立証する必要がある。簡単な事案においては，特に問題となることはないが，複雑な事案においては，攻撃防御方法として何が必要不可欠なものであるかを常に明確に自覚していないと不必要な主張立証を促すことになるので，注意を要する。

(7) 充実した証拠調べの実施

充実した証拠調べを実施するためには，充実した争点整理が行われていることが前提となる。裁判所は，主張立証責任の所在を常に念頭に置いて，要件事実として主張されている事実の立証状況について明確に認識し，必要不可欠な立証が行われているか否かを把握していなければならない。現在，集中証拠調べは，民事裁判実務において標準的な審理方法として定着しているが，要件事実的分析は，充実した集中証拠調べの実施のためにも必要不可欠である。

(8) 不意打ちの防止

以上述べたことから当然のことではあるが，要件事実は，不意打ち防止のためにも重要な役割を果たしている[52]。裁判所は，仮に弁済の事実を証拠によって認めることができても，弁済の事実の主張がない限り，弁済があったことを理由として原告の請求を排斥することはできない。また，過失，正当事由，信義則違反等の規範的評価を根拠づける具体的事実及び評価を障害する具体的事実を要件事実と解すべきであり[53]，主張立証責任はこれらの具体的事実について問題となる。したがって，これらの具体的事実が主張立証されていないのに過失等があったと認定することは弁論主義に反することになる。

52) 要件事実第一巻29頁。なお，遠藤賢治・民事訴訟にみる手続保障（成文堂，2004）は，手続保障の見地から要件事実の機能等を考察している。
53) 要件事実第一巻30頁参照。

(9) 要件事実論と事件の筋

　審理をしていて，要件事実的分析から導き出される結論と事件の筋とが一致する場合には問題はないが，両者の間に明確なそご又は何となく違和感を感じる場合がある。この場合には，事実認定の問題とも絡むが，これまでの審理を前提とする要件事実的分析から導き出される結論と事件の筋と考えているものとを比較検討してみるとともに，逆に事件の筋から要件事実的分析の当否を見直してみる必要がある。[54] 最近の経験によると，事件の筋と要件事実的分析から導き出される結論とがどうしても一致せず，当事者の主張としては不明確であった信義則違反の主張を釈明権を行使して明確にすることにより，両者を一致させて判決書を作成したことがある。

　　54) 伊藤・前掲注26) 175頁は，この点を指摘している。同書176頁は，要件事実的判断と事件の筋による判断とは，互いにもう一つの手法の検証役を果たしていると指摘する。なお，伊藤滋夫・事実認定の基礎263頁（有斐閣，1996），加藤新太郎ほか「〈座談会〉裁判官の判断におけるスジとスワリ」判タ891号13頁（1996）参照。

(10) 現代型訴訟と要件事実

　要件事実は，現代型訴訟に対して無力であるとの批判もある。東京高裁において，知的財産事件を除く訴訟事件を担当していたが，要件事実的分析は，どのような訴訟事件に対しても有用であった。[55] むしろ，現代型の複雑な事件であればあるほど要件事実的検討が必要となってくる。その点は，本講座によって明らかになるものと思われる。

　　55) この点については，伊藤・前掲注26) 23頁参照。本稿では，民事訴訟事件を中心にして要件事実の重要性を議論しているが，当然のことながら，行政訴訟，人事訴訟等のすべての訴訟事件に同様に当てはまる。

(11) 和解手続と要件事実

　和解は，当事者にとっても裁判所にとっても事件の適正迅速な解決のために望ましいものである。民訴法265条が裁判所等が定める和解条項の制度を新設したのも，その現れといえる。対立する当事者に対して裁判所が主導権をもっ

て説得するためにも，要件事実的検討は必要不可欠である。伊藤滋夫教授は，「和解規範」という考え方を提唱され，和解手続における要件事実論・事実認定論的思考の活用について言及されている。

56) 伊藤・前掲注27) 要件事実・事実認定入門166頁。

(12) 判決書の作成

要件事実的分析は，判決書の作成に必要不可欠である。その点については，後記**8**記載のとおりである。

(13) 判例の正確な理解

要件事実的分析は，判例の事案を正確に理解し，かつ，判例理論を正確に理解するためにも有用である。

57) 同旨，伊藤・前掲注26) 57頁。

(14) 民事紛争の予防

弁護士に対する社会の要望は，もはや単に訴訟事件の担当という面にとどまらず，あらゆる法律問題に対して迅速かつ適切な助言や勧告が与えられることへの期待に移りつつある。したがって，弁護士業務は，正常な社会的・経済的活動を発展させる上でも重要な役割を担うことになる。予防法学的業務の内容として重要なものとしては，契約書の作成が考えられるが，後に問題の発生しない契約書を作成するためにも，要件事実的検討が不可欠である。弁護士の関与した契約書の文言等をめぐって争われる事件にしばしば遭遇した。

58) 司研編・前掲注41) 179頁
59) 同旨，伊藤・前掲注26) 56頁。

(15) 要件事実の限界

要件事実第一巻は，「要件事実のみで民事訴訟が行えるものでないことは当然のことであり，要件事実の意義を過大に評価することは戒めなければならない。しかし，他方，要件事実が，民事訴訟の運営上，重要な意義を有するものであることも疑問の余地がない。要は，民事訴訟における要件事実の意義と機

能を十分にわきまえて，これを適切に活用することである。」と明快に論じている。[60] 適正迅速な訴訟運営に基づいて適切な判決書を作成するためには，紛争の背景等に対する深い洞察力，人間関係諸科学に対する深い理解及び正しい事実認定等が必要である。しかしながら，要件事実の正しい理解とその活用は，民事訴訟の運営にとって必要不可欠なことである。

60) 要件事実第一巻2頁。

8 判決書の作成

(1) 在来様式判決書

在来様式判決書は，主文，事実及び理由に三分し，「事実」欄においては，権利の発生，変更及び消滅等という実体法上の要件についての当事者の主張のすべてを，主張立証責任の所在に従って，請求原因及び抗弁等として記載し，かつ，それに対する認否を記載することによって，それぞれの要件事実についての争いの有無を明らかにする。そして，「理由」欄においては，「事実」欄に示された論理的構造に従って，争いのない事実についても改めてその旨を記載してこれを前提とし，争いのある事実については証拠判断をして，事実関係を確定した上で，これに法規を適用して請求の理由の有無を判断するという形式ないし構造を採用していた。

そのため，判決書は，実体法上の要件についての主張立証責任の所在に従った論理的構造によって展開され，実体法上の要件事実についての主張立証責任に忠実な構成を採り，その作成過程においておのずと実体法上の要件を確認することによって，判断の正確性が担保されるという利点があった。[61]

61) 田尾・前掲注7) 24頁は，在来様式判決書は，要件事実を追っていくから，当然のことながら，事実摘示でも判断でも要件を落とさなくなり，実体法的に正しい判決を得やすくなると指摘する。

(2) 新様式判決書

東京高等・地方裁判所及び大阪高等・地方裁判所において，平成元年に民事

判決書改善委員会が設置され，両委員会は，新しい民事判決書の在り方についてそれぞれ検討を重ねた上で，合同会議を開いて意見を交換し，平成2年に両委員会の共同提言として，当事者が真に知りたいことに平明かつ的確にこたえる判決書を目ざした「民事判決書の新しい様式について[62]」をまとめた。新様式判決書は，実務における充実した審理を前提として，当事者のための判決であることを念頭に置いて考案されたものである。

　新様式判決書は，在来様式判決書における「事実」欄と「理由」欄とを統合した上で，基本的には，ある事実が請求原因及び抗弁等のいずれに属するか，また，それがいずれの当事者の主張に係るものであるかにかかわらず，まず当事者間に争いのない事実等を示すことによって紛争の基礎を明らかにし，次いで，これを前提として争点を浮き彫りにし，これらの記載によって当該事件がどのような類型の事件であって，何が中心的な争点であるかを明らかにし，これらの争点についての裁判所の判断を示すという構成によるものである。

　その後，新様式判決書に対しては，当事者が真に知りたいところに平明かつ的確にこたえるものとしてこれを高く評価する声がある一方，判決書を読んでも判決の結論に至る過程や構造が分かりにくいとか，訴訟物が明らかでなく，要件事実の一部を見落としがちであるとか，弁論主義に反したり主張立証責任の所在を見誤ったりしかねないなどの問題点も指摘され，東京高等・地方裁判所民事判決書改善委員会による見直しが行われ，平成6年3月に「新様式による民事判決書のあり方について[63]」が発表された。

　東京高裁において，第一審判決書を拝見していたが，一部の例外を除き，新様式判決書は，多年にわたる努力の末，しっかりと根を張り実務に定着しているものといえる。

　今更論ずるまでもないことであるが，新様式判決書を採用することは，主張立証責任の分配についての検討をなおざりにすることを意味するわけではない。むしろ，今まで以上に審理の段階から周到な要件事実的分析が要求されるのである[64]。要件事実的検討の重要性は，在来様式判決書を作成する場合と比較して勝るとも劣らないものであることを銘記しておかなければならない。

　なお，新様式判決書については，在来様式判決書と違って，請求原因及び抗弁等の事実摘示を記載することにより順次判断していくわけではないので，過

誤を招くおそれが多く，注意を要する。民裁教官室は，ブロック・ダイヤグラムの活用を司法修習生に提言しているが，裁判官も主張立証責任が問題となる事件については，これを大いに活用することが望ましい。

> 62) 東京及び大阪各高等・地方裁判所民事判決書改善委員会「民事判決書の新しい様式について」判タ715号4頁 (1990)。
> 63) 最高裁事務総局・民事訴訟の運営改善関係資料(2)（民事裁判資料208号）396頁 (1994)。
> 64) 司研編・前掲注31) 民事判決起案の手引2頁，最高裁事務総局「民裁教官室だより(10)」新しい様式による民事判決書集（第三集）（民事裁判資料199号）141頁 (1992)。
> 65) 上谷清「判りやすい判決書」上谷清ほか編・前掲注43) 307頁等。新様式判決書なるが故の過誤とはいえないかもしれないが，付帯請求である遅延損害金の発生時期や利率についての検討が不十分な判決に接したことがある。
> 66) 最高裁事務総局・前掲注64) 144頁。
> 67) 上谷・前掲注65) 307頁は，新様式判決書の作成に当たっては，ブロック・ダイヤグラムくらいは，事件ごとに作成して手許におくべきであると指摘する。東京高裁時代は，当事者の主張が錯綜する複雑な事件については，合議体の構成員が共通の認識に立って議論することができるように，ブロック・ダイヤグラムを活用しながら合議を行っていた。

(3) よりよい判決書を目指して

高裁において新様式判決書を拝見していたが，事案によっては，在来様式判決書によるのが相当な事案，あるいはまた，在来様式判決書と新様式判決書とを組み合わせた判決書によるのが相当な事案も見受けられた。今後とも，よりよい判決書を目指して，事件の内容又は審理の在り方に対応した分かりやすい判決書の在り方が検討されるべきである。

> 68) 平成元年に設置された判決書改善委員会の一員として共同提言に関与した関係もあり，よりよい新様式判決書が作成されることを切に願っている。なお，控訴審判決書の改善工夫例等については，雛形要松ほか・民事控訴審における審理の充実に関する研究（司法研究報告書56輯1号）205頁 (2004) 参照。なお，同書249頁には，判決書に関する参考文献が掲載されている。

9　おわりに

(1)　優れた法曹の養成

(a)　法科大学院における要件事実教育

　要件事実は，以上検討してきたことからも明らかなように，実際の訴訟において非常に重要な役割を果たしている。今後，法科大学院において，研究者教官と実務家教官との連携が密に行われ，充実した要件事実論の基礎教育が実践されていくことを願っている。

(b)　司法研修所における要件事実教育

　要件事実論の基礎教育を法科大学院において履修した司法修習生を対象にして，司法研修所において実務的な要件事実教育が実践されていくことになる。大学における基礎的な要件事実教育と司法研修所における実務的な要件事実教育とが有機的に連携して実施され，優れた法曹が養成されていくことを願っている。[69]

[69]　平成15年8月23日に北海道大学において開催された法科大学院シンポジウムにおいて，法科大学院における民事法教育の在り方に関して活発な議論が展開されている（判タ1129号4頁以下（2003））。安西明子「討論の概要」同号43頁によれば，甲斐哲彦判事は，「実体法と訴訟法の区別は研究者の専門であって，学生にとっては垣根を捨ててもらう方がよい。また，研究者教員と実務家教員も，将来的には融合していくべきであり，……法科大学院もひとつの題材で研究者と実務家が一緒に講義，実演すべきであり，それ自体が研究者と実務家の教員相互に役立つはずだ」と発言されている。なお，東孝行「法科大学院における要件事実論教育について」久留米大学法学43号31頁（2002），同「同（その二）」同44号63頁（2002）には，具体的な教育方法が提案されている。

(2)　要件事実の活用

　適正迅速な裁判の実現という国民の要請にこたえるためには，訴訟関係者の間に要件事実の意義や機能に対する共通の理解が得られることが肝要である。訴訟関係者の間に要件事実論についての共通の認識が醸成され，要件事実が文

字どおり当事者双方と裁判所との間の共通の言語として十分に活用されることを念願している。

(3) 民事訴訟の適正迅速な解決を目指して

民事訴訟を適正迅速に解決するためには，裁判所の責任が重大であることはもとよりとして，当事者特に訴訟代理人の積極的な訴訟関与が必要不可欠である。随所で引用した「民事弁護の手引」に込められた民事弁護教官の熱き思いが，司法修習生に受け継がれ，同書の推奨する望ましい訴訟活動が訴訟代理人によって着実に実践され，裁判所との連携の下，真の争点の早期解明及び充実した証拠調べの実施等により，民事訴訟が適正迅速に解決されることを切に願っている。

3 当事者からみた要件事実
―当事者代理人に必要な要件事実の基礎知識―

永石 一郎

本稿の趣旨
1 要件事実に入る前に（とくに弁論主義について）
2 要件事実について
3 司法研修所の要件事実
4 ブロック・ダイアグラムについて

本稿の趣旨

　民事裁判においては，民事裁判官と当事者の共通語は要件事実である。しかし，法律家でない当事者である依頼人にとって，要件事実の理解は無理である（裁判の民主化という観点からそれでよいのかは問題であるが）。したがって，当事者からみた要件事実とは，当事者代理人からみた要件事実ということを意味する。

　本稿では，当事者代理人に不可欠な要件事実の基本を解説する。なお，要件事実とは，法律効果を発生させる法律要件に該当する事実（主要事実ともいう）のことをいうが，この概念理解についてはほとんど問題がない。よく「司法研修所は要件事実を重視しすぎる」，「要件事実はむずかしい」といわれる。要件事実とは，法律効果発生のための実体法における立証責任の分配がどのようになされるのか，すなわち，民事裁判における攻撃防御方法の構造をどのように組み立てるのかという考え方であり，要件事実に関する理論すなわち要件事実論を略して「要件事実」と称しているのである。

3 当事者からみた要件事実―当事者代理人に必要な要件事実の基礎知識―

1 要件事実に入る前に（とくに弁論主義について）

　要件事実を論ずる前提として，その基礎にある民事訴訟の原則である弁論主義と主張責任，立証責任について一言しておく。とくに弁論主義について触れておきたい。近時，弁論主義についてその根拠や機能について様々な論者が議論を交わしているが，当事者からみると法の適用における不意打ちが一番問題である。「法の適用における不意打ち」は，当事者が意図していない攻撃防御方法による解決のために，裁判所が「事情」の中から要件事実を拾い上げて勝敗を決しているきらいがなきにしもあらずという傾向にあるからである。これは弁論主義に反するといえるのか，という問題意識である。先ず，弁論主義の内容から検討する。

(1) 弁論主義

　弁論主義とは，判決の基礎となる事実の提出を当事者の責任と機能とする原則であり，次の3つを内容とする。
　①　当事者の主張しない事実は判決の基礎にできない。どちらの当事者が主張したかは関係がない。一方，当事者が自己に不利益な事実を主張した場合，相手方の援用がなくとも（援用があれば自白が成立する）判決において斟酌される（主張共通の原則）。
　主張責任は，主張が弁論に顕れさえすればよく，それがどちらの当事者から出たかは関係ないとされている。しかし，一概にそうともいえない。問題になるのは，原告が貸金債権の成立を主張し，さらに弁済をも主張したが，かえって被告が弁済を争う場合である。
　弁済の事実を判決の基礎にしうるとするのが兼子一博士以来の通説であるが，証拠調べによる認定を要するかについては見解がわかれている。兼子博士は認定を要するとする。司法研修所要件事実論の基礎となる文献である「民事訴訟における要件事実第一巻」19頁（法曹会，1985）も同旨である。
　これに対して，弁済という不利益な主張の結果，原告自身の主張から請求を基礎づけえない（有理性を欠く）以上，証拠調べに入ることなく直ちに請求を

棄却すべきとする見解がある。兼子説は，原告が不利益な主張をしている反面，被告もそれを争うという形でやはり不利益な主張をしているから，証拠調べをして事実認定をし，ノンリケット（真偽不明）なら証明責任によって裁判をするのが公平であると考えるのである。

家屋明渡請求訴訟において，原告が自己の所有権を主張したが，被告の占有を主張せず，被告が自らの占有を主張したが，原告はかえってこれを争う場合について，兼子説によれば，占有に争いがあるから証拠調べをすることになるし，反対説からは有理性を欠くとして直ちに請求棄却となろう。

また，家屋明渡請求訴訟の原告が賃料不払いによる解除を主張したのに対し，被告はこれを争いつつ，合意解除を主張した場合，原告がこれを争うときはどのように考えるべきであろうか。

兼子説では，証拠調べをすることになる。反対説では，原告の主張によっても，被告の主張によっても請求が基礎づけられるのだから，直ちに請求を認容するということになろう。

なお，法律上の陳述と主要事実の主張とは区別しなければならない。

「時効は中断した」との主張は法律上の陳述であり，これは裁判所に注意を喚起する意味しか有せず，弁論主義における訴訟資料の提出は当事者の責任であるとする当事者の責務を果たしたことにならない。時効中断に当たる具体的事実の主張がないから，主張自体失当ということになる。

② 証拠調べも当事者の申し立てたものに限られる。

なお，証拠調べの結果得られた証拠当資料は，いずれの当事者が申し立てたかに関係なく裁判所は採用しうる（証拠共通の原則）。これは自由心証主義の結果である。

③ 自白された事実を証拠によって認定してはならず，そのまま判決の基礎にしなければならない。

間接事実，補助事実の自白は，裁判所も当事者も拘束しないし，当事者も自由に撤回できる。したがって，判決で摘示すべき事実は主要事実だけである。

以上の3つが弁論主義の内容とされるものである。

弁論主義は，職権探知主義と対立する。すなわち，弁論主義は，判決の前提となる事実および証拠の収集，提示を当事者の責任と権能とすることを建前と

3 当事者からみた要件事実—当事者代理人に必要な要件事実の基礎知識—

するものであり、これを裁判所の責任と権能とするものを職権探知主義という。

　弁論主義の根拠については諸説あるが、事実審理の範囲を当事者の意思によって限定させるという、私的自治の原則のあらわれとするのが多数説であり、その機能として不意打ち防止を強調するのが近時有力である。不意打ち防止説は、上記①からの帰結である。不意打ち防止は当事者代理人にとって必要不可欠である。従前は、相手方当事者からの不意打ち防止を意味していたが、私は、裁判所からの不意打ちという問題も考えるべきであると思う。

　次の最高裁判決は、この問題を大きくクローズアップするものであった。

　「借入金の返済がされない場合には債務者所有の土地を債権者名義に変更し第三者に売り渡すことを承諾する旨の契約について、当事者の一方はこれが仮登記担保契約に当たると主張し、他方は代物弁済契約であると主張している事案において、最高裁判所は譲渡担保契約である」と判断した（最判平14・9・12判時1801号72頁）。

　このような場合、最高裁がこの契約を譲渡担保契約と認定することは、不意打ちではないかということが問題とされたのである。藤井正男裁判官は、反対意見の中で次のように述べておられる。「本件について、多数意見が本件契約を代物弁済契約でも仮登記担保契約でもないとした点に異論はないが、これを譲渡担保契約であるとした点は、当事者の主張しない所有権取得原因事実を認定するもので、被上告人に対する不意打ちであり、訴訟における弁論主義に反するとの疑いを払拭することができない。上告人らは、上告人乙山の所有権取得原因として主張した代物弁済契約を立証することができず、抗弁が成立しなかったのであるから、被上告人の請求が認容されるのはやむをえないことであり、原審の判断は結論において正当であることに帰すべきであった。」（判時1801号72頁）。これについて、京都大学教授から最高裁判所判事になられた奥田昌道前最高裁判事は、平成15年1月の司法研修所における講演において、「今まで私が理解した弁論主義とか民事裁判というもので、当事者の役割、裁判所の役割と抽象的に理解していたのは、ローマ法でいわれるように、あなた方は事実を出しなさい、我々は法を与えようと。『汝、事実を出せ、しからば、我、汝に法を与えん』というときに、法は権利であり、また、法適用も指すのであるが、そういうふうにどこまでも当事者の責任は、事実を主張し、立証するこ

とまでで，その主張され，立証された事実を踏まえて，それを贈与と認定するか，あるいは，それを売買と認定するか，あるいは，当事者が消費貸借といってきたのを贈与と認定するか，そういった法律構成は裁判官の職権に属することであり，裁判官の専権的作業であるということである。とくに，兼子一先生などはそれを盛んに言っておられた。本件は，まさに事実主張のレベルと，それから，法的主張，すなわち，それが代物弁済だという代物弁済による所有権取得の側と，仮登記担保契約だというのはまだ清算されていないから所有権を失っていないという主張がぶつかっている。どちらも自分の所有権を主張するのに有利な事実主張をしているわけである。けれども，譲渡担保という第三の道はだれも言っていない。そのときに，事実は認定できる。譲渡担保として十分法律構成はできる。しかし，当事者が言っていない法的主張あるいは法的構成を最高裁で言っていいのかという問題で，これは弁論主義の問題なのか。それとも何の問題なのか。」と問題視しておられる。当事者の気づいていない法的観点で裁判所が判断をする場合は，山本和彦教授ほかが提起されたいわゆる「法的観点指摘義務[4]」の問題であるが，本件は，法律審である最高裁判所においての裁判であるから，最高裁判所は「法的観点指摘義務」，「釈明権の行使」を行えない状況にあったので，まさに当事者にとっては裁判所からの不意打ちといえるものである。法の適用の問題であるから，従来から議論されている弁論主義における当事者間の「不意打ち防止」とはその次元を異にするが，当事者にとって不意打ちであることには変わりない。裁判所がそのような法の適用をするのであれば，当事者はそれなりの対応が考えられたのに，その機会を失わせるという意味でまさに不意打ちであるといえる。「不意打ち防止」を弁論主義の内容と考えるのであれば，かかる場合も弁論主義違反に含めることも可能であろう。以前，後藤勇元判事は，「当事者が争点にしていないところで，勝敗を決しているもの，これを私は"肩透かし"判決と呼んでいる[5]」と述べられているが，まさにその適例である。従来は，法の適用問題であるからやむをえないとして不満がくすぶるだけであったが，今や抜本的な対策を考える時機に来ていると思われる。私は，かかる事態を避けるために，当事者に「法的観点特定義務」を課したらいかがなものかと思料する。すなわち，当事者に攻撃防御方法の法適用を特定させるという義務である。法の適用が違えば法的効果

3 当事者からみた要件事実―当事者代理人に必要な要件事実の基礎知識―

も違う場合があるからである。たとえば，平成15年7月11日最高裁が，「不動産の共有者の一人は，共有不動産について実体法上の権利を有しないのに持分移転登記を了している者に対し，その持分移転登記の抹消登記手続を請求することができる」とする事案（判時1833号114頁）において，一，二審は，保存行為に基づく抹消登記請求権の有無を争点としていたが，持分権に基づく妨害排除請求権としての抹消登記請求権でその可否を結論づけている。保存行為に基づく抹消登記請求権であれば既判力は他の共有者にも拡張されるが，持分権に基づく抹消登記請求権であれば，他の当事者への既判力の拡張はない。両者の要件事実は同じである。したがって，裁判所はどちらを根拠として判決を下してもいいわけであるが，それでは，当事者が他の当事者にも既判力を及ぼしてもらいたいとして訴えを提起しても，その目的を達しないことになる。かかる場合，当事者が要件事実は同じであるが他の共有者にも既判力が及ぶことを欲するのであれば，法的観点を保存行為に基づく抹消登記請求権であると特定して判断を求め，裁判所もその権利の有無だけ判断すれば足りる。さらに，他の法的観点での判断はできないとの拘束をすれば，当事者に対する裁判所からの不意打ちはないことになる。

　平成14年の最高裁判決の事例でいえば，原告が法の適用として「代物弁済契約」の成立を主張しているのであれば，裁判所はその要件事実の存否だけを判断すれば足り，被告が「仮登記担保契約」と主張しても，裁判所が「譲渡担保契約」と考えても，それは判断の対象としないこととするのである。この結果，裁判所の負担も軽くなり，当事者への法適用の不意打ちのおそれもなくなる。この問題を釈明義務の視点で捉える見解もあるが，釈明の行使は当事者間に不公平を招く危険がある。「我に事実を与えよ。しからば法を適用する。」の法諺は，裁判所における紛争が大量化，複雑化，多様化し，さらに法体系が膨大化している現代社会には適合しないのではなかろうか。「法的観点特定義務」を課すことは，当事者が素人である本人訴訟の場合は別としても，専門家としての訴訟代理人が登場する訴訟においては，不都合なものとはいえないと思われる。

　また，上記判決以前にも，藤原弘道元判事は「弁論主義は黄昏か」[6]において，「当事者の主張しない主要事実を認定している」として，そのような裁判例を

いくつか挙げて弁論主義の適用があいまいになっていることを批判しておられるが，弁論主義の意義・内容を改めて問い直す時期に来ていることは確かである。前述「法的観点特定義務」を認める根拠を弁論主義の第4テーゼとすると，弁論主義全体の再構築が必要となる。

弁論主義と混合しやすいものとして，処分権主義がある。ともに私的自治のあらわれであることは共通しているが，処分権主義は，審判の対象に関するものであり，弁論主義は審判の対象の判断資料である攻撃防禦方法に関するものである点において，その対象を異にする。

1) 兼子一「相手方の援用せざる当事者の自己に不利な陳述」民事法研究1巻199頁，233頁（弘文堂書房，1940）。
2) 新堂幸司・民事訴訟法290頁（筑摩書房，1974），上田徹一郎・民事訴訟法287頁（法学書院，1988），高橋宏志・重点講義民事訴訟法350頁（有斐閣，1997）。
3) 司法研修所論集110号45頁（2003）。
4) 山本和彦「民事訴訟における法律問題に関する審理構造」法学協会雑誌106巻4号（1989）。
5) 司法研修所論集創立50周年記念特集号第一巻387頁（法曹会，1998）。
6) 司法研修所論集1993年1号1頁。

(2) 主張責任

主張責任は，前述(1)弁論主義の①として述べた原則の顕れであり，弁論主義で最も重要なものである。主張責任とは，「ある事実が弁論で主張されなかったら，裁判所は証拠上その事実が認められても判断の基礎とすることはできないとするものであり，結局，これを要件事実とする法律効果の発生は認められないという不利益」をいう。根拠条文はないが，弁論主義の当然の帰結として是認されている。ただし，主張責任は事実問題に限るものであり，法律問題は当事者の主張がなくとも裁判官が解釈・適用することとされている。主張責任については，「訴訟資料と証拠資料の截然分離の原則」に注意しなければならない。「訴訟資料」とは，当事者の弁論から得られた裁判の資料（これには間接事実，補助事実も含まれるが，訴訟資料と証拠資料の区別で用いる場合は主要事実のことをいう）をいい，「証拠資料」とは，証拠調べから得られた裁判の資料をいう。たとえば，当事者から「解除」の主張がなされたが，証拠調べの結果は「取

消」であった場合は，訴訟資料と証拠資料の峻別から解除の主張は認められないこととなる。もっとも，当事者本人が訴訟を行っている場合は，「取消」といってはいても素人であるから，裁判所は「解除」のことだと判断することは十分あり得る。これを「善解*」と解するか，訴訟行為の解釈問題とするかは見解が分かれるであろう。

> * **善解**　善解とは，たとえば，売買契約において，代金額の主張は契約の本質的要素をなすから，弁論主義の適用があるので主張しなければならないが，当事者が具体的に主張しない場合には「時価で」との主張があるものとして，当事者が主張したとみなすことで主張が足りないことによる売買の主張の「主張自体失当」を防ぐ操作のことである。これは，軽微な主張の欠缺の不利益から当事者を救済するため，通常当事者ならそのような場合なすであろうと予想される主張を当該当事者も行ったものと解釈し，当事者を救う裁判所の操作のことである。
>
> 　主要事実に該当する事実を当事者が主張していなくとも，実質的に当事者に攻撃防御の機会の保障があったと認められる場合には，口頭弁論の全趣旨や証拠の提出態度から当事者の主張を擬制することもあるが，それも善解の一例である。

以上述べたように，主張責任は主要事実に限るものであり，間接事実は主張しなくとも証拠に出ればよいとする。すなわち，弁論主義の適用範囲は主要事実に限定されている。この結果，間接事実，補助事実については，当事者の主張がなくとも，裁判所は証拠から認定できる。事実を分類すると次のようになる。

(a)　**主 要 事 実**（直接事実とも言う）

法律効果発生の法律要件を構成する構成要件要素に該当する具体的事実。司法研修所の要件事実を指す。

(b)　**事　　　情**

「事情」とは，主要事実以外のものを一括して呼ぶ。間接事実，補助事実，事件の筋，その他諸般の情状などが含まれる（「弁論主義の下においては主張責任があり，当事者の気づかない法律構成で裁判所が判断する危険性があるから，事実はふんだんに主張しておいた方がよい。これを訴状や準備書面の中の『事情』の項の下に記載すると間接事実としか見てもらえず，主要事実に採ってもらえないおそれが出てくる。そこで，『事情』という項立てはよくない。」とされているが，私は「法的観点特定義務」を促進させる観点からこの考え方はよしとしない）。

(ア)　**間接事実**　　経験則，論理則により主要事実の存在又は不存在を推認さ

せる事実
 (イ) 補助事実　証拠の信憑性を覆すための事実
 (ウ) 本来の事情　主要事実に当たらない事実のことで，紛争に至る経緯，提訴前の折衝の模様，相手方の人柄，行状などもろもろの事実をいう。

　なお，主要事実と間接事実の区別に関しては争いがあり，「所有権取得の経緯」（最判昭55・2・7判時960号40頁）は主要事実か否か，「契約が代理人によって成立したこと」は主張を要するか（最判昭33・7・8民集12巻11号1740頁）などについて議論がある。

　ここで，主要事実と間接事実の違いを列挙すると次のとおりである。
① 主張が必要か否か
　　主要事実には主張責任の原則が働く。不意打ちを避けるために「重要な間接事実（主要事実への推認力が強い間接事実）」は主張を要するという見解もある。これは，間接事実にも弁論主義の適用を認める結果となるが，近時有力になっている。この見解に対しては，「重要かどうか」は裁判所が判断するものであるから当事者には分からない。このことは相手方当事者にはかえって不意打ちになるのではなかろうか。
② 証明の対象となるか否か
　　主要事実は証明の対象となる。間接事実も証明の対象ではあるが主張は必要でない。
③ 自白の対象になるか，判決に摘示すべきか，上告理由たる判断遺脱の対象となるか，訴訟指揮・釈明権の行使の要否の対象となるか
　　主要事実はいずれもその対象となるが，間接事実はそうでない。
④ 主要事実と間接事実の区別に関し問題となるもの
　　主張責任の関係で主要事実と間接事実の区別は重要である。当事者への不意打ちのリスクがあるからである。議論の対象となっているものとして，一般条項，黙示の意思表示，過失などがある。不意打ちをいかに防止するかという観点から，倉田卓次元判事は，「過失」に関して準主要事実[7]という主要事実でもない間接事実でもない新たな概念をもって解決しようとした。「過失」を主要事実とすると，それを推認させる，たとえば，酔っぱらい運転などは間接事実になる。すると不意打ちのおそれがでてくるので，

その彌縫策として，主要事実ではないが，主張を必要とするという観点から，「準主要事実」という概念を立てるものである。これに対して司法研修所は規範的要件という概念を創設し解決を図っている。

7) 倉田卓次「一般条項と証明責任」民事実務と証明論252頁（日本評論社，1987）。
8) 司法研修所編・民事訴訟における要件事実第一巻30頁（法曹会，1985）。

(3) **立証責任**（証明責任，挙証責任とも言う）

(a) 立証責任とは

立証責任とは，「ある事実が立証できなかった場合に，これを要件事実とする法律効果の発生が認められないという不利益」をいい，挙証責任，証明責任，確定責任と同義である。注意すべきは，立証責任とは，裁判所が審理を遂げた後に適用がある問題であり，立証の順序を定めたものではないということである。

主張責任と立証責任のちがいは，前者は弁論主義でしか問題にならないものであり，後者は弁論主義でも職権探知主義でも問題となるものである。「立証責任は民事訴訟の脊椎である。」といわれるのは，小数の反対説はあるが多数説は立証責任の所在によって主張責任が決まると解しているからである。立証責任とは口頭弁論終結時に真偽不明，すなわち，たとえばボクシングの試合でジャッジ三人の点数が同点で引き分けの場合，チャンピオンをどちらにするのかの決着の仕方であり，自由心証が尽きたところから出発すると表現されている。その場合，どちらがチャンピオンでないと判断されるか，不利益を負担する当事者を決める問題を立証責任の分配という。

立証責任の分配はどうやって決まるのか。法規不適用説と証明責任規範説の対立がある。法規不適用説とは，当事者は自己に有利な法規について，事実の存否が真偽不明であれば当該法規が適用されない不利益を受ける。「自己に有利」か否かは，立証責任分配の基準により決まる。この法規不適用説を批判して，証明責任規範論が出てきた。証明責任規範説とは，不利益を決める規範により決着がつけられるとする考えである。法規不適用説には，法律要件分類説と規範説と利益考量説（石田穣教授，新堂幸司教授など）がある。規範説（ドイツのローゼンベルクにより主張されたものをわが国の倉田元判事が採り入れられた説であり，法

規の構造により主張・立証責任を考えるとするものである)，法律要件分類説は，実体法は，その法律要件に該当する要件事実の存否が証明されて初めて適用されるものであるから，真偽不明の場合は，当該事実の不存在が証明された場合と同様に，実体法は適用されないとする。利益考量説は，証拠との距離，立場の難易，および事実の存在・不存在の蓋然性などの実質的要素を考慮して分配を決すべきであるとする説である。

　法律要件分類説は，証明の対象となる要件事実に該当する事実を，権利の発生を根拠づける権利根拠事実，権利発生を妨げる権利障害事実，一旦発生した権利を消滅させる権利滅却事実，発生した権利の行使を阻止する権利行使阻止事実の4種に分け，権利主張者は権利根拠事実について，権利を争う者は権利障害事実と権利滅却事実，権利の行使について争う者は権利行使阻止事実について証明責任を負うとする。

　ある法律効果の法律要件の立証責任の分配が決まると，ある事実が否認なのか抗弁なのかの判断が可能となる。なお，法律要件分類説によると立証責任の分配，すなわち主要事実の分配を「権利の発生・変更・消滅・阻止」に関する主張と定義すると，「訴えの利益」に関する主張はどうなるのか。たとえば，債務不存在確認の訴えなどにおいて，訴えの利益の立証責任はどうなるのかということが問題となる。

(b)　**立証責任の分配により主張責任の分配も決まる**
　立証責任の分配が決まると主張責任の分配も決まる(司法研修所は立証責任の分配と主張責任の分配基準は同じとする)。この考え方に対して，有力な反対説がある(中野貞一郎教授，前田達明教授，松本博之教授)。しかし，主張責任の分配が立証責任の分配原則に従わないとすると，主張責任はどのようにして決めるのであろうか。論者は，主張責任は当事者のおかれた立場などを考慮して決めるとするが，一般的な原則を求めることはできなくなり，訴訟遅延を招くことになろう。

(c)　**立証責任分配に関する諸説**
　立証責任の分配に関する法律要件分類説と修正法律要件分類説の違いを述べておく。先に述べた規範説と，法律要件分類説の区別は明らかでないが，ここでは両者を法律要件分類説としてくくることとする。

(ア)　**法律要件分類説**　　法律要件分類説は，法律要件を次の四つに分類し，

主張立証責任を定めるべきであるとする。「権利の発生を根拠づける権利根拠規定」,「権利の発生を妨げる権利障害事実」,「一旦発生した権利を事後的に消滅させる権利滅却事実」,「権利の行使を阻止する権利阻止事実」に分類するのであるが,このうち,権利主張者は権利根拠事実につき,権利を争う者は権利障害事実と権利滅却事実,権利阻止事実につき,それぞれ証明責任を負う。

(i) 権利根拠規定

法律効果の発生要件を定めた規定については,原則規定と例外規定とに分け,前者は権利主張者が,後者は権利の発生を争う者が主張立証責任を負う。

(ii) 権利障害規定

権利根拠規定に基づく法律効果の発生を障害する要件を定めた規定については,その法律効果を争う者において,主張立証責任を負う。たとえば,要素の錯誤,虚偽表示など,権利発生の際の瑕疵事由に基づく主張で,通常抗弁となるものである。

(iii) 権利消滅規定

一旦発生した法律効果を消滅させようとする法律要件を定めた規定については,その消滅を主張する者において主張立証責任を負う。弁済の抗弁がその適例である。

権利障害規定と権利消滅規定の区別は,「同時存在の原則」で判断される。すなわち,権利障害事実は,権利発生事実(契約の締結)と同時に存在するが,権利消滅事実は権利発生事実より時間的に遅れる。したがって,両者は事実の存在が同時か否かにより区別されるとするのである。

(iv) 権利阻止規定

権利発生規定により発生した権利行使を阻止することを主張する者は,その主張・立証責任を負う。

法律要件分類説の長所は,分配の基準が簡単明瞭なことである。短所は,立証の難易を考慮しないため,法律の規定の仕方によっては「ない」という事実を立証しなければならなくなり,公平を欠く場合が生じることである。

(イ) 修正法律要件分類説　　法律要件分類説の欠点である不公平さをカバーするものとして,修正法律要件分類説があり,それが現在の通説・判例と考え

られている。修正法律要件分類説の考え方の基本は次のとおりである。
(i) 「ない」ことの主張立証をさせない

　所有権に基づく明渡請求の場合,「被告が占有権原を有しないこと」という消極的事実は請求原因事実とならず,「占有権原があること」が抗弁となるとされている。例外として次のようなものがある。

　イ　不当利得返還請求権の場合は,「ない」ことが法律要件の積極要件になっている。

　ロ　無過失（過失なきこと）については，実体は,「正当な理由があったこと」，あるいは，「不可抗力であったこと」を立証すればよいから，証明さるべき事実は存在するので，無過失も主張立証の対象となる。司法研修所は「無過失」は規範的要件（後述）と考えるから，証明の対象となる事実が存在することは明らかであるとする。

　ハ　また，相続における権利取得原因事実として，相続人は自分だけであるか否かの主張に関する「のみ説」「非のみ説」の対立があったが，司法研修所は「非のみ説」をとっている。司法研修所は，かつて「のみ説」であったらしいが，体系を徹底させるため,「他に相続人がいない」という「ないこと」の主張立証させることを嫌がり，近時は「非のみ説」に転換したようである。

(ii) 「ある」ことが経験則上,「通常」である事実については，主張立証を要しない

　契約の成立を請求原因で主張する場合，意思能力があることが請求原因事実になるのか，あるいは意思無能力が抗弁になるのかという問題がある。請求原因事実とすると，契約の成立に対する積極否認となる。すると，原告は意思能力があることを主張立証しなければならなくなるが，意思能力を有しているのが通常であるから，実務上はその主張立証は省略されている。争いになった場合は，原告は原則に立ち戻って主張立証が必要になる，と考えるのであろう。その場合は,「意思無能力」が抗弁に来ることはなくなる。しかし，実務は，意思無能力を抗弁としているようである[9]。その理由は，意思能力があることを主張立証させることは無用な手間をかけることになること，被告からの意思能力がないという主張をどのように位置

づけるか要件事実の構造上むずかしいこと，つまり，被告の意思能力がないという主張は否認にならないことである。なぜなら，原告から意思能力があるという主張がないからである。

　すなわち，人は通常権利能力・意思能力を持っている。また，法律行為の目的は可能であり，かつ，確定しうるものである。さらに，債務不履行，他人の権利を侵害することは違法であること，真意と表示との間に不一致はないこと，公序良俗に反しないことなどは，経験則上「通常」の認識であるとして主張立証を要しないとする。したがって，契約の成立は請求原因事実になるが，意思能力がないとか，公序良俗に反する（契約の効力要件）という事実は抗弁となる。

(iii) 原則を主張するものは例外の不存在を主張立証することを要しない

　例外事実は，それによって利益を受ける者が主張立証しなければならないとするものである。

(d)　主張立証責任論の新たな流れ

以上の修正法律要件分類説の考え方は市民社会を前提とした19世紀的産物であり，力関係が対等でない当事者間に生じた20世紀後半，21世紀における紛争，たとえば，公害訴訟，医療過誤訴訟，行政訴訟などの現代型訴訟においては，事実・証拠の収集力に公平を欠く事態が生じる。その是正のために新たな理論が形成されつつある。春日偉知郎教授の提唱される，証明責任を負わない当事者が一定の範囲において証拠を収集し提出する義務，「事案解明義務」[10]はその現れである。

9)　「民事訴訟における要件事実について」司法研修所4頁。
10)　春日偉知郎・民事証拠法の研究233頁以下（有斐閣, 1991）。もっとも同教授は「証明責任の分配と主張責任の分配は一致し，前者が後者を規定する関係にある」（講座民事訴訟法265頁（青林書院, 2001））とする。

2 要件事実について

(1) 要件事実とは何か

(a) 要件事実とは

① 要件事実は，主要事実，直接事実，要証事実と同義であり，間接事実，補助事実と区別される。学説は，要件事実とは法律効果発生に必要な実体法の条文に記載された各類型的事実である抽象的事実であるとし，要件事実に当てはめることができるかどうかの判断の対象となる具体的事実を，主要事実と定義している。これに対して，司法研修所は，要件事実を具体的事実ととらえて，学説のいう条文上の抽象的事実の存在は意味がないとする。[11] 理由は，裁判という場において具体的事実以外の事実は意味を持たないからと説明している。

以下，本稿では主要事実という言葉を使わないで，要件事実という言葉を用いる。なぜなら，裁判実務では要件事実という語を用いるからである。

② 要件事実はどのようにして決まるか　法律効果の発生に必要な要件事実は，民法（実体法というのが正確である）の解釈論と民事訴訟法の立証責任の分配理論（修正法律要件分類説）により決まる。したがって，法律効果の発生・障害・消滅・阻止に関する要件事実は，論者により結論が異なる場合が出てくる。たとえば，売買契約に基づき買主が物の引渡しの請求をした場合，所有権に基づく引渡請求権を訴訟物としたとき，判例（最判昭33・6・20民集12巻10号1585頁）によると，売買契約の成立により直ちに所有権は移転するとするから，要件事実としては売買契約の成立をいえば足りる。これに対して，判例の解釈は当事者の意思にそぐわないとして，所有権の移転時期は買主が代金を支払ったときとする有力説によると，この売買契約の成立に加えて代金支払の事実が要件事実に加わることになる。このように民法の解釈の違いが，売買契約の買主が所有権に基づく引渡請求をする場合の請求原因事実に影響を及ぼす。したがって，有力説によると，「代金支払」の主張がないと所有権に基づく引渡請求権が発生するための法律要件が満たされず，つまり，それを構成する要件事実の存否を判断するまでもなく，主張段階で引渡請求権発生に必要な事実の主

張がないものとして「主張自体失当」ということになる。

このように法律効果の発生に必要な要件事実は，民法の解釈と立証責任分配論により異なる。したがって，司法研修所の要件事実も要件事実論のひとつである。

11) 司研編・前掲注8) 3頁。

(b) 要件事実論とは

ここでいう「要件事実論」とは，前述のとおり，「民法の解釈論＋修正法律要件分類説」により，法律効果の発生を定めた実体法の条文の各類型的事実について，裁判の場においてどちらが主張・立証責任を負うのかを究明する理論といえる。具体的には，与えられた事実，主張群の中から，訴訟物を摘出し，その訴訟物を出発点として，請求原因事実，抗弁事実，再抗弁事実，以下法律効果の発生をもたらす攻撃防御方法の分配（攻撃防御方法の構造）をいかにすべきか論ずるものをいい，論者によりその内容は異なる。攻撃防御方法の構造が定まると，被告の主張が否認か抗弁の区別ができることとなる。否認は相手方の主張する要件事実を認めないことであり，抗弁は，相手方の主張する要件事実を認めた上で，その結果発生する法律効果の発生を障害したり，消滅させたりする攻撃防御方法である。実務では，事案の早期把握，訴訟審理の促進のために要件事実のみならず，間接事実，事情についても認否を行うが，講学上の否認，抗弁は要件事実に関するものである。訴訟要件に関する事実については，この構造がそのまま当てはまるか問題である。

(c) 請求原因における要件事実（請求原因事実）

請求原因事実は，権利発生の根拠となる事実で構成される。しかし，請求原因において主張すべき事実は，必ずしも法的効果を発生させる要件事実とはいえない場合もある。債務不存在確認訴訟においては，攻撃方法としての請求原因事実はなく，訴訟物である権利の発生要件事実については，被告に主張立証責任があるとされている。しかし，原告は，確認の利益（原告の権利に現存する不安危険を除去する利益）についての事実は，請求原因に記載しなければならない。しかもこの事実は主張立証しなければならないとされている。しからば，かかる事実は要件事実ではなく何の事実と呼べばいいのであろうか。訴訟要件，特に訴えの利益に関する事実は，「訴えの利益を基礎付ける事実」とい

われている。将来給付の訴え（民訴135条）の要件である「あらかじめその請求をする必要がある場合」も訴訟要件であり，訴えの利益と同様に考えるべきであろう。この場合，請求原因事実と同じくそれに対する抗弁，再抗弁のような構造が考えられるのであろうか。私は，それは，すべて請求原因事実レベルで判断されるべきものであると思料する。そこにおいては真偽不明の問題は生じないと考えるが，反対説もあろう。

　被告が「訴え却下」を求めれば，訴えの利益を争うことが，裁判所に顕著な事実となり，訴えの利益を争う主張は不要となる。問題は，請求棄却を求めて，訴えの利益記載事実を否認した場合である。請求棄却の申立ての中に訴え却下の趣旨が含まれていると解すれば，上記と同じ結果になる。また，請求棄却を求めて，訴えの利益を否認することは二律背反になるから，この場合は裁判所が釈明をして原告の趣旨をハッキリさせれば問題はなくなる。よって，債務不存在確認訴訟において，訴えの利益に関しては立証活動が行われることはないから，主張責任を尽くせば足りることになる。その他の訴訟要件についても職権探知主義が働くが，主張立証責任は原告にあると言えるので純粋の要件事実とは異なるが，請求原因において主張すべき事実として，要件事実と呼んでも差し支えなかろう。請求原因事実は訴訟物の発生原因事実と定義すると，訴えの利益のような訴訟要件に関する事実や，債権譲渡，債権者代位権の場合の譲渡の事実，代位適格の事実の主張は当てはまらなくなる。このように事実にはさまざまなものがあるが，いずれも請求原因で主張すべき事実であり，それらの主張・立証がないかぎり訴訟は次の段階に進展しないという意味において，それらを総称して要件事実と呼んでもいいのではないかと考える。いずれにしても言葉の問題にしかすぎない。

　なお，原則的に，請求原因に記載する事実は訴訟物の権利発生原因事実であるが，債務不存在確認訴訟，請求異議訴訟，準消費貸借に基づく貸金返還訴訟などにおいては，請求原因には請求の特定に関する事実が記載されるので，その原則の例外となる。

(d)　要件事実は訴訟物と訴訟の形式により決まる

　要件事実がどうなるかは，訴訟物は何か，訴えの形式（給付訴訟か確認訴訟か，形成訴訟か）は何かを特定した上でないと結論が出せない。また，訴訟物

は，誰と誰との間の権利関係かを特定しなければならないのは当然である。

請求の趣旨により訴訟物が異なるかどうかに関しては一概にいえない。問題となるのは，所有権抹消登記請求と真正な登記名義の回復の問題と，抵当権抹消登記請求と抹消承諾請求の問題である。両者とも請求の趣旨は異なる。前者については訴訟物は同一と解されているが，後者については見解が分かれる。

(e) 要件事実と判例

(a)②で要件事実は民法の解釈論により左右されると述べたが，要件事実を判例に従って考えるべきは実務家としては当然のことである。

さらに要件事実を考えるべき場合に考慮すべきは，判例により要件として加わったもの，たとえば「背信行為と認めるに足りない特段の事情」（最判昭41・1・27判時440号32頁），「不相当過大な」財産分与（最判昭53・11・14判時913号85頁）など，民法に規定のない場合の処理である。

すなわち，紛争解決において，実体法条文とは別にある特別の要件事実を考えなければ，どうしても妥当な結果に至らないというようなとき，判例は実体法の条文にある要件を加える場合がある。そのような要件の主張立証責任をどのように考えるか。規範説ないし法律要件分類説のように，法文の表現形式から証明責任を決める立場からすると，原・被告いずれの当事者が証明責任を負うのか決めることができない。上記最判は，「背信行為と認めるに足りない特段の事情」は，本来的には，無断譲渡により解除権が発生しているものを例外的に修正するものであるから，賃借人に抗弁として，「不相当過大」は詐害行為取消訴訟における原告に主張立証責任を課している。

倉田元判事は，賃借人の背信行為を解除権の発生要件とし，賃貸人が背信行為の証明責任を負うが，無断譲渡の事実は背信行為を一応推定させるため，「特段の事情」は間接反証事実として譲受人に証明責任を負わせるとする。これに対しては，背信行為は法的判断であって，事実ではないこと，間接反証では真の証明責任の分配があいまいになることなどの批判がある。このように，判例で加えられた要件についても解釈論が分かれるのである。

(f) 要件事実論で難しいのは評価と事実の区別である

事実は証明の対象になるが，評価は証明の対象にならないから，両者は截然と区別されなければならないのであるが，これがハッキリしない。なぜなら，

社会科学である法律の世界では，常に評価作業を伴うことは避けられないからである。

事実であれば「当てはめ」の作業だけでよいとされているが，この「当てはめ」の作業もむずかしい。

たとえば，「催告」というのは事実であるが，「催告」という事実があったかどうか判断するに際しては一定の評価をせざるを得ない。

貸金の返還請求において，内容証明郵便で催告をした場合は問題がないであろうが，電話で「ふざけるな。」といったことが「催告」にあたるかどうかは，一定の評価が入らざるをえない。この場合，主張としては，「催告をした。」となるが，相手方がそれを争った場合は，具体的な電話でのやり取りを主張し，それを立証しなければならないことになる。

規範的要件（たとえば民法110条の「正当理由」ありと評価できるか），「瑕疵」といえるかなどは，評価概念であるから評価の作業が入るのは当然であるが，「黙示の意思表示」は評価なのか事実なのかは問題である。司法研修所が，黙示の意思表示を表示価値の小さいものといっていることからすると，事実概念（事実認定の問題）としているようであるが，実際は評価的要素（意思表示があると認められるか否か）がかなり強いものである。以上からすると，規範的要件→黙示の意思表示→「瑕疵」「意思無能力」など→事実，の順に評価の程度は弱くなるが，単なる事実であっても，先に述べた「催告」のような場合にも「当てはめ」の作業においては評価作業が入らざるを得ない。したがって，ある法律要件が，評価概念なのか，事実概念なのか，区別が難しいところがかなりある。たとえば，「意思無能力」というのは事実なのか，評価なのか，判然としない。「因果関係」も「事実」といわれているが果してそうであろうか。

「意思無能力」は，「意思無能力という精神状態」が事実であると考えられる。しかし，「意思無能力」と評価される基礎付事実が，主要事実か間接事実かは問題のあるところであろう。「因果関係」も「あり」と評価されるかどうかが問題となるのであり，公害訴訟において，被害者の発病と加害者側の流出物質との間の因果関係は要件事実であり，それは間接事実の積み重ねでその要件事実を推認するという手法をとっている（疫学的証明）が，そうすると間接事実だから主張がいらないことになり，不意打ちの危険が生じることになる。した

がって因果関係は規範的要件と考えることもありえよう。

12) 司研編・前掲注8) 38頁。

(g) 非典型契約の要件事実の考え方

たとえば，リース契約における要件事実は何であろうか。この問題を考える場合は，まずリース契約における本質的要素は何かを考えなければならない。本質的要素が何であるかはリース契約の本質は何かを究明することである。リース契約を金銭消費貸借的と見るか，物の貸借契約的なものと見るかによって，要件事実も変わってくる。

商法学者の中には，リース契約の本質論に関して「あまり益のない議論である」とする見解もあるが，要件事実論からすると，これはとんでもない見解といわざるを得ない。

(h) 要件事実を核にした訴訟の推移

XからYへの貸金返還請求事件を想定する。

① 訴訟物　訴訟物は，実体法上の権利，請求権が何であるかを考えて決める。本件では，XのYに対する貸金返還請求権である。

② 法律要件　貸金返還請求権を発生させる要件は，消費貸借契約の成立に関する民法587条がそれに該たる。

③ 要件事実　次に要件事実はどうなるかを考えなければならない。貸金返還請求権の発生要件である民法587条の主張立証責任に関する修正法律要件分類説により，要件事実は「返還約束」と「金銭の交付」であることが導かれる。なお，条文には，「期限の合意」「期限の到来」が記載されていないが，司法研修所のいわゆる貸借型を前提とすると，「返還約束」，「金銭の交付」が加わる。諾成的消費貸借契約の場合は「返還約束」だけが要件事実になる。

④ 主要事実

訴訟においては，「返還約束」，「金銭の交付」に該当する具体的事実を主張しなければならない。このような歴史的事実のことを学説は主要事実というが，司法研修所では，要件事実は具体的事実を意味するので，③と④の作業は同時に行われる。

⑤ 要件事実と主要事実に区別

司法研修所は要件事実と主要事実を同じとする。私は，学説と同じく両者は区別したほうが分かりやすいと考える。すなわち，要件事実は法律要件の抽象的構成事実であり，主要事実はそれに該当する具体的事実であると考える。具体的事実は具体的な時と場所によって特定しなければならない。

⑥　被告が主要事実を否認した場合

この場合，事実認定の問題（立証の必要）が生じる。主張事実と認定事実は社会通念上同一と認められれば，多少相違があってもよいとされている。

⑦　主要事実，間接事実を直接証明する（直接証拠）ことができないとき

主要事実を直接証明することができないときは，主要事実を推認させる間接事実（間接証拠）により証明することになる。

間接事実を直接証明することができないときは，再間接事実で間接事実を推認させることにより立証することとなる。

⑧　被告が③の「返還約束」と「金銭の交付」の事実を認めてなお争う場合

被告が③の事実（借りたこと）認めて，なお争う場合，たとえば，「借りたことは認めるが返した」という場合は，「返した事実（弁済）」を主張立証しなければならない。これを抗弁という。

⑨　被告が③の事実のうち「金銭の交付」だけを認めて，「返還の約束」を争う場合

たとえば，「あの金は贈与を受けたのだ」とか「あの金は前に貸していた金の弁済を受けたのだ」という主張をするのは，③の否認であり，しかも理由をつけて主張しているので，積極否認または理由つき否認と呼ばれ，この場合，原告は「返還の約束」を立証しなければならない。

⑩　以上を整理すると次のようになる。

ｉ　訴訟物を決める。

ⅱ　当事者の関係を図にする。

ⅲ　時間的に生じた事実をリストアップする（「時系列表」と称する後述157頁参照）。

事実の抽出にあたり当事者間に争いのあるものとないものを明確にす

3 当事者からみた要件事実―当事者代理人に必要な要件事実の基礎知識―

る。
- iv 訴訟物の権利発生要件を規定する条文を探す。
- v ivの条文の要件事実を確定する
- vi ブロックを作る。
   以上の事実から攻撃防御方法の流れを作成し，ブロックに要件事実を記入する。
- vii ブロックの要件事実のうち要件事実が存在するものと，その認否を記入する。
- viii 要件事実が存在しないものは，間接事実，再間接事実を拾い出す。
- ix vii，viiiの事実の証拠を検討する。
- x 各ブロックの要件事実，間接事実に対する不利な事実を抽出し，その証拠の存在を確かめる。
- xi 自己に有利な事実，証拠にしたがった事実の流れをストーリーとして仮定する。
- xii xiの事実の流れを阻害する事実，証拠に対する反論を行う。
- xiii 自己に有利にも不利にも評価される間接事実の評価を行う。

(i) 要件事実の効用

請求原因事実が主張され，立証に成功しなければ抗弁の主張，立証は検討する必要がない。それ以降も同じであり，これが要件事実による「訴訟の合理化」という大きな機能である。ただし，実際の訴訟において，「それは原告に立証責任があるから原告の立証を待って被告は主張立証する。」という主張はおかしい。裁判官が，口頭弁論終結時において，どんなに再抗弁事実の立証がなされていても抗弁事実が立証されていなければ，再抗弁事実の主張立証を検討する必要がないというだけのことである。

(j) 要件事実における注意点

① 裁判の目的は紛争の妥当な解決である。要件事実はそのための道具に過ぎない。紛争解決のために要件事実を先行させ，妥当な結果を導き出すことができなければ，それは要件事実の誤った運用と言わざるをえない。

② 要件事実における攻撃防御方法の流れは，主張立証の順序を定めたものではなく，裁判官の判断の順序すなわち思考の順序を定めたものにすぎない。

したがって，まま代理人が，「その主張は相手方に主張立証責任があるからそれが出てから行う。」などと法廷において述べていることがあるが，それは，要件事実における攻撃防御方法の流れは立証の順序である，との誤解に基づくものである。

③　要件事実は裁判官の判断の順序を整理したものにすぎず，抽象的な事実であるから，裁判官はそれだけでは事件について判断できない。したがって，代理人が訴状に抽象的要件事実しか記載しないことは愚かなことである。代理人は裁判官を説得しなければならない。そのためには，委任者に有利な事実を要件事実を柱として周辺の事情を詳しく記載しなければならないことは当然のことである。

(k)　要件事実（ひいては法解釈）の思考順序
(ア)　法的問題の発見から解決の検証まで
(i)　法的問題の発見

　　何と何の利害の対立かを見抜くこと，どういう結論が望ましいか（バランス感覚・直観）により紛争の実態を把握し，その中から法的問題（どの条文の問題か，それに関する判例により要件が付加されていないか）を発見しなければならない。発見力をつけるためには，判例をよく読むことである。

(ii)　分析して考える

　　法的問題が発見できたら，法的に解決しなければならない。そのためには分析して考える能力が必要となる。分析した後は，

(iii)　根拠（条文と判例）に基づいて考える習慣をつけなければならない。
(iv)　その場合，民法などの実体法・民事訴訟法だけでなく手続法（とくに民事保全，民事執行，不動産登記法など），すなわち，権利の実現方法を常に意識して理論を構成しなければならない。要件事実は紛争解決の道具であり，そのためには実務的（権利の最終実現を常に念頭に置いておく）でなければならない。

　　さらに，付言すれば，弁護士はこの他税金はどうなるのかを常に意識しておかなければならない。つまり，課税問題を意識した要件事実構成である。

(v)　首尾一貫性（論理性）

実体法，手続法からの結論が論理的に首尾一貫しているか検討しなければならない。
(vi) 幾つかの案（論理的，分析的解決案はただ一つではない）の利益考量による結論づけ

社会科学においては，自然科学と異なり論理的，分析的帰結が幾つか考えられる。そのうえで利益考量によりどの案を採用するか決める。
(vii) 結論の妥当性の検証

(vi)で出された結論は常識に合致しているか，を検討する。場合によっては，バランス感覚，直観によらざるを得ない。
(viii) 正義感の養成

このためには正義感覚を養成しなければならない。
(ix) 文章力，説得力

さらに，文章による表現力・言葉による説得力を養成して，(vii)により導かれた結論を他人に承認してもらわなければならない。
(イ) 分析して考える

「要件事実の基本原理をのべよ」という設問に対しては，「要件事実」とは，「基本」とは，「原理」とは，という具合に分解してそれぞれの概念から考えることから出発すること。いきなり直観的に「要件事実に基本原理など意味がない」などという結論に持っていかないこと。また，「要件事実」といっても弁護士から見る場合，裁判官から見る場合，学者から見る場合とでその意義は異なるので，それらを踏まえて議論を展開することが必要となる。
(ウ) これらの能力の習得の仕方

判例・学説を理解すること，論文をよく読み，文章を書いて論理的な表現能力を身につけること，ともかく自分の意見を発表して批判されること，議論することの気概ないし精神を持つことである。
(エ) 「筋」「落ち着き」（バランス感覚・リーガルマインド・常識）の習得方法

人の話をよく聞くこと，このためには人と会うことを嫌がってはいけない。また，小説を読むこと，社会に関心を持つこと，新聞をよく読むこと，そして，これらを継続することである。

3　司法研修所の要件事実

(1)　司法研修所の要件事実論の特色

　現在の裁判官・弁護士のほとんどは，司法研修所の要件事実論でもって民事実務教育を受けている。したがって，司法研修所の要件事実論は，民事紛争に携わる者にとって不可欠の職業的知識といえる。以下，司法研修所の要件事実論について解説する。

　司法研修所の要件事実論は，要件事実における一つの学説であるということを先ず認識しなければならない。すなわち，倉田卓次元判事の規範説などとも異なるし，実務的にも，司法研修所の見解で裁判実務がすべて運用されているというわけでもない。たとえば，後述する司法研修所の売買型・貸借型は，実務においては100パーセント採用されているわけではない。また，同じく司法研修所の創設した規範的要件（特に，過失や無過失が争いの対象となっているとき，実務は，過失・無過失を主要事実と扱っているところもあるようである）もすべてが採用されているとは限らない。司法修習生が，研修所で前期を終えて実務修習で驚くことは，一つは，裁判実務が研修所の要件事実論どおりに運用されていないこと，二つは，証人調べに対する裁判官の評価の低さであり（書証重視），三つは，弁論主義，処分権主義の後退である。人証については，裁判官は殆ど証人調べを書証との整合性検証の意味しか有しないと考えており，弁論主義については，結論の妥当性の見地から，明示の主張にはないが，いわゆる善解により，当該主張があったものとして扱うとか，訴訟物は金銭消費貸借であるにもかかわらず，準消費貸借の成立を認めることなどにあらわれている。司法研修所で学んだ一，二審裁判官が大多数を占める現在でも，かかる処理をしているということは，結論の妥当性から，理論的一貫性を背後に押しやったものといえる。「たしかに理論的ではありませんが，落としどころはこんな所ではないでしょうか。おかしければ，上級審の判断に任せます。」というところであろう。以上のような実情を踏まえた上で，司法研修所の要件事実の特徴を述べる。

3 当事者からみた要件事実―当事者代理人に必要な要件事実の基礎知識―

(a) 旧訴訟物理論を採用

(ア) 実体法上の権利ごとに訴訟物を捉えるいわゆる旧訴訟物理論を採用している。新訴訟物理論は採らない。したがって，給付訴訟において訴訟物と請求権は原則として一致する。所有権に基づく返還請求や妨害排除請求においては，所有権そのものは訴訟物にならない。このことは，債権とそれから発生する請求権とは別の訴訟物を構成することと同じである。

例外として，明渡訴訟において，賃貸借契約終了事由，たとえば，解除，合意解除期間満了毎に訴訟物を考えず，それらは攻撃防御方法（請求原因事実になる）にすぎず，訴訟物は同じであるとする。この考えは，当事者にとって，賃貸借契約という限定された部分においては，争点が無用に拡大するおそれが小さいことから，その限度で新訴訟物理論の考え方を採用したといえよう。しかし，「賃貸借契約の終了に基づく訴訟物」を一本と考えると，たとえば，債務不履行解除を理由とする賃貸目的物の明渡訴訟が請求棄却で確定した後，その弁論終結前の期間満了を理由として同原告が同被告に対して別訴を提起した場合，既判力に触れるとするのは疑問の余地がないとはいえない。

(イ) 訴訟物は請求の趣旨および請求の原因（この場合は攻撃防御方法としての請求原因を指す）によって特定される

① したがって，請求の原因が異なれば訴訟物は異なるのが原則である。

② この原則に対して，「請求の趣旨」，「請求の原因」が両方とも違っていても訴訟物は同じになるものもある。たとえば，詐害行為取消訴訟における現物返還請求と価額賠償請求は訴訟物は同一とする。もっとも，この結論は，判例の読み方からの結論である（最判平4・2・27判時1416号42頁。現物返還を認めた原審を破棄し，自判しないで価額賠償によるべきとして高裁に差し戻した点を捉えて，両者は訴訟物は同一であり，取戻方法の態様の違いと理解するものである）。

③ 「請求の趣旨」は違っても請求の原因が同じであれば訴訟物は同一とするものに，抹消に代わる真正な登記名義の回復を原因とする移転登記請求と抹消登記請求がある（東京地判昭63・12・20判時1324号75頁）。

④ 訴訟物の同一性に関しては次のような問題がある。

　AがBに騙され所有権移転登記がBに移り，BがCに抵当権を設定した事例において，AがAB間の所有権移転登記の抹消，BC間の抵当権設定登

記の抹消請求を行ったが，Cが善意であったため，Bには勝訴したが，BC間の抵当権の登記が抹消できず，したがって，AB間の登記の抹消登記手続もできなかった場合，Aが改めてBに対し，真正な登記名義の回復を原因とする所有権移転登記を求める訴えができるかは，訴訟物が同一であるため問題となる。このような問題が生ずるのは，所有権に基づく妨害排除請求においては，所有権そのものは訴訟物にならないという原則の例外として，登記請求においては，その前提となる物権の存否についてまで既判力が生じるとする見解があるからである。

しかし，これは前訴の既判力には触れるが，既判力とは再訴を禁止するものではなく，前訴の判断に拘束されるだけであるから，訴えの利益がある限り再訴は認められると解する。

⑤ 請求の趣旨は同じで請求の原因が異なる場合はたくさんある。売買代金請求と貸金返還請求は，請求の趣旨は同じだが請求の原因は全く違う。

実務は，請求の趣旨において「売買代金100万円を支払え」と記載しないが，これは誤りと言えるのか。「貸金100万円を支払え」とは明らかに訴訟物が違うことになるから，請求の原因まで読まなくとも争いの対象がより明確になるのではなかろうか。

⑥ 債権者代位訴訟，債権譲受に基づく訴訟における訴訟物は，債務者の有している権利，譲受債権そのままである。請求原因には右のほか，当事者適格，債権譲渡の原因事実が加わるが，訴訟物は当該当事者間のもののままである。このことが，「訴訟物は」と聞かれた場合「誰と誰の間の」という限定を付けなければならない理由である。

(b) 修正法律要件分類説を採用

立証責任の分配に関しては，修正法律要件分類説を採用している。

修正法律要件分類説の前身である法律要件分類説は，証明責任の基準を客観的な法規の構造の中に見いだそうとするもの。すなわち，文言の形式，たとえば，但書になっているかどうかなどから判断するものである。それを権利発生根拠規定，発生障害規定，消滅規定，阻止規定に分類する。そして，発生根拠規定は原告が主張し，後の三者は抗弁として被告が主張すべきものというのである。その結果，法律の規定を見ただけで，原告が主張すべきもの，被告が主

3 当事者からみた要件事実―当事者代理人に必要な要件事実の基礎知識―

張すべきものが明らかになるので分かりやすいという長所があるという。厳密な法律要件分類説は，ローゼンベルクにより主張され，日本では倉田卓次元判事が規範説として主張されている。司法研修所の修正法律要件分類説は，それより証拠との距離，公平などの観点から実体法条文を変容した形で主張・立証責任の分配を考えている。規範説と修正法律要件分類説の違いは，民法588条の準消費貸借の請求原因事実として，旧債務の発生原因事実は原告が主張立証すべきか，被告がその消滅を主張立証すべきかについての議論に直截に顕れる。規範説によると，民法588条の文言は「旧債務の存在」と「準消費貸借の合意」が記載してあるから，原告が「旧債務の存在」を主張立証しなければならなくなる。これに対して修正法律要件分類説は，規範説のように概念法学的手法を回避しているので，文言どおりの文言ではなく，結論の妥当性から被告に「旧債務の不存在」について主張立証責任を負わせようとするものである。最高裁も，修正法律要件分類説の立場から，被告の側で抗弁として旧債務の不存在を主張立証しなければならないとしている（最判昭43・2・16判時512号40頁，最判52・1・31金法839号35頁）。この見解を準消費貸借契約における被告説（抗弁説）と呼ぶ。

* 要件事実を議論する場合注意しなければならないことは，「訴訟物は何か」ということを先ず確定してから出発しなければならないということである。もっと厳密に言えば，訴訟物及び請求の形式というべきであろうか。これは「請求の趣旨」を見れば分かる。準消費貸借に関しても，債務者の方から「債務不存在確認」を求める場合と，債権者の方から「準消費貸借契約に基づく金銭の給付請求」をする場合とでは請求原因事実は異なる。

** 規範説の弱点

規範説がわが国で採用されない理由は次のとおりである。

① 民法415条後段の「帰責事由」の存否の証明責任

条文の形は帰責事由の存在が損害賠償請求権の根拠事実と解しうる表現になっている。「債務者ノ責ニ帰スヘキ事由ニ因リテ履行ヲ為スコト能ハサルニ至リタルトキ」（民法415条後段）に債権者は損害賠償請求できるように規定されているから，債権者が証明責任を負うように読める。しかし，判例（最判昭34・9・17判時204号21頁）・通説は，帰責事由の不存在が抗弁であるとする。理由は，債務者は一定の給付を義務づけられていること，また信義則によるものなどである。

② 準消費貸借（民588条）における旧債務存否の証明責任

規範説を貫徹すれば，債権者が旧債務の成立につき証明責任を負うことになる。それは原告に酷であるから，倉田卓次元判事は，請求原因事実としながら証書が作成されていれば旧債務の存在が事実上推定されるので，債務者が間接反証責任を負うとして規範説から導かれる不合理な結論を修正しておられる。

③　錯誤の例にみる権利根拠規定と権利障害規定の区別の困難さ

　錯誤の存在が権利発生の妨害事由であるということと，錯誤の不存在が権利発生の根拠事由であるということは，同一の立法者の意思を別の言葉で述べているに過ぎない。したがって，規範説では権利根拠規定なのか権利障害規定なのか判然としない。ドイツで規範説が有力である理由は，実体法の条文が主張立証責任を考慮して立法されているからであり，これに比し，わが国ではその配慮がなされていないから規範説が採用されないと説明されている。

***　修正法律要件分類説によっても主張立証責任は法律の条文を先ず前提とする。しからば，物権的請求権における「X所有，Y占有」の要件事実はどの条文から出てくるのかという疑問が生ずる。これに対しては，条文はないが，占有訴権が認められていることから，解釈上物権的請求権も認められるのだと説明される。譲渡担保権の要件事実の根拠条文はどうなるかというと，それは慣習法により要件事実が決まると説明される。

(c)　証明責任規範は不要

　司法研修所は修正法律要件分類説を採るので，規範説と同じく法規不適用説をとることになるから，真偽不明の場合は法的効果が発生しないとする。その結果，証明責任規範は不要ということになる。

　あるAという事実について，Aが存在するという確信も，存在しないという確信もとれない場合，真偽不明だから裁判を打ち切るということはできない。そのためにはAが存在すると仮定するか，存在しないと仮定するかいずれかによって裁判所の判断が可能になる。すなわち，真偽不明の場合，どちらに仮定するのか指示する規範があれば判断できることになる。ドイツの民事訴訟法学者ライポルトはこの規範を「証明責任規範」と名付けた。これは，ドイツにおいても明文の規定はないようである。わが国では，証明責任規範は不要とするのが，通説（伊藤眞・民事訴訟法〔第二版〕（有斐閣，2004））である。

(d)　主張責任と立証責任の分配基準の一致

　主張責任の分配基準は，立証責任の分配基準に従う。その理由は，主張責任と立証責任は，対象がいずれも主要事実で，効果も同じである（いずれもその事

3 当事者からみた要件事実—当事者代理人に必要な要件事実の基礎知識—

実を主張立証しないと法律効果の発生が認められないという不利益負担)からと説明する。伊藤滋夫元判事は「そう考えるのがもっとも自然だから[13]」と説明される。

このテーゼについては,一部学者から,すべてについて妥当しないとして批判されている。その例は,履行遅滞に基づく損害賠償請求権の請求原因事実として,「弁済しなかったこと」が要件事実となるかどうかについてあらわれた。そして,この点に関してかつて伊藤滋夫元判事と前田達明教授との間で論争があった[14]。司法研修所は主張責任と立証責任を一致させるという立場から,「弁済しなかったこと」は請求原因事実とならないと考えるが,前田達明教授は一致させる必要はない,その方が自然だと説かれた。これに中野貞一郎教授は有理性の観点から賛意を表され[15],続いて,春日偉知郎教授などがそれに与しておられる[16]。この立場に立つと,請求原因事実として「弁済しない」という主張は必要であるが,立証は不要で,「弁済したこと」を被告は主張立証しなければならないこととなる。この結果,主張責任と立証責任とが分離することになる。このほか,前述した民法588条の準消費貸借契約における「旧債務の存在」が,請求原因事実になるかどうかでも同様の問題が起きる。倉田卓次説は請求原因事実とするが,判例,司法研修所は「不存在」が抗弁事実であるとする。この立場からすると,原告は請求原因事実として「返還約束」と「旧債務」の特定さえ主張すれば足りることになる。すなわち,主張責任と立証責任が分断される結果となる。

これに対して,裁判実務家から「立証責任がない主張責任とはどんな意味を持つのか」という疑問が提起されている。学者が,有理性の観点からというのは,一般人ないし依頼者を想定しているのであろうが,これは,訴状に何を記載するのかという問題と,判決を書くために事実整理をする段階で初めて問われる立証責任の問題とは,全く別であるということを看過しているからではないかと思われる。

 ＊ 有理性とは,中野貞一郎「主張責任と証明責任」判タ668号5頁(1988),中野貞一郎ほか編・民事訴訟法講義(大学双書)43頁(有斐閣,1995))により紹介されたドイツ法の概念である。それによれば,「訴えの提起が適法であっても,裁判所はさらに,請求が原告の主張自体において理由があるかどうかを審査しなければならない。原告の主張事実をすべて真実と仮定して,それを実体法に照らしてみれば原告の申立

てに理由があると認められるときは，その訴えに『有理性』がある。」とする。この考え方を履行遅滞に基づく損害賠償請求に適用すれば，「履行期に履行がなかった」ということを言わなければ，主張自体に理由があるとは言えないのではないかということである。立証責任がどうなるかということは次の問題であるとする。倉田卓次元判事は「訴状言及責任」という言葉を用いて解決しておられる。

伊藤滋夫元判事は「裁判規範としての民法」ということを強調される。これは，行為規範（一般人に対する規範）として記載されている民法を，裁判規範（裁判官が裁判を行う場合の主張立証責任を考慮した規範）として民法を捉えなおそうとするものである。その作業は立証責任の分配に関する修正法律要件分類説を考慮して，実体法としての民法を訴訟用に構成しなおすものである。

行為規範と裁判規範の端的な違いは，民法415条にみることができる。行為規範は，民法415条の履行遅滞による損害賠償請求権の発生要件として「弁済がないこと」と規定しているが，裁判規範（請求原因事実）としては上記の「弁済がないこと」は損害賠償請求権の発生原因事実としては必要がない（主張立証責任がないこと）と考えることである。また，賃貸人の賃借人に対する賃料不払いを理由とする賃貸借の解除の事案においてもみることができる。すなわち，解除の意思表示は，内容証明郵便によって催告期間内における延滞賃料の不払いを条件になされる。これは行為規範としては停止条件であるが，裁判規範としては停止期限付解除の意思表示と考えるのである。なぜなら，停止条件にすると賃貸人に賃料債務の不履行について主張立証責任を負わせることになり，先の「弁済がないこと」と同様，不存在の主張立証はさせないという司法研修所の要件事実の一般原則を破るからである。したがって，この場合，裁判規範としては「催告期間が経過したときに，賃貸借契約を解除する。ただし，賃借人が右期間内に催告金額を支払ったときはこの限りでない。」と読み替えることになる。

なお，弁論主義の適用のある訴訟においては，主張責任の方が立証責任より論理的・実際的に先行するのは否定しがたいことであり，立証責任から主張責任を考えることは実りある成果を期待できないとする傾聴すべき見解があるが，[17]賛同者は少ない。

13) 伊藤滋夫「要件事実と実体法断想（下）」ジュリ946号102頁（1989）。
14) 前田達明「主張責任と立証責任」判タ596号2頁（1986），同640号65頁（1987），

同694号29頁（1989），伊藤滋夫「要件事実と実体法」ジュリ869号14頁（1986），同881号86頁，882号56頁（1987）．
15) 中野貞一郎「民事手続の現在問題」判タ668号4頁以下（1988）．
16) 春日偉知郎「請求異議訴訟における主張・立証責任」三ケ月古稀論文集（下）51頁以下（有斐閣，1991）．
17) 並木茂「民事訴訟における主張と証明の法理（下）」判タ646号8頁（1987）．

(e) 要件事実と主要事実は同じ

(ア) 要件事実の意味　要件事実の意義については，先に述べたように「主要事実と同じとする説（司法研修所）」と「主要事実とは異なるとする説」とがある．

倉田卓次元判事は次のように説明する．[18]

「たとえば，民法555条は『財産権』『代金』『支払う』という要件事実を定めているが，具体的訴訟では，『○番の土地○○平方メートルの所有権』『金何万円』『小切手の交付』といった具体的事実が主張され，裁判官はこの具体的事実が法規の要件事実を満たしているか否かのあてはめを行うが，この具体的事実が主要事実であって，それは要件事実そのものではない．」．

同じく，山木戸克己教授も，「要件事実は一般的な生活関係に妥当する類型的事実であって，これを示す概念は法的概念である．これに対して，主要事実は具体的事実であって，これを示す概念は事実的ないし経験的概念である．」[19]とされる．

田尾桃二元仙台高等裁判所長官も同じく次のように説明する．「主要事実とは，法律が権利，法律効果の発生，消滅などの要件として定めている要件事実に該当する具体的事実をいう．」[20]．これが通説的見解である．

すなわち，通説は，要件事実と主要事実を区別する．要件事実とは，法に規定された法律効果の発生の法律要件の類型的構成事実であり，当事者が主張する類型的構成事実に該当する具体的事実を主要事実というとするのである．主要事実が要件事実に当てはまるかの判断をして（あてはまらなければ主張自体失当ということになる．この意味では要件事実は法的評価概念であるといえる．すなわち，主要事実が要件事実という評価に値するかということが問題となるからである），その後その証明の問題となるとするのである．たとえば，売買に基づく代金請求の場合，代金請求権の発生原因事実としては売買契約の成立を言わなければならない．

このとき，売買を「法律要件」といい，その構成事実である抽象的な売買の申込みと承諾の意思表示の存在との合致の事実を「要件事実」という。そして，この要件事実に当てはまる具体的事実，すなわち証明の対象となる歴史的事実のことを「主要事実」という，とするのである（前記倉田卓次元判事，山木戸克己教授ほか）。これに対して，司法研修所は，具体的事実でない事実は意味がないとして，要件事実も具体的事実と捉えるから，主要事実と同じことになる。

　＊　法律効果発生のための要件には，一般要件と特別要件とがある。後者は，当事者が無能力者ではないことなどを指すが，要件事実論においては前者だけを問題とする。
　＊＊　我妻栄博士は，法律効果を生じる生活関係を「法律要件」といい，法律要件の素因を「法律事実」という（新訂民法総則〔民法講義Ⅰ〕232頁（岩波書店，1965））。法律事実が要件事実に対応するといえよう。

　通説の見解によると，売買契約に基づく代金請求訴訟における要件事実は，「売買契約の締結」であり，主要事実は，「平成○年○月○日原告は被告に対し，別紙物件目録記載の土地を売却する契約を締結した。」となる。

　私は，通説の見解に与する者であるが，「要件事実」，「主要事実」のほかに，さらに中間項としての概念が必要だと考える。理由は，司法研修所のいう規範的要件の存在があるからである。規範的要件の例である「過失」や「正当理由」は事実ではなく，評価概念である。すなわち，それ自体は立証できない。しかし，評価概念ではあるが権利自白の対象となる「所有権」などの法的評価とは異なるから，権利自白の対象にはならない。このような規範的要件は「要件事実」とは扱いを異にする。したがって，規範的要件は通説のいう要件事実とは性質を異にするものである。もっとも，要件事実の中には規範的要件のように通常の事実と性格を異にするものがあるといえば，それはそれで足りることではある。付言すれば，「過失」「正当理由」などの規範的要件に権利自白を認めるか否かについては，民事訴訟において，「真実発見」も制度目的としているというのであれば権利自白は認められず，「真実発見」が絶対の制度目的でないならば権利自白を認めることも可能であるということになろう。要は，民事訴訟制度目的をどうとらえるかにより結論が異なると言える。

　＊　要件事実の世界においては，当事者間においてどんな権利が争いの対象となっているか（訴訟物）が決まれば，その法律上の根拠条文（司法研修所は法律により法的効果が発生すると考える）を探さなければならない。売買代金請求権の存否が争いの対

3 当事者からみた要件事実―当事者代理人に必要な要件事実の基礎知識―

象であれば，売買代金請求権の発生根拠となる条文は民法555条であるから，そこから売買代金請求権の発生要件事実が決まる。条文上は，売買の対象物と代金額が特定された申込みの意思表示と，それに対応する承諾の意思表示が要件事実となる。この場合，通説は条文上の構成要素を要件事実といい，それに該当する具体的事実を主要事実と考えるのに対し，司法研修所は，具体的事実そのものを要件事実と捉えるのである。更に付言すれば，金銭消費貸借契約においては，条文上の要件事実は，「返還約束」と「金銭の交付」であるが，司法研修所は，いわゆる貸借型の理論により，「期限の定め」も要件事実になるとする。これは，要件事実は条文だけから決まる（規範説）のではなく，契約の本質的要素は何かという民法の解釈や，当事者の立証の公平性などを加味して決定されるとする立場（修正法律要件分類説）からの帰結である。

** 三井哲夫元判事は「要件事実は主要事実と常に一致するとは限らない」という（要件事実の再構成245頁（信山社，1993））。主要事実は常に証明できるものであるが，要件事実は，たとえば，「現」所有のように権利自白はできるが，証明はできないものがあるからとする。すなわち，要件事実には事実上の主張と法律上の主張があるとする。

18) 倉田・前掲注 7)。
19) 山木戸克己・大阪学院大学法学研究 1 巻 1 ＝ 2 号106頁（1976）。
20) 田尾桃二・民事訴訟法の争点（ジュリ増刊）218頁（1979）。

(イ) 債務不存在確認の訴えにおける「訴えの利益」等に関する事実の主張は要件事実といえるか　権利の発生原因事実ではないので通常の要件事実とは異なるだろうが，「八訂民事裁判起案の手引」別冊「事実摘示記載例集」21頁（司法研修所，2001）は，消極的確認訴訟においては，攻撃方法としての請求原因事実である一定の事実主張はないとする。立証の対象になることから要件事実と言えるのか。同じく，その際の「特定のための債権の主張」はやはり要件事実と言えないか，争いのあるところである。

　要件事実とは，通常訴訟物に関する権利の発生原因事実をいうとされている。しかし，このほか，債権譲渡における譲渡の事実，債権者代位権行使の場合の代位適格の事実も研修所は要件事実といっている。これらは権利行使の要件事実といえよう。したがって，権利発生原因事実及び権利行使事実は要件事実といってよいであろうが，訴えの利益についてはどうであろうか。

　訴訟要件は職権調査事項とされている。職権調査事項とは，当事者の主張の有無にかかわらず，裁判所が職権で調査しなければならない事項のことである。

裁判所は当事者の主張がなくても職権で調査しなければならない。裁判所が，当事者が提出しない資料に基づいて事実を調査することができるかどうかは訴訟要件事項毎に結論を異にする。職権調査事項に関しては，当事者の自白は裁判所を拘束しないし，証拠は自由な証明でよいとされている。ただし，職権調査事項のうち，確認の利益の存否の前提となる事実については，当事者が自白すれば裁判所はこれに拘束されるとされている。以上から，訴えの利益に関しては主張立証は必要である。しかし，主張立証が必要であるからといって要件事実とまでは言えない，という結論になろう。

(ウ) 具体的事実（主要事実）の記載方法　たとえば，売買に基づく代金請求権が訴訟物の場合，売買契約の成立を主張しなければならない。売買は「申込み」と「承諾」という二個の意思表示（法律事実と呼ばれる）の合致（要件事実）によって成立するから，具体的事実は，「原告は，○月○日被告に対して○○を買い受ける旨の申込みの意思表示を郵便でなし，同郵便は○月○日被告に到達した。被告はこれに対し承諾の意思表示を電話にて原告になした。」となるであろうが，実務では，争いがないかぎり「原告と被告は○○について○年○月○日売買契約を締結した。」，「原告は被告に○○を○○日売り渡した。」というような簡略化した表現をする。

(エ) 要件事実は相手方の争い方により逐次具体化する　物権的請求権に基づく明渡請求の請求原因事実は，「所有，占有」であるが，被告が「占有」を争った場合は，「建物所有，建物存在」が要件事実となり，更に，「建物所有」が争われた場合は，「建物完成」が要件事実となるとする。すなわち，被告の争い方により要件事実が変わっていくと考えるのである。同じことは，「弁済」「引渡し」などに見られる。「弁済」について争われれば，「現金で渡した」か「小切手で渡した」かが問われ要件事実がより具体的になるのである。「現金で渡した」が争われた場合，「一万円札が○枚」というところまで要件事実になるかどうかは疑問である。また，「引渡し」が争われた場合は，「現実の引渡し」「簡易の引渡し」など引渡しの四つのパターンの具体的事実を主張することになる。

　　＊　「占有」を司法研修所は「高度に抽象化された事実」とする。しかし，本文で見たようにそれが争われた場合は，「建物所有」と「建物存在」が要件事実となるとする

が，「所有」というのは法的評価概念であり，事実が，評価と事実に二分されるというのは，小さい概念が大きな概念を含むことになり体系的にはおかしい。やはり，「占有」は評価概念と捉えるべきではなかろうか。

(f) 規範的要件という概念を創設

㋐ 要件事実には，自然的要件事実と規範的要件事実がある。前者は一般の要件事実であり，後者は規範的要件と呼ばれている。後者を理論化したのが司法研修所の大きな功績である。「過失」，「一般条項（権利濫用など）」，「正当事由」などがそれである（前者は，民法110条の表見代理で，後者は，借地借家法6条，28条で問題となる概念である）。判例で認められた「背信性」などの不特定概念も規範的要件とされている。規範的要件とは，評価扱いすべき要件のことであり，「過失」についていえば，どのような具体的事実をもって，過失と評価されるかが問題となるものである。「規範的要件」という言葉はすでに他の学者が使っていた概念であるが，司法研修所はそれ以上の意味を付加させた。すなわち，従来，要件事実，間接事実の区別に関する議論は，主に一般条項，不特定概念について行われていた。司法研修所は，それらを根拠を根拠づける事実を評価根拠事実としてすべて要件事実に引き上げたので，「主要事実と間接事実の区別」という，民訴学者・実務家を巻き込んだ論争について決着をつけた。よって，司法研修所においては両者の区別に関する議論はなくなった。すなわち，規範的要件は「評価根拠事実」によりその評価が認められ，「評価障害事実」によりその評価が崩される，という独特の構造を持つものとして要件事実の世界に登場してきたのである。

以上のように，規範的要件を認めるということは，従前，「過失」は事実（内心の心理）と考えられていたが，次第に法的評価（結果回避義務違反）と捉えられるようになってきたことと符合する。この結果，「過失」という規範的要件において，「過失」という評価を根拠づける事実（スピード違反など）は主要事実となる。その他の規範的要件も同様である。「民事訴訟における要件事実第一巻」は，「権利の濫用」「公序良俗違反」の主張も規範的要件としている。ということは，「公序良俗違反」という主張はいらないが，公序良俗違反と評価される事実は主張しなければならないことを意味する（私は「法定観点特定義務」の観点から主張が必要だと考える）。裁判官は，主張がなくとも違法と判断でき

るとして，これを法の適用の問題とする見解もあるが，司法研修所はそう考えない。従来は，「過失」を事実概念としていたが，「過失」を主要事実とすると，それを推認させる間接事実は主張がなくとも認定できるから，不意打ちになる危険性があった。規範的要件については自白が認められない。したがって，「過失」については自白はない。「過失」を法的評価とした場合，権利自白の余地があるのではないかという疑問も生じるが，規範的要件は法的評価ではあるが，所有権などとは法的評価の質が違うので権利自白は認められない。これに対して，「故意」は内心の心理状態という事実であるから自白があり得る。

規範的要件には三つの類型がある。第一は，不法行為における「過失」などのように，一個の具体的事実が「過失」という要件事実を充足するかというものであり，第二は，借地借家法6条，28条の「正当事由」，民法612条の「背信行為と認めるに足りない特段の事情」などのように，多数の事実を総合して要件事実の判断ができるかというものである。第三として，「公序良俗違反」などの一般条項である。

「瑕疵」などの評価を要する事実が規範的要件に当たるかは争いがある。私は当たらないと考える。あてはめの問題ではなかろうか。しかし，そうすると建物請負工事における「瑕疵」が争いの対象となっているとき，「瑕疵」があると主張し，天井の雨漏りを立証していたところ，裁判所は床の破損を「瑕疵」として認定できることになる。そこで「瑕疵」の主張については「○○」の「瑕疵」という主張が必要とすれば上記の不都合は払拭される。「天井が雨漏りする。」という主張で十分である。それが「瑕疵」に当たるかどうかは当てはめの問題であり，当てはめの段階では評価作業が不可欠であるから，規範的要件と誤解されることがある。このことは黙示の意思表示も同様であり，基礎付け事実が黙示の意思表示とみなされるかについては評価作業が必要なので，規範的要件とどのように違うかという疑問が常にある。「瑕疵」と「過失」などの規範的要件の違いをどこに求めるべきか未だ明確な見解はないが，「瑕疵」には評価障害事実がないという点がその違いであるといえる。

* 下級審の判例ではあるが，「過失」が評価であることを認めつつも，裁判上の自白の拘束力を認める（全日空雫石事件　東京地判昭49・3・1判時737号15頁）見解がある。

なお、ここで注意しなければならないことは、評価根拠事実と評価障害事実は両立しうる事実でなくてはならないということである。この構造はいわゆる「間接反証」と似ている。研修所は規範的要件を創設したことにより、「間接反証」という概念も不要とした。無断転貸の場合に、「背信行為と認められない特段の事情」を被告は間接反証として主張立証しなければならないかという問題があったが、「背任行為と認められない特段の事情」を規範的要件と考えれば、抗弁として評価障害事実を主要事実として主張することになり、間接反証概念は不要になる。

* 間接反証

主要事実を基礎付ける間接事実と両立する間接事実の証明によって、経験則の適用を動揺させることを間接反証という。不貞の抗弁が好例である。不貞の抗弁とは認知訴訟の要件事実であるX（息子）・Y（父）間の自然的血縁関係（親子である）を直接証明することは極めて困難であるから、その認定は通常、間接事実の証明とこれに基づく主要事実の推認による。その場合の間接事実としては、

① 懐胎期間中にZ（母）・Y間に情交があった事実
② 懐胎期間中にZはY以外の男性と情交がなかった事実
③ YとXの間に血液型の背馳がない事実
④ 人類学的観察により測定されるY・Xが親子である蓋然性
⑤ YがXの出生時、抱擁し、おむつを取り替え、父親としての愛情を示し、分娩費や生活費の一部を負担した。

上記②に対してYは「Zは他の男性とも情交があった。」（不貞の事実）という積極否認をすれば、Xは②を立証しなければならない。しかし、Xはその立証は困難であるから、Yに不貞の事実の立証をさせる。Yが立証できないかぎり、①、③などがあれば親子関係は推認されるとする。

これによって、「親子関係」が主要事実の場合、不貞の事実存否の証明責任が原告から被告に転換されることになり、当事者間の実質的公平が保たれるとするのである。

瑕疵担保責任の「瑕疵」などのほか、規範的要件かどうか判断に迷うものが多い。たとえば、民法423条の「無資力」、「意思無能力」などである。

規範的要件かどうかは、評価の全部を一方当事者に主張立証させるのがよいか、それとも振り分けるのがよいかという政策的判断によるところが大きいと考えられる。

そういう観点からすると、「無資力」「意思無能力」「瑕疵」などは、評価を下すことができる事実を一方当事者に負わせても不都合はないと考えられるか

ら，規範的要件ではなく，評価的要素の高い「事実」と言わざるを得ない。したがって，以上の事実は，それらに該当すると評価を下しうる事実（この場合の事実は間接事実か）をもって立証されることになる。

したがって，規範的要件である一般条項，「過失」「正当の事由」などは自白の対象にならないが，「瑕疵」「無資力」「意思無能力」などは一応事実であるから自白の対象になる。

　　＊　製造物責任法2条における「欠陥」について，伊藤滋夫元判事は評価概念とされる。同法の立法担当者の一人である升田純元判事は，これを事実とされる。このようにある要件を評価と見るか事実と見るかは論者によって見解を異にする。

(イ)　規範的要件の取扱い　　主張された評価根拠事実だけでは当該評価の成立を肯定させるに足りないときは，その規範的評価成立の主張自体は失当となるから，その事実を立証させる必要はなく，まして，評価障害事実を認定した上で総合判断をしなければ結論が出せないものでもない。換言すれば，評価根拠事実に基づけば当該規範的評価が成立するとの判断が先行しなければならず，この評価の成立を前提として，評価障害事実の存否が問題となるという関係にある。したがって，評価根拠事実だけで規範的要件の成立が認められて，初めて評価障害事実の判断に入ることになる。この場合，評価障害事実が抗弁として成立すればそれで終わりであり，それに対する障害事実が再抗弁として現れることはないとされる。

(g)　条件・期限は付款として抗弁と考える

たとえば，A・B間の車の贈与契約において，「巨人が優勝したら」という条件が付されていた場合，Bからの車の引渡請求訴訟における請求原因事実は，二つ考えられる。

一つは，請求原因において，
　　イ　「巨人が優勝したら」とする贈与契約の成立
　　ロ　「巨人の優勝」
という構成と，
他方は，請求原因において，車の贈与契約の成立を主張し，
　　ハ　抗弁として「巨人が優勝したら」という条件あり
　　ニ　再抗弁として「巨人の優勝」

である。

　前者を否認説といい，後者を抗弁説という。抗弁説が通説であり，司法研修所もこの説を採る。

　司法研修所は，停止条件や始期の合意を抗弁とする。すなわち，これらの合意は可分であり，付款であるとするのである。付款によって発生する法律効果が，付款の対象となった法律行為によって発生する法律効果に対して発生障害，行使阻止，消滅として働くという攻撃防御の機能に着目し，これに，当該法律効果の発生により利益を受ける当事者がその要件事実について主張立証責任を負う，という主張立証責任分配の原則を適用した結果とする。

　条件・期限が抗弁か否認かに関しては，要件事実をどのように捉えるかという大きな問題と関連する。すなわち，契約の拘束力の根拠をどこに求めるか，または，契約に基づく請求権の発生原因事実は何かという問題に関わるのである。

　司法研修所ないし通説は，契約に基づく請求権の要件事実は典型契約の規定に求められる，とする。たとえば，売買の場合は，目的物の給付と代金支払いの合意がそれであるとする。これに対して，目的物と代金の合意だけではなく，契約内容の全てにわたる合意が必要であるとする見解と，目的物引渡請求権が問題となっている場合は目的物の引渡のみ，代金支払請求権が問題となっている場合は代金支払いの合意のみが要件事実となるとする二つの反対説がある。後者は返還約束説と称されている。条件・期限が抗弁になるか否認になるかは，典型契約説によると条文に条件・期限は規定されていないから当然抗弁になるし，全部合意説によると条件・期限は合意の中に含まれているから請求原因事実として必要となる（否認説），ということになる。返還約束説によると，引渡約束や代金支払い約束のみが要件事実になるのであるから，条件・期限は抗弁ということになろう。

　(h)　契約を売買型と貸借型に分類

　条件・期限の主張立証責任に関して，抗弁説と否認説の対立がある。多数説は抗弁説，すなわち，条件・期限を主張することにより利益を受ける被告がその存在につき主張立証すべきとする。したがって，請求原因事実で原告は主張立証しなくてよくなる。司法研修所ものこの立場を採る。しからば，金銭消費

3 司法研修所の要件事実

貸借契約における貸金返還請求権の要件事実も，請求原因事実として「期限の到来」は不要のはずである。ところがそうではない。それは民法の解釈論から導かれるとする。その理由は，我妻栄博士が，期限に関して，一回的な売買型の契約と継続的な貸借型の契約とに分け，後者においては，期限は契約の本質的要素であるとされる[21]。司法研修所は，これを根拠に契約を「売買型」と「貸借型」に区分して，要件事実における期限の取扱いの違いを強調したのである。すなわち，売買型の契約にあっては，期限は法律行為の付款にすぎないから，請求原因において期限の主張は要らず，売買代金請求権は売買契約成立と同時に発生し，期限未到来が抗弁になる。これに対して，貸借型においては一定の期間借主に使用させることが契約の本質的内容をなすから，期限の主張は賃貸借契約にもとづく権利行使のための必須要件であり請求原因において主張しなければならず，建物返還請求権も期限が到来しないと行使できないことになる（行使できないことはそもそも権利が発生していないのではないか，という問題があるが）。

売買型，貸借型を分けることの弱点は，貸借型によると必ず「期限」が要件となるが，「期限を定めなかった場合」はどうなるかという問題が生じることである。司法研修所は，この場合は当事者の合理的意思は「弁済期は貸主が催告をしたときとする合意」があったと考えて，その一貫性を持たせる。その場合の事実摘示としては，「期限を定めなかった」でも「相当期間を定めての催告とその経過」のいずれでもよいとされている。

貸借型の典型の一つである金銭消費貸借契約に関しては更に次のことに注意しなければならない。

(i) 元本債権（請求権という表現はどうもこの場合馴染めない）の発生には「期限の到来」が請求原因事実になる。

(ii) 利息債権の発生には，「期限の到来」「期限の経過」は請求原因事実として不要である。契約締結と同時に時々刻々利息は発生するからである。

　利息債権の発生には元本債権の発生が前提となる。もし，司法研修所の見解が「履行期が到来しないと貸金返還請求権が発生しない」とすると，利息債権は期限が到来してから発生することになる，ということは散々元本を利用しながら途中では貸主に利息請求権を認めないことになる。しかし，元本債権が成立すれば利息債権は発生し，元本の利用の期間に応じて

利息額は決まると考えられるから、並木茂元判事の言われるように司法研修所の見解はおかしくなる[22]。元本債権は契約の成立と同時に発生する、元本返還請求権は期限の到来とともに発生する、利息請求権は元本の期限到来にかかわらず発生する、と考えるのであろう。通常は、元本返還請求権が発生する期限の到来とともに行使できるという当事者の合意があった、と構成するのであろうか。

(iii) 損害金の発生には「期限の経過」が請求原因事実となる。

(iv) 期限の利益喪失事由が「一回でも支払を怠った場合」とあるときは、その「期限の経過」である。たとえば、9月30日の経過が期限の利益喪失事由になる。この場合、遅延損害金は10月1日からスタートする。「9月30日の経過」であれば10月1日がその日になり、10月2日からスタートするように思えるが、研修所、実務は先に記載したように考える。

21) 我妻栄・債権各論（中）1・353頁, 373頁（岩波書店, 1957）。
22) 並木元判事は「研修所は、貸金返還請求権は期限到来によって発生する。」としていると倉田卓次監修・要件事実の証明責任〔債権総論〕204頁（西神田編集室, 1986）で発言している。そして、我妻・前掲注21) 373頁も同様だとする。

(i) 同一の法律要件から複数の法律効果が生じても要件事実は同一

司法研修所は、売買代金請求でも売買に基づく物の引渡請求であっても、主張すべき要件事実は同じであるとする。前者にあっては代金額の定めが要件事実になることは分かるが、後者において代金額の主張は意味をなさないとも考えられる。しかし、司法研修所は共に代金額は必須の要件事実になるとする。

このことは、同一の法律要件（売買契約）から複数の法律効果（売買代金請求権と物の引渡請求権）が発生する場合は、どの法律効果を主張する場合でも要件事実は同一であることを意味する。

(j) 不存在の主張立証はさせない

原則として不存在の主張立証はさせない。不存在の主張立証は不可能に近いからである。

「火あぶりの刑を逃れたければ、お前が悪魔でないことを証明しろ」といって、多くの宗教的偏見の犠牲者を出して有名になった中世の宗教裁判における「魔女でないことの証明」は、「悪魔の証明」と呼ばれ、不可能を強いる例えと

して用いられているが，不存在の証明も同じく不合理なものと考えられる。
　なお，「知らないこと」は不存在ではない。例外は，
① 　不当利得返還請求訴訟における「法律上の原因がないこと」がある。したがって，訴訟物を不当利得返還請求権と構成するのは，よほど他の訴訟物構成ができない切羽詰まった場合であろう。
② 　そのほかには，相続の権利義務の取得に関し「のみ説」「非のみ説」の対立があるが，「のみ説」を取った場合の「他に相続人はいない」という不存在の主張立証がある。
③ 　さらに，「無催告解除特約」における背信性を基礎付ける事実としての「支払わなかったこと」について，主張立証責任があることを認める説を妥当としている。[23]

　テレビの超能力者番組で，超能力者は出演した学者に，「超能力なんてないというなら，ないという証明をしてから反論してください。」などと言って自己の正当性を強調しているが，それは主張立証責任の観点からすると，ないことの主張立証をさせることを求めているから不都合である。

　　23）　司研編・前掲注 8）264 頁。

(k)　合意より任意規定優先

　任意規定と同一内容の合意は事実摘示をしない。これは，無意味な主張とする。
　司法研修所は，権利の発生根拠は実定法にあるとするからである。
　これに対して，権利の発生根拠は当事者の意思にあるとする見解も有力である。前者の立場からすると，非典型契約から権利が発生する理由は民法91条に求められることになり，後者の立場によると当事者の合意がその根拠となる。司法研修所は，まず民法があって，次に要件事実があり，それらを全部証明すると請求権が発生するとし，さらにすべての法律要件は実定法の中にあるという前提の上に立っている。すなわち，任意規定と同じ合意をしても意味がないから事実摘示をしないのである。
　合意により法律効果が発生するとするのは，意思を重視するフランス法的考え方であり，法律により効果が発生すると考えるのはドイツ法的であるといわれている。

この結果，司法研修所では，賃料支払時期を後払いである月末とする合意は，民法614条の規定と同じであるから，それを事実として摘示する必要はないとする。

(l)　時的要素・時的因子という概念を考案

証明の対象となる主要事実の中には，「特定のための主張」，たとえば，年月日，場所などの主張が必要である。しかし，それがなければ主張自体失当となるかと言えばそうではない。証明対象明確化のための事実の特定としての必要性にすぎない。しかし，時の先後関係が勝敗を決するような攻撃防御方法においては，年月日は重大な意味を持ってくる。したがって，必ず主張立証しなければならない。前者を時的因子といい，後者を時的要素という。時的因子は，この概念が考案される前は，主要事実と区別された「付随的事実」として，法律行為の日時，場所，方法などの内に含められ，この事実は，裁判所は当事者の主張がなくとも認定できるし，これらに関する自白は裁判所を拘束しない点で，主要事実と異なるとされていた。これに対して時的要素は主要事実となる。そのほか，両者の違いは，事実認定が時的因子の場合は当事者の主張と少々ずれる認定も可能になる点であろう。

時的要素は，契約の本質的要素といわれる時的構成要素，たとえば，貸借型における「弁済期」とは異なる。「弁済期」は契約成立に不可欠ではあるが，それは約定の問題であり，時的要素は，「当該行為，事件ないし状態がいつ行われたか，発生したのか。」が問われる際に問題とされるものだからである。

(m)　黙示の意思表示のとらえ方

黙示の意思表示については，規範的要件（意思表示の擬制）と考える立場と，表示価値が小さい意思表示であるとする立場がある。後者の見解においても，その徴表というべき事実（基礎づけ事実）を間接事実と見るか主要事実と見るかの対立がある。司法研修所は，不意打ちを避ける観点からそれらの事実を主要事実としている。最高裁は，「黙示の民事保証がされた。」という事案（最判平2・9・27判時1388号137頁）における判決理由において，「他に特段の事情がないかぎり，XとYとの間において，本件貸金債務につき民法上の保証契約が成立したものと推認するのが相当である。」と述べているところから判断すると，司法研修所のいう基礎付け事実を間接事実と捉えているようである。

黙示の意思表示をどう捉えるかは，契約などにおける「合理的意思の解釈」問題と同じ構造を有する面もある。すなわち，合理的意思を契約当事者がその当時考えていた心理的内容の探究と捉えるか，実際の契約当時に当事者が有していた意思ということから多少離れても，その契約のあるべき合理的趣旨という評価を加えることを意味するのか，により合理的の内容も異なるように，黙示の意思表示の成否も当事者の真意を推認することと考えるのか，当事者の意図とは離れて，そのような意思があったと解釈するのが妥当かという考えの違いにより認められたり，認められなかったりすることになる。

(n)　占有は事実概念

　占有は規範的要件ではなく（ということは法的評価でないということ），法的状態でもなく（ということは「もと」占有を認めないということ），事実概念として捉える。司法研修所は代理占有が認められることから占有を「高度に抽象化」された事実と表現している（ということは，要件事実的には，「直接占有」と「代理占有（間接占有ともいう）」を区別しないことを意味する。この場合，「占有」自体が主要事実か，「占有の具体的態様」が主要事実かという問題がある。占有自体を主要事実と考えれば，具体的態様は間接事実となる）。

　司法研修所のように「占有の具体的態様」を主要事実とすると，それが「直接占有」か「代理占有」か，後は評価の問題になる。通常は，占有を主張すれば足りるとされているが，占有が争われた場合は，具体的な占有形態を事実として主張し，立証しなければならないとされている。

　私は，「直接占有」と「代理占有」の区別においては，両者に対して占有移転禁止の仮処分が認められるかどうか，建物占有者は土地の占有も有しているといえるかどうか等の問題があること，更には強制執行の場合，直接占有者に対するものと代理占有者に対するものでは執行の態様が違うことなどから，両者は要件事実的には区別されたほうがいいのではないかと考える。すなわち，占有も代理占有（間接占有ともいう）も事実であり，争われれば，その具体的態様を主張し，立証しなければならないと考える。

(o)　択一的認定をしない

　これは要件事実論というより，事実認定論の話であるが，司法研修所は，たとえば，ある事実について消費貸借契約の予約ないし諾成的消費貸借契約の成

立が認められるというような認定をしない。いずれかに決めなければならないとする。ところが実務は往々にして択一的認定をする（最判平5・7・20判時1519号69頁は、ある合意を消費貸借契約ないし諾成的消費貸借契約が成立するとした）。もっとも、攻撃防御方法としては、「明示の追認」と「黙示の追認」を同時に主張することはできる。前者の場合は、ある事実を間接事実として要件事実としての「追認」と評価し、後者の場合は、ある事実を要件事実としての追認の基礎付け事実と考える場合などがその例である。

(2) 司法研修所の要件事実論に対する批判

司法研修所の要件事実論については、民法、民事訴訟法学者からさまざまな批判があるが、その集大成は、大阪市立大学の松本博之教授からの批判であろう（「自由と正義」平成15年12月号、同16年1月号、同2月号、日本弁護士連合会）。しかし、これらの批判とは別の角度からの批判が近時提唱されている。

司法研修所の要件事実は、「民事訴訟における要件事実」第一巻、二巻（法曹会、1985、1991）が上梓された後、次第に機能性、論理性を尊ぶ方向へ純化されてきた。これに対して、近年は2つの方向からの批判が生じた。ひとつは論理性、機能性の追及による要件事実論が実務からかけ離れる場合があること、その結果、（司法試験の合格者が増加したせいかどうか明らかでないが）司法修習生の能力が低下し、論理分析力を中心とした従来の要件事実の教育内容では、司法修習生が授業についていけないとも言われる。ちなみに、司法修習生の一部には「類型別要件事実」（法曹会、1995）という易しいテキストのみを丸暗記して二回試験に臨んでいるという実態があるようである。ふたつは、機能性・論理性の強調から実体法の民法規定の趣旨を離れて民法条文の理解がなされはじめていることである。司法研修所の要件事実論は、民事裁判教官室で作成された前掲第一巻、第二巻をスタートとして、平成10年頃までその裁判規範性、論理性、効率性の追求がなされたが、近年その見直しを図ろうとする動きがある。a＋bや予備的主張などは論理性はあるが、果たして意味ある概念なのか、民法112条は表見代理の規定ではないとするのは民法から離れすぎるのではないかなど、これらは、司法研修所の要件事実はあまりに論理性が強調されすぎてはいまいかという観点からの批判である。民法の巻き返しとでもいえる現象で

ある。

　現在のような論理性を強調する要件事実論の端緒は，三井哲夫判事の「返還約束説」にその契機を求めてよいと思われる[24]。「返還約束説」は，金銭消費貸借契約ないし賃貸借契約において，請求原因は「返還約束」だけで，抗弁ではじめて契約類型が明らかとなる考えである。すなわち，賃貸借であろうが使用貸借であろうが，返還請求権が認められる最大公約数的なものは「返還約束」であり，他の要素は返還請求権の発生においては付属品と考えるものである。このように請求権発生ないし法的効果発生のための要件をギリギリに絞るという思考方法が返還約束説である。司法研修所の民事裁判教官室は返還約束説のように極端な考え方は採らない。しかし前述したように論理的，効率的であることにその特徴がある。その成果が第一巻，第二巻となったのである。ところが，その行き過ぎが近時指摘されている。その背景には，民法は行為規範として立法されたものであるという認識がある。行為規範は全て立証されるという前提に立つものである。これに対して，行為規範である民法規範を裁判規範としての観点から構築し直すと，民法そのものが本来企図した本意からはずれすぎるのではないかという危惧がある。

　民法を強調する考え方は，主張・立証というのは民法の成立要件を法律要件分類説に従って振り分けているだけであるから，振り分けた請求原因事実，抗弁，再抗弁を全てパスしてはじめて権利が発生すると考え，裁判規範性を強調する考え方は，請求原因事実だけで権利が発生し，その後は発生した権利の消滅，復活を繰り返すと考えるのである。

　上記の批判のうち，特に最後の点は，要件事実論のひとり歩きを抑制し，行為規範である民法の観点も重視すべきであるから，その観点から要件事実を考え直そうとする立場である。傾聴すべき見解であるが，ただ請求原因で権利が発生すると考えないと，抗弁以下の攻撃防御方法の性質が基本から違ってくることになる。なぜなら，抗弁とは，一旦発生した法的効果を消滅させる法的効果をもつ主張ということであるから，もし，請求原因事実で権利発生という法的効果がないとすると，抗弁以降の攻撃防御方法の説明がむずかしくなるからである。すなわち，攻撃防御方法の流れは，法的効果の潰し合いと理解されているからである。

24) 「要件事実論の再構成」曹時27巻10号（1975）。

4 ブロック・ダイアグラムについて

　民事裁判に携わる者は，当事者関係図，時系列表，ブロック・ダイアグラムの三種の神器が手許にあれば事件の大筋が把握できると考えている。このブロック・ダイアグラムを作成させる作業が，司法研修所における要件事実教育の成果の大きなものの一つである。ここではブロック・ダイアグラムの意味，作り方に関する大枠を説明する。

(1) ブロック・ダイアグラムとは

　㋐　一般にブロックという言葉を使う。ブロックとは，ブロック・ダイアグラムの略で，もともとは電気の配線図の意味であるそうであるが，訴訟物を出発点として，その請求原因，抗弁，再抗弁……の各攻撃防御方法に要件事実を摘示して図示し，一覧させたものである。
　㋑　ブロックは法律効果の潰しあい（排斥しあう関係）を図示したものであるから，どの法律効果を潰したのかを矢印でもって表示する。潰す対象の攻撃防御方法が複数の法律効果の集まりの場合，そこに矢印を持っていくとどの効果を潰すものであるか明らかとなる。

(2) ブロックの前提としての法律効果の持続

　ブロックは法律効果の潰しあいの一覧表である。請求原因事実によって発生した権利という法律効果は，発生障害ないし消滅の抗弁により権利が発生しなくなる。次に，発生障害ないし消滅という効果が発生しないような事実をカウンターとして主張することにより，請求原因事実に対する障害ないし消滅という法律効果を潰すことができる。このように，ブロックは法律効果の潰しあいであるが，この場合の法律効果は，時効の中断など，実体法上の権利に限定されないことに注意を要する。
　一旦発生した法律効果は，これに対する障害，消滅，阻止事由の主張立証がない限り持続する。この根拠は，立証責任の構造によるのか，経験則上認めら

れるのか判然としない。経験則として，法律効果は発生すればそのまま存続するとするものがある（大判大4・11・26民録21輯1907頁，大判昭5・10・4新聞3198号281頁）。この前提があるから，「もと」所有も意味を持つのである。すなわち，「もと」所有が認められると所有権喪失の抗弁が出されない限り，「現」所有の効果を有することになるのである。

　　＊　「もと所有」という概念は，原告の主張に対する被告の争い方により事実整理の段階で出てくる概念である。たとえば，建物収去土地明渡請求訴訟においては，原告が，原告土地所有を請求原因において主張しなければならない。この場合，被告の争い方としては，①原告の現在の土地所有を単純に否認する場合と，②原告の現在所有は争う（その理由は原告が以前土地所有権を有していたことは認めるが，その後被告は原告から土地所有権の譲渡を受けたとして争う）場合とがある。すなわち，②の場合は，従前の原告の土地所有は認めるのであるから，審理手続としては原告・被告間の土地所有権譲渡の有無だけを審理すればよい。かかる場合の事実整理の方法として，研修所により案出された概念が「もと所有」である。請求原因としては，原告「もと所有」と記載し，被告の抗弁として，原告が所有権を喪失した原因事実を主張するのである。すなわち，「もと所有」の概念は，原告の土地所有に対する何らかの抗弁が立つ場合に出てくるものである。

(3) 攻撃防御方法の一覧

　請求原因，抗弁，再抗弁，……という攻撃防御方法の流れは，法律効果の潰し合いの流れである。これを一覧させるのがブロックである。攻撃防御方法は，攻撃方法と防御方法に分かれるが，請求原因の構成の仕方により（ひいては訴訟物により），ある場合は攻撃方法になる主張が，他の場合には防御方法になることがあるから，一義的にそれがどちらになるか言えないので，攻撃防御方法と称する。攻撃防御方法は原則として一つの法律効果しか発生させないが，まま複数の法律効果を発生させる場合がある。特に，それは請求原因事実においてみられる。たとえば，債務不履行解除による金員の支払を求めている場合，請求原因事実としては，債権の発生原因事実と債務不履行の事実および解除の事実が要件事実となり，この場合は，三つの法律効果が発生していることになる（これに対する抗弁としては，債権発生原因事実に対する抗弁，たとえば，無効などが考えられる。この無効の主張の要件事実は，厳密に言えば，ブロック作成の際債権発生原因事実に対して矢印が向かうべきである）。

これに対して，債権者代位権に基づく訴訟物の場合，代位適格を基礎付ける事実はそれだけで一つの権利の発生原因事実ではあるが，被告に対しては何らの権利も発生させないから，法律効果は一つである。

(4) 抗弁・再抗弁の判断のメルクマール

ある攻撃防御方法が立つ（立証された）ということは，その前の攻撃方法が潰れて前の前の防御方法が復活することを意味する。たとえば，請求原因に対する抗弁が立ち，それに対して再抗弁が成立すれば，抗弁は潰れて請求原因が復活することになる。再抗弁かどうかよく迷うケースがあるが，その場合の判断方法の一つとして，請求原因が復活するかどうかがメルクマールとなる。復活しない結果になるのは，それは再抗弁でないことを意味する。

(5) ブロックに記載されるもの

ブロックには要件事実が記載される。注意を要するのは，要件事実として時的要素とされるものも，既に時的因子としてブロック上他の箇所に摘示されていたら，もはや，時的要素としての摘示は不要となるとする。このことは，ブロックを実際に作成してみないと見逃しやすいので注意を要する。以上から，ブロックは要件事実と，「特定のための事実主張」（時的因子もそのひとつである）から構成されるといえる。いずれも要件事実と同じく証明の対象となることに変わりはない。

(6) 仮定抗弁，予備的抗弁，選択的抗弁

相手方の攻撃防御方法を否認して，なお抗弁もする場合は，その抗弁は，相手方の主張立証が成功した場合に意味を持つので，仮定抗弁と呼ばれる。仮定抗弁と予備的抗弁[25]は異なる。通常，いくつかの抗弁を主張する場合は選択的関係にあるといわれる。選択的抗弁の場合は攻撃防御方法としては等価であるから，裁判所はどれから判断してもよい。等価の攻撃防御方法が提出されている場合，当事者間においては争点と考えられている攻撃防御方法について判断しないで，簡単に判断ができる攻撃防御方法で裁判所は判断を下すことがある。これを裁判所内では「さておき手法」と呼んでいるようである。

25) 司研編・民事訴訟における要件事実第二巻181頁予備的主張参照。

(7) ブロックの記号

ブロックというのは要件事実を一覧させるものであるから略記を用いる。

請求の趣旨は Ant（Antrag），訴訟物は Stg（Streitgegenstand），請求原因は Kg（Klagegrund），抗弁は E（Einrede），再抗弁は R（Replik），再々抗弁は D（Duplik），再々再抗弁は T（Triplik）…の如くである。

※以上の略号は（ ）内のドイツ語の略である。

また，各要件事実について立証を要するかどうかを判断するために認否として次のような表示をする。

認否の記号　認める　　　　　○
　　　　　　否認　　　　　　×
　　　　　　不知　　　　　　△
　　　　　　顕著な事実　　　顕

以上のうち，否認されたもの，不知とされたものについて立証責任を負う者は立証することになる。

(8) ブロック作成の意義，符号の振り方

ブロック作成の意義，記号の振り方などは「民裁教官室だより(10)」(司法研修所)に詳しい。要は，ブロックを作成する意義は，要件事実は漏れなく摘示されているか，攻撃防御方法の流れはどのようになっているのか，立証を要する事実は何かを一覧させることである。

原告側は平仮名（あいうえお…）で，被告側は片仮名（アイウエオ…）で順に各要件事実に記号を振る（後述157頁参照）。

(9) ブロック作成における注意事項

ブロックに記載される攻撃防御方法は，仮定主張を記載する，と理解すべきである。当事者は相手方主張を先ず否認し，仮定的に抗弁を主張するのが通常である。この場合ブロックは仮定主張を基準に整理される。抗弁は，相手方主張を認めた場合に考えるものであるにも関わらず，当事者は否認しているのに

抗弁をブロックに記載するのはおかしいと考えることも一理あるが、ブロックの作成においてはそのようには考えないのである。

⑽　**規範的要件における評価根拠事実と評価障害事実はワンセットではない**

すなわち、評価根拠事実の後に他の攻撃防御方法がくることがある。

また、ある規範的要件の評価根拠事実に対する防御方法が別の規範的要件の場合は、別の評価根拠事実が抗弁でそれに対する評価障害事実が再抗弁となる。[26]

   26)　橋本英史「製造物責任法における欠陥の要件事実とその立証」判時1551号7頁以下、同1554号3頁以下（1996）。

⑾　**一つの事実はブロックにおいてただ一回しか使われるものとは限らない**

たとえば、無権利者から売買により不動産を購入した者が時効の主張をする場合、取引の際代金を一時に支払ったという事実は、時効の要件である「善意」の間接事実ともなり、「無過失」の評価根拠事実ともなる。すなわち、一つの事実が間接事実としても、要件事実としても働くのである。

⑿　**ブロックでは要件事実を表示しない場合がある**

たとえば、相殺の主張においては相殺適状が要件となるが、既に請求原因事実、抗弁など相殺の主張の前に自働債権、受働債権の各債権が時的因子を伴って主張されている場合には、相殺適状の主張においては何も事実を適示する必要がなくなる。

⒀　**ブロックの同一系列では既出の事実主張は改めて主張不要**

ブロックにおいては、同一系列の場合は前に出てきたものは改めて主張しなくてよい（主張共通の原則から）。同一系列でない場合は、法律効果発生のために必要な全部の要件事実を主張しなければならないが、別系列で既に主張されていれば、その主張の符号を援用するだけでよい。

同一系列でない限り別系列の主張と矛盾する主張は許される。たとえば、攻

撃防御方法として，有権代理，表見代理，追認を主張している場合，これらの関係は選択的関係になり，各々は別系統の攻撃防御方法となる。

⒁　被告が複数（Y_1，Y_2）の場合でも請求原因事実は一つのブロックにまとめる

請求原因においてY_1，Y_2に共通の要件事実があるのが通常であるから，一つの請求原因事実として摘示されている場合がある（後述157参照）ので，内容を注意深く読まなければならない。

元本請求と遅延損害賠償金請求といった二つの訴訟物の場合もブロック作成の際請求原因事実が一つにまとめられているので請求原因事実の内容を吟味しなくてはならない。

⒂　当事者関係図，時系列表，ブロックの実際

次の事案における当事者関係図，時系列表，ブロックを参考のために記しておく。

(a)　事　　案

Xは，Aに対し，平成17年2月1日，2000万円（弁済期は平成18年1月末日）を貸し付けた。しかし，上記期日における弁済がむずかしいというAの話から，平成18年，年明けころからAと弁済条件について何度か協議中のところ，平成18年2月25日，Aが突然第1回目の手形不渡りを出した。その直後に，Xは，Aが唯一の資産である自宅マンション（本件物件）をY_1（Aの妻）に所有権移転し，更にはY_1からY_2へ売買されている事実を知った。

Aは，建築士として個人営業の建築事務所を経営していたが，数年前建売住宅販売を手がけ失敗したため，1億円以上の負債を抱え，平成17年2月末日に2度目の不渡りを出して事実上倒産した。

Aの資産は，5年前の平成13年3月に金2000万円で購入した本件物件のみであった。Aは，本件物件購入にあたりK信用金庫から1000万円の住宅ローン融資を受け，本件物件にはK信用金庫の抵当権が設定されていた。本件物件登記簿甲区欄には，Y_1を権利者とする平成17年12月15日代物弁済予約を原因とする所有権移転の仮登記の記載がなされており，Y_1は，同日Aに弁済期

3 当事者からみた要件事実―当事者代理人に必要な要件事実の基礎知識―

を平成18年1月末日の約束で2000万円を貸したと称している。Aが倒産前の平成18年2月1日，上記停止条件付代物弁済を原因とするAからY_1への所有権移転登記，Y_1からY_2への平成18年2月10日付け売買を原因とする所有権移転登記およびY_1が上記融資残債務500万円を弁済したことによる同日付けの上記抵当権の抹消登記がなされている。また，本件物件は，近くに地下鉄の駅と大型ショッピング街ができたため，現在時価3000万円に上昇している。Y_1―Y_2間の売買代金は2500万円，頭金は1000万円，残代金は未払いである。本件物件には同18年2月末ころまでAとY_1が，その後はY_1が居住している。Y_1は専業主婦である。Y_2は，Y_1の兄である。

なお，X・Aが2000万円の返済について協議した際，Y_1は毎回同席していた。

(b) 当事者関係図

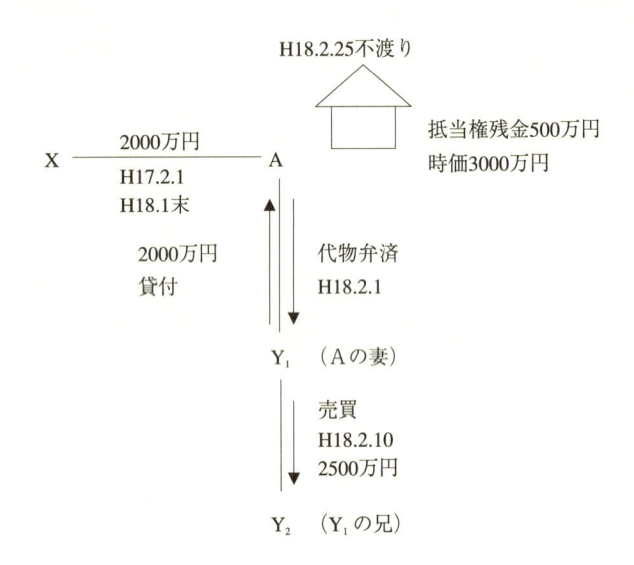

```
                        H18.2.25不渡り
                           △
   X ──2000万円── A              抵当権残金500万円
      H17.2.1                     時価3000万円
      H18.1末
                    │
      2000万円      │ 代物弁済
       貸付         │ H18.2.1
                    ▼
                   Y₁  （Aの妻）
                    │
                    │ 売買
                    │ H18.2.10
                    ▼ 2500万円
                   Y₂  （Y₁の兄）
```

4 ブロック・ダイアグラムについて

(c) 時系列表

```
H           H
17          18
・           ・
12          1   2       2       2       2       3
・           ・   ・       ・       ・       ・       ・
15          末   1       10      25      末       10
─┬──────────┬───┬───────┬───────┬───────┬───────┬──────→
 仮  停     弁  本      売      A       A       甲
 登  止     済  登      買      不      不      破
 記  条     期  記              渡      渡      産
     件                         り       り       手
     付                                          続
     代                                          開
     物                                          始
     弁                                          決
     済                                          定
     契                                          　
     約                                          破
                                                産
                                                管
                                                財
                                                人
```

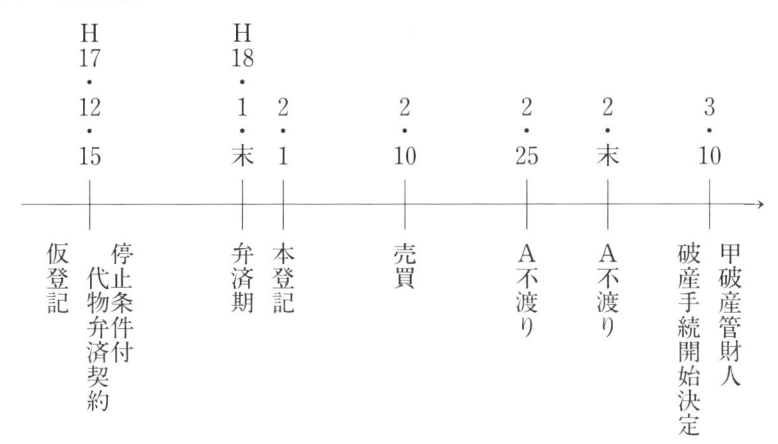

(d) ブロック

XからY₁，Y₂に対する価額賠償請求
訴訟物は詐害行為取消権

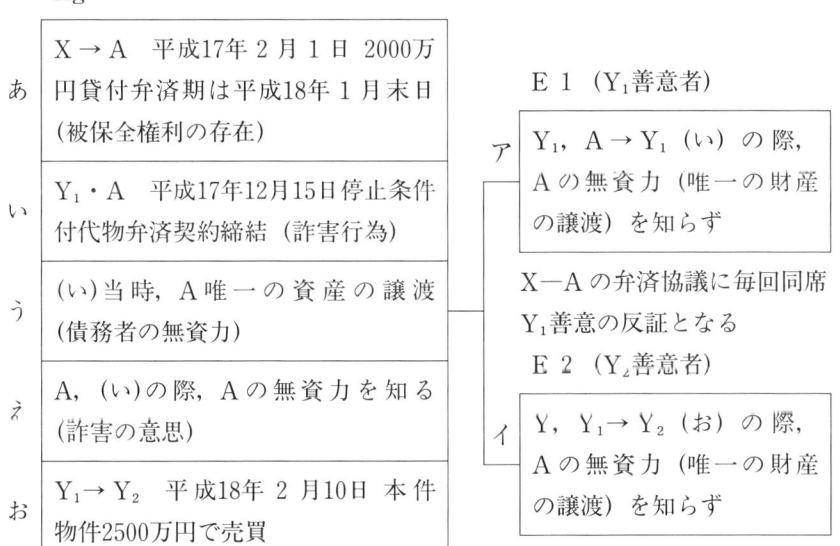

　　　Kg

あ	X→A　平成17年2月1日　2000万円貸付弁済期は平成18年1月末日（被保全権利の存在）	
い	Y₁・A　平成17年12月15日停止条件付代物弁済契約締結（詐害行為）	E1（Y₁善意者）　ア　Y₁，A→Y₁（い）の際，Aの無資力（唯一の財産の譲渡）を知らず
う	（い）当時，A唯一の資産の譲渡（債務者の無資力）	X―Aの弁済協議に毎回同席　Y₁善意の反証となる
え	A，（い）の際，Aの無資力を知る（詐害の意思）	E2（Y₂善意者）　イ　Y，Y₁→Y₂（お）の際，Aの無資力（唯一の財産の譲渡）を知らず
お	Y₁→Y₂　平成18年2月10日　本件物件2500万円で売買	

157

か	本件物件の抵当権の被担保債務500万円を平成18年2月10日弁済し，抵当権抹消登記
き	本件物件の逸失価値は2500万円で，Aに対する債権残額は2000万円（取消・価格賠償の金額）

　このブロックは，民法の通説，Y_1が善意でもY_2が悪意であればY_2に対して詐害行為取消権を行使できるとする見解を支持するものである。すなわち，請求原因において詐害行為取消権が発生しているから，よしんばY_1が善意であってY_1に対しては詐害行為取消権の行使は認められない，あるいは発生しないとされても，Y_2に対する詐害行為取消権の成否には影響を与えないということが分かる。

〈民法の一部を改正する法律（平成16年法律第147号）との関係について〉
　以上の本稿の説明は，上記法律による民法の改正を織り込み済みである。

〔参考文献〕
(1) 法的思考に関する参考文献
　　平井宜雄「法律学基礎論覚書，その2，その3」（「判例研究方法論の再検討」ジュリ956号，960号，962号（1990））。
(2) 要件事実に関する参考文献
　・司法研修所・増補民事訴訟における要件事実第一巻総論部分（法曹会，1989）
　・同第1巻第2巻巻末の民裁教官室だより
　・その後の「民裁教官室だより」（現在15まででている）
　・伊藤滋夫元判事の一連の論文・著書
　　ⅰ「要件事実の基礎」（有斐閣，2000）
　　ⅱ「事実認定の基礎」（有斐閣，1996）
　　ⅲ「要件事実・事実認定入門」（有斐閣，2003）
　・賀集唱・要件事実の機能（司法研修所論集90号，1993）
　・司法研修所・紛争類型別の要件事実（法曹会，1999）
　・倉田卓次元判事の「要件事実の証明責任〔債権総論〕」「同〔契約法上巻〕」「同〔契約法下巻〕」（西神田編集室，1986，1993，1998），三井哲夫元判事の「要件事実の再構成

〔増補・新版〕」(信山社, 1993), 定塚孝司元判事の「主張立証責任論の構造に関する一試論」(判例タイムズ社, 1992), 並木茂元判事の一連の論文も時間があれば読むべき文献である。
(3) 民法再入門書
　内田貴・民法Ⅰ, Ⅱ, Ⅲ, Ⅳ (東京大学出版会, 1994～)

4
主張責任と立証責任

難 波 孝 一

1　本稿の趣旨
2　裁判規範としての民法と要件事実
3　立証責任
4　主張責任
5　立証責任と主張責任との関係
6　最後に

1　本稿の趣旨

(イ)　本稿では，民事訴訟においては，主張責任，立証責任はなくてはならぬ重要なものであること，そして，主張責任，立証責任については民事訴訟の判断構造，裁判規範としての実体法といったものを考えることが必要であり，そうした観点を考えると，両責任は一致すると考えるべきであることを明らかにしようとするものである。

(ロ)　ところで，民事裁判は，原告が，被告に対し，実体法上の権利又は法律関係の確定，すなわち，訴訟物の存否の確定を求め，裁判所がこれに判断を示すことにより行われている。何をもって，訴訟物と考えるかについては，実体法上の権利ごとに考える旧訴訟物理論[1]と，給付を求める法的地位（受給権）ごとに考える新訴訟物理論[2]との対立があることは周知のとおりであるが，裁判実務は，旧訴訟物理論を堅持している[3]。これは，現在の民事訴訟の基本的な目的は，権利体系である実体法を基準とする法的判断によって，実体法の権利関係の確定を図るものであって，裁判の中心に据えられるのは，口頭弁論終結時に原告に実体法上の請求権が帰属するか否かの判断であって（給付訴訟を念頭においている），実体法上の請求権から切り離した形で訴訟物を観念すべきでは

なく，また，その必要もないと考えているからと思われる。以下，旧訴訟物理論を前提に議論を進めることにする。

(ハ) 前記のとおり，民事裁判においては，権利の存否を確定し，もって，民事紛争を解決することに民事訴訟の目的があるところ，訴訟物である権利は，あくまで観念の創造物にすぎず，物理的に実在するものではない。このため，裁判官，訴訟当事者は，権利が存在するか否かを直接に認識する手段はない。そこで，権利が存在するか否かを確定するにはどうすればよいのかが問題となる。ここで登場するのが実体法規である。権利の存否の判断は，実体法規を媒介として，その適用により行われる。すなわち，実体法規は，「一定の事実（F）があれば，一定の効果（K）が発生する」という形式で規定されている。そして，実体法規は，権利の発生，消滅，障害，阻止などの法律効果の発生要件を規定しているので，これらの組み合わせによって，権利の存否を判断していくことになる。

(ニ) 実体法規である「一定の事実（F）があれば，一定の効果（K）が発生する」との規定は，Fの事実があれば，Kの効果が発生すること，Fの事実がなければ，Kの効果が発生しないことまでは規定しているが，Fの事実が訴訟上あるかないか不明（存否不明）の場合に，原告，被告のいずれの不利益になるかまでは規定していない。そこで，裁判になったときに，原告，被告のどちらが法律効果の発生とされている要件に該当する事実を主張し，立証しなければならないかということを考えておかなくてはならない。これが，「裁判規範としての民法」の問題である。[4] 実体法を，裁判規範としての民法という視点（立証の公平の観点から立証責任を考える）から解釈した後には，権利の発生，障害，消滅などの各法律効果が生ずるために必要な裁判規範としての民法の要件が導き出され，この要件に該当する具体的事実が要件事実である。その意味で要件事実と一般にいわれている主要事実とは同じ意味である。[5] 主要事実という用語は，一般に，弁論主義との関係で，間接事実と区別するために使用されることが多い。以下，要件事実とは，裁判規範としての民法の要件に該当する具体的事実の意味で使用する。

(ホ) 本稿では，まず，裁判規範としての民法と要件事実との関係を述べ，要件事実が立証できなかった場合の不利益ないし危険（立証責任），主張できか

4 主張責任と立証責任

った場合の不利益ないし危険（主張責任）について検討し，その後両者の関係（両責任は一致すること）を述べ，これに対する反対説等について考えてみることにする。これらの問題については，伊藤滋夫教授の著書・論稿に依拠しているところが多い。[6]

1) 兼子一・新修民事訴訟法体系〔増訂版〕（酒井書店，1965）164頁以下，伊藤眞・民事訴訟法〔第3版〕（有斐閣，2004）168頁ほか。
2) 三ケ月章・民事訴訟法（有斐閣，1959）86頁以下，新堂幸司・新民事訴訟法〔第2版〕（弘文堂，2001）269頁以下，小山昇・民事訴訟法〔5訂版〕（青林書院，2001）152頁，高橋宏志・重点講義民事訴訟法〔新版〕（有斐閣，2000）27頁以下。
3) 最判昭35・4・12民集14巻5号825頁ほか，菊井維大＝村松俊夫・全訂民事訴訟法Ⅰ〔補訂版〕（日本評論社，1993）1175頁以下。
4) 伊藤滋夫・要件事実の基礎（有斐閣，2000，以下「伊藤・要件事実の基礎」という）11頁，183頁以下，以下，民法で実体法を代表させるのが分かり易いので「裁判規範としての民法」と呼んでいる。正確には，「裁判規範としての実体法」と呼んだ方がよいかもしれない。
5) 伊藤・要件事実の基礎59頁。なお，司法研修所民事裁判教官室・増補民事訴訟における要件事実第一巻（法曹会，1989，以下「司研・第一巻」という）3頁も同様の使い方をしている。なお，用語の問題ではあるが，山木戸教授は，要件事実と主要事実は別だとして，「法規の前件命題で要求されている事実の全体が法律要件であり，それを構成する各個の事実が要件事実である。（中略）法規の要件事実に該当する具体的事実を主要事実」とする見解も存在する（山木戸克己「自由心証と挙証責任」民事訴訟法論集所収（有斐閣，1990）49頁）。この考え方に対し，伊藤滋夫教授は，山木戸教授の使用方法によれば，「過失」や「正当事由」について要件事実と名付けて，あたかも事実のような印象を与える用語法であり，適切ではないと批判されている（伊藤・要件事実の基礎61頁）。また，吉川判事も，「単に用語の問題かもしれないが，具体的事実については『事実』という言葉を用い，具体的な事実ではない法律要件については，例えそれを類型化された事実として示すことができたとしても，『法律要件』あるいは『個別的要件』と呼ぶ方が，具体的事実についての議論があるかどうかの区別が容易になる点で優れているように思われる」とされている（吉川愼一「要件事実論序説」司法研修所論集110号133頁（2003年），以下「吉川・序説」という）。
6) 伊藤・要件事実の基礎，伊藤滋夫・要件事実・事実認定入門（有斐閣，2003，以下「伊藤・入門」という），同・「要件事実と実体法」ジュリ869号14頁（有斐閣，1986，以下「伊藤・要件事実と実体法」という），同「続・要件事実と実体法（上）（下）」ジュリ881号86頁，同882号56頁（有斐閣，1987，以下「伊藤・続・要件事実と実体法」という），同・「要件事実と実体法断想（上）（下）」ジュリ945号103頁，946号98

頁（1989，以下「伊藤・断想」という）

2 裁判規範としての民法と要件事実

(1) 民法（実体法）は裁判規範か

(ア) 一般に民法には裁判規範としての面と行為規範としての面があるといわれている。ここにいう裁判規範としての面を持つというのは，民法が裁判に当たっての準則となることをいっているのであり，行為規範としての面というのは，市民に対する行為の規範となることをいっていると思われる。民法にこのような二面があることを否定する者は恐らくいないであろう。問題は，民法は，誰がどのような要件を主張立証すべきか，そして立証が存否不明になったときにその不利益を誰に負わすべきかということについては何も規定していないはずである。すなわち，民法は立証責任まで考えた上での立法ではない。主張立証責任までをも考えたうえでなされた法規範を裁判規範と呼ぶなら，民法は，その意味では，裁判規範ということはできない。すなわち，一般に民法には裁判規範としての面があるという場合に使用される「裁判規範」の意味と，「裁判規範としての民法」という場合に使用される「裁判規範」の意味には，立証責任を考えた上での民法か否かの点で決定的な違いがある。この点に関し，吉川判事は，民法典自体は，第１次的には裁判規範であるとして，「民法の立法者は訴訟における事実の確定の問題を考慮して条文を組み立てており，ある事実の存在を法律要件として定めたということは，裁判官に対してある事実の存在が確定された場合にのみ法律効果を認めよとの命令を含んでいると考えられるから，民法を裁判規範と考えることは，同時に主張立証責任の分配を立法の守備範囲と考えることにつながってくるのである」とか，「民法が訴訟における立証の問題を考慮していないのであれば，『事実（F）の存在』が小前提となる。民法を行為規範と考える立場からは，このように考えることになろう。しかし，前述のように，民法が裁判規範であるとすると，立法者は訴訟の場における立証の問題を考慮して法規範を定立していると考えることになるから，単なる『事実（F）の存在』が小前提となるのではなく，『事実（F）の存在の

確定』が小前提となることになる[10]」とか説明されている。

　(イ)　しかし，前記(ア)で述べたとおり，立法者が，立証の問題を考慮して法規範を立てているとは思えない。もし，立証の問題を考慮して法規範を立てているのであれば，裁判規範としての民法ということを考える必要がないことになりはしないか。立法者が立証の問題を考慮していないことは，次のような点からも明らかである。

　　ア　民法415条は，債務不履行に基づく損害賠償請求権の発生要件について規定しているが，条文からは，「履行をしないことが債務者の責めに帰すこと」ことを債権者が立証すべきように見える。しかし，通説判例は，債務者は，「履行をしないことが債務者の責めに帰さないこと」を立証すべきとされており[11]，立法者もそのように考えていたことは法典調査会の民法議事速記録等からも明らかである[12]。

　　イ　他人物売買において，売主が目的物を他人から取得して買主に移転することが出来なかった場合の買主の損害賠償請求を規定した民法561条（全部移転不能）は「買主が悪意のときは損害賠償の請求をすることができない」と規定し，同563条（一部移転不能）は「善意の買主が損害賠償の請求をすることを妨げない」と規定している。全部移転不能の場合は悪意を消極要件とし，一部移転不能の場合には善意を積極要件としており，どちらかに統一して考えなければならない。こうした統一作業が必要であるということは，民法は，他人物売買で売主が買主に目的物を移転することができなかった場合の買主の損害賠償請求の発生要件について，立証の問題を考えていなかったということができる。

　　ウ　債権の消滅時効を定めた民法167条1項は，「債権は10年間行使しないときは，消滅する」と規定し，他方で，同147条は，時効は「請求，差押え，仮差押え又は仮処分，承認」によって中断すると規定している。すなわち，民法167条によれば，債権者が10年間行使しないという行為が要件とされ，同147条によれば，時効においては債権者の行為は不要で，債務者の行為があるときに時効は中断するとされており，両条の関係からは，消滅時効の発生要件として，債務者が債権を行使しないという要件が必要か否か不明である。これらの条文も，立証の問題を考えていたとは思えない。

エ　また，解除権者の行為等に解除権の消滅を規定した民法548条1項と同条2項との関係も整合性があるとはいえない。更には，債権に原則として譲渡性があるとすると，同466条2項は条文の規定とは反対に債務者の方で譲渡禁止特約の存在と譲受人の悪意を主張立証することになるし，売買契約における解除と手付の関係を規定している同557条1項も，相手方が履行に着手した時期と相手方に解除の意思表示が到達した時期との先後関係が不明の場合に，その不利益を，解除の意思表示をした者とその相手方とのいずれに負担させるかは，条文からだけでは不明である[13]。

オ　以上のとおり，立法者が，立証の問題を考慮して民法を制定しているとは，とても思えない。

7) 内田貴教授は，「一般に，法規範は，行為者に対し，行為をするか否かの決定をするに際して基準として働く規範と，第三者に対し，その規範からの逸脱行為を評価（非難）する基準を提供する規範としての機能を併せ持ち，前者を行為規範，後者を評価規範（裁判規範を含む）という」とされ，「裁判規範とは，評価規範のうち，裁判者に対し，法的紛争の解決基準を提供する規範をいう」とされている。そして，同教授は，「私法規定は，第一次的には評価規範（裁判規範）であり，そして伝統的な私法の解釈学も，まずこの裁判規範としての私法を念頭において，解釈に従事して来たといえる」とされている（内田貴「民事訴訟における行為規範と評価規範」法学教室75号69頁，70頁，73頁（1986））。

8) 伊藤・要件事実の基礎189頁，石田穣・証拠法の再構成（東京大学出版会，1980）73頁，春日偉知郎「証明責任論の一視点」〔民事証拠法研究（有斐閣，1991）〕所収，339頁，340頁，前田達明「続・主張責任と立証責任」判タ640号68頁（1987）。

9) 吉川・序説133頁。

10) 吉川・序説134頁。なお，吉川判事の考え方に対し，裁判規範としての民法の構成という考え方はとらないが，民法の裁判規範性から法規不適用説を正当化する試みであると批判するものとして，松本博之「要件事実論と法学教育(1)【要件事実論批判を中心に】」（自由と正義2003年12月号，以下「松本論文」という）108頁，109頁がある。すなわち，松本教授は，吉川判事の考え方について，「実体法規を第一次的に裁判規範であるととらえて，右に見たような広範な結果を引き出すことは正しくない。実体法規は法に服する者に対する命令や禁止を本質とし，併せて裁判による権利保護が必要な場合に権利の存否の判断基準を提供するものである。」と批判されているが，その批判は適切のように思われる。

11) 最判昭34・9・17民集13巻11号1412頁，我妻栄・新訂債権総論〔民法講義Ⅳ〕102頁，111頁（岩波書店，1964），奥田昌道・債権総論〔増補版〕124頁（悠々社，

1992），星野英一・民法概論Ⅲ〔債権総論・補訂版第3刷〕55頁（良書普及会，1984），内田貴・民法Ⅲ債権総論・担保物権132頁（東京大学出版会，1996）。
12) 第75回法典調査会における富井政章委員は，履行不能の帰責事由について，415条の規定があっても債務者の方で自己の責めに帰さないということを主張立証しなければならないという趣旨の発言をしている（法典調査会・民法議事速記録―法務図書館史料9・94頁）。また，同調査会で，梅謙次郎委員も，条文の表現方法について，分かりやすい方を主として書いていたと述べている（同史料9・95頁）。
13) 伊藤・要件事実の基礎191頁ないし193頁。

(2) 裁判規範としての民法

(a) 必要性

前記(1)で述べたとおり，実体法（民法）の規定は，同規定の定める要件に該当する具体的事実が存否不明になった場合のことを想定しての規定ではない（前記(1)(イ)のとおり，要件自体が不明瞭であったり，主張立証の分かりやすさということを優先して逆に書かれている例さえある）。裁判官としては，実体法（民法）の規定に定められている要件に該当する具体的事実の存否が不明になった場合に，判断を回避することは許されない。そこで，このような存否不明の場合に，どのように対処するかについての規範が必要である。存否不明の場合に対処する規範として，実体法が機能しないとしたら，他にどのような手段があるかという点が問題となる。

第1の方法として，「有理性」の理論による対処が可能かという点である。「有理性」の理論は，当事者の主張が有理性を備えていなければならないことをいっており，当然のことを言っているにすぎないように思われる。ここで問題となっているのは，訴訟上，事実が存否不明になったときも適切に対処できるような，ある法律効果の発生のために必要な要件は何かということであり，この問題に，「有理性」の理論自体から解答を導くのは困難と思われる。[14]

第2の方法として，弁論主義，主張責任論による対処が可能かという点である。弁論主義自体は，基本的には，ある事実が主要事実として決まった場合において問題となる事柄であり，どのような事実が主要事実になるのかを直接教えてくれるものではないこと，主張責任自体の分配の基準は明確ではないことなどに照らすと，弁論主義，主張責任論から解答を導くのは困難と思われる。[15]

第3の方法として，立証責任論による対処が可能かという点である。立証責任論においては，ある事実が存否不明になったときにその事実を存在したものとは扱わないという考え自体は明確になっている（法規不適用説）としても，それが法的効果の発生に関して定めた実体法の法律要件の充足との関係でどのような意味を持つかということが意識的に論じられていないという点に問題がある。すなわち，立証責任に関する法律要件分類説は，法律に定める要件を権利発生・障害・消滅・阻止に分類するが，このようにして分類された法律要件というものが，実体法としての民法（その代表的なものが民法典）の定める要件とどのような関係に立つかについて明確な説明がされておらず，その結果，存否不明という場面を解決するためのものとなっていないように思われる[16]。

第4の方法として，証明責任規範による対処が可能かという点である。証明責任規範は，通常，要件事実の存否が不明の場合に，裁判官に対し裁判の内容を指示する規範であると説明されており[17]，当該説明を前提にすれば，存否不明の問題の解決に対処できそうであるかにみえる。しかし，立証責任まで考慮して立法されていない民法典の規定の仕方によっては，当該規定を前提として，それと証明責任規範とを組み合わせて対応しようとしても，適切な対応をすることが困難な事例に遭遇することがある。例えば，民法415条や同557条の場合などがこれに当たり，これらの場合には，証明責任規範により解決することは困難なように思われる[18]。

結局，裁判所が裁判をするに当たって，事実の存否不明の場合にも適切に対処できるような形で要件が定められているという民法，換言すれば，主張立証責任が原告，被告のいずれにあるのかを考えた上での民法，すなわち，裁判規範としての民法というものを考えておくことが相当である。そうだとすると，裁判規範としての民法があれば，証明責任規範というものは考える必要がなくなるのではないかと思われる[19]。

14) 伊藤・要件事実の基礎195頁。
15) 伊藤・要件事実の基礎196頁，197頁。
16) 伊藤・要件事実の基礎199頁。
17) 村上博巳・証明責任の研究〔新版2刷〕16頁（有斐閣，1999）。
18) 伊藤・要件事実の基礎216頁，217頁。

19) 伊藤・要件事実の基礎216頁。

(b) **裁判規範としての民法の構成原理等**

(ア) 前記のとおり，裁判規範としての民法は，民法典の要件に該当する具体的事実が訴訟上存否不明になった場合に適切に対処できるように，当該要件に該当する具体的事実は何かを考えるものである。つまり，裁判規範としての民法は，民法典を前提にするものの，どのような事実を誰が立証するのか，立証において存否不明の自体が生じた場合には，裁判官はどのように対処し，どのように判断するかの拠り所となる規範を提供するものである[20]。そこで，裁判規範としての民法を考えるに当たって，その構成原理はどのようなものかが問題になる。

(イ) 民法典に，「A事実が存在したときは，B法律効果が発生する」という規定があった場合，普通，人は，A事実の存在が訴訟上明らかになった場合に，A事実を訴訟上存在したものと扱い，その結果，Bという法律効果は発生すると考える。また，普通，人は，A事実の存在が訴訟上不明の場合には，A事実の存在を訴訟上不明と扱い，その結果，Bという法律効果の発生も訴訟上不明と考えるのが通常であろう。以上の考えは，「A事実が存在したことが訴訟上明らかな場合に限って，A事実が存在したものと訴訟上扱い，Bという法律効果が発生すると考える」という考え方であり，裁判規範としての民法においては，この人としての普通の考え方を構成原理の基礎にすべきである。ちなみに，民法典は，民法93条ないし96条にみられるように，結果として，「A事実が存在したことが訴訟上明らかな場合に限ってA事実が存在したものと訴訟上扱う」という考え方によって定められていることが多く，前記のような構成原理を基礎とすることに馴染むということができる。そして，以上の考え方は，裁判規範としての民法として構成された後の法規の要件を基準として考えると，結果として，法規不適用説の帰結と同じになる[21]。

(ウ) そこで，問題は，前記「A事実」をどのような基準で，原告，被告のどちらに立証させるのが相当かということが問題となる。この場合の最終的基準は立証責任の負担の公平・妥当性の確保ということに帰着するが，これでは余りにも抽象的である。この点につき，伊藤滋夫教授が次のように説明をしているのが有益である。すなわち，「関係する諸事実の中からある法律効果の発

生のために裁判規範としての民法の要件として取り上げるべき本質的事実は何かを考えることになる。そして，ある法律効果の発生を主張する者に，その法律効果の発生のための本質的事実についての立証責任を負わせるのが，立証責任の負担の妥当・公平性を確保することになる」「ある事柄の本質的事実は何かということを考えるに当たっては，当該事実が他の事実と識別できることが最小限必要であるが，その前の問題として，最初に，当該事実の性質上の可分・不可分（いわば一種の物理的可分・不可分）を考え，次いで，そのような識別のための重要な基準として社会的実在としての可分・不可分を検討し，更に識別の基準として何が必要か及び識別のためには不要であるが本質的事実をいうために必要なものはないかということを，民法典の条文の内容，法制度の趣旨，立証の困難，立証責任の体系的・整合的理解その他の事情を検討して考えるべきであろう」とされている。[22]

20) なお，伊藤滋夫教授は，この点について，「裁判規範としての民法の構成という作業は，実体法としての民法に内蔵されている裁判規範としての民法を，前記の構成原理に従って発見していく作業であり，実体法としての民法に内蔵されている意味を，裁判規範としての民法という観点から明確にするものである」と説明されている（伊藤・要件事実の基礎237頁）。

21) 松本論文108頁下段は，裁判規範としての民法という発想も，法規不適用説の温存であるとして批判される。しかし，前述のとおり，立証の公平を基本に構成された裁判規範としての民法の要件を適用しないのであって，合理的理由があるものである。裁判規範としての民法が，結果として，法規不適用説と同じ帰結になったとしても，民法典に定められた要件のまま法規不適用説を採るわけではないので，同列に論じ，批判することには問題があると思われる。

22) 伊藤・要件事実の基礎275頁，276頁。ちなみに，司研・第一巻10頁は，ある法律要件の発生要件が何かということは，実体法規の解釈によって決められるべき事柄であるとした上で，その解釈に当たっては，「各実体法規の文言，形式を基礎として考えると同時に，立証責任の負担の面での公平・妥当性の確保を常に考慮すべきである。具体的には，法の目的，類似又は関連する法規との体系的整合性，当該要件の一般性・特別性又は原則性・例外性及びその要件によって要証事実となるべきものの事実的態様とその立証の難易などが総合的に考慮されなければならない」と述べ，立証の対象となるべき要件事実が何になるのかを検討している。しかし，司研・第一巻10頁の前記記述は，以上のような考慮のもとに実体法規を解釈した結果導き出した要件事実と，実体法規との関係について，何も触れるところがない。以上のように導き出さ

れた要件事実は，もとの実体法規（民法典）の発生要件かどうかが問題とされなければならず，これは，もとの実体法規（民法典）とは異なる裁判規範としての民法と捉えるのが裁判規範としての民法の考え方である。この点に関し，伊藤・入門47頁，48頁は，修正法律要件分類説について，「同説（修正法律要件分類説）は，このようにして定まった法律要件というものが，どのような性質の法律の要件かを明確に意識して説明しないまま，その法律要件を充足すれば権利の発生・消滅・障害など，各規定の性質に従ってそれぞれそれに対応する民法上の法律効果が発生するとしています。しかし，こう説明するだけでは，最初の民法の条文の定め方を基準として定めた要件についてはよいとしても，次の立証の公平などの実質的考慮から民法の条文の定め方とは別に定めた要件がなぜ民法上の要件ということができ，その要件に該当する具体的事実を立証すると，そのことによって民法上の法律効果が発生するかを説明できていないと考えます。なぜなら，民法の条文の要件は立証とは関係なく定められているという性質を持っているのに，立証の公平などの実質的考慮を基準としてその要件を変えて考えるというのですから，そのように変えられた後の要件が，当然に民法の要件であるということにはならないはずだからです」と適切な批判をされ，裁判規範としての民法を考えなければならないことの必要性を指摘されている。

(c) 裁判規範としての民法と要件事実，主張立証責任との関係

以上のとおり，裁判規範としての民法とは，事実が存否不明になったときにも，裁判官が判断することが不能にならないように立証責任のことまでをも考えて定められた民法をいう。このように，裁判規範としての民法は，立証責任の分配の考え方を基にして定立されており，その要件に該当する具体的事実が存否不明になれば，訴訟上その事実を存在したものとは扱わないのが妥当なような形で要件が定められていると考えるのである。実体法を，裁判規範としての民法という視点（立証の公平の観点から立証責任を考える）から解釈した後には，権利の発生，障害，消滅などの各法律効果が生ずるために必要な裁判規範の民法の要件が導き出され，この要件に該当する具体事実が要件事実といわれるものである。また，裁判規範としての民法は，どのような事実についての立証責任が誰にあるかを検討するものであるから，裁判規範としての民法の要件が決定できれば，当該要件に該当する具体的事実（要件事実）を誰が立証し（立証責任の問題），誰が主張しなければならないか（主張責任の問題）ということについては，いわば解答が出ていることに等しいことになる。以上のとおり，立証責任，主張責任を考えるに当たっては，裁判規範としての民法，要件事実

の概念を検討することなしには語ることはできないので，以上のように検討した次第である[23]。

23) 松本論文105頁下段は，裁判規範としての民法が立法者の定めた民法を変更することになるとすれば，それはなぜ許されるのか，違法ではないのかという疑問も生じうるとして，裁判規範としての民法が，民法典を変更しているかのごとき記述をしている。しかし，こうした批判も当たらないと考える。なぜなら，裁判規範としての民法としての民法の構成という作業は，民法典の解釈という本質を有するものであって，民法典に定めている民法とは別の民法を作成する作業ではないからである。

3 立証責任

(1) 立証責任の意義

(ア) 訴訟上，ある要件事実の存在が存否不明に終わった結果，その事実を訴訟上存在しているものと扱うことができないために，当該法律効果が認められないという不利益又は危険を立証責任と呼ぶのが通常である[24]。ここでいう立証責任とは，いわゆる客観的立証責任を指している[25]。

(イ) 立証責任のことを証明責任と呼ぶ例が増えてきている[26]。立証責任という言葉に代えて証明責任を使用する意図は，立証責任という用語には主観的立証責任のニュアンスがあり，それと区別するためには証明責任の方が適切であるとの考慮によるものと思われる[27]。しかし，「証明」という用語も「証明する」というように当事者の行為を指す用語としても普通に使用されていること，主観的証明責任という用語も使用されていること[28]を考えると，証明という用語を使用したからといって，客観的に証明がされたという状態を指すことになるわけでもなく，あえて，証明責任という用語を使用するまでのことはないと思われる[29]。そこで，以下，原則として立証責任という用語を使用する（著書の引用部分で証明責任という用語を使用している場合には，証明責任という用語を使用する）。

24) 司研・第一巻5頁，同じ定義をするものとして，兼子・前掲注1) 256頁, 257頁，伊藤眞・前掲注1) 307頁，新堂・前掲注2) 483頁，中野貞一郎＝松浦馨＝鈴木正裕編・新民事訴訟法講義〔補訂版〕298頁（有斐閣，2000）〔青山善充教授執筆部分〕，上田徹一郎・民事訴訟法〔第4版〕374頁, 314頁（法学書院，2004）などがある。や

171

や異なる定義をするものとして，高橋・前掲注2) 437頁は，「定義としては，当事者の側から捉えて，ある事実が存否不明のときにその事実の存在または不存在が仮定されて裁判がなされることにより当事者の一方が被る危険ないし不利益を証明責任と呼ぶ」とされている。また，司研・第一巻5頁と異なる定義をするものとして，三ケ月・前掲注2) 405頁は，「挙証責任（客観的挙証責任）とは，訴訟上一定の事実の存否が確定されないときに，不利な法律判断を受けるように定められている当事者の一方の危険又は不利益をいう。……事実関係不明の故に裁判所が裁判を拒むことは許されないから，このような場合には存否不明の事実を当事者何れか一方の不利益に，あるとかないとか判断して裁判を可能ならしめることが必要になる。そのために存在するのが挙証責任分配の法則である。」と説明している。

25) 弁論主義のもとでは，基本的には証拠の提出は当事者に任されており，立証責任を負う当事者としては証拠を提出しなければ，不利な判断をされる危険があり，これを避けるため，行為責任としての証拠を提出する責任が観念され，これを指して，一般に主観的立証責任と呼んでいる。

26) 高橋・前掲注2) 438頁，439頁，中野＝松浦＝鈴木・前掲注24) 298頁〔青山善充教授執筆部分〕，新堂・前掲注2) 493頁，伊藤眞・前掲注1) 320頁。

27) おそらく，最初に証明責任という用語を使用し，立証責任という用語よりも証明責任という用語を使用すべきとされた倉田卓次氏は，「一般条項と証明責任」民事実務と証明論所収253頁注(1)（日本評論社，1987）でこの点を主張されている。

28) 高橋・前掲注2) 446頁。

29) 伊藤・要件事実の基礎73頁，伊藤・断想（上）104頁。なお，倉田卓次氏自身，研究会「証明責任論の現状と課題」判タ679号7頁（1988）で，主観的証明責任，客観的証明責任という用語を使用している。

(2) 立証責任の分配をめぐる考え方の検討

(a) はじめに

立証責任の分配をどう考えるか，換言すれば，ある法律効果発生のために必要と考えられる要件事実の立証を，原告，被告のいずれに負担させるかという問題は，訴訟の審理及び結果を左右するものであり，これまで，激しい議論がされてきた分野であり，これまでの学説等をすべて遺漏なく正確に紹介し，分析することは困難な問題である。ここでは，立証責任の分配を巡る主要な考え方を紹介し，いずれの考え方に依拠するのが相当かということを検討することにする。

(b) 規 範 説

　規範説は，法規不適用説を前提として，法規の条文どおりに立証責任の分配を考える説である。例えば，法規が，「AであるときはBの法律効果が発生する。ただし，Cということがあるときはこの限りではない。」と規定しているとき，原告がAという要件に該当する具体的事実について立証責任を負うとすると，ただし書に定める要件に該当する事実については，被告が立証責任を負うとする考え方である。すなわち，法規の条文から立証責任の分配が定まるものとし，法規の各規定の分類を専ら法規の表現形式から立証責任の分配を行うとの立場である。[30]

　現行の民法典は，前記2(2)(b)(イ)で検討したとおり多くの場合（例えば民法93条ないし96条等）に規範説のような形で立証責任の分配を考えてもその結果が不都合でないようにできている。しかし，前記2(1)(イ)でみてきたとおり，民法415条，同561条と同563条との関係，同548条1項と同2項との関係に代表的にみられるとおり，民法典は立証責任の分配を考慮しないで条文を作成している。このように立証責任の分配を考慮しないで作成されている条文を手がかりに立証責任の分配を考えることには問題がある。したがって，規範説の立場は取り得ない。

　　30) この考え方は，我が国では倉田卓次氏によって代表される考え方である。その考え方のあらましについては，伊藤・続・要件事実と実体法（上）90頁注10に次のとおりまとめられている。倉田氏は，「規範説というのは，もちろん証明責任分配は法規法条の文言の構成，本文ただし書といった措辞から読み取れるし，読み取るべきだとする立場ですが，私は，ご存じのように原則としてローゼンベルク説を奉じるので，この説をとるわけです。」〔倉田卓次監修・要件事実の証明責任（債権総論）〕2頁（西神田編集室，1987）といわれる。同時に，倉田氏は，「原則として分配については規範説をとる」（同頁），「民法の条文は簡潔な上に，もともと不備があるから，判例や学説による条文解釈で分配が補充・修正されることは認めなければならない。例外のない原則はない」（同書10頁）ともいわれ，同氏も例外を認めるが，同氏は，この例外の範囲を極めて限定的に捉えておられるように思われる（例　民415条）。

(c) 利益衡量説

　民法典は立証責任の分配を考慮しないで条文を作成しているのに，当該条文の体裁に依拠して立証責任の分配を考えると，結果として，立証の公平に反し

相当ではない場合が生じる。そこで，利益衡量説は，以上の規範説の問題点を指摘し，立証責任の分配を考えるに当たって，条文の表現形式による分配を否定し，障害規定の観念を否定する。その上で，立証責任の分配は，立法者の意思が明確であればこれによる。不明の場合は，解釈によって決めるが，その解釈と順位は，立法趣旨や信義則を考慮すべきは当然であるが，それ以外は，第1に証拠との距離，第2に立証の難易，第3に事実の存在・不存在の蓋然性によって分配を行うとの考え方である[31]。

利益衡量説の規範説への問題点の指摘は正当である。しかし，障害規定の観念はこれを観念することができるのであり，これを否定する考え方には問題がある。更に，問題は，利益衡量説が掲げる立証責任分配の基準，順位づけの妥当性であり，この点については疑問が多いように思われる[32]。

31) 石田穣・民法と民事訴訟法の交錯9頁，45頁（東京大学出版会，1979），同・前掲注8) 143頁，新堂幸司・民事訴訟法〔第2版補正版〕351頁（弘文堂，1990）。
32) 司研・第一巻8頁。

(d) 修正法律要件分類説

(ｱ) 利益衡量説は，規範説が法規の条文の形式に依拠することにより生じる不都合を，条文の形式を離れ，新たな証拠との距離，立証の難易，事実の存在・不存在の蓋然性等の観点から立証責任の分配を考えようとする説である。これに対し，修正法律要件分類説は，規範説による法律要件の分類に従って，立証責任の分配を考えることは大部分において正当な結論を導くものであり，この基本を崩すことなく，条文のままでは立証責任の負担が不公平になる場合にこれを修正するとの考え方である。

修正法律要件分類説は次のように説明する。法律効果の発生要件は実体法の各法条が定めているところ，当該法条は，権利根拠規定，権利障害規定，権利消滅規定，権利阻止規定に分類できる。そして，通常，各当事者は，自己に有利なことを定めている法条の要件に該当する具体的事実について立証責任を負っているとの前提のもとに，権利の発生を主張する者が権利根拠規定に該当する具体的事実を，これを争う者が，権利障害規定，権利消滅規定，権利阻止規定に該当する具体的事実を立証する責任を負っている。ところで，法条が，どの種類の規定に当たるかは，条文の定め方を基準にして決め，これを基に立証

責任の分配を考えるが，そのように考えたのでは立証の公平などに反するときには，立証の公平などの実質的考慮を基準として条文の形式とは違った形で法律要件を考え，それを基準に立証責任の分配を考えるとの考え方である[33]。

(イ) 修正法律要件分類説は，条文の形式に従うことが結果として，立証の公平に反するときにはその修正を行うというのであるから，この考え方において決定的な基準となっているのは立証の公平であり，このこと自体は正当と評価できる。修正法律要件分類説の問題点は，立証の公平というそれ自体は直接には実体法の効果とは関係ない基準によってされている作業が，実体法（民法典）との関係でどのような意味・性質をもっているかを明らかにしていない点にあると思われる。この点を明らかにしない限り，このように修正された要件を充足することによって，実体法上の効果が発生するとの説明の根拠が明らかになったとはいえないのではなかろうか。この点は，かつて筆者が所有権に基づく返還請求権としての土地明渡請求権について，通常の民法の教科書が，実体法上の要件として「①原告が当該土地を所有していること，②被告が当該土地を占有していること，③被告が占有権原を有していないこと」であるが，前記③の要件は抗弁として原告に主張立証させる必要はないと説明している[34]のは問題だと指摘した点に通じる問題である[35]。すなわち，実体法上の発生要件というのであれば，前記①ないし③までの要件を主張立証させないと一貫しないのではなかろうか。前記①②の要件で足りるというのは，訴訟の場においては，裁判規範としての民法の発生要件に該当する具体的事実である要件事実としては前記①②で十分であり，前記③は要件事実ではないと考えるべきであることを指摘したが[36]，修正法律要件分類説の説明では，修正した結果導かれた要件事実が，民法典との関係でどのような位置づけになるのかが明確にされていないように思われる[37]。

(ウ) 私は，修正法律要件分類説が，立証の公平という観点から，規範説の難点を修正し，立証責任の分配を考えを修正しようとする姿勢には正しいものがあると考えている。しかし，修正法律要件分類説は，立証の公平という観点から修正された要件が，実体法（民法典）との関係でどのような意味・性質を有しているかを明確にしてない点で問題があると考える。

33) 司研・第一巻10頁。

34) 我妻栄＝有泉亨・新訂物権法（民法講義Ⅱ）263頁（岩波書店，1983），好美清光・新版注釈民法(6)136頁（有斐閣，1997）。
35) 好美・前掲注34）153頁，181頁。
36) 難波孝一「物権的請求権の要件事実」（伊藤滋夫ほか監修・民法注解財産法，青林書院，1997）19頁，20頁。
37) 伊藤・入門47頁，48頁。

(e) **裁判規範としての民法説**

(ア) 裁判規範としての民法説は，民法典の要件を，立証の公平という観点から考え，当該要件に該当する具体的事実が存否不明になったときにも裁判官が判断することが不能にならないように立証責任のことまで考え，そのようにして立証責任の分配がされたものを，民法典の法条の形式とは異なる裁判規範としての民法と捉える立場である。この考え方は，民法典と離れて裁判規範としての民法を創造するのではなく，民法典に内蔵されている裁判規範としての民法を解釈により発見していく作業である，作業の結果，定立した規範は，裁判規範としての民法として立証責任の分配が考えられている規範であるとの考え方である。[38]

(イ) 裁判規範としての民法説は，修正法律要件分類説が条文の形式にこだわることなく立証の公平の観点から，実体法規を解釈して，要件事実は何か，その結果を踏まえて立証責任の分配を考えることには賛成するが，修正法律要件分類説が，実体法規を解釈した結果導き出した要件事実と実体法規との関係について何も触れていない点が問題であるとして，実体法規を解釈した結果導き出された要件事実を裁判規範としての民法の発生要件に該当する具体的事実であると説明し，修正法律要件分類説の理論的根拠を示したものといえよう。したがって，実際の訴訟の場においては，裁判規範としての民法から導かれる結論と修正法律要件分類説から導かれる結論には，差異がないといえる。

(ウ) 私は，裁判規範としての民法説は，修正法律要件分類説に理論的根拠を与えるものであり，立証の公平の基準から立証責任の分配を考えた結果導かれる法律要件及びこれに該当する具体的事実である要件事実は，もとの実体法規である民法典の条文の形式からそのまま導き出される法律要件の形式とそれを充足する具体的事実とは異なっていることを適切に指摘しているものであり，

正当な説と考える。

38) 伊藤・要件事実の基礎236頁以下，同・入門48頁。

(f) 証明責任規範説

(ア) 証明責任規範説の主張は次のとおりであると整理されている[39]。実体法規は，一定の要件事実の存在又は不存在に法律効果の発生を結びつけており，通説のように事実の存否不明の状態を基礎として直ちに法規の不適用を導くのは，訴訟上の証明に実体法法規の適用可能性を結びつけるものであり，論理の飛躍があるとする。したがって，存否不明の状態に基づいて，まず，事実の存在か，不存在かを決し，それを前提として法規の適用が決められ，この場合に，存否不明に基づいて事実の存否を決する規範は，実体法規と区別される独自の証明責任規範であるとの考え方である[40]。

(イ) 証明責任規範説のいうとおり，実体法規は存否不明の状態を想定しておらず，実体法規と区別された証明責任規範を考えていこうとする考え方には理解できるものがある。しかし，実体法規が存否不明の状態を想定して立証責任まで考慮して立法されているものではないという認識に立って，立証責任まで考えた上での裁判規範としての民法を考えれば，証明責任規範という考え方を採る必要はないということになる[41]。すなわち，裁判規範としての民法は，要件事実が存否不明になったときのことを考えての法規範，いわば証明責任規範まで取り込んだ上で考えらた説であるからである。また，前記 2 (2)(a)で述べたとおり，民法415条や同557条の場合などに見られるとおり，立証責任まで考慮して立法されていない民法典においては，当該規定を前提として，それと証明責任規範とを組み合わせて対応しようとしても，適切な対応をすることが困難な場合が存在し，裁判規範としての民法という考え方の方が優れているように思われる[42]。

39) 伊藤眞・前掲注 1) 321頁。
40) 松本博之・証明責任の分配〔新版〕19頁以下（信山社，1996），小林秀之・証拠法〔第 2 版〕167頁（弘文堂，1995），春日・前掲注 8) 339頁，340頁。
41) なお，伊藤眞教授は，「論者が主張する証明責任規定立の意義のほとんどは，説明の問題であり，また，証明責任規範の源は，実体法規範に求められるというのであれば，あえて独自の規範を定立する必要性に乏しい」と証明責任規範を定立することに疑問を呈されている（伊藤眞・前掲注 1) 322頁）。

42) 伊藤・要件事実の基礎216頁, 217頁。

(g) 小　括

　以上のとおり，立証責任の分配をめぐっては各説が対立しているが，修正法律要件分類説の帰結を認め，この帰結について，実体法規との関係を理論的に説明している裁判規範としての民法説が相当である。[43] 前記3(1)で，立証責任とは，「訴訟上，ある要件事実の存在が存否不明に終わった結果，その事実を訴訟上存在しているものと扱うことができないために，当該法律効果が認められないという不利益又は危険をいう」と定義したが，ここで留意すべきは，裁判規範としての民法を採る立場からは，ここでいわれている「ある要件事実」とは，裁判規範としての民法の要件に該当する具体的事実，換言すれば，立証の公平の視点から分配された立証者，立証対象事項の定まった「ある要件事実」を指しているということである。

43) 大江忠「ブック・レビュー・伊藤・要件事実の基礎についての書評」判タ1072号71頁（2001）は，伊藤・要件事実の基礎の「理論面における最大の寄与は，主張・立証責任の分配について，通説と目される法律要件分類説及び法不適用原則による説明に止まることなく，『裁判規範としての民法』という考え方を提唱している点である」として，裁判規範としての民法が修正法律要件分類説とは異なる考え方であることを指摘されている。

4　主張責任

(1)　主張責任の意義

　(ア)　主張責任とは，口頭弁論においてある要件事実が当事者から主張されない結果，その事実を訴訟上存在しているものと扱うことができないために，当該要件事実の存在を前提とする法律効果の発生が認められないという不利益又は危険をいう。[44] ここで留意すべきは，裁判規範としての民法を採る立場からは，ここでいわれている「ある要件事実」とは，裁判規範としての民法の要件に該当する具体的事実，換言すれば，立証の公平の視点から分配された立証者，立証対象事項の定まった「ある要件事実」を指し，この「ある要件事実」が，弁

論で当事者から主張されていない場合には前記のような不利益又は危険があるということを指しているということである。

(イ) 主張責任の対象となる事実が要件事実に限られるか，それに限られないかについては争いがあり，通説は要件事実に限られるとするが，要件事実に限られないとの説もある[45]。要件事実に限られないとの説は，重要な事実か否かで決めようとするが，何が重要であるかについては当該訴訟ごとに異なり，当事者，裁判所は予測が付けにくく，訴訟審理を不安定にするものであり，にわかに賛成し難い。民訴規則53条2項，同79条2項は，要件事実とこれに関連する事実とは区別して記載することを求めており，訴訟審理の安定性等を考慮すると，主張責任の対象となる事実とは，要件事実であると解するのが相当である[46]。

(ウ) 主張責任が要件事実についてのものであるということは，当事者はこれ以外の事実を主張する義務がないことを示すものではない。当事者双方は，要件事実以外の事実についても，事件解決に関係のある事実を，なるべく早期に主張する必要があることはいうまでもないことであり，現在，医療事件等をはじめ，民事事件のプラクティスとして訴訟慣行として定着しつつあるというのが，訴訟を担当している筆者の実感である[47]。また，主張責任の問題は，口頭弁論終結時に，訴訟物である実体法上の権利の存否判断のために必要な要件事実が主張されているか否かの問題であり，主張共通の原則が採られていることから，いずれの当事者から主張されていてもかまわないものである。したがって，主張責任の問題は，これから審理をしてという前提で考えた場合に，どの程度の事実が主張されるべきかという問題とは，質的に異なるという点に留意しておく必要がある[48]。

44) 司研・第一巻11頁，同一の定義をするものとして，伊藤・要件事実の基礎62頁，上原ほか・民事訴訟法〔第2版補訂〕152頁（有斐閣，2000）〔上原敏夫教授執筆部分〕，伊藤眞・前掲注1）260頁，高橋・前掲注2）347頁。

45) 高橋・前掲注2）358以下は，主要事実であっても重要ではないものは当事者の主張を要せず，間接事実であっても重要な事実は当事者の主張を要するというのが，現在の有力説であるとされる。また，萩原金美・訴訟における主張・証明の法理21頁（信山社，2002）は，主張責任は情報供給機能，コミュニケーション機能の観点から範囲を画するべきであり，存否不明の場合における危険の分担を処理する証明責任とは範囲を異にし，主張責任の範囲は証明責任より広いとされる。

46) 伊藤・要件事実の基礎62頁,伊藤眞・前掲注1）263頁,最判昭27・12・25民集6巻12号1240頁,同38・11・15民集17巻11号1373頁,同46・6・29判時636号50頁など。なお,過失,正当事由,背信性,無資力などの評価的要件,黙示の意思表示においては,その根拠となる具体的事実が要件事実となり,当該要件事実が主張責任の対象となることについては,詳しくは,「規範的要件・評価的要件」の項の説明を参照されたい。
47) 筆者は,以前,「訴訟当事者の役割」塚原朋一ほか編・新民事訴訟法の理論と実践（上）181頁（ぎょうせい,1997）以下で,民訴法2条から訴訟当事者の信義誠実訴訟進行義務を導き出し,この観点から,当事者は主張責任のない事実についても主張する義務があることを述べたことがある。
48) 伊藤・要件事実の基礎67頁,166頁。

(2) 主張責任の分配

(ア) 主張責任については,特に,その分配について基準となるような原則はない。なぜなら,主張するだけであれば,さほど困難を感じない場合が多く,このような事柄の性質上,主張責任をどちらに負担させるかということを決める実質的な決め手を見出し難く,主張責任の分配についてだけ独自の基準を立てることが困難であるからである。後記5で述べるとおり,主張責任と立証責任とは常に一致し,主張責任の分配の基準は,立証責任の分配の基準に従うということになる。

(イ) 主張責任の分配については,後記5(2)(a)(ア)のとおり,上記(ア)と異なる考え方もあるが,そのような考え方が相当ではないのは,当該箇所で述べるとおりである。

49) 伊藤・要件事実の基礎68頁,97頁,同・入門52頁,高橋・前掲注2）451頁。
50) 伊藤・要件事実の基礎68頁。

5 立証責任と主張責任との関係

(1) 立証責任と主張責任との一致

(ア) 前記3,4で述べたとおり,立証責任とは,ある要件事実（F）の存在が存否不明に終わったために当該法律効果（K）が認められない不利益又は危

険をいい，主張責任とは，口頭弁論においてある要件事実（F）が当事者から主張されない結果，その事実（F）を存在しているものと訴訟上扱うことができないために，当該要件事実（F）の存在を前提とする法律効果（K）の発生が認められないという不利益又は危険をいう。以上のように立証責任と主張責任を定義する以上，両責任が同一の要件事実（F）を対象とし，かつ，両責任の所在（その負担者）が一致することは，理論上明らかである。なぜなら，ここにいう「ある要件事実（F）」とは，裁判規範としての民法に該当する具体的事実，換言すれば，立証の公平の視点から，「ある要件事実（F）」は，これが存在したことが訴訟上明らかな場合に限って，その事実（F）を存在したものと扱うという考え（この考え方の正当性については，普通の人の思考方法に合致する等として前記2(2)(b)(イ)で検討したとおりである）から導き出された要件であるからである。

(イ)　以上のことを，原告が貸金100万円の返還を求めたところ，被告が消費貸借契約締結の事実は認め，債務免除（F）の主張を考えているという，簡単な設例に基づき説明すると次のようになる。

主張責任の面からみると，被告が債務免除の主張をしなければ，裁判所は債務免除（F）の事実を判決の基礎にすることができず，原告の請求は認容されることになる。以上の結論は，被告に不利益になり，債務免除（F）の主張責任は被告にあるということになる。

他方，立証責任の面からみると，被告が債務免除（F）の主張をしたが，存否不明となれば，裁判所は債務免除（F）の事実はあったものとは扱わないことになり，その結果，債務免除（F）の事実を判決の基礎とすることができず，原告の請求は認容されることになる。以上の結論は，被告に不利益になり，債務免除（F）の立証責任は被告にあるということになる。

以上のとおり，債務免除（F）という事実については，その立証責任も主張責任も被告に帰属し，両責任は　致していることになる。[51]

51)　立証責任と主張責任とが一致する説として，司研・第一巻21頁，伊藤・要件事実の基礎81頁，吉川・序説152頁がある。また，両責任が同一の原理に従うとするものとして，伊藤眞・前掲注1）259頁，新堂・前掲注2）382頁，兼子他・条解民事訴訟法941頁（弘文堂，1986）〔松浦馨教授執筆部分〕などがある。

(2) 立証責任と主張責任とは一致する必要はないとの考え方について

(a) はじめに

主張責任と立証責任とは一致するという考え方に対し，反対する考え方として，中野貞一郎教授，前田達明教授，松本博之教授の考え方がある。各教授のこれまでの考え方に対する，主張責任と立証責任とは一致するとの立場からの反論は，伊藤・要件事実の基礎86頁から96頁までに記載されているとおりなので，この部分を参照されたい。本項では，最近（平成15年末から同16年に入って），中野貞一郎教授が「要件事実の主張責任と証明責任」法学教室282号34頁以下(2004)という論文（以下「中野論文」という）を，前田達明教授が「主張責任と立証責任について」民商法雑誌129巻6号23頁以下 (2004) という論文（以下「前田論文」という）を，松本博之教授が松本論文（前掲注10）），をそれぞれ発表されているので，これらの論文について，順次，検討することにする。

(b) 中野論文について

(ア) 中野論文において，中野教授は，上の図（上段に証明責任を下段に主張責任を書いた図を指す）は「下段から上段へ」見なければならないのではないかと指摘し，このように見ることにより主張責任と証明責任の不一致が生ずるとされる[52]。しかし，「上の図を下段から上段へ見なければならない」と言われる意味とそう見た場合の結論（このように見ることにより主張責任と証明責任の不一致が生ずる）との関係が明らかではない。中野論文は，「先ず主張があって，主張された事実の証明が問題となる」とされる[53]。それはそのとおりであるが，そうだとして，主張責任と立証責任とが一致しないこともあるとの考え方を支持する理由を何も提供したことにはならないと考えられる。口頭弁論の実際として，時間的に主張が立証より先行して問題となることは，何も主張責任が立証責任とは独立に主張責任だけの基準で（場合によっては立証責任と一致しない形で）決まっていないといけないということを何も意味しない。主張責任分配の基準が立証責任分配の基準に従って理論上決まっていれば，それで十分である。先行してある事実についての主張がされたときに（又は，その事実についての主張がされなかったときに），当該事実に関する主張責任がどちらの当事者にあるかは，当該事実の立証責任の分配によって決まっているのであるから，それによ

って主張の有無の当否を判断すればよいのであって、格別困ることはない。立証責任が実際に働くのは、当該事実の存否不明の事態が生じてからであるが、だからといって、立証責任の分配の基準はそういう事態が生じてからでなければ考えることができない、などということはあり得ない。債務の履行請求に関し弁済が抗弁であって、その主張がされなければならないということは、弁済という事実が争われて、その証明が問題になってから初めて決まるというものではあるまい。したがって、中野論文の前記記載は、根拠を欠き、相当とは思われない。

(イ) 次に、中野論文は、主張責任と立証責任とが一致しない例外として、①無権代理人に対してその責任を追及する場合（民117条1項）、②債務不履行に基づく損害賠償請求の場合（同415条）、③法律上の事実推定の場合の推定事実（同186条2項）、④請求異議の訴えを提起した場合の異議事由（民執35条）が考えられ、読者自身でその当否を考えてみてほしいとされている。中野教授は、自己の見解を明確にされていないが、主張責任と立証責任が一致しない場合と考えられているとも読める。[54]

しかし、中野教授が挙げられている4つの事例は、いずれも主張責任と立証責任とが一致し、不一致の例とすべきではない。第1の無権代理人に対してその責任を追及する場合は、原告は代理権の不存在を主張する必要はなく、被告が無権代理人として当該行為をしたという意味で「被告の顕名」を主張立証すれば足り、被告において代理権の存在を主張立証させれば足りるのであり、何ら主張責任と立証責任との不一致は起こらないと考えるのが相当である。[55] 第2の債務不履行に基づく損害賠償においては、原告は履行期の定めと履行期の経過を主張すれば足り、被告において履行したことを主張立証することになるので主張責任と立証責任の不一致は起こらないと考えるのが相当である。[56] 第3の法律上の事実推定の場合は、前提事実のほか推定事実まで主張させるからそのような不一致が考えられるのであって、この場合には、原告は前提事実を主張立証し、被告が推定事実の不存在を主張立証することになるから、主張責任と立証責任との間に不一致は起こらないと考えるのが相当である。[57] 第4の請求異議の訴えの場合（民執35条）も、主張責任と立証責任とは常に同一当事者に帰属すべきものと解するのが相当であるとの司法研究も発表されており、[58] 実際の

訴訟においても，主張責任と立証責任とが一致するとの立場からの裁判例も公刊されている。[59] 筆者も，これまで，何度か請求異議訴訟を担当したが，主張責任と立証責任とが一致するとの立場で審理をし，それを前提とした判決書を起案した経験を持っており，何ら問題がなかった印象を持っている。

　以上によれば，中野教授の挙げる4例はいずれも主張責任と立証責任とが一致しない例と考えるのは相当ではない。

　(ｳ)　中野論文は，有理性の観点から主張責任と立証責任とが一致しない例がでてくるとされる。すなわち，「主張責任において問題になるのは，当事者の請求や抗弁を実体法規に照らして『主張じたいにおいて理由がない』(＝有理性を欠く) として排斥する裁判であり，実際の裁判例にも時々でてくる。有理性のある主張となるためには，当事者が自らは証明責任を負わない事実を主張しなければならないときは，それによって，主張責任と証明責任の不一致が生ずる」として，具体例として，債務不履行に基づく違約金請求等において，債権者が有理性のために「不履行の事実」を主張しなければならないこと，「司法研修所流の『要件事実論』は，要件事実の『せり上がり』によって，まだ抗弁が出てこない段階で再抗弁事実が請求原因事実と肩を並べて主張されなければならない場合があることを説くが，これも，証明責任による請求原因・抗弁・再抗弁という序列が主張の有理性によって崩されている」ことを挙げられる。[60]

　確かに，有理性の観点からの検討が必要であることは当然であり，要件事実論を採る考え方でも，「主張自体失当」になるかという観点から，同様のことを常に検討している。問題は，具体的にどういう場合が有理性の場合であるかということであり，かつ，ここでの検討課題との関係で言えば，そうした検討の結果，主張責任と立証責任の不一致の場合があるかということである。そのことを示さないで有理性の観点からの検討が必要であると言ってみても，無意味と思われる。どのような事実が，立証責任はないが，主張責任はある事実に当たるのか，筆者としては，そのような事実を思い浮かべることができない。主張責任も立証責任も本来は口頭弁論終結時に，一方は主張がないことにより，他方は立証がないことにより被る不利益である。そうだとすると，立証責任がない事実を主張しないことにより有理性の観点から主張責任を果たしておらず，

主張自体失当になるということがあり得るのか疑問である。確かに，訴訟の適正，迅速な遂行という観点から，あるいは民訴法2条の観点から，立証責任の分配とは異なって，当事者に主張させるのが相当な場合があることは否定しないが，そのことにより当該事実が当事者の主張責任のある事実になるということにはならないと考える。そして，中野教授が，有理性の観点から主張責任と立証責任とが一致しない例として，「債務不履行に基づく損害賠償」，「せり上がり」を主張されているのなら，次のような反論が可能である。すなわち，債務不履行においては，「履行がない」ということを言わなければ有理性がないということにはならない。たとえば，履行遅滞であれば，「期限の定めがあること」及び「期限が経過したこと」を主張すれば「期限に履行がないこと」の主張がなくても履行遅滞の発生を主張していることは十分認識できるのであり，何故，有理性がないというのか疑問である。また，「せり上がり」について，中野教授は，「まだ抗弁が出てこない段階で再抗弁事実が請求原因事実と肩を並べて主張されなければならない場合」であると説明されるが，誤解と思われる。なぜなら，主張共通の原則から抗弁は原告から出てもかまわないところ，請求原因の中にすでに抗弁を含む主張が出ているから再抗弁まで主張するのである。したがって，中野教授が，「せり上がり」について，抗弁が出てこない段階で問題になると把握している点には誤解があるのではなかろうか。したがって，以上2つの例は，有理性の観点から，主張責任と立証責任とが一致しない例とするのは相当ではないと思われる。

(エ) 以上によれば，中野教授の説明から，主張責任と立証責任とが一致しない場合があるとの結論には，にわかに賛成し難い。

52) 中野論文39頁左側下5行目から同頁右側16行目まで。
53) 中野論文39頁左側下3行目から下2行目まで。
54) 中野論文38頁右側7行目から28行目まで，39頁右側33行目から36行目まで。
55) 司研・第一巻106頁，伊藤・要件事実の基礎83頁，伊藤滋夫ほか・民法注解財産法民法総則536頁（青林書院，1989）〔平手勇治執筆部分〕。
56) 司研・第一巻23頁，伊藤・要件事実の基礎87頁。
57) 司研・第一巻24頁，25頁，伊藤・要件事実の基礎102頁ないし106頁。
58) 原田和徳＝富越和厚・執行関係等訴訟に関する実務上の諸問題115頁（司法研究報告書第37輯第2号，法曹会，1989）。

59) 東京高判昭61・6・26判時1198号115頁。
60) 中野論文39頁右側9行目から32行目まで。

(c) 前田論文について

(ア) 前田教授は，第1に主張責任について，可能な限り法文に忠実に解釈して分配するのが相当であると主張される[61]。しかし，「可能な限り」という趣旨が明確とは思われない。法文に忠実に解釈して分配することが可能でない場合とはどのような場合を言うのか，その場合には何を基準として分配するのかが全く触れられていない点は問題であり，この点を明らかにする必要があると思われる。

上記のような考え方も一つの考え方であるが，前記4(2)で述べたとおり，主張するだけなら何でもいえるという面があり，主張責任についてはその分配の基準となるものを見出し難い。また，民法典の条文の記載内容が明確で，何を主張すればよいのか疑義を容れる余地のないものであるならば，上記のような考え方には合理的根拠があるとも思われる。しかし，例えば，解除権者の行為等による解除権の消滅を規定した民法548条1項と同2項は，一つのことを両面から規定しており，このような場合には，法文から主張責任の分配は決まらない思われる。すなわち，民法548条1項は，解除権を有する者が，自己の行為又は過失により著しく契約の目的物を毀損した場合等には解除権は消滅すると規定し，同2項は，解除権を有する者が，自己の行為又は過失によらないで契約の目的物を滅失又は毀損したときは解除権は消滅しないと規定しており，このような場合，どのように主張責任を分配するのか，法文の記載からだけでは決定できないのではないかと思われる。また，民法557条1項は，「買主が売主に手付を交付したときは，当事者の一方が契約の履行に着手するまでは，買主はその手付を放棄し，売主はその倍額を償還して，契約の解除をすることができる」と規定しているが，この法文を前提にすると，「履行に着手していないときは解除することができる」とも読めるし，「履行に着手した後は解除することができない」とも読めるし，法文の記載からだけでは決定できないように思われる[62]。

したがって，前田教授が，主張責任について，可能な限り法文に忠実に解釈して分配するのが相当であると主張されている点については，賛成しかねる。

(イ) 前田教授は，第2に，要件事実の存否不明のときは，「存在するとは認められない」として，結果として，法律効果不発生とするか，「存在しないとは認められない」として，結果として，法律効果発生とするか，両者考えられるとし，このことは，弁済したという事実が存否不明の例を考えることからも分かるはずであるとされる[64]。

確かに，前田教授のいうとおり，以上二通りの取扱いが論理的には考え得る。しかし，どちらの考え方が普通の人の考え方に合致し分かり易いかと言えば，「存否不明のときは，存在するとは認められないとして，法律効果不発生とする」という考え方であろう。

また，前田教授は，弁済を例に挙げ，「確信を得られたとき」を100％として，確信を得られない状態については99％から0％までの段階が存在し，99％から51％を弁済したと価値判断し，50％を不明と価値判断し，49％から0％を弁済していないと価値判断するとされた上，それを前提とした論旨を展開されている[65]。前田教授は，上記のように「確信が得られないとき」に，その程度を99％から0％までと分けて論じられているが，その表現自体が不適切である（例えば，99％でも確信が得られないとするなど）ので，その程度を「事実の存在又は不存在の確からしさ」の程度に置き換えて検討してみることにする。そうしても，検討の本質は何ら変わらない。

筆者の実務経験に照らし，前田教授のような考え方はしないと考える。裁判官は，要件事実（弁済）の存在について，その確からしさの程度が70％ないし80％に達したと考えたときに初めて弁済があったと判断する。その確からしさの程度が70％ないし80％に達していないと考えたときには，弁済があったとはいえないとの判断をする。そして，割合は明確に言えないし，そうしたことを決める必要性も薄いので，全く一応としか言えないが，弁済の存在の確からしさが20％ないし30％程度しかないと考えたときには，弁済がなかったとの判断をするであろう。弁済の存在について，その確からしさの程度が51％以上になったら，直ちに弁済があったと判断することもなければ，その確からしさの程度が49％以下になったら，直ちに弁済がなかったと判断するわけでもない。したがって，前田教授の前記説明は当を得ていないと思われる。

(ウ) 前田教授は，主張責任の定義については，「法律効果の発生要件（法律

4 主張責任と立証責任

要件）に該当する事実（要件事実）が弁論に現れないために，裁判所がその要件事実の存在を認定することが許されない結果，当該法律効果の発生が認められないという訴訟法上の一方の当事者の受ける不利益」であるとして，この定義に従うとされている[66]。この主張責任の定義は，司研・第一巻11頁の定義と同じである。そして，前田教授は，民法415条の履行遅滞に基づく損害賠償を例にとり，原告は「履行がない」という「要件事実」について「主張責任」を負い（立証責任は負わない），被告は「履行した（弁済したという抗弁事実）」という「要件事実」について主張責任と立証責任を負うとされる[67]。前田教授の前記主張は相当であろうか。

前田教授は，上記損害賠償請求事件において，「弁済があったこと」を抗弁事実とされるが，正確には「弁済の提供があったこと」（民492条）というべきであるが，それはさておき，主張責任について前記のとおり司法研修所と同じ定義に従いながら，「履行がない」ことについて主張責任のみを，「履行した」ことについて主張責任と立証責任を認めるというのである。そして，「履行がない」という請求原因事実と矛盾した「履行した」という事実を抗弁事実とする考え方である。この考え方は，一つの事実をそれと正反対の事実のそれぞれについて，双方の当事者に主張責任を認め，請求原因事実と矛盾する事実を抗弁事実としているわけであり，考え方としてはあり得るかもしれないが，余り見かけない考え方のように思われる。

このような考え方であるならば，何故，このような形で主張責任を分配されるのか明確な説明があって然るべきと思われる。この点に関し，前田教授は，「法文が異なって要求している事実」であるからとされる[68]が，前田教授のいわれる主張責任の基準として法文に従うという基準は理由がないことは既に前記(ア)で述べたとおりであるから，これでは十分な説明にはなっていないように思われる。

そこで，更に進んで，前田教授のように，「履行がない」ことの主張責任に加え，「履行した」ことについての主張責任も併存させることに，意味があるのか否かについて検討することにする。履行遅滞に基づく損害賠償請求において，「履行がない」ことが問題になるのは次の3つの場合であろう。第1の場合は，「履行がない」ことについて主張がない場合である。この場合は，「履行

がない」ことについても，「履行した」ことについても全く主張がない場合である。そうすると，請求原因において主張されるべき「履行がない」ことの主張がないのであるから，請求原因が主張自体失当となり，抗弁についての判断を待つまでもなく，原告の請求は棄却されなければならない。前田教授は，「履行した」ことは抗弁とされるのであるから，「履行した」ことの主張責任は問題となる余地はないことになる。以上のとおり，第1の場合（「履行がない」ことについて主張がない場合）には，「履行した」ことについての主張責任は問題にならないことになる。

次に，いずれか（通常は原告であろう）が「履行がない」ことを主張すると，相手方当事者（通常は被告であろう）はこれを認める場合（争うことを明らかにしない場合を含む）と（第2の場合），これを否認する場合（第3の場合）とがあることになるであろう。そして，前記第2の場合である，「履行がない」ことを相手方当事者が認めた場合には，これを認めた相手方当事者が敗訴することになるが，その相手方当事者が敗訴するのは，「『履行がない』ことを認めているのだから，『履行した』ことは主張していない。そのため，『履行した』ことの主張責任を果たしていない。」という理由によるのではなく，「請求原因事実である『履行がない』ことについて，当事者間に争いがない」という理由によると考えるべきである。前田教授は，請求原因事実について立証責任を考えずその証明ということを問題とされないとしても，「履行した」ことを抗弁事実とされるのであるから，請求の当否を判断するに当たっては，請求原因事実に争いがない場合には，まず請求原因事実は存在したものと扱うべきである（現に，請求原因が存在すると確定的に扱うことができる状態であるのに，そう扱う直前の段階で敢えて判断を停止し，当該請求原因事実の存在について判断をせず，これに対する抗弁事実の判断に移るという判断の構造は，請求原因・抗弁といった判断の枠組みの基本に反する考え方である）。その後の判断構造は，抗弁が提出されていない（「履行がない」ことを認めているので，「履行した」との抗弁は提出されていないわけである）ので，前記判断を覆すことができないということになり，通常の判断構造と変わりはない。以上によれば，第2の場合には，「履行がない」ことを認めているのであるから，「履行した」ことの主張責任が問題になる余地はない。

さらに，前記第3の場合である，相手方当事者が「履行がない」こと否認し

た場合には，この「否認」は「履行がない」ことの否認であるから「履行した」ことを主張していることになり，「履行した」ことについて，主張責任の法理により，主張責任を負っている相手方当事者に不利益に判断する余地はないことになる。

　以上の検討の結果によれば，「履行がない」ことについて主張がない場合には，「履行した」ことについての主張責任は問題にならず（前記第１の場合），「履行がない」ことについて主張があった場合には，これを認めるか否認するかであり，そのいずれの場合にも，「履行した」ことについて，主張責任の法理により，主張責任を負っている相手方当事者に不利益に判断する余地はない（前記第２，第３の場合）。このように考えてくると，「履行がない」ことについて主張責任があると言う以上，主張責任があるという意味は，「履行がない」ことについてのみであり，「履行した」ことについてはないということになる。つまり，「履行がない」ことについての主張責任に加え，「履行した」ことについての主張責任も併存させることは，無意味であることになる。なぜそうした結果になるかというと，「履行がない」ということと「履行した」ということとは，その事実の性質上，立証のことを考えない客観的事実としては正反対の事実であるから，その双方について主張責任を負わせることは，もともと意味をなさないことだからである。

　以上によれば，原告が「履行がない」ことの主張責任を，被告が「履行した」ことに主張責任を負うとの前田教授の考え方には，賛成することができない。

　(エ)　以上のとおり，前田論文には問題が多く，にわかに賛成することはできない。

　61)　前田論文23頁7行目。
　62)　伊藤・要件事実の基礎192頁。
　63)　前田論文17頁4行目から6行目まで。
　64)　前田論文13頁7行目以下。
　65)　前田論文13頁。
　66)　前田論文5頁11行目から14行目まで。
　67)　前田論文18頁1行目から19頁9行目まで。
　68)　前田論文19頁。

5 立証責任と主張責任との関係

(d) 松本論文について

(ア) 松本論文において，松本教授は，主張責任と立証責任とが一致しない例として，債務の履行遅滞による損害賠償請求を採り上げ，原告が主張責任があるとして「履行のない」ことを主張し，被告が立証責任があるとして「履行のある」ことを立証しなければならないとされる。

(イ) 松本教授は，「履行のない」ことについて原告（債権者）に主張責任があることの根拠として，「実体法は履行遅滞を遅滞による損害賠償請求権の成立要件にしていることは間違いないから，この事実の主張がなければ法律効果たる損害賠償請求権の発生を根拠付ける事実の主張として，主張自体失当」であると主張される。しかし，「履行遅滞を遅滞による損害賠償請求権の成立要件にしている」ことから，当然に「履行のない」ことの主張責任が同請求をする原告にあるということになるわけではないであろう。確かに，実体法が履行遅滞による損害賠償請求権の成立要件として履行遅滞を必要としていることには間違いないところであろうが，そのことから当然に，それ以上の理由を何も言わないで，「履行のない」ことの主張責任が原告にあるということはできない。問題は，裁判の場においてどのような事実を主張したら履行遅滞を主張したことになるかがまさに問題なのであり，そのために例えば，「履行期の定めと履行期が経過したこと」について原告に主張責任が，「履行のあったこと」について被告に主張責任があるとしたのではなぜいけないのかが問われているのである。裁判規範としての民法の考え方によれば，裁判の場において履行遅滞を主張するに当たっては，今この直前に述べた形で主張責任の分配を考えることが正しいと考えるわけである。松本論文の上記説明は，何らの根拠も示していないように思われる。

(ウ) また，松本教授は，「債務の履行と債務が履行されていないことは正反対のことがらであり，債務の履行の有無という点で同じ範疇に属する事実として，この形式的な食違いは重要ではない」とされる。このように言われる前提として，松本教授は，主張責任の対象と立証責任の対象とは同一でなければならないという前提を採っていると思われる。そのことに筆者も異論はないが，「履行のない」ことと「履行がある」ことが正反対の事実といえるかについては，なお疑問の残るところである。なぜなら，実際の訴訟の場では，「履行が

191

ない」ということは弁済がない，代物弁済がない，相殺がないなど色々の場合をも含んでいると思われるところ，「履行がある」ということは，弁済などと特定され，「履行のないこと」と「履行があること」を正反対と捉えてよいのかは問題が残るところである。その点はさておき，仮に，松本教授のいわれるとおり，「履行のないこと」と「履行があること」が正反対の概念であるとして，以下検討を進めてみることにする。以下，「履行のない」ことを「不履行」，「履行のあること」を「有履行」と便宜記載する。松本教授は，この「不履行」と「有履行」とを正反対の事実とするのであるから，証明の問題を別とすれば，履行に関する客観的な事実の状態としては，「不履行」と「有履行」の2つしかない。したがって，「不履行」でなければ「有履行」であり，「有履行」でなければ「不履行」であることになる。しかし，証明の問題を考慮に入れて考えると，そうとはいえない。松本教授は，前記損害賠償請求について，被告に「有履行」の立証責任があるとし，原告に「不履行」の主張責任があるとするのであるから，「有履行」について立証責任によって判断しなければならない場合に，同請求についての判断がどのような結果になるかを考えてみることにする。すると，どうであろうか。

「有履行」について立証責任によって判断しなければならない場合とは，「有履行」が存否不明になった場合のことであるが，その場合には「有履行」と「不履行」が正反対の事実であるから，「不履行」もまた存否不明とならざるを得ない。

他方，「不履行」について主張責任があるとしていることは，債務不履行による損害賠償請求権発生のための法律要件として「不履行」が必要であることを意味している（松本教授も同論文111頁上段で「実体法は履行遅滞を遅滞による損害賠償請求権の成立要件としていることは間違いないから，この事実の主張がなければ法律効果たる損害賠償請求権の発生を根拠づける事実の主張として，主張自体失当とならざるを得ない」とされているのも，この趣旨であろう）。そうすると，「有履行」の立証責任が被告にあるとしても，何らかの形で，「不履行」が存在すると訴訟上扱われることが必要であると考えられているわけである。ところで，上記で説明したように，「有履行」が存否不明の場合には「不履行」も存否不明である。そうすると，「有履行」について立証責任があり，「不履行」について主張責任があると

考えると,「有履行」について存否不明であるという理由で立証責任によって判断して,被告に損害賠償責任があると考えた場合には,主張責任の対象として損害賠償請求権の発生要件として必要として「不履行」を,それが存否不明にもかかわらず,存在したものと訴訟上扱わなければならないことになると思われる。「不履行」の事実について,それが存否不明にもかかわらず,存在したものと扱うことは,普通の人の考え方に反し,分かり難いから採用できない。普通,人は,存否不明のものを存在したものとは扱わないのに,上記のような松本教授の考え方は,存否不明のものを存在したものと扱うことになり,採用し難い。[74]

(エ) 前記(ウ)で述べたと同様のことを,伊藤滋夫教授は,「不履行」と「有履行」とは正確に正反対と捉えることには疑念があるため,正反対と考えられる「善意」と「悪意」をもって論証されている[75]。すなわち,松本教授のように,善意について原告に主張責任があり,悪意について被告に立証責任があるとすると,悪意について存否不明の場合,正反対である善意も存否不明にもかかわらず,善意については訴訟上存在すると扱うことになり,この結果は,存否不明のものを存在したものと扱うこととなり,普通の人の考え方に反し,採用することができないとされている。この点に関し,松本論文115頁は,「法的には善意の正反対は悪意ではなく,善意ではないことであるから,善意でないことが存否不明になると,証明責任によって善意ではないことはない(二重否定)と仮定して裁判することになるから,結局,善意と仮定して裁判されることになる」と反論されている。

しかし,「法的には善意の正反対は悪意ではなく,善意ではないこと」というのは,証明の問題を考えない限りは誤りではないかと思われる。証明の問題を考えない限り,善意の正反対は悪意であり,それは善意でないことと同じことであり,この点の松本論文の指摘は疑問である。もし,証明の問題を考えて論じるのであれば,善意が証明されていることの反対は,善意が証明されていないということになろう。次に,松本教授は,「善意でないことが存否不明になると,証明責任によって善意ではないことはない(二重否定)と仮定して裁判することになるから,結局,善意と仮定して裁判されることになる」とされる。しかし,そうであろうか。「善意でないことが存否不明になる」と「善意

でないと認めることはできない」ということを前提として判断するのであって，「善意と仮定して裁判されることになる」と考えるべきではないと思われる。「善意でないかどうか分からないのに善意と仮定して判断する」というのは，普通の人の考え方に反する分かりにくい考え方であり，こうした考え方については，前記(ウ)と同様のことが言えるのではなかろうか。

　(オ)　さらに，松本教授は，主張責任と立証責任との例外的分離を認めるとすると，主張責任の分配基準を何に求めるのかの批判に対し，次のとおり答える。すなわち，「裁判上重要な事実の不提出と不確定という法適用から見て基本的に同じ規制に服すべき問題だから，弁論主義の訴訟では，主張責任の分配は原則として証明責任の分配から明らかになる。ただ，法律が証明責任の転換を定める限りで，場合により主張の十分性との関係で例外が生じることは異とするに足りない」と説明される[76]。

　松本教授は，主張責任の分配は原則として立証責任の分配から明らかになるとされるが，どのような例外があるのか曖昧のように思われる。例外は，「ただ，法律……」の部分であるというのなら，法律が証明責任の転換を定める限りということになるが，松本教授がつとに分離が生ずるとされる債務不履行の場合の両責任の分離は，そうした証明責任の転換を法律で定めた場合に当たらないので，矛盾があるように思われる。また，「法律が証明責任の転換を定める限りで」と述べながら，さらに「場合により」という趣旨も不明確である。転換を定める場合であっても，さらに場合によって異なるのかという疑問が生じ，もし，そうであれば，その場合の基準はどのようなものか本論文からは窺うことはできない。

　(カ)　以上によれば，松本教授の説明から，主張責任と立証責任とが一致しない場合があるとの結論には，にわかに賛成し難い。

　　69)　松本論文111頁，112頁。
　　70)　松本論文111頁上段4行目から8行目まで。
　　71)　債務の消滅原因が弁済のほかに相殺などもあること，例えば，債務の消滅原因が弁済である場合に，履行遅滞による損害賠償請求権の発生障害事実としては，弁済のあったことは不要で弁済の提供があったことで足りることなどから，「履行のあった」という表現は正確ではないが，この点は別とする。
　　72)　裁判規範としての民法の考え方が相当であることについては，前記 **3**(2)(e)「裁判

規範としての民法説」を参照されたい。
　73)　このように考えても主張自体失当になるわけではない。この点については，前記
　　　(b)「中野論文について」(ｳ)を参照されたい。
　74)　伊藤・断想（下）103頁，104頁。
　75)　伊藤・断想（下）103頁，104頁。
　76)　松本論文・112頁下段。

(3)　小括―立証責任と主張責任との一致について―

　以上のとおり，主張責任と立証責任の対象となる要件事実は同一であり，主張責任と立証責任とは一致する。主張責任と立証責任とが分離するとの例外を認める必要はない。筆者のこれまでの民事裁判官としての実務経験に照らし，両責任を分離した方がよいという場面に遭遇したことはない。主張責任と立証責任とは一致するとの前提で裁判実務は運営されており，このことが訴訟運営の根幹をなしており，これを変更する必要はいささかもない。

(4)　立証責任と主張責任の所在の決定の先後関係

　(ｱ)　前記 **3**，**4**，**5** の(1)ないし(3)で述べたとおり，立証責任とは，ある要件事実（F）の存在が存否不明に終わった結果，その事実（F）を訴訟上存在しているものと扱うことができないために，当該法律効果（K）が認められない不利益又は危険をいい，主張責任とは，口頭弁論においてある要件事実（F）が当事者から主張されない結果，その事実（F）を存在しているものと訴訟上扱うことができないために，当該要件事実（F）の存在を前提とする法律効果（K）の発生が認められないという不利益又は危険をいい，その結果，立証責任と主張責任の対象事実である要件事実（F）は同一である。そうだとすると，立証責任の分配基準と主張責任の分配基準は同一であるところ，どちらの責任の分配が先に決まるのかということが問題となる。

　(ｲ)　この点については，前記 **3**，**4** で検討したとおり，主張責任の分配基準は，言うだけならどのようなことでも言え，主張責任の分配基準をどちらに負担させるかという基準は決め手を欠くのに対し，立証責任の分配については，立証の公平という基準を考えることができる。このように，立証責任の分配に

ついては，基準を考えるに当たっての実質的な拠り所があり，そうだとすると，まず，立証責任の分配が決まり，次いで，同一の基準で主張責任も決まると考えるのが相当と思われる。[77]

77) 伊藤・入門52頁，53頁。

6 最後に

以上のとおり，立証責任，主張責任の分配は裁判を行うに当たってその根幹をなす考え方であるところ，これを理解するためには，実体法規に規定されている権利発生（障害・消滅などを含む）要件に当たる具体的事実は何か，これを誰が主張立証しなければならないかを考える必要があり，その意味で裁判規範としての民法という考え方を理解する必要があることから，裁判規範としての民法及び要件事実について検討を加えた。その上で，裁判規範としての民法，要件事実を前提にすれば，立証責任と主張責任とは一致すると考え，これに反する説の当否について検討を加えた。民事裁判を行うに当たって立証責任，主張責任の考え方なしには，これを運営することはできないといっても過言ではない。本稿は，裁判規範としての民法の立場から，立証責任，主張責任の問題を理論づけたつもりである。今後の裁判運営の一助になれば幸いである。

〈民法の一部を改正する法律（平成16年法律第147号）との関係について〉
　以上の本稿の説明は，上記法律による民法の改正を織り込み済みである。

5

規範的要件・評価的要件

難 波 孝 一

1 本稿の趣旨
2 実体法上の法律要件の種類，区別の実益等
3 評価的要件・規範的要件の意義，種類
4 評価的要件の要件事実
5 評価障害事実について
6 評価的要件における判断の構造
7 最後に

1 本稿の趣旨

　民事訴訟においては，原告が訴訟物として主張する一定の権利（又は法律関係）の存否について判断するが，当該権利がどのような要件が備わっているときに発生し，どのような要件が備わっているときに障害，消滅するのかは，実体法に規定があるのが一般である。このようにある法律効果が発生するための要件を一般に法律要件又は構成要件と呼んでいる。

　ところで，実体法に規定されている法律要件は，裁判の場において，原告又は被告のいずれの当事者がどのような法律要件を主張立証すればよいかまでは考慮して立法されていないため，これを構成し直す必要があるところ，このように，主張立証責任を考慮に入れて権利の発生・障害・消滅の要件を構成し直したものが「裁判規範としての民法（実体法）」である。実体法を「裁判規範としての民法」に再構成するに当たり，実体法が規定している法律要件の内容を吟味，解釈する必要があるところ，当該法律要件の内容は法律概念，法律用語をもって定められていることが多く，程度の差はあるものの，多分に抽象的，一般的である。そこで，かかる法律要件のうち，どこまでの要件を事実と考え，

197

5 規範的要件・評価的要件

どこからを評価と考えるのか，その境界線を引くことは非常に困難を伴う作業である。そこで，本稿では，法律要件のなかで誰もが評価と考えている評価的要件・規範的要件においては何が要件事実なのか，評価的要件・規範的要件における審理の特徴，評価的要件・規範的要件とまではいかないまでも評価，抽象度の高い要件の要件事実等について検討することにする。

1) 以上の説明は，実体法上の権利ごとに訴訟物を考える旧訴訟物理論からのものである。これに対し，訴訟物を給付を求める法的地位（受給権）ごとに考える新訴訟理論の考え方がある。裁判実務は，旧訴訟物理論を堅持しているが（最判昭35・4・12民集14巻5号825頁ほか，菊井維大=村松俊夫・全訂民事訴訟法Ⅰ〔補訂版〕1175頁以下（日本評論社，1993）など），これは，現在の民事訴訟の基本的な目的は，権利体系である実体法を基準とする法的判断によって，実体法の権利関係の確定を図るものであって，裁判の中心に据えられるのは，口頭弁論終結時に原告に実体的請求権が帰属するか否かの判断であって（給付訴訟を念頭においている），実体的請求権から切り離した形で訴訟物を観念すべきではないと考えているからではないかと思われる。旧訴訟物理論を採る者として，兼子一・新修民事訴訟法体系〔増訂版〕164頁以下（酒井書店，1965），伊藤眞・民事訴訟法〔第3版〕168頁（有斐閣，2004）などがあり，新訴訟物理論を採る者として，三ケ月章・民事訴訟法86頁以下（有斐閣，1959），新堂幸司・新民事訴訟法〔第2版〕269頁以下（弘文堂，2001），小山昇・民事訴訟法〔5訂版〕152頁（青林書院，2001），高橋宏志・重点講義民事訴訟法〔新版〕27頁以下（有斐閣，2000）などある。以下，実務の採用している旧訴訟物理論を前提に議論を進めることにする。
2) 我妻栄・新訂民法総則〔民法講義Ⅰ〕231頁（岩波書店，1965）。
3) 司法研修所・4訂民事訴訟第一審手続の解説9頁（法曹会，2001），最判昭52・5・27集民120号607頁等の用語例。
4) 裁判規範としての民法については，本書「5 主張責任と立証責任」の項を参照されたい。また，裁判規範としての民法の詳細は，伊藤滋夫・要件事実の基礎183頁以下（有斐閣，2000年，以下「伊藤・要件事実の基礎」という），同・要件事実・事実認定入門19頁（有斐閣，2003年，以下「伊藤・入門」という）以下，同「要件事実と実体法」ジュリ869号19頁以下（1986），同「続・要件事実と実体法（上）（下）」ジュリ881号86頁以下，同882号56頁以下（1987），同「要件事実と実体法断想（上）（下）」ジュリ945号103頁以下，946号98頁以下（1989）に説明されている。本稿は，これら伊藤滋夫教授の著書，論稿に依拠しているところが多い。

2 実体法上の法律要件の種類，区別の実益等

(1) 事実的概念，価値的概念，評価的概念

(ア) ある現象を言葉で表現するとすれば，その段階において，現実に存在する現象を言葉的表現に置き換えるための評価が常に行われており，厳密な意味では，評価を伴わない事実は存在しないのかもしれない。ことに，実体法で規定している法律要件の内容は，法律概念，法律用語をもって定められていることが多く，法律要件の内容には必ず評価の要素が入っているといっても過言ではない。しかし，評価の程度には差がある。例えば，民法555条は，「売買は，当事者の一方がある財産権を相手方に移転することを約し，相手方がこれに対してその代金を支払うことを約することによって，その効力を生ずる」と規定している。この条文で，財産権というのは評価的な部分がないではないが，通常は，事実を規定していると解されている。他方，民法709条は，「故意又は過失によって他人の権利又は法律上保護される利益を侵害した者は，これによって生じた損害を賠償する責任を負う」としている。この条文で，「過失」は評価，取りわけ規範的評価を取り込んだ要件と解されている。

5) 伊藤滋夫・事実認定の基礎11頁（有斐閣，1996）は，「理論上は，言葉によって表現されたとたんに，それは事実に対して評価を加えていることになるのであろう」とされている。なお，兼子一ほか・条解民事訴訟法928頁（弘文堂，1986）は，事実について，「具体的な場所および時によって特定された外界または内心の出来事や状態をいう」と定義している。

6) 笠井正俊「不動産の所有権及び賃借権の時効取得の要件事実に関する一考察－いわゆる規範的要件の評価根拠事実と評価障害事実という観点から」判タ912号6頁（1996，以下「笠井論文」という）は，「『規範的』であるとか『一般的』『抽象的』『不特定』といった定義は，それ自体が相当あいまいなものであって，法律の規定自体は，具体的な生（なま）の事実そのものを要件として法律で記述し切らない限りは，『一般的』『抽象的』『不特定』なものとならざるを得ず，具体的事実が当該法律要件に該当するかどうかの法的判断を当然に予定しているのではないかとの疑問がある」とされたうえで，「法律の規定が具体的な生の事実そのものを要件として記述し切っているとみられる場合を除き」規範的要件と同様の思考で，その評価根拠事実や

5　規範的要件・評価的要件

これと両立する評価障害事実を主要事実として把握していくのが相当であるとされる。確かに，法律の規定に曖昧さはあるが，具体的な生（なま）の事実そのものを要件として法律で記述し切らない限りは，規範的要件として扱っていくというのは，規範的要件の範囲を拡げすぎているように思われる。後述のとおり，普通誰もが事実として，共通のイメージを持つことができ，したがって，類型的な単純な事実経過が一応予想されるものは事実的要件として扱うのが相当と思われる。

（イ）　以上のように実体法の法律要件の中で，事実を記載しているものと扱ってよい要件を事実的要件[7]，評価を記載していると扱うのが相当である要件を評価的要件，評価的要件の中で規範的評価を記載している要件を特に規範的要件と呼ぶことができよう[8]。事実的要件と評価的要件とを区別するのは何故か，また，どういう基準で区別するのかということが問題となる。この点については，次のように考えられるのではなかろうか。事実的要件においては，あくまで原型としては特定の社会的事実が予定されており，普通誰もが事実として，共通のイメージを持つことができるのではなかろうか。これに対し，評価的要件においては，原型として特定の社会的事実は予定されておらず，多様な社会的事実から推断された価値判断が要件とされており，普通，人は共通のイメージを持つことができず，当事者が主張してはじめて共通のイメージを持つことができるという特徴があるのではなかろうか。

 7)　これまで，一般条項のように抽象度の高い規定を不特定概念，不確定概念と呼び，事実を規定していると考えられる規定を特定概念，確定概念の規定と呼んでいたように思われる。不特定概念を使用しているものとして，柏木邦良「不特定概念と判決三段論法－ヘンケ『事実問題：民事法における不特定概念とその上告可能性』に紹介と検討をかねて－」北大法学論集22巻2号223頁（1971），倉田卓次「一般条項と証明責任」252頁（民事実務と証明論所収，日本評論社，1987）（以下「倉田論文」という），吉川愼一「要件事実論序説」司法研修所論集110号162頁（2003，以下「吉川・序説」という）などがあり，不確定概念を使用しているものとして，山内敏彦「一般条項ないし抽象的概念と要件事実（主張・立証責任）」民事実務ノート3・2頁（判例タイムズ社，1969）（以下「山内論文」という）などがある。柏木・前掲223頁は，「不特定概念とは－特定概念すなわち権利能力，消滅時効，債権者，登記，形式的確定力，小切手，執行分などその内容が確定的に定義づけられる概念・制度が規範の解放性とは無関係であるのに対し－法規範に解放性を付与し，その社会適合性を保持するために採用され，裁判官の価値判断や経験によって内容が具体化されることを予定している条文の構成要素（概念）である。したがって，一般条項と不特定概念は同一のもの

ではなくむしろ観点を異にする概念であり、一般条項の中にもカズイスティッシュな条文の中にも不特定概念は存在しえ、それが規範の解放性をもたらしていることを、まず明確に把握しなくてはならない」と説明しており、参考となる。事実として扱うか、評価として扱うかという観点からは、「事実的要件」「評価的要件」と呼ぶのが分かりやすいと思われるのでこの用語を使用することにする。なお、前田達明「主張責任と立証責任について」民商法雑誌129巻6号10頁（2004）にも、規範的要件に対置するものとして「事実的要件」の用語が使用されている。

8) 評価的要件のなかで特に規範的評価を内容とする要件としているものを規範的要件と呼ぶべきであることを明確に主張されているのは、伊藤・要件事実の基礎125頁、126頁である。筆者も伊藤教授の用語例に従うものである。なお、山木戸克己「自由心証と挙証責任」民事訴訟法論集所収37頁（有斐閣、1990、以下「山木戸論文」という）は、規範的要件を、不法行為における「過失」のように、多様な具体的事実の各個が要件該当を肯定しうべきもの（競合的類型）と、借家法1条の2の「正当事由」のように、すべての具体的事実の総合によってのみ要件該当を判断しうべきもの（総合的類型）とに区別できるとされている。山木戸論文37頁は、いずれの類型も要件該当を肯定すべき具体的事実とこれを否定すべき具体的事実は共に斟酌されなければならず、同論文52頁は、これらはいずれも主要事実であるとされている。そうだとすると、競合的類型、総合的類型ともに同一の取扱いをすることに帰着し、区別して検討するまでの必要はないと思われるので、以下の検討においては、規範的要件を細分化して検討することはしていない。

(ウ) 以上のとおり、法律要件を記載内容の抽象度に応じ、抽象度の低いものを事実的要件、抽象度の高いもの（およそ事実と観念できないもの）を評価的要件（そのうち規範的評価を内容とするものを規範的要件）と分類することには、おそらく異論がないと思われる。問題は、事実的要件と評価的要件との中間に何か一つのグループを考えることができるか、考えることができるとして、これを区別する実益があるのかという点である。この点に関し、伊藤滋夫教授は、価値的概念という考え方を提唱されている。この考え方は、事実的要件と評価的要件との中間に価値的概念を規定している要件を認めるものである。すなわち、民法97条等の意思表示の「到達」、同95条の「要素」、同180条の「所持」、同493条の「弁済の提供」などにおいては、具体的状況によっては、「到達」等の評価根拠事実が要件事実となるとの考え方である。

9) 伊藤・要件事実の基礎123頁以下は次のとおり説明している。すなわち、「例えば、契約が解除されて消滅したかが争われている事件において、原告が『原告は被告に対

し，平成〇年〇月〇日被告に到達した書面で契約解除の意思表示をした。』と主張し，被告がそのような書面の到達を否認した場合において，この到達の主張が，原告が解除を記載した書面を被告に手渡した又は送付したということを意味し，被告がおよそそういうことはないという意味で否認しているのであれば，要件事実の主張としては右の程度で十分であ（るが）……（中略）……原告が，被告の家を訪ねたが，被告に会うことなく，被告の郵便受けの中へ契約解除の意思表示を記載した書面を置いてきた。しかし，現実に被告が同書面を見る前に同書面が消失したとすれば，その場合には，原告が被告に到達した書面で契約解除の意思表示をしたといえるか否か問題となる。……（中略）……こうした場合には，要件事実としての主張や認定は，いずれも右の具体的状況についてすべきであり，そうした具体的状況に対する法的判断として，それが『書面により被告に到達した』ことになるかの判断をすべきである。」とされている。

(エ) 以上によれば，実体法上の法律要件は，多分に抽象度の高い用語を使用して内容を規定しているが，その抽象度の高さに応じ，評価的概念を使用してるものを評価的要件（そのうち規範的概念を使用しているものが規範的要件），価値的概念を使用しているものを価値的要件，事実的概念を使用しているものを事実的要件に分類することができよう。

(2) 区別の実益

(ア) 事実的要件においては，法文に記載されている法律要件それ自体が事実なのであるから，その法律効果を得ようとするものは，当該法文に記載されている事実を具体的に主張すればよい。また，仮に，規範的要件といわれている民法709条の「過失」について，「過失」自体が要件事実とするならば，当事者は「過失」を主張立証すればよいのであって，何も，事実的要件と規範的要件を区別する実益はないのではないのかという主張も考えられそうである。しかし，後述するとおり，規範的要件である「過失」は評価そのものであり，これを立証することはできず，この評価を根拠付ける事実が主張立証の対象となるため，これを区別する実益が出てくる。しかも，後述するとおり，評価的（規範的）要件の判断は，当事者の主張を総合して行うという特殊な面もあり，区別する実益があるのである。

(イ) また，事実的要件，評価的要件以外に，その中間領域である価値的要件を認める必要があるかという点であるが，実体法の法律要件の抽象度は千差万

別である以上，抽象度に応じた訴訟上の取扱いをするのが相当と考えられる。すなわち，事実といえど抽象度の高い事実については，当事者の認識に争いがない以上，要件事実も法条に記載されている内容でよいが，当事者の認識に争いがある場合には，当該抽象度の高い内容の事実については，これを具体的に根拠付ける事実をもって要件事実とするのが相当である。この考え方の背景には，何を事実と扱い，何を評価と扱うかは，民事訴訟による紛争の適正迅速な解決に最適かという観点から考えるのが相当であるところ，抽象度の高い事実で当事者の認識に争いがある場合には，評価根拠となる事実を主張してはじめて立証の対象が明確になり，当事者間に認識の齟齬がなくなるからである。評価の根拠となる事実を要件事実と捉えるなら，このような価値的概念を要件とするグループを評価的要件から区別する必要はないではないかという議論も考えられるところである。しかし，前記価値的概念の法律要件においては，当事者間に認識に争いがない場合には抽象的事実を主張すれば足りるのであり（例えば，「到達」においては，到達自体が要件事実となる），また，後記で述べるとおり，評価的要件においては当該評価を根拠付ける事実は当該評価的要件の適用を主張するものに主張立証責任があり，当該評価を障害する事実は相手方に主張立証責任があると考えられるところ，価値的概念の法律要件においては，評価根拠事実のみ考えれば足り，評価障害事実は考える必要がない点で異なる[11]。この意味で，価値的要件は，事実的要件と評価的要件との中間領域として，両要件から区別して考える実益があると思われる。

10) 伊藤・要件事実の基礎127頁
11) 伊藤・要件事実の基礎124頁，125頁，伊藤滋夫「裁判規範としての民法に関する一考察－製造物責任法を題材として－」小野幸二教授還暦記念論集『21世紀の民法』所収17頁（法学書院，1996，以下「伊藤・製造物責任法」という）。なお，伊藤・要件事実の基礎125頁は，「評価扱いすべきものの中に，厳密にいえば，二種類あって，一つは（中略）過失とか正当事由のように，極めて評価性の高いものであり，もう一つは，意思表示の到達というときに問題となる『到達』などのように，その評価性が必ずしも高くはないが，事実扱いするのは相当ではないと考えられるものとがある」と説明しており，伊藤滋夫教授は，価値的要件が「事実」か「評価」かといわれれば，「評価」に入るとされていると考えられる。これに対し，価値的要件が「事実」か「評価」かといわれれば，抽象度の極めて高い「事実」であるとの考え方もあるであろう。問題は，価値的要件という中間領域を「評価」に引き寄せて考えるか，「事実」

に引き寄せて考えるかの差と思われ，余り実質的な差はないと思われる。

3 評価的要件・規範的要件の意義，種類

(1) 意　義

(a) 評価的要件の特徴

　実体法に記載されている法律要件にうち，事実ではなく，評価が記載されている一群の規定がある。その代表的なものは，民法1条3項の「権利濫用」，同法709条の「過失」など法律効果の発生要件として規範的評価に関する一般的，抽象的概念を取り込んだと解されるものであるが，これらは規範的評価が法律要件となっていることから規範的要件と呼ばれている。規範的要件は，実体法の法条の中に明文で表現されている必要はなく，賃貸借契約の解除の際に問題となる「信頼関係を破壊するに足りない特段の事情」，すなわち，「非背信性」なども規範的要件である。また，法律要件の中には，規範的要素は含んでいないが評価を要素とする法律要件も存在する。例えば，詐害行為取消権の発生要件である債務者の「無資力」などがこれに当たる。評価的要件と規範的要件との関係を見ると，規範的要件は評価的要件に含まれているといえよう。一般には，評価的要件も含んで，規範的要件といわれているように思われる。[12]

　12) 伊藤・要件事実の基礎126頁。

(b) 評価的要件が立法されている理由

　評価的要件は，法律上の要件を一般的・抽象的に定めているが，このように評価が要件とされる理由は次のようなところにあるものと思われる。事実的要件においては，前記のとおり，あくまで原型としては特定の社会的事実が予定されており，普通誰もが事実として，共通のイメージを持つのできる，したがって，類型的な単純な事実経過が一応予想される。これに対し，評価的要件については，事実的要件のように類型的経過の予想が立たないため，「評価」を要件にしているのである。すなわち，民法709条の「過失」も，借地借家法28条の「正当の事由」も，多様な根拠事実・障害事実が予想され，それらの事実を総合して評価せざるを得ないことから評価的要件とされているのである。[13]

13) 倉田論文257頁, 258頁参照, 田尾桃二「主要事実と間接事実にかんする二, 三の疑問」兼子一博士還暦記念『裁判法の諸問題（中）』274頁（有斐閣, 1969, 以下「田尾論文」という）参照。

(c) 規範的要件と一般条項との関係

一般条項とは一般に「法律上の要件を一般的・抽象的に定めた規定」といわれており, 信義誠実の原則（民1条2項）, 権利濫用の禁止（同3項）, 公序良俗違反（同90条）などが代表的である。倉田卓次氏は, 信義誠実の原則, 権利濫用の禁止, 公序良俗違反を狭義の一般条項, それ以外の規範的要件である民法709条の「過失」, 同110条の表見代理の「正当の事由」, 借地借家法28条の契約更新拒絶の「正当の事由」を通常の一般条項として, これを区別している。このように区別する実益について, 狭義の一般条項では当事者の主張しない事情も斟酌して判断できること, 通常の一般条項では「過失の認定」とか「正当事由の存否」とかが熟した表現になっていることで想像がつくように, 真偽不明の結論をきたすことがあろうが, 狭義の一般条項では, 真偽不明の結論はありえないとされている。しかし, 倉田氏の狭義の一般条項とされる「権利濫用の禁止」も, 通常の一般条項とされる「過失」「正当事由」も規範的要素を含み, 評価であることには何ら差異がないこと, 狭義の一般条項において当事者の主張しない事情をも斟酌して判断できるとすることは, 弁論主義の観点から, 当事者に不意討ちを与え相当とは思えないこと, 通常の一般条項, 狭義の一般条項との規範的評価の根拠となる事実が立証命題だと考えれば, 当該規範的評価を根拠付ける事実については真偽不明はあっても, 規範的評価そのものについては真偽不明はないとするのが相当であることから, 倉田氏のように一般条項を狭義のそれと, 通常のそれに区別する必要はないように思われる。したがって, 一般条項は規範的要素を要件とする評価的要件のうちの規範的要件であると捉えていればよいと考える。

14) 倉田論文253頁。
15) 倉田論文260頁。
16) 公序良俗違反の度合いの強いものについては, 実務的な感覚としては, 弁論主義のみを強調することにはいささか抵抗感がないわけではない。しかし, そうした場合には, 弁論に現れていない公序良俗違反という評価を根拠付ける事実に関して釈明権を行使すれば, 必ずその事実の主張に利益を感じる当事者がその主張をすると思われ

るので，実際上の不都合はないと考えられる。

(2) 評価的要件の限界等について

(a) 評価的要件か否かの区別の基準

既に述べたとおり，信義誠実の原則（民1条2項），権利濫用の禁止（同3項），公序良俗違反（同90条），民法709条の「過失」，同110条の表見代理の「正当の事由」，借地借家法28条の契約更新拒絶の「正当の事由」，不動産の二重譲渡の場合の背信的悪意者の「背信性」などの規範的要件，詐害行為取消権の発生要件である債務者の「無資力」などの評価を要件とするものが評価的要件であるとすることには，おそらく異論がないであろう。しかし，製造物責任法における「欠陥」，売主の瑕疵担保責任における「瑕疵」，建物明渡しで問題となる「占有」などは，これを事実的要件とみるか，評価的要件とみるかについては，後記(b)のとおり，争いがあるように思われる。事実的要件とみるか評価的要件とみるかの決め手は何かということが問題になるが，その決め手は，これらの法律要件を主張することで，具体的な訴訟の場で攻撃防御の目標になるのか，もう少し平たくいえば，裁判所，当事者双方を含め，訴訟の関係者は当該法律要件を主張することにより共通のイメージを持つことができるか否かによって決めるのが相当と思われる[17]。以下，個別に，「欠陥」，「瑕疵」，「占有」について，検討することにする。

17) 伊藤・入門79頁ないし81頁。

(b) 評価的要件か否かが問題となる法律要件

㋐ 欠　　陥　製造物責任法2条2項は，欠陥とは，当該製造物の特性，その通常予見される使用状態，その製造業者等が当該製造物を引き渡した時期その他の当該製造物にかかる事情を考慮して，当該製造物が通常有すべき安全性を欠いていることをいうと定めている。この「欠陥」の法律要件を事実的要件とみるか評価的要件とみるかについては争いがある。製造物責任法の立法の担当者であった升田教授は，欠陥を事実概念と捉え，その要件事実は「製造物の欠陥であり」，これを基礎付ける事実は間接事実であるとする[18]。しかし，前記法文からも明らかなとおり，「欠陥」というだけでは，人は，共通のイメージを持つことができないから，明文で，当該製造物の特性等から明確にせよと

要求していると解するのが相当である。この点について、伊藤滋夫教授は、簡単な道具であるナイフを例にとって、ナイフに欠陥があるといったのみでは、その具体的内容が不明である（そのナイフが鋭利すぎるのかもしれず、折れ易いのかもしれず、あるいは、柄に当たる部分が抜け易いのかもしれず、そのどれであるかは不明である）として、「欠陥」は評価的要件であるとされる。[19] 前記(a)で述べたとおり、事実的要件か評価的要件かの区別を、当該法律要件でもって、具体的な訴訟の場で攻撃防御の目標になるのかという観点から考えると、「欠陥」と言っただけでは、攻撃防御の目標としては不十分であり、「欠陥」は評価的要件そのもの、むしろ、評価的要件の代表的なものと位置づけるのが相当である。[20]

18) 升田純・詳解製造物責任法435頁（商事法務研究会，1997）。
19) 伊藤・製造物責任法14頁。
20) 伊藤・要件事実の基礎38頁。

(イ) 瑕　　疵　「欠陥」と似た法律要件として「瑕疵」という要件がある。民法570条によれば、「売買の目的物に隠れた瑕疵があったときは」売主は瑕疵担保責任を負うことが規定されている。「瑕疵」とは、欠点のあること、法律又は当事者の予想する状態の欠けている場合に広く用いるといわれている。[21] この「瑕疵」は事実的要件であろうか。司法研修所民事裁判教官室「増補民事訴訟における要件事実第1巻」215頁（法曹会，1989，以下「司研・第一巻」という）は、「瑕疵」が抽象度の高い概念であることに留意してか、瑕疵の態様について具体的に主張立証しなければならないとしている。すなわち、「通常、買主が目的物を使用収益できることを予定して、その目的物の品質、性能が定められているといってよいから、その瑕疵は、使用収益に障害が生ずる程度に、品質、性能を欠くものであることが必要である」として、「瑕疵」を基礎付ける具体的事実が要件事実であるとしており、「瑕疵」を評価的要件と捉えているのか、それとも事実的要件と捉えているのか、必ずしも明確ではない。

　この問題を解決するポイントは、「欠陥」は評価的要件であるが、「瑕疵」は事実的概念であるとしてこの両者を区別する合理的理由が存在するか否かという点にあると思われる。「瑕疵」といっても、人が共通のイメージを持つとは思えない。「瑕疵」には物質的な欠点のほか、法律的な欠点も含むとするのが判例[22]であり、瑕疵の態様は多様であり、「瑕疵」と主張しただけでは、前記

「欠陥」同様に具体的な訴訟の場で攻撃防御の目標には成り得ないと考えられ，「瑕疵」も「欠陥」と同様に評価的要件と考えるのが相当と考える[23]。

21) 竹内昭夫ほか編・新法律学辞典〔第3版〕142頁（有斐閣，1988）。
22) 最判昭56・9・8判時1019号73頁（売買の目的物が森林法による保安林指定区域内にあった事案に瑕疵担保の規定を適用）など。
23) 伊藤滋夫ほか編・ケースブック要件事実・事実認定182頁（有斐閣，2002）〔難波孝一執筆〕。

(ウ) 占　　　有　民法180条は，「占有権は，自己のためにする意思をもって物を所持することによって取得する」と定めている。条文を素直に読む限り，占有は，自己の意思をもって対象物件を所持している状態ということになる。この占有が，評価的要件か，それとも事実的要件かについては争いがある。司法研修所民事裁判教官室編「紛争類型別の要件事実」48頁（法曹会，1999，以下「司研・紛争類型別要件事実」という）は，「占有」を事実的要件と捉えている。すなわち，占有は事実概念であるが，攻撃防御方法の観点からみた場合に，極めて抽象度の高い概括的な事実である。そこで，「占有」について当事者間に争いがない場合には，概括的抽象的事実としての「占有」について自白が成立したものとして「占有」と主張することで足りるが，争いがある場合には単に「占有」と主張するだけでは攻撃防御の目標たり得ないから，「占有」を主張しようとするものは，少なくとも，自己占有か代理占有かを明らかにする具体的事実を主張する必要があると説明する[24]。これに対し，伊藤滋夫教授は，占有は，「①自己のためにする意思を以て②対象物件を所持している状態をいうのであり，①も②も（特に①は），どのような事実を以てそれに該当する状態であるといえるかの評価を伴うものであるから，その複合概念である占有は，より強い意味で評価概念である」と主張されている[25]。続けて，同教授は，民事訴訟において占有を主張する当事者は，本来そうした評価の根拠となる具体的事実を主張すべきであり，そうでないと，場合によっては，争点が噛み合わないことが起きると指摘される[26]。

いずれの説が相当であろうか。両説とも，占有が極めて抽象度の高い概念であることは認めている，問題は，「占有」と主張すれば，人は，皆共通のイメージを持つか，占有と主張するだけで，審理の争点設定として十分かという点

をどう考えるかである。やはり，「占有」というだけでは，人は皆共通のイメージを持つとはいえない。その意味で，「占有」については，これを評価的要件と捉え，当該評価を根拠付ける事実をもって要件事実と捉えるのが相当と思われる。[27]

24) 司研・紛争類型別要件事実48頁，司法研修所と同様に占有を事実と解する説として於保不二雄・物権法（上）196頁（有斐閣，1966）などがある。

25) 伊藤滋夫「民事占有試論（下）」ジュリ1060号89頁（1995），なお，内田貴・民法Ⅰ〔第2版補訂版〕397頁（東京大学出版会，2000）は，占有の要件のうちの所持について，「単なる事実的支配ではなく，評価を含んだ概念であり，占有の各効果を認めるべき程度に事実上の支配があるかどうかで判断される」しており，評価と捉えているように思われる。また，笠井論文18頁は，占有は規範的要件ないしは評価であり，時効取得の成立を主張する者は，このような占有の評価根拠事実の主張立証責任を負い，時効取得の成立を争う者は，評価障害事実の主張立証責任を負うとする。

26) 伊藤・前掲注25) 89頁は，Xが当該建物におけるYの居住を指して占有をいっている場合もあれば，Xが当該建物にYは居住していないが，Yが居住していた当時に使用していた椅子一脚が残っていることを指して占有といっている場合もあり，単に「占有」というのみでは争点が嚙み合わないことがある事例を紹介されているのが参考となろう。

27) 伊藤・前掲注25) 89頁，同・要件事実の基礎36頁，占有を評価としたうえで，これを民事執行実務のうえでどのように判断すればよいかについて触れた論稿として，難波孝一「現況調査における占有・占有権原の判断の構造」民事執行実務28号45頁以下（日本執行官連盟，1998）がある。

(c) 黙示の意思表示

(ｱ) 事実的要件か評価的要件かの区別は，実体法に法律要件として記載されている法律要件の抽象度に応じて，何を主張立証責任の対象事項とすべきか，換言すれば，何が要件事実なのかという問題であり，抽象度が高く評価とみ得るものは事実的要件とは区別し，これを評価的要件として扱うという問題であった。すなわち，評価的要件は，具体性に乏しく，表示価値が低い概念を使用した要件ということができる。[28] 表示価値の高さ，低さという観点からは，意思表示が明示でされた場合と黙示でされた場合が，事実的要件と評価的要件との関係に類似している。

28) 司研・第一巻37頁，38頁は，意思表示における表示行為は，そこから一定の意味内容を持った効果意思を認識できるところの，人の外界へ向けての意識的行為であり，

5 規範的要件・評価的要件

当該表示行為には明確に表しているものとそうでないものとが存在するところ、その明確性を表示価値と説明しているが、やや難解な表現と思われる。この点につき、伊藤・入門90頁は、「表示価値の問題は、ある主張事実をある表現で当事者がした場合に、その表現がどの程度具体的なイメージを他の者に与えることのできる力を持っているかの問題であり、ここでは、この力を表示価値と言っています。」と平易な説明をしているのが参考になろう。

(イ) 黙示の意思表示の具体例　簡単な設例で、Xが、Yに対し、パソコンを貸してほしいと申し入れ、Yがこれを承諾したという例を考えてみよう。仮に、Xは、Yに対し、パソコンの借入れを書面で申込み、当該書面に、Yの署名でこれを承諾するという文言が記載されていたところ、Yは、当該書面のY名義の署名は自分が署名したものではではないとして争っているものとすると、契約合意の意思表示は明示にされていることを前提として争っていることは明らかである。これに対し、Xは、Yに対し、パソコンの借入れを口頭で申し入れたところ、Yは黙ってXの話を聞いていたが、最後に頷いたとすると、意思表示は明示にはされておらず、「Yは黙ってXの話を聞いていたが、最後に頷いた」ということをもって、黙示に意思表示があったということになろう。

以上のとおり、黙示の意思表示は抽象度の高いものであり、何を要件事実と捉えるかが問題となる事項である。この点については、後記**4**(4)(a)を参照されたい（主要事実説が相当であるとしている）。

4　評価的要件の要件事実

(1)　はじめに

評価的要件において、当事者が当該評価という効果を導き出すために主張立証しなければならない事実、すなわち、要件事実（主要事実と同義）は何かとうことが問題になる。本項では、この点に関する考え方を紹介し、いずれの説を採るべきかについて検討することにする。

(2) 各説の紹介

(a) 間接事実説

間接事実説は,「過失」,「正当の事由」などの評価それ自体が主要事実であり,その評価判断の対象となる具体的事実は間接事実にすぎないとする説である。この考え方によれば,当事者が「過失がある」,「正当の事由がある」と主張しさえすれば,裁判所は,当事者の主張をまたずに,個々の具体的事実を認定して判決の基礎として斟酌することができることになる。かつては,この考え方が支配的であったといってもよい。[29]

> 29) 兼子・前掲注1) 199頁,三ヶ月・前掲注1) 159頁,法律実務講座民事訴訟法(1) 116頁(有斐閣,復刊版,1984),同(3)146頁(復刊版,1984)など。なお,松本博之「要件事実論と法学教育(2)【要件事実論批判を中心に】」67頁(自由と正義2004年1月号,以下「松本論文」という)は,「規範的法律要件要素についても,証明責任の対象事項は『評価根拠事実』や『評価障害事実』ではなく,規範的法律要件要素それ自体である。この見解によれば,形の上では主張責任と証明責任の対象は食い違うことになるが,異とするに足らない。筆者も後者(この見解を指す)の立場に立っている」とされる。証明の対象を,法規で規定されている「過失」「正当事由」という規範的評価それ自体と捉えており,間接事実説の範疇に入ると思われる。

(b) 主要事実説

主要事実説は,「過失」,「正当の事由」などの評価のレベルで主要事実を捉えず,当該評価を根拠付ける個々の具体的事実を主要事実と捉える考え方である。[30] この考え方によれば,当事者は,当該評価の根拠となる具体的事実を主張しなければならず,当該具体的事実が攻撃防御の対象となる事実,すなわち,主要事実になるとする。現在では,この考え方が支配的であり,法律実務の運用も多くはこの考え方に従っているといえる。

> 30) 山内論文6頁,法律実務講座民事訴訟法(2)76頁(有斐閣,復刊版,1984),野崎幸雄「借家法1条ノ2にもとづく家屋明渡請求訴訟」実務民事訴訟法講座(4)82頁(日本評論社,1969),青山善充「主要事実 間接事実の区別と主張責任」講座民事訴訟(4) 367頁,396頁(弘文堂,1985),司研・第一巻30頁。なお,笠井論文5頁は,「当事者の争点提示に関する責任及び権限を実質化するという観点や,相手方の防御機会の実質的な保障という観点からして,また,主要事実はそれ自体(間接事実からの推認によらなくても)証拠によって直接認定可能なものであるべきことからしても,当該概

念に当てはまる具体的事実を主要事実（要件事実）とみるべきである」として主要事実説の根拠を明らかにしている。

(c) 準主要事実説

準主要事実説は，一般条項における具体的事実は主要事実ではあるが，構成要件要素へのあてはめが普通の条文と違うことを重視して，間接事実よりも主要事実に引き寄せて理解すべきという意味で「準主要事実」という概念を作出し，当事者は，評価そのものではなく，当該評価の根拠となる事実（準主要事実）を主張立証すべきであると主張する。この考え方は，評価的要件の評価の根拠となる具体的事実が主張立証責任の対象となる事実であるということをいっているのであって，基本的には，前記(b)の主要事実説と異ならないと考えられる。したがって，以下の検討に当たっては，間接事実説と主要事実説に絞って検討することにする。

31) 倉田論文259頁。なお，池田粂男「一般条項の証明責任」民事訴訟法の争点255頁（別冊ジュリスト，1979）は，更新拒絶の「正当事由」について，当該評価を根拠付ける事実を主要事実に準ずるものとして立証責任の対象となる事実であるとされる。
32) 司研・第一巻31頁。

(3) 各説の長所，短所

(a) 間接事実説

(ア) 長　　所　　間接事実説の長所の第1は，主要事実を法規が法律要件として記載しているところに忠実に求めようとしている点であるとされている。また，主張立証責任に関し法律要件分類説（規範説）の考え方と整合する考え方といえるとされている。すなわち，法規が法律要件として事実ではなく評価判断そのものを捉えて規定している以上，その範囲において主要事実と捉えることは，規範説としては一貫しているし，そのことは，実務の手続に安定をもたらすといわれている。長所の第2は，個々の具体的事実を間接事実と解するので，当事者の主張を待つことなく，裁判官は斟酌できることから，裁判官の自由心証はより完全に保証され，事案の真相に合致した裁判が可能になり，もし，一般条項等を定めた立法の意図が裁判所の後見的機能の拡大にあるとするならば，この点は立法意図に沿うことにもなると説明されている。

33) 田尾論文275頁。
34) 田尾論文275頁。

(イ) 短　　所　　間接事実説の短所の第1は,「過失」等の評価を主要事実と捉えているが,「過失」等が主要事実ならば「過失」等を直接証拠により立証できるはずであるが,「過失」等の評価を証拠によって直接立証する手段はないはずであり,間接事実説の考え方は既にこの点で破綻している[35]。間接事実説の短所の第2は,請求原因事実において主要事実の陳述を要するとすることは,請求原因事実の陳述に訴訟運営上後のすべての訴訟手続についての道標を設定する役割を持たせているのであるが,間接事実説では,請求原因事実の前記訴訟運営上の機能を失わせることになる。短所の第3は,間接事実説によれば,広く権利自白を認めることになるところ,何故,「過失」等の評価に裁判所が拘束されるのかその根拠が不明確であること,一般条項の場合に裁判所の後見的機能が強く求められているとすると,むしろ権利自白は狭く捉えるべきであるとの考え方と衝突する。短所の第4は,間接事実説に従うと,当事者が甲事実を過失として争っていたのに,裁判所は乙事実を過失と認定することができ,このようなことは,当事者に不意打ちを与え,ことに,被告は十分に防御を尽くし得ない[36]。

35) 司研・第一巻31頁。
36) 田尾論文276頁。

(b) 主要事実説

(ア) 長　　所　　主要事実説の長所は,評価を根拠付ける個々の具体的事実が主要事実となることから,主張立証責任の対象となる事実が明確になり,このことは,訴訟の促進,被告の防御権の保護等において利点がある。主要事実説によれば,当事者が評価の根拠となる具体的事実を主張し,自白も当該具体的事実について成立し,裁判所は,当該具体的事実の存否を認定した後は,当該事実から「過失」等の判断ができるか否か検討することになる。この判断の構造は,「事実は当事者により,法律は裁判所により」という弁論主義の基本原則に素朴に忠実に合致するといえる[37]。

37) 田尾論文277頁。

(イ) 短　　所　　主要事実説の短所は,主張と証拠調べの間に食い違いが起

きた場合の処理に困るという点である。すなわち，主要事実説によれば，評価を根拠付ける個々の具体的事実はすべて弁論に現れていなければならず，主張のない事実はいかに当該評価を根拠付けるために有用であっても，裁判所がこれを判断・評価の根拠にすることは弁論主義に反することになるからである。主要事実説では，このような場合，どのように処理すればよいかという問題にぶつかる。[38]

38) 司研・第一巻33頁，田尾論文278頁。

(4) 両説の検討

(ア) 間接事実説と主要事実説の長所，短所は前記(3)でみてきたとおりである。そこで，以下，いずれの説が相当かという点について検討する。間接事実説の長所の第1点目として挙げられているのは，間接事実説が，法律要件分類説の考え方と整合性を有し，実務の手続に安定をもたらすとしているが，果たしてそうであろうか。法律要件分類説は，実体法が法律効果を発生させるために規定している発生要件を権利根拠・障害・消滅・阻止に分類し，訴訟の当事者はそれぞれ自己に有利な法律効果を発生させる要件について主張立証責任を負うという考え方であり，分類に当たって，実体法の条文の体裁に依拠するのが規範説である。しかし，法律要件分類説が対象にしている権利の根拠・障害・消滅・阻止の要件は事実であって，評価ではないと思われ，間接事実説が法律要件分類説の考え方と整合性を有するとの点は疑問である。また，間接事実説が，実務の手続に安定をもたらすというが，これまた疑問である。なぜなら，間接事実説によれば，攻撃防御の対象が特定されず，当事者が「Aの事実に過失」があるとしても，裁判所が「Bの事実に過失」があると証拠上心証をとれば，結局「過失がある」と判断できるというのでは，とても，実務の手続に安定をもたらすとは思われない。また，間接事実説の長所の第2点目として，裁判官の自由心証がより完全に保証され，一般条項等を定めた立法の意図が裁判所の後見的機能の拡大にあるとするなら，立法意図にも沿うことになるとする。しかし，このような考え方には賛成しかねる。裁判官の自由心証は，訴訟の具体的場において，攻撃防御の対象になった事実について保障されれば十分であり，対象となった事実以外にも自由心証の場を拡張することは過度に裁判官の権限

を認めることになり，相当ではないのではなかろうか。また，評価的要件の立法意図としては，多様な根拠事実・障害事実が予想され，それらの事実を総合して評価せざるを得ない場合に，評価概念を使用して法律要件を定めることとした場合も多いと思われる。また，評価的要件の立法の意図が，裁判所の後見的機能の拡大にある場合を全く否定することはできないであろうが，だからといって間接事実説をとり，当事者の主張しない事実から裁判所が判断するのは問題ではないかと思われる。裁判所に後見的役割が期待されるとしても，裁判所の中立・公平な立場を考えると，当事者の主張していない事実から判断するのは相当ではなく，当事者の主張していない事実が，本件で持つ意味を説明し，当事者が不意打ちを受けないように配慮するのが相当である。そうだとすると，間接事実説を採り，評価的要件について裁判所の後見的機能を拡大させることには疑問がある。

(イ) 以上のとおり，間接事実説の長所といわれている点については，果たして長所といえるか否か疑問である。のみならず，間接事実説は，法理論上の問題がある。前記(3)(a)(イ)でも指摘したとおり，間接事実説は，「過失」等の評価を主要事実と捉えているが，主要事実ならば直接証拠により立証できるはずであるが，「過失」等の評価を証拠によって直接立証する方法がないという点である。そもそも，主要事実と間接事実とは別個独立の事実として成り立つが，当該「評価」は，当該評価を根拠付ける具体的事実なしには成立しないという点で異なるということを，間接事実説は見落としているように思われる。

(ウ) そもそも，ここで議論の対象になっているのは，評価的要件における要件事実（主要事実）は何かという点である。「事実」は何かが問題になっているのに「評価」自体が事実であるとするのは背理のように思われる。要件事実（主要事実）は，訴訟の攻撃防御の対象となる法律効果を発生させるために当事者が主張立証しなければならない事実であることに照らすと，要件事実は，訴訟当事者，裁判所に明確に分かるもの，すなわち，訴訟当事者，裁判所が共通の認識を持てる事実でなければならない。そうだとすると，評価は，抽象度が高く，共通の認識が持てない不特定の概念であるから，「評価」自体が要件事実（主要事実）にならないのは，いわば自明の理のように思われる。以上のように考えると，「評価」を導くことができる当該評価の具体的な根拠事実こ

5 規範的要件・評価的要件

そが要件事実（主要事実）というべきであり，評価根拠事実を要件事実に据えることにより，主張立証責任の対象となる事実が明確になり，当事者は不意打ちの危険もなく，安心して訴訟に携わることができ，民事紛争の適正迅速な解決に資する所以でもある。したがって，評価的要件の要件事実（主要事実）は，評価根拠事実とする主要事実説が相当である。なお，前記3(2)(c)で検討した「黙示の意思表示」も抽象度の高い性質のものであり，主要事実説を採るのが相当である[39]。

39) 伊藤・入門87頁は，黙示の意思表示についても，理論上は，評価的要件と同じく，評価を妨害する具体的事実，すなわち，評価障害事実が考えられるとしている。

(エ) 主要事実説の短所として，前記(3)(b)(イ)のとおり，主張と証拠調べの間に食い違いが起きた場合の処理に困るとの点が指摘されている。この問題に対処するために，主要事実説の中には，評価を根拠付ける事実のうち，勝敗に影響する重要な事実とそれ以外の事実に分け，前者のみを主要事実とすべきであるとの考え方が提唱されている[40]。この考え方に対しては，秋山幹男ほか・コンメンタール民事訴訟法Ⅱ164頁（日本評論社，2002）が次のように批判しているが，正当な批判と考える。すなわち，「権利の発生・変更・消滅に関する事実を主要事実と解する前提に立てば，主要事実として法的に要件事実が主張されている限り，重要でない主要事実ということはありえない。実際上，当事者の主張事実が証拠調べの結果からみてその理由がないことが明白であっても，法的にはやはり，『重要』な主要事実であり，これに対する判断遺脱は，上告理由ないし再審事由」になると批判している。確かに，勝敗に影響する重要な事実を主要事実（要件事実）とする考え方では，何をもって勝敗に影響する重要な事実とみるのか区別のメルクマールとして明確ではなく，また，評価を根拠付ける事実は，当該「評価」との関係では，やはり主要事実である点に照らすと採用することができない。結局，当該「評価」を根拠付ける具体的事実はすべて要件事実（主要事実）となり，そうだとすると，主張と証拠調べとの間に食い違いが起きる危険は常にあるといえよう。この危険に対処するためには，裁判所は，食い違いが分かった段階で，食い違いを是正する機会を設けたり，主張の補充が予定されているときは，相手方の防御権を損なわない限度で，立証を許す等の対処方法でカバーが可能と思われる。また，弁論主義違背を防止する

観点からは，当事者の主張として余り細かい具体性を要求しないこと，当事者の主張した事実と同一性のある範囲で，当事者は予備的にそうした事実も主張していると善解することによって対処が可能であり，主張と証拠調べの間に食い違いが起きる危険は，主要事実説を採ることの難点ということはできない。

40) 田尾論文289頁。
41) 伊藤・要件事実の基礎126頁，127頁。

5 評価障害事実について

(1) 評価障害事実の意義

前記4で検討したとおり，評価根拠事実は当該評価的要件の「評価」を積極（プラス）の方向に根拠付けるものであるのに対し，「評価」の成立を妨げるような事実，換言すると，当該評価を消極（マイナス）の方向に基礎付ける事実が存在する。この「評価」を妨げる事実を評価障害事実と呼んでいる。評価障害事実は，評価根拠事実と矛盾した主張（両立しない事実）であってはならないが，評価根拠事実を前提とする事実のみならず，それとは関係なく当該評価を妨げる事実であってもかまわない。賀集教授は，建物賃貸借契約解約の正当事由（借地借家28条）について，「息子が婚約したので，挙式後は賃貸家屋に入居させたい」という例を取り上げているので，この例にしたがって説明する。「息子が婚約したので，挙式後は賃貸家屋に入居させたい」という事実は正当事由という評価の評価根拠事実であるが，「息子の婚約者は裕福であり，自宅マンションを持っており，賃貸家屋に入居する必要がない」という事実や，「被告は賃貸家屋で食堂を営んでおり，お客も近隣にたくさんおり，生活のために他に引っ越すことができない」という事実などが考えられ，これらは，いずれも評価障害事実であり，前者は評価根拠事実を前提とする評価障害事実であり，後者は評価根拠事実を前提にしない評価障害事実である。これに対し，賀集教授は，司研・第一巻34頁を引用したうえで，「賃貸人は，息子の『目下婚約中』を主張しているのであるから，婚約解消済みということを障害事由にするのは問題ではないか」と批判されている。しかし，司研・第一巻34頁は，

5 　規範的要件・評価的要件

賀集教授の挙げている事実を（「目下婚約中である」とか「婚約解消した」とかの事実）を評価根拠事実や評価障害事実として取り上げた記述をしていないし，賀集教授の挙げている事実（婚約解消済みという事実）は，評価根拠事実（目下婚約中であるという事実）と両立しない事実であり，そもそも評価障害事実とはならず，評価根拠事実の否認とすべきである。[46]

- 42) 司研・第一巻34頁，石川義夫「主要事実と間接事実」新実務民事訴訟講座(2)30頁（日本評論社，1981）は，評価障害事実を「負の主要事実」と評価されるべきであるとされている。なお，松本論文69頁は，「法律が証明責任の対象を法的評価の結論である法律要件要素としている場合に，それを充足すべき事情を『評価根拠事実』と『評価障害事実』に二分し，各々につき証明責任の分配を行うのは法律の要件を変更するのに等しい」として評価障害事実を観念することに対し批判される。証明の対象を規範的評価それ自体とみる考え方からすると，このような批判はあり得ることではある。しかし，「評価」それ自体は証明のしようがなく，立証責任の対象事項は事実，すなわち，評価を根拠付ける具体的事実であると考えると，松本教授の批判は疑問というほかない。
- 43) この点を明確に指摘するものとして，吉川・序説165頁，166頁がある。
- 44) 賀集唱「要件事実の機能」司法研修所論集90号46頁（1993）。
- 45) 賀集・前掲注44) 46頁。なお，松本論文68頁も賀集教授と同じ例を引いて，批判される。
- 46) 伊藤・要件事実の基礎127頁，128頁。

(2) 評価障害事実の攻撃防御方法としての位置づけ

(a) 間接事実説

評価を主要事実（要件事実），評価根拠事実を間接事実と捉える考え方からは，評価障害事実も間接事実と捉え，当事者からの主張がなくとも，証拠上，評価障害事実が認められれば，これを認定事実として使用することができるという考え方になると思われる。しかし，間接事実と捉える考え方は，「評価」を主要「事実」と考える点で問題があるのみならず，評価障害事実を間接事実と捉えると，主張立証責任の対象となる事実が不明確となり，当事者は不意打ちの危険に晒され，安心して訴訟に携わることができないというという不利益を負わされることになり，採用することは困難である。

(b) 否 認 説

評価的要件においては，評価根拠事実が主要事実（要件事実）であるとしながら，評価障害事実については，評価を障害しないという事実を「評価」的要件を主張する方で主張立証する必要があるとする考え方がある（以下「否認説」と呼ぶ）。否認説をとる山内敏彦氏は，借家法1条の2（借地借家28条）の正当事由を基礎付ける事実について，賃貸人，賃借人双方の各事情とも賃貸人側に主張・立証責任があるとするのが実務の支配的見解で相当であり[47]，運用上積極的に釈明権を行使することにより，否認説の実際上の欠陥（賃借人側に存する事実を賃貸人に立証させることが困難であること）をなくするのが妥当であろうとされる[48]。

否認説が，評価障害事実が不存在であるということも，評価根拠事実同様，主要事実（要件事実）として捉えようとする，基本的な姿勢には賛成である。しかし，立証の公平ということから考えると，賃貸人に，賃借人側に有利な事情がないということまで主張立証させることになる否認説の結論には問題がある。やはり，立証の公平という観点からは，賃借人に有利な事情等の評価障害事実は当該評価を妨げることを主張する賃借人の側で主張立証させるのが相当と思われる。よって，否認説は採用することができない。

47) 否認説が実務の支配的見解であるとするのは，少なくとも，現時点では疑問である。現時点での実務の支配的見解は，後記の抗弁説であると思われる。
48) 山内論文11頁，野崎・前掲注30) 83頁。松本論文69頁は，「明確性を欠く『評価根拠事実』と『評価障害事実』の区別により，相手方に不当に証明責任が課せられ，実質的に法律の要件に変更がもたらされることになろう」とされる。松木教授の見解は，本来評価障害事実の証明責任は評価根拠事実を主張立証する方で両方とも主張立証せよ，それが法の規定の趣旨であると言っているかのように受け取れるが，果たしてそれでよいのか疑問である。「評価」の適用を求める者は評価を根拠付ける具体的事実を，「評価」の適用を争う相手方は評価を障害する具体的事実をそれぞれ主張立証し，その結果，裁判官がこれらを総合判断し，「評価」の適用について決めるという構造は，立証の公平に照らしても，また，裁判の審理の在り方としても公平，合理的であり，何ら問題ないように思われる。

(c) 間接反証類推説

評価的要件において，評価根拠事実を準主要事実として当該評価的要件を主張する者の方で主張立証しなければならないとする倉田卓次氏は，評価障害事実について間接反証の考え方を類推（類推するのは間接反証は間接事実から主要事実

への推認過程を本来の舞台とすべきところ，評価障害事実においては，準主要事実から評価への判断過程で問題にするからと思われる）して，これを主張する者に証明責任があるが，主張責任は考える必要はないとされる（以下「間接反証類推説」という）。倉田卓次氏の説明は次のとおりである。すなわち，「正当事由存否の判断は，原告側の具体的事情 X_1，X_2，X_3 と被告側のそれ Y_1，Y_2 との双方を比較検討し，総合考察した上でなされる法律判断なのであり，具体的事情 X_1，X_2，X_3，Y_1，Y_2 の一々が準主要事実として証明責任の対象なのであるから，その一つ一つについて分配を考えておかねばなるまい。……（中略）……X_1，X_2，X_3，Y_1，Y_2 はそのうちどの一つが欠けても正当事由が否定されるものであるかぎり，その各々について原告の証明責任（確定責任）を肯定せざるを得ない。そして，その限り被告側事情も原告が初めから言わなければならぬのである。……（中略）……X_1，X_2，X_3，Y_1，Y_2 が揃っても，更に Y_3 という別の事情がプラスされることで正当事由が否定される場合，この Y_3 については，間接反証の考え方を類推して，被告に証明責任を帰することができるので，その限度では，双方への分配が観念されることになる。ただし Y_3 について主張責任を考える必要はない」とされる[49]。

　間接反証類似説も基本的には，評価的要件においては，評価を根拠付ける事実，障害する事実を証明の対象となる事実と捉えている点では，基本的な姿勢には賛成である。しかし，間接反証類似説には次のような疑問点がある。第1の疑問点は，被告側の事情である Y_1，Y_2，Y_3 のうち，Y_1，Y_2 は原告側に，Y_3 は被告側に立証責任を分けている点である。Y_1，Y_2 はおそらく賃借人側に正当事由がないという消極的事実であり，前記否認説について述べたのと同じ批判（立証の公平）が当たると思われる。第2の疑問は，被告側の事情のうち Y_1，Y_2 は原告側，Y_3 は被告側というように分配の基準が明確ではないように思われる。被告側の事情 Y_1，Y_2，Y_3 はいずれも評価障害事実として被告側の主張立証事項とする方が簡明のように思われる。第3の疑問は，被告側で証明する事項とする Y_3 については証明責任はあるが，主張責任はないとする点である。この考え方の背景には Y_3 は主要事実ではないとの考えがあるようにも受け取れるが，もし，そうだとすると，問題である。そもそも，証明責任は負うが，主張責任はないという概念を作ることは，主張責任と立証責任との分離

に繋がるように思え，にわかに賛成し難い。

49) 倉田論文264頁，265頁。
50) 主張責任と立証責任とが一致することについては，本書拙稿「主張責任と立証責任」の該当個所を参照されたい。

(d) 抗 弁 説

前記(1)で述べたとおり，評価根拠事実は当該評価的要件の「評価」を積極（プラス）の方向に根拠付けるものであるのに対し，評価障害事実は，当該評価を消極（マイナス）の方向に基礎付ける事実である。そうだとすると，ある評価的要件の「評価」の成立が請求原因の要件となるとき，評価根拠事実が請求原因となり，評価障害事実は，評価根拠事実から当該評価が認められるとの効果を障害する事実として，攻撃防御方法としてみると，抗弁に位置づけることができ，この立場を抗弁説と呼んでいる。抗弁説は，例えば，借地借家法28条の「……正当の事由があると認められる場合でなければ，することができない。」を，「建物の賃貸人は，建物の使用を必要とする事実その他の事実によって正当の事由があるとの評価が根拠付けられる場合に限り，賃貸借契約の更新を拒み又は解約の申入れをすることができる。ただし，前記の場合においても，これと別個の事実によれば正当の事由があるとの評価が妨げられるときはこの限りではない」という趣旨の規定と解釈するのである（その作業が「裁判規範としての民法」の構成ということである）。

評価的要件において「評価」は主要事実ではなく，評価根拠事実，評価障害事実自体が主要事実（要件事実）と考え，立証の公平，評価障害事実の働き方を考えれば，抗弁説の結論が相当であると考える。

抗弁説をとった場合，評価障害事実を前提にその事実と両立し評価障害事実から当該評価を妨げる効果を更に妨害する事実は，抗弁である評価障害事実に対する再抗弁と位置づけるのが相当か，それとも，結果として当該評価の根拠となることから，これまでの請求原因，抗弁を前提とする請求原因の予備的主張と位置づけるのかが問題となる。例えば，前記(1)の建物賃貸借契約解約の正当事由（借地借家28条）の例で，原告が，請求原因（評価根拠事実）として，「息子が婚約したので，挙式後は賃貸家屋に入居させたい」という事実を主張し（当該事実で請求原因事実としては十分であると仮定する），被告が抗弁（評価障害事実）

として,「息子の婚約者は裕福であり,自宅マンションを持っている」という事実を主張したとする。これに対し,原告が,「息子の婚約者のマンションは息子の勤務場所から遠く,しかも,当該マンションには婚約者の両親も同居している」という事実が主張されたとして,このような事実は,再抗弁か,それとも,請求原因の予備的主張と解するべきかという問題である。

この点について,賃貸借契約において,賃借人が賃貸人の承諾なく第三者に賃借物を使用収益させた事例において,賃貸人は,請求原因として,賃借人が第三者に賃借物を使用収益させたことを主張し,賃借人は,抗弁として,承諾に代わり,第三者に使用収益させたことが賃貸人に対する背信行為と認めるに足りない特段の事情を主張立証すれば足り,これに対し,賃貸人は,前記特段の事情(非背信性)の評価障害事実を主張立証すべきであり,その訴訟法上の位置づけは再抗弁であるとされている。[54] この事例では,請求原因では,原則背信を主張し,抗弁では例外として非背信を主張し,再抗弁では,例外の例外として背信であることを主張している。したがって,背信の評価根拠事実は請求原因にもなり,再抗弁にもなるのであり,問題は,当該事実が,抗弁の効果を覆滅する事実か否かにかかっている。以上のような観点からみると,評価障害事実を前提にその事実と両立し評価障害事実から当該評価を妨げる効果を更に妨害する事実は再抗弁に位置づけるのが相当であろう。[55]

51) 司研・第一巻35頁。
52) 司研・第一巻35頁。
53) 司研・第一巻35頁,伊藤・要件事実の基礎128頁,吉川・序説165頁。古くは,広瀬武文「家屋明渡における『正当事由』」総合判例研究叢書民法1・147頁(有斐閣,1956),村松俊夫「事実認定について」民訴雑考所収112頁(日本評論社,1959)などが抗弁説の立場を採っていた。
54) 司法研修所・民事訴訟における要件事実第二巻92頁(法曹会,1992),伊藤・入門112頁(注57)。
55) 以上にように考えると,「正当の事由」のうちの一つの事実について,抗弁,再抗弁,再々抗弁,再々々抗弁と伸びていくことになるが,実際にはそのような事例は多くはないであろう。このような事態を防止すべく,評価的要件においては,評価根拠事実という一群の具体的事実があり,他方で,評価障害事実という一群の具体的事実があり,これを総合して,当該「評価」ができるか否かという判断構造になっており,そうだとすると,「評価障害事実」(抗弁)の効果を妨げる効果を持つ事実は評価根拠事

実といえ，評価根拠事実として請求原因に位置づけるのが相当であるとの考え方もないではないと思われる。しかし，当該事実がどのように働いているのか（抗弁の効果を覆滅させているのか）という点を考慮すると，単純に請求原因に位置づけるのは相当ではないであろう。

6 評価的要件における判断の構造

　(ア)　本項では，実際にあった事案を題材に，評価的要件の判断の方法が事実的要件の判断の方法とどのように異なるのかということをみていくことにする。事案として取り上げたのは，東京高判平成10・9・30判時1677号71頁である。本件は，建物賃貸借契約の解約申入れに正当事由があるのか否かが問題となった事案である。X所有の本件建物は昭和21年建築の2階建の木造建物であるところ，同28年に1階部分をYに賃貸し，2階部分はXの住居となっている。Yは，本件建物の1階部分で高級下着店を営んでいた。Xとしては，本件建物は老朽化しており，本件建物を建て替えて7階建てのビルを建築したいと考えており，他方，本件建物は港区麻布十番のメインストリートに面し，間もなく地下鉄駅もでき，高級下着店としては絶好の立地条件であり，同様の立地条件を具備するような代替店を確保することは容易ではないという事情があった。このようななか，XはYに対し，建物賃貸借契約の解約を申し入れた。

　(ロ)　前記事案で，Xが，正当事由という評価を根拠付ける事実として主張したものは，次のようなものであった。
　① 本件建物は昭和21年に建築された木造2階建てのものであり，老朽化しており早急に立て替える必要がある。
　② 本件建物の所在する場所は，近く2つの地下鉄駅が開業予定の商業地域であり，社会経済的な観点からは，土地の再開発，有効利用がはかられるのが相当な場所である。
　③ Xは，本件建物の2階部分に居住しているが，本件建物を建て替えて店舗及び住居として使用する必要がある。
　④ Xは本件建物の近隣にマンションAを所有しているが，床面積10坪でXら家族が生活するだけの面積がなく，事務所として第三者に賃貸して

いる。また，大田区にもマンションBを所有しているが，ワンルームマンションでXら家族の住居としては使用できない。
⑤　XはYに対し正当事由補強のため500万円又は裁判所が相当と認める金額を提供する用意がある。

これに対し，Yが，評価障害事実として主張した事実は次のとおりである。

⑥　Yは本件建物1階部分で高級下着店を営んでいる。
⑦　本件建物の存在する麻布十番は高級下着店営業のためには，他に類を見ない程の好立地条件であり，固定客が付いており，他に代替する場所はない。
⑧　Yは本件建物1階部分での高級下着店からの売上以外に収入の道はなく，本件建物から立ち退けば生活の手段を失ってしまう。
⑨　Xは本件建物の近隣にマンションAを，大田区にマンションBを持っており，本件建物の2階部分に居住する必要がない。

前記①ないし⑤がXが主張立証すべき評価根拠事実（請求原因）であり，前記⑥ないし⑨がYが主張立証すべき評価障害事実（抗弁）ということになる。そこで，以下，これらの事実を前提に，評価的要件の判断方法，事実的要件の判断方法との違い等について検討することにする。

(ハ)　評価的要件の判断の最大の特徴は，評価根拠事実と評価障害事実とを総合して当該「評価」が認められるか否かということを判断することにある。判断に当たっては，評価根拠事実が請求原因，評価障害事実が抗弁であることに照らし，その順番で，事実の存否を判断し，そのうえで，これらの事実を総合して当該「評価」について判断することになる。このことから，事実的要件の場合には見られない次のような特徴が見られる。

第1の特徴は，過剰な主張も許されるということである[56]。要件事実は必要最小限度の事実のみ主張することで必要かつ十分であるとされているところ[57]，評価根拠事実，評価障害事実においては，何故，過剰主張が許されるのであろうか。その理由は，評価的要件においては，どこまで主張したら「必要かつ十分」なのか判断が難しい点にあるのではなかろうか。特に，審理の途中では相手方の主張がどうなるのか，どこまで主張するのか，見極めがつかないので，

その判断は特に難しく，したがって，審理の途中で主張を制限することはできないからではなかろうか。したがって，審理を終了した段階では，それまで主張していた事実が結果として過剰主張になっていることになるのではなかろうか。過剰主張が許されるというのは，以上のような意味に解すべきである。この点，事実的要件においては，どこまで主張すれば，「必要かつ十分」なのかの判断が容易である。例えば，債務の履行遅滞の障害事由として，弁済の提供（ａの事実）は必要があるが，供託（ｂの事実）までは不要であることは明らかであることから，供託の主張がされても，裁判所としては，供託について相手方の認否も求めたり，供託についての証拠申請を受け付けるべきではない。しかし，評価的要件においては，どこまで主張したら「必要かつ十分」なのか判断が難しいことから，過剰主張が許されているものと思われる。前記(2)の例を前提に説明すると，次のとおりである。Ｘが，前記①の事実しか主張してないとき，Ｙとしては，⑥だけで十分かどうか不明であり，⑥に加え⑦ないし⑨を主張したとした。その場合，⑦ないし⑨はあるいは過剰かもしれないし，過剰ではないかもしれずその判断は難しい。また，Ｘが①に加え，②ないし⑤の事実を主張するかもしれず，そのような場合に備え，Ｙが予め⑦ないし⑨の主張することを裁判所としては制限できないと思われる。このようなことを考えると，評価的要件においては，以上のような意味で，過剰主張は許され，その結論に異論はないものと思われる。

　第2の特徴は，事実認定との関係で，評価障害事実は主張自体失当になる可能性があるということである。事例を離れ，例えば，Ｘが評価根拠事実として，a，b，c，dの各事実を主張し，Ｙが評価障害事実としてe，f，g，hの各事実を主張したとする。証拠調べの結果，aの事実のみしか認められないときは，e，f，g，hの各事実が立証できれば当該評価を妨げることができるとした場合には当該e，f，g，hの主張は成り立つ。しかし，証拠調べの結果，a，b，c，dの各事実が認められた場合，仮にe，f，g，hの各事実が認められても，当該評価の効果が認められるときには，評価根拠事実に続いて，評価障害事実e，f，g，hの判断をしても無駄であり，当該評価障害事実は主張自体失当ということになる。これは，事実的要件の判断においては見られない現象である。このことは，もともとe，f，g，hの抗弁は，請求原因aに対する抗弁

5 規範的要件・評価的要件

の意味しかなく,請求原因b,c,dに対しては意味を持っていなかったために起こるものと考えられる。

 第3の特徴は,評価根拠事実,評価障害事実については真偽不明はあり得るが,「評価」そのものについては真偽不明はないということである。この点に関し,倉田卓次氏は,準主要事実から「過失」「正当事由」の評価をするに当たり,「あてはめは法律判断であるから厳密に言えば,判定不能という結論は起こりえない筈であるが,『過失の認定』とか『正当事由の存否』とかが熟した表現になっていることで想像がつくように,不特定概念を用いた構成要件要素がそのまま事実認定の対象と観念され,その限りノン・リケットの結論はきたすことはありえよう。しかし,公序良俗違反とか権利濫用とかいった狭義の一般条項では,法理念がなまのまま取り込まれている関係から,あてはめの法律判断が高度であり,個々の準主要事実にかりにノン・リケットがあっても,そのあとの総合判断では必ず肯定否定のいずれかに判断され,ノン・リケットという結論はありえないことになる」とされている。倉田氏の考えのうち,狭義の一般条項とその他の一般条項に区別し,前者の「評価」の判断にはノン・リケットはなく,後者の「評価」にはノン・リケットがありうるかのような結論には賛成しかねる。なぜ,両者を区別する必要があるのか必ずしも明確ではなく,また,認定された評価根拠事実,評価障害事実を前提に,その総合判断から当該「評価」の有無を判断するのは,法律解釈,法的あてはめの問題であり,立証責任の観念の働く余地のない場面であるからである。

56) 吉川・序説166頁。
57) 伊藤・要件事実の基礎16頁,司研・第一巻284頁(いわゆるa+bの理論)。
58) 吉川・序説167頁は,過剰主張が許される根拠について,「裁判所の総合的評価の対象となる事実」であることを挙げられる。しかし,「総合的評価」ということと,「どこまでの事実があれば,その総合判断ができる」かということとは,別の事柄であり,総合的評価から過剰主張が許されるということは,根拠としてはやや明確性を欠いているように思われる。
59) 吉川・序説167頁参照。なお,松本論文68頁は「ある賃貸人側の事情がそれだけで『評価根拠事実』として正当事由を根拠づけることができるということが,そもそも可能で,また適切なのかどうかが問題なのである」と批判されている。しかし,筆者の実務経験でも,本文に記載しているように,賃借人側の事情が弱ければ,賃貸人側の事情だけで,賃貸人側の請求を認容することはあり,松本教授の問題指摘は疑問と

思われる。
 60) 笠井論文7頁，8頁は，「正当事由」があるといえるかどうかについては，要件事実の存否という事実の判断ではなく，法的評価の判断であるとされながらも，「具体的事実が当該法律要件に該当するかどうかフィティ・フィティであるという場合の存否は否定できない」として，「正当事由」の存否について真偽不明（ノン・リケット）の処理をすることを肯定されている。「正当事由」が法的評価の判断であるというのなら，裁判官は，「正当事由」に当たるか否かを，判断が困難でも行うべきであり，真偽不明の場合を肯定することには疑問がある。
 61) 伊藤・要件事実の基礎129頁，山木戸論文52頁。

(ニ) それでは，次に，前記(イ)(ロ)で取り上げた事例を基に，具体的な判断の方法等についてみてみることにする。

ア まず，請求原因は評価根拠事実なのであるから，この点から，判断する。仮に，Xが，①と⑤の事実しか主張していないと仮定すると，①⑤だけの主張だけでは，仮にこれらの事実が認められたとしても「正当事由」があるとの評価をすることはできず，その他の判断をするまでもなく主張自体失当となり，X敗訴で事件は終了する。

イ 次に，Xが，①ないし⑤の事実を主張していれば，①ないし⑤の事実が証拠により認定できるか否か判断し，仮に①⑤しか認められず，これだけでは「正当事由」があるという評価ができないと判断すれば，やはり，Xの請求は，Yの評価障害事実を判断するまでもなく，X敗訴という結論になる。

ウ Xが，①ないし⑤の事実を主張していれば，①ないし⑤の事実が証拠により認定できるか否か判断し，仮に①ないし⑤全部が認められたとする。①ないし⑤の事実から「正当事由」があるという評価ができると判断できるので，次は，評価障害事実について検討する（すなわち，評価根拠事実から当該評価が相当との判断ができるときに，次の評価障害事実の検討に入る）。仮に，評価障害事実として⑥⑨しか主張していないと仮定すると，おそらく⑥⑨が証拠上認定できても，前記「正当事由」があるとの評価を障害することはできず，⑥⑨の主張しかないときには，⑥⑨の事実の存否を検討するまでもなくX勝訴の結論となる。

エ ウと同様，①ないし⑤の事実が認定でき，Yの方でも⑥ないし⑨の主張

をしていれば，⑥ないし⑨の事実の存否を証拠に照らし判断する。⑥ないし⑨が認められなければX勝訴となるし，⑥ないし⑨が認められれば，総合判断し，「正当事由」が存在するか否かを判断する。総合判断に当たっては，⑤の正当事由を補強する立退料の提供を除いて，①ないし④と⑥ないし⑨との比較をし，⑥ないし⑨が認められているのであるから，評価障害事実により「正当事由」があったとの判断はできず，結局，正当事由を補強する立退料の額によって，「正当事由」の有無を判断することになる。先に述べたとおり，評価根拠事実，評価障害事実の判断に当たっては真偽不明という事態はあり得るが，「正当事由」の判断は法的あてはめの場面であり，判断に当たって困難な場面があるかもしれないが，真偽不明という事態はなく，裁判官は，「正当事由」の有無を判断することになる。

7　最後に

本稿では，実体法が法律要件として規定している用語は多分に抽象的，評価的なものを含んでおり，これらを事実的要件，価値的要件，評価的要件に分離してはどうかと提言した。そして，価値的要件，評価的要件においては，実体法で使用されている用語では，人は，共通のイメージを持ち得ないので，共通の認識を持てるように，評価根拠事実，評価障害事実を主要事実（要件事実）に据えるべきである（価値的要件については評価障害事実は除外する）。こうすることにより，価値的要件，評価的要件の存否が問題となる訴訟では，具体的な攻撃防御の対象が定まり，このことが民事紛争の適正迅速な解決に繋がり，当事者の不意打ちを防止することに資することを述べてきた。

〈民法の一部を改正する法律（平成16年法律第147号）との関係について〉
　以上の本稿の説明は，上記法律による民法の改正を織り込み済みである。

6
攻撃防御方法としての要件事実
―契約の履行請求権を例として―

大　江　　　忠

1　はじめに
2　契約に基づく履行請求権の要件事実
3　契約無効に基づく不当利得返還請求権

1　はじめに

　本講座の編集者から与えられた論題は,「攻撃防御方法[1]としての要件事実[2]」である。それは,理論的な観点からみると,攻撃防御方法の中核である,請求原因[3],抗弁[4][5],再抗弁[6],再々抗弁[7]に位置付けられる要件事実を具体的に検討することを意味する。また,それを,訴訟活動という実践の面から見ると[8],要件事実は,訴訟における攻撃防御の焦点として,それを基準として主張の整理と立証が行われるものであるから,実践的にも重要な意義を有する[9]。

　このように,「攻撃防御方法としての要件事実」は,理論的にも実践的にも広範でかつ極めて大きな意義を有する論点であるが,実践的な側面は,本講座第1巻においても裁判官,当事者の各視点から「要件事実の機能」が論じられている。理論面における「攻撃防御方法としての要件事実」であるが,その全体の構造は,実体法の全分野に及ぶ[10]ものであるから,それをここで取り扱うことはできない。

　そこで,本稿は,その副題にあげたように,攻撃方法としての要件事実のうち,「契約の履行請求権」の要件事実を主として検討し,関連して「契約無効に基づく不当利得返還請求権」の要件事実に触れることにして,極めて不十分ながら責めをふさごうとするものである。契約の履行請求権自体は,訴訟物と

しても請求原因事実としても，基本的なありふれたものなのである。にもかかわらず，これを取り上げることとしたのは，法科大学院で要件事実論を教える立場になって，大学院生が「契約自由の原則」を基礎として当事者の「合意」がすべてという思考が極めて強いことにあらためて気づいたし，それでは履行請求権の請求原因事実として当事者の合意のうちどの部分の主張・立証が必要なのかを説明するのに苦労したことによる。いずれにせよ，本稿は，先人の業績を引用・整理しつつ，極めて基礎的な理論的側面に限ったごく一部の問題を扱うものである。

1) 攻撃防御方法（民訴156条や157条など）は，一般に，本案の申立てを基礎づける一切の裁判資料（主張，立証，証拠抗弁等）を攻撃方法といい，その反対申立てを基礎づける一切の裁判資料を防御方法をいうと定義される。当事者の事実上の主張を訴訟物との関係から眺め，かつ，それに攻撃者（原告）と防御者（被告）という立場の対立及び立証責任分配の原則を投影するとき，攻撃防御方法という観念が生じる。つまり，攻撃方法とは，原告が訴訟物たる請求を理由あらしめるためにする事実上の主張・立証をいい，防御方法とは，被告が訴訟物たる請求を否定するためにする事実主義（広義では，これを立証するための挙証が含まれることは，攻撃方法の場合と同様である）をいう（三ヶ月章・民事訴訟法（法律学全集）274頁（有斐閣，1959））。つまり，攻撃又は防御の方法とは，権利又は法律関係を発生・変更・消滅させるのに必要な事実主張・立証である。

2) 民事訴訟では，裁判所は，原告が訴訟物として主張する一定の権利（又は法律関係）の存否を判断する。しかし，権利（又は法律関係）は観念的な存在であり，その存否を直接認識することはできない。権利の存否の判断は，その権利の発生が肯定されるか，その権利が消滅したか，その消滅の効果の発生が妨げられたかというように，積極・消滅の法律効果の組合せによって導き出す方法をとる。実体法はこのような法律効果の発生要件を規定しており，この発生要件を，一般に「法律要件」という（我妻栄・新訂民法総則231頁（岩波書店，1965））。そして，権利の発生，障害，消滅等の各法律効果が肯定されるかどうかは，その発生要件に該当する具体的事実の有無にかかる。この事実を一般に「要件事実」という。つまり，要件事実は法律要件に該当する具体的事実である。

3) 請求原因（Klagegrund）　原告は，被告が訴訟上の請求（「請求の趣旨」）を承諾しない限り，その法律効果として原告の訴訟上の請求が結果する実体法規範（権利根拠規範）に該当する要件事実を主張しなければならない。被告がこれを認めれば自白になり，証拠を要せずにその事実が認められ，おのずから原告の主張する法律効果が是認されることになる。もし被告がその事実を争えば（否認又は不知の陳述），証拠

をもってこれを立証しなければならず，立証が成功しないときはその事実が認められなくともやむを得ない（立証責任は原告が負う）。このように，訴訟上の請求を基礎づけるために，原告が主張責任及び立証責任を負う事実を請求原因事実という。

4) 抗弁（Einrede） 被告は原告の主張事実を否認することによって原告の立証の必要を生じさせることができる。それをすることなく，原告の主張する権利の発生を妨げ又は一旦発生した権利を消滅させる効果を定める実体法規範（権利障害規定，権利滅却規定，権利阻止規定）に該当する要件事実すなわち，権利障害事実（例えば，意思表示に要素の錯誤・虚偽表示等の無効原因があるという事実），権利滅却事実（例えば，債務の免除・弁済・供託・取消・解除・消滅時効等）又は権利阻止事実（例えば，期限の定め・同時履行・留置権の行使）を主張して原告の請求を理由なからしめることができる。こうした反対規定の要件事実を主張することを抗弁という。なお，被告が原告の主張を否認しつつ，仮に原告の主張事実が認められる場合を慮ってする抗弁を一般に「仮定抗弁」というが，要件事実論でいう「予備的抗弁」（後記注5）参照）とは全く異なる概念である。

　要件事実論の観点からいうと，抗弁は，請求原因と両立しながら，請求原因事実から発生する法律効果を阻害する事実（権利発生障害事実），請求原因事実から発生する法律効果を消滅させる事実（権利消滅事実）又は請求原因事実から発生する法律効果を一時阻止する事実（権利阻止事実）である。これらの抗弁の主張・立証責任は，被告が負う。

　また，「権利抗弁」とは，事実抗弁と異なって，留置権の抗弁権，同時履行の抗弁権，対抗要件の抗弁権，催告及び検索の抗弁権のように，抗弁を構成する要件事実を主張するだけでは足りず，その権利を訴訟上行使する必要（権利主張の必要）がある抗弁をいう。

　なお，債務不存在確認訴訟の場合には，権利根拠事実が抗弁となるのであって，その権利発生障害事実，権利消滅事実，権利阻止事実などは再抗弁に回ることになる。

5) 予備的抗弁　例えばある請求原因に対し，実体法上の法律効果だけを考えればA（抗弁）のほかにその要件事実を内包するB（抗弁）が考えられる場合がある。この場合，訴訟において，Aが主張・立証されたときは，これと訴訟上同一の機能・効果をもつBを主張・立証する必要なく，Aを主張して立証できなかったときは，Bも結局立証し得ないことになるから，訴訟上の攻撃防御方法としては，Aのみが機能しBは機能しないという意味で，Bは無意味である（いわゆるa＋b）。 しかし，Aが主張・立証された場合においても，これに対するC（再抗弁）も主張・立証されたときに，AとCを前提としてBが主張として意味を有することがある。この場合のBは，Aとの関係でa＋bの関係にあるから主張・立証させる必要がないということはできず，Aと同列の主張（抗弁）として位置づけるべきであり，A及びこれに対する攻撃防御方法Cを前提として第二次的に判断の対象とされることになる（司法研修所民事

231

裁判教官室・民事訴訟における要件事実第二巻181～182頁参照)。
6) 再抗弁（Ruplik）　原告は抗弁事実を否認することによって被告に立証の必要を生じさせることができる。そのほかに，抗弁事実に基づく法律効果の発生を傷害し，一旦発生した法律効果を消滅させ，又は権利行使を阻止する事由についての主張をすることができる。つまり，抗弁事実を認めつつそれに対する反対規定に該当する要件事実を主張し抗弁を理由なからしめることができる（例えば，意思表示の瑕疵はあるが，追認があったから取消しはできないとか，時効期間を経過したが中断事由があるから時効の効果は発生しないと主張する)。その事実（上記の例では，追認の事実，時効中断の事実）を被告が争えば原告は立証しなければならない。このように原告が主張・立証責任を負う事実を再抗弁という。

　要件事実論の観点からは，再抗弁は，抗弁事実と両立しながら，抗弁事実から発生する法律効果を減殺させて結果的に請求原因事実から発生する法律効果を復活させる事実である。再抗弁の主張・立証責任は，原告が負う。したがって，抗弁事実と両立し，かつ抗弁事実から発生する法律効果を減却させる事実であっても，当初の請求原因事実から発生する法律効果とは異なる法律効果を発生させることになる場合は，再抗弁ではない。この場合は，当初の請求原因事実及び抗弁事実と併せて，別個の請求原因事実となる。

　なお，再抗弁とは，抗弁事実と両立しながら抗弁事実から発生する効果を直接減却させなくても，結果的に請求原因事実から発生する法律効果を復活させるものと定義する見解（定塚孝司・主張立証責任論の構造に関する一試論（判例タイムズ社，1992）（以下「定塚・一試論」という））もあるが，通説のとるところではない。
7) 再々抗弁（Duplik）　再抗弁に対し，被告は再び否認するか（又は否認とともに），再々抗弁を提出できる。以下，再々抗弁に対し，原告は否認するか（又は否認とともに），再々再抗弁を提出できる。要件事実論の観点からいうと，再々抗弁は，再抗弁事実と両立しながら，再抗弁事実から発生する法律効果を減却させて結果的に抗弁事実から発生する法律効果を復活させる（したがって，請求原因から生ずる法律効果は認められないこととなる）事実をいう。再々抗弁の主張・立証責任は被告が負う。
8) 伊藤滋夫・要件事実・事実認定入門　裁判官の判断の仕方を考える91～92頁（有斐閣，2003）（以下，「伊藤・入門」という)。
9) 司法研修所民事裁判教官室・増補民事訴訟における要件事実第一巻91～92頁（法曹会，1989）（以下，「司研・要件事実第一巻」という）
10) 民法に限ってみても，攻撃防御方法としての要件事実の構造を一覧するものとして，司法研修所・9訂民事判決起案の手引（法曹会）の「事実摘示記載例集」があり，事件類型ごとに攻撃防御方法を簡明に説くものとして，司法研修所・紛争類型別の要件事実（法曹会，1999）がある。

11) この分野におけるまとまった文献として，倉田卓次監修・要件事実の証明責任　契約法上巻28～52頁〔岡久幸治執筆部分〕（西神田編集室，1993），大村敦志・典型契約と性質決定　契約法研究Ⅱ39～46頁（有斐閣，1997）。

2　契約に基づく履行請求権の要件事実

　契約に基づく履行請求権の要件事実（権利発生根拠事実）[12]については，通説たる冒頭規定説のほか，部分合意説（返還約束説），条件・期限一体合意説（否認説）及び全部合意説が説かれている。これらの見解が契約の履行請求権を発生させる要件事実としてそれぞれどの範囲の事実主張を要求することになるかという点に注意して，以下検討しよう。

12) 要件事実論は，原告が提示している訴訟物たる権利（又は法律関係）を前提として，その権利発生根拠となる要件事実（請求原因）は何かを考える。この訴訟物については，実務の通説である旧訴訟物理論を前提とすると，実体法上が定める権利又は法律関係に細分化されることとなる。本稿は，以下において，「契約に基づく履行請求権」に絞って検討しようとするものである。

伊藤・入門148～149頁は，訴訟物の性質を，①契約上の請求権に基づく請求，②所有権など物権に基づく請求，③事務管理に基づく請求，④不当利得返還請求，⑤不法行為のよる損害賠償請求，⑥その他の請求，の6種に分類して，それぞれの請求原因事実（権利根拠事実）以下の攻撃防御方法を体系化することを提案している。本稿は，そのうち，①の基礎部分を扱う。

(1)　冒頭規定説

　冒頭規定説とは，民法典が定める典型契約（第2節ないし第14節）の冒頭規定が定めている要件に該当する事実（要件事実）が当該典型契約に基づく履行請求権を発生させるものであるとする見解である[13]。例えば，売買契約に基づく売買代金請求権についてみると，民法555条によって次のとおりとなる。

訴　訟　物　　XのYに対する売買契約に基づく売買代金請求権
請求原因　　XはYに対し，本件目的物を1,000万円で売買する契約を締結したこと
抗　弁　1　　請求原因1には要素の錯誤があったこと

6 攻撃防御方法としての要件事実―契約の履行請求権を例として―

抗 弁 1　Yは，請求原因1当時，20歳未満であったこと
　　　 2　YはXに対し，請求原因1を取り消す意思表示をしたこと
抗 弁 1　請求原因1の代金請求権には弁済期が平成〇年〇月〇日と定められていること
　　　　＊この，弁済期の抗弁に対してはその到来が再抗弁となる。

　冒頭規定が定めていない条件・期限などの附款は，請求権の発生を障害するものであるから，抗弁と位置づけられることとなる（この限りで，冒頭規定説は「抗弁説」といわれることがある）。ただし，消費貸借契約，賃貸借契約及び使用貸借契約のような貸借型契約においては，貸したと同時に返還請求権が発生するというのはそれら契約の本質に反するから，弁済期又は返還時期の定めが本質的な要素となるので，弁済期限又は返還時期の定めとその時期が到来した事実が権利発生要件事実としての要件事実とされる。また，和解契約においては，互譲の内容（すなわち，和解契約の内容）すべてが要件事実となる。

　そのように解する根拠について，司研・要件事実第一巻45頁は，「通説は，ある権利の発生は一定の契約の法律効果として認められるのものであるから，発生原因である契約の成立が肯定されることが前提として必要であり，そのためには当該契約の成立要件に当たる事実はすべて右権利の発生を主張する者に主張・立証責任があると考える。この意味で，通説は，契約の法的性質を示す事実，言い換えれば，一定の法的類型に当たることを示す事実は当該権利発生のために必要な事実であり，不可分と理解する。」といい，定塚・一試論6頁は，「一般的にいって，民法第三編（債権）第二章（契約）の第二節以下の典型契約の定義規定は，当該典型契約の中心効果としての請求権の権利発生根拠規定である」という。

　冒頭規定説に対しては，「それでは，非典型契約の履行請求権はどの条文の適用によって発生するのか。」という批判がなされる。この点，通説は，非典型契約（典型契約のいずれにも属さない「無名契約」と複数の典型契約に属する面がある「混合契約」を含む）の法的拘束力は，民法91条という法規範に基礎づけられた当事者の意思に従うものであるとする。そして，具体的な契約としての効力は，典型契約の規定を類推適用をすることになる。

13) 司研・要件事実第一巻45～48頁，倉田卓次発言「研究会・証明責任とその周辺」判タ350号39頁（1977），定塚・一試論6頁など。
   なお，冒頭規定説に立った上で，その法律効果の発生根拠が当該規定であるのか当該規定の内容に合致する当事者の合意であるのかについては争いがあり，司法研修所は，後者の見解に立っている（司研・要件事実第一巻138頁，伊藤滋夫・要件事実の基礎 裁判官による法的判断の構造267頁（有斐閣，2000））。
14) これを，貸借型理論という。我妻栄・債権各論中巻1（民法講義 V_2）220頁（岩波書店，1957）は，民法における13種類の典型契約のうち，組合・終身定期金・和解以外の契約を，①売買などの移転型契約，②消費貸借などの貸借型契約，③請負などの労務型契約の3種類に分類している。
15) 石川義夫「主要事実と間接事実」新・民事訴訟講座(2)15頁（日本評論社，1981）（以下，「石川・主要事実」という）
16) 典型契約の任意規定は，少なくとも一定の正義を体現した内容を有するものであり，類推適用をする基盤がある。混合契約について，鳩山秀夫・日本債権法各論下巻741頁（岩波書店，1924）参照。この点について，我妻栄・新訂民法総則242頁（岩波書店，1965）は，「法律の規定なしに法律効果を生ずるという自然法法理のようなものは，認めることはできない。法律の規定なしに権利能力者なるものがないのと同様である。この意味において，法律行為の効果の根拠は法律の規定である（直接には民法91条がこれを規定する）。」と述べている。

(2) 部分合意説（返還約束説）

部分合意説（返還約束説）とは，売買契約を例にとると，目的物と代金の合意ではなく，目的物引渡請求権については目的物引渡の合意のみ，代金支払請求権については代金支払の合意のみが，それぞれ権利発生根拠事実としての要件事実となると解するのである。[17] 要件事実論の立場から，部分合意説を明示的に支持するのは三井哲夫・要件事実の再構成〔増補新版〕（以下，「三井・再構成」という）39～40頁（信山社，1993）であるが，「請求権は，債権から流出するのではなく，当事者の合意に基づいて直接に発生する。それは，『約束は守らなければならない。』といういわば民法以前の理念にその基礎を有するのである，換言すれば，契約成立の要件は，請求権の発生原因事実ではない。請求権は，民法とは無関係に，したがって，民法がなくても（当事者の合意に基づいて）発生する。ただ，当事者の合意は，同時にまた，契約成立の要素でもある。その契約により，債権者と債務者とが結合（"obligatio"）される（それによって，

「債権」という「権利」が生ずるのではない)。すなわち,契約の法律効果は,民法がなければ発生しない。このような考え方は,民法を『請求権の体系』としてではなく,少なくとも契約法に関しては『抗弁の体系』として理解しようとするものである。あるいは,係争法律関係の性質決定("qualifications")を,原告の負担ではなく,被告の負担とするものである。」と述べる。しかし,部分合意説は,民法が定めている契約の定型性(規範性)を全く無視しているところを通説は問題とするのである。

17) 部分合意説の理論的可能性を最初に言及したのは,おそらく田辺公二「攻撃防禦方法の提出時期」民事訴訟法演習Ⅰ130頁以下(有斐閣,1983)であろう。同書132~135頁は,「賃貸建物の明渡請求権の請求原因が賃貸借契約の『終了』とすると,その終了が実体法上期間終了であれ,解除ないし解約申入であれ,同一の訴訟物である」という考え方に関連して,「この考え方をさらに発展させ徹底させてゆくと,一般に,他人に物を使用収益させる契約に基づく返還請求訴訟の訴訟物を特定するためには,その発生原因として,当事者間の『返還約束』を主張すれば足り,それが民法上の賃貸借契約に当るか,あるいは使用賃貸借契約に当るかまでを明らかにする必要はないという理論にまで発展する可能性を持つことである。ただし,使用収益の対価の有無は,返還約束自体に本質的なものではないともいえるからである(この立場に立つと,賃料支払の合意があるという事実は,この契約を賃貸借であるとして,これに基づく占有権原を抗弁として主張しようとする被告側の主張責任に属することとなろう)。」と述べる。

学説においても,鈴木禄弥・債権法講義〔4訂版〕719頁(創文社,2001)は,部分合意説を採り,「契約に基づき一定の給付を請求する者は,その契約中の所定の給付をなすべき旨の合意部分の存在を主張・立証すれば足り,契約の総体の法的性質などを示す必要はないというべきである……。そもそも,具体的に存在する契約が,民法典の掲げる契約類型にズバリと該当するということは通常はあり得ない……のだから,ある具体的契約を類型的に完全に分類するなどということは不可能というべきである。」という。ただ,冒頭規定説は,具体的に存在する契約の総体の主張・立証を求めているのもではなく,冒頭規定の定める要件事実の充足を求めているにすぎないのであって,典型契約へのあてはめ(法的性質の決定)が不可能ということはない(条件・期限一体合意説の場合からも同様の反論が可能であろう)。

部分合意説にしたがって,財産権移転約束(合意),金銭支払約束(合意)及び目的物返還約束(合意)の各訴訟物を想定して,仮に事実整理をしてみると,以下のとおりであり,訴訟物,請求原因,抗弁の各レベルにおいて生じる問題

を指摘してみた。

【財産権移転（合意）の事案】

訴　訟　物　　XのYに対する財産権移転約束（合意）に基づく本件目的物引渡請求権

　　　　　　　＊部分合意説（返還約束説）によれば，訴訟物の段階では，合意に基づく目的物引渡請求権の法的性質（贈与，売買，交換等）は，明らかとならない。

請求原因1　　YはXに対し，本件目的物を引き渡す約束（合意）をしたこと

　　　　　　　＊部分合意説によれば，請求原因においても，訴訟物たる目的物引渡請求権の法的性質が，例えば，売買契約，交換契約又は贈与契約のいずれに基づくものか，区別できない。いわば，債権的請求権であるが，実体法上の権利毎に訴訟物を考える旧訴訟物理論の立場とは整合しない。

　　　　　　　＊請求原因1の約束（合意）は，贈与契約と同じものではない。なぜならば，贈与契約は請求原因1の合意に加えて，その引渡は「無償で」なされる合意が必要なのである。請求原因1の合意は，この「無償で」という合意と結合されていない，民法の典型契約類型が知らない合意なのである。

〔売買契約の同時履行の抗弁権〕

抗　弁　1　　請求原因1の約束は，XがYに対し本件目的物の代金1,000万円を交付する約束と合わせて売買契約を構成すること

　　　　　　　＊抗弁1の事実が抗弁事実たりうるということは，請求原因1の合意が「無償で」ということを包含するもの（そうであれば贈与契約の合意となる）でないことを意味する。なぜならば，仮に請求原因1が「無償で」ということを包含するものであるとするならば，抗弁1の事実は請求原因1の抗弁ではなく否認（積極否認）に過ぎないからである。

　　　　　2　　Xが代金1,000万円をYに交付するまで本件目的物の引渡を拒絶するというYの意思表示

〔交換契約の同時履行の抗弁権〕

抗　弁　1　　請求原因1の約束は，XがYに対し別件目的物を引き渡す約束と合わせて交換契約を構成すること

　　　　　2　　Xが別件目的物をYに交付するまで本件目的物の引渡を拒絶する旨の意思表示

〔贈与契約取消の抗弁〕
抗　弁　1　　請求原因1の約束は，YがXから本件目的物を無償で受けるとする約束と合わせて贈与契約を構成すること
　　　　　2　　YはXに対し，抗弁1の贈与契約（請求原因1の合意を含む）を取り消したこと

〔書面贈与の再抗弁〕
再抗弁　1　　抗弁1の贈与契約は，書面によるものであること

【金銭支払約束（合意）の事案】

訴　訟　物　　XのYに対する金銭支払約束（合意）に基づく金銭支払請求権
　　　　　＊訴訟物の段階では，合意に基づく金銭支払請求権の法律的性質は明らかとならない。

請求原因1　　YはXに対し，金1,000万円を支払う約束（合意）したこと
　　　　　＊部分合意説に立つ三井・再構成42頁は，「売主Xの買主Yに対する売買代金請求権は，YのXに対する『代金支払約束の存在』を権利発生事実として直接に発生する。民法第555条を権利発生規定として，そこから発生するのではない。」という。すなわち，請求原因の段階でも，金1,000万円の法的性質は明らかとならない（支払約束自体は法的性質を明らかにしたとはいえない）。
　　　　　＊石川・主要事実16頁は，部分合意説を批判して，「わが国私法の体系上では，手形，小切手などの無因証券によるもののほか，無因的出捐行為なるものは通常存在しないこととされているのであって，単なる支払約束は，債権の発生を理由づけるには足りない」「贈与契約に基づく履行請求権も有因的債権であることはいうまでもない。およそ訴訟外で他人に金の支払を請求するのに，原因関係を明らかにしないで請求するなど考えられないし，またかかる請求に応ずる者などないであろうが，それが裁判上の請求としては許されるとする考え方は，まことに奇妙な発想といわざるを得ない。もし単なる支払約束だけが主要事実だという説を認めるとしたら，前述の例で乙が原因関係の証明に失敗したときには甲の勝訴になるのであろうが，乙が右判決に基づいて支払を完了した後，

ただちに甲に対する不当利得返還請求を起こしたら，これもまたただちに認容されるであろうか。」という。

〔買主の同時履行の抗弁権〕
抗　弁　1　請求原因1の約束は，XがYに対し本件目的物を引き渡す約束と合わせて売買契約を構成すること
　　　　2　Xが本件目的物をYに引き渡すまで代金1,000万円の支払を拒絶するというYの意思表示

〔買主の代金支払拒絶権〕
抗　弁　1　請求原因1の約束は，XがYに対し本件目的物を引き渡す約束と合わせて売買契約を構成すること
　　　　　　＊三井・再構成42頁は，前掲の記述に引き続いて，「これに反して，民法第576条の代金支払拒絶権は，同条の規定がなければ発生しない。すなわち，被告Yは，XY間の法律関係が売買であることを主張しなければ右の抗弁権を行使し得ない。」という。抗弁1は，まさにこの主張に当たる。
　　　　2　第三者Aは本件目的物の全部または一部について自己に属する旨主張していること，または，第三者Aは本件目的物について，地上権，永小作権，地役権，留置権，賃借権などYの用益を妨げる権利を主張する旨主張していること
　　　　3　抗弁2の主張は，客観的・一般的に真実であるとみえること
　　　　4　Yに発生する虞がある損害の数額
　　　　5　代金額の全部又は一部の支払を拒絶する旨のYの意思表示

〔贈与者の取消の抗弁〕
抗　弁　1　請求原因1の約束は，XのYに対する本件目的物の対価が無償とする約束とあわせて贈与契約を構成すること
　　　　2　YはXに対し，抗弁1の贈与契約（請求原因1の約束を含む）を取り消したこと

〔書面贈与の再抗弁〕
再抗弁　1　抗弁1の贈与契約は，書面によるものであること

【返還約束（合意）の事案】

訴 訟 物　　XのYに対する返還約束（合意）に基づく本件目的物返還請求権

訴訟原因1　YはXに対し，本件目的物を返還することを合意（約束）したこと

〔賃貸借契約の占有権原の抗弁〕

抗 弁 1　請求原因1の合意は，返還時期の平成○年○月○日まで毎月金○○万円で使用収益することができるとする賃貸借契約を構成するものであること

再抗弁 1　返還期限たる平成○年○月○日が到来したこと

〔使用貸借契約の占有権原の抗弁〕

抗 弁 1　請求原因1の合意は，本件目的物を返還時期の平成○年○月○日まで無償でYが使用収益することができるとする使用貸借契約を構成するものであること

再抗弁 1　返還期限たる平成○年○月○日が到来したこと

(3) 条件・期限一体合意説

　冒頭規定説の定める要件事実で足りるとする見解（冒頭規定説）より多くのものを権利発生根拠事実として要求する見解として，少なくとも条件・期限の附款が冒頭規定の要件事実に加えて一体として権利発生根拠事実となるとする見解がいわゆる条件・期限一体合意説である。この説は，例えば，原告が無条件の契約を主張した場合に，被告がその契約に条件が付されていたことを主張するのは，請求原因に対する「否認」にすぎないという意味で，「否認説」と呼ばれることも多い。この説に対しては，冒頭規定説に加えて一体として主張・立証すべき範囲が，条件・期限に止まるのか，その他に及ぶのか，その限界についての根拠は何かという問題が提起されるであろう。

　抗弁説に立つ司研・要件事実第一巻112頁は，「条件成就の効果は，条件成就の時から発生し遡及しないものと定められているが，当事者の特約により，これを遡及させることができる。この特約の成立は，効果の遡及をいう当事者が主張立証しなければならない」という。しかるに，この特約の成立を効果の遡

及を主張する当事者が立証責任を負う点はよいとして，その攻撃防御方法としての位置づけは，当初の請求原因に対する再抗弁と考えてよいのか議論が分かれるところであろう。

この点について，否認説の立場から，「停止条件の成就が一つの独立した再抗弁事由であるならば，それが主張・立証されたときは，それだけで抗弁は失当になり，請求原因は理由があることになる。そして，請求原因事実たる法律行為は，成立と同時に効力を生ずるとするからには，停止条件の成就に加えて遡及効の約定を再抗弁事実とすることは，遡及の時期が法律行為の成立時であるときは全く意味がないし，法律行為の成立後条件成就以前の一定の時であるときは，遡及効の約定の再抗弁事実が請求を基礎付けることになろう」との批判がある。[19]

この批判を回避するためには，停止条件の成就は停止条件の抗弁に対する再抗弁にはならず（なぜならば，停止条件の成就は法律行為の成立の時点からの権利を復活させるものではないから，本来，再抗弁の定義に当たらない），別個の第2の請求原因となると考えることであろう。つまり，仮にこのように考えることが許されるとすれば，民法127条3項は，停止条件の成就の原則的効力（すなわち，条件成就の時からその効力を生ずる）をさらに遡らせる効力を生ずるものであるから，当然その遡及効を主張する者に遡及の合意の主張・立証責任があると解すべきである。しかしこの遡及の合意という事実は，再抗弁ではなく，第2の請求原因とは別個の第3の請求原因である。そして，遡及の合意が，その時期を契約成立時とする場合，法律効果が第1の請求原因と同じになるので，この場合に限って，第3の請求原因は第1のそれに対して予備的請求原因ということになろう。以上の解説を要約すると，次のとおりとなる。

（第1）　請求原因1　　XのYに対する債権発生原因事実たる法律行為

（第2）　請求原因1　　XのYに対する債権発生原因事実たる法律行為
　　　　　　　　2　　停止条件の合意
　　　　　　　　3　　停止条件の成就

（第3）請求原因1　XのYに対する債権発生原因事実たる法律行為
　　　　　　　　2　停止条件の合意
　　　　　　　　3　停止条件の成就
　　　　　　　　4　効力遡及の合意

18）　並木茂・要件事実原論141～142頁（悠々社，2003）（以下，「並木・原論」という）は，「わが民法では，条件付き債務を無条件の債務とし，反対に，無条件の債務を条件付き債務とすることは，債務の要素を変更したものとみなされ，更改になる（民513条2項前段，1項）。無条件の債務＝債権と条件付き債務＝債権（期待権。民129条）は，立法的に別個の債務＝債権とされたわけである。」から「停止条件の成就による権利は，無条件の契約による権利と異なる権利であるといわなければならない。」という認識を前提として，「無条件の契約による権利の発生においては主張責任の分配によりその権利の存在を主張する者が権利発生根拠事由として主張責任を負担すべきこととなる要件事実は，無条件の契約成立……であり，停止条件の成就による権利の発生においては主張責任の分配によりその権利の存在を主張する者が権利根拠事由として主張責任を負担すべきこととなる要件事実は，停止条件付き契約の成立と停止条件の成就である。」という。また，解除条件について，並木・原論209頁は，「解除条件付き契約の場合にも，主張責任の分配および証明責任の分配の対象となる1個の意思表示は分割することを許さない意思表示の一体性の原則によって，つまり否認説によって『解除条件付き契約の成立』の主張責任は解除条件付き契約による権利の存在を主張する者に，『解除条件の成就』の主張責任は解除条件付き契約による権利の存在を争う者にそれぞれ分配されると解さなければならない。」と述べる。

　これに対して，期限であるが，停止期限付き又は終期付きの法律行為の主張・立証責任は，停止条件付又は解除条件付法律行為のそれと同様に考えるべきである（並木・原論211頁）。そして，履行期の場合については，「請求権はすでに発生し存在するに至っているばかりでなく，それが現在または将来において行使可能であって，現在行使または将来行使することができるものでなければならない。そのうえ，主張責任の分配および証明責任の分配における契約成立の一体性は，この場合にこそ意義があるのであって，履行期の約定があることまたはないことは契約成立の内容の一部となるものであるから，主張責任および証明責任が法律行為の成立と履行期とで別異に分配されることはないというべきである。」（並木・原論212頁）としている。

19）　並木茂「要件事実の考え方(1)」判タ431号17頁（1981）。

(4)　全部合意説

契約について契約書がある場合とない場合に分けて，前者においては契約書

に記載のない事項についてはこれを主張する者が立証責任を負うが、後者においては合意成立の範囲が明瞭でないから、請求者が原則として契約の成立（すなわちすべての事項にわたる合意）を立証する責任を負うとする見解がある[20]。まさに、全部合意説[21]の名に値する。

しかるに、契約書はその記載に係る合意が存在したことの証明の方法にすぎず、たとえ口頭の合意でも、証人の証言も契約の存在を立証する証拠たりうる。契約書であれ、証人の証言であれ、それは証拠の問題であって、契約が成立するための要件とされているわけではない[22]。したがって、全部合意説は、証拠（契約書という証書）の存否によって主張責任の分配をしているが、通常考えられている主張と立証の基本的構造と逆転しており、賛成することができない。また、契約書がない場合に契約の全条項の主張・立証責任を負わせるという部分についていうと、実務的にはその立証はおよそ困難となるであろう（言い換えれば、全部合意説によると、契約の不成立となることが極めて多くなるであろう）。

20) 船越隆司・実定法秩序と証明責任309頁（尚学社、1996）。
21) 民法学においては、社会には典型契約の存在は実際には少なく、個々の具体的合意内容を尊重して解釈すべきであるとする見解が支配的であるように見受けられるが、それらの見解が、当該契約に基づく履行請求権を成立させる要件事実として全部合意説をとるのか否かについて明示する見解は見受けないようである。
22) 民法（平成16年法律第147号）446条2項は、保証契約は書面でしなければ効力が生じないとしている。

3　契約無効に基づく不当利得返還請求権

例えば、2(1)における「売買契約に基づく代金請求権」を訴訟物とする請求に対し、被告Yから、当該売買契約が要素に錯誤があって無効であるとの主張・立証がなされた場合、原告Xは、予備的に、引き渡した目的物について不当利得返還請求をすることができる。

(1)　不当利得返還請求権の要件事実

不当利得返還請求権の要件事実は、①原告の損失、②被告の利得、③損失と利得間の因果関係、④被告の利得が法律上の原因に基づかないこと、の4つで

6 攻撃防御方法としての要件事実―契約の履行請求権を例として―

あるとするのが，実務の通説的見地である（④を請求原因とすることから，「請求原因説」という。なお，この通説に対して，④の立証は，「悪魔の証明」になってしまうという理由で請求原因事実は，①ないし③のみで足り，④を抗弁に回す見解（「抗弁説」）がある）。

上記設例請求の請求原因の要件事実を掲げると，下記のとおりである。

訴　訟　物　　XのYに対する不当利得返還請求権としての目的物引渡請求権
　　　　　　　＊①原告の損失，②被告の利得及び，③損失と利得の因果関係は，請求原因2，4で表わされ，④被告の利得が法律上の原因に基づかないことは，請求原因1，3で表わされる。なお，本件のような「法律上の原因の不存在」は，一般に「給付不当利得」のケースに分類されている。

請求原因1　XはYに対し，本件目的物を1,000万円で売買する契約を締結したこと

　　　　2　XはYに対し，請求原因1に基づき，本件目的物を引き渡したこと

　　　　3　請求原因1には要素の錯誤があったこと
　　　　　　＊「要素の錯誤」は，具体的な事実レベルの主張が必要である。

　　　　4　Yは本件目的物を占有していること
　　　　　　＊請求原因2と4の両時点のYの占有が主張されれば，民法186条2項により，その間の占有継続が推定される。したがって，請求原因4の占有は請求原因1の売買契約に基づくこととなる（伊藤・入門162頁）。

(2) 予備的請求

2(1)における「売買契約に基づく代金請求権」を訴訟物とする請求と**3**(1)における「不当利得返還請求権としての目的物引渡請求権」を訴訟物とする請求を対比すると，後者は，前者の請求原因（売買契約）と抗弁（錯誤）を含み，他の事実（引渡しと現占有）を付加したものであり，一般に予備的請求といわれる。しかし，その法律効果は異なるのであるから，前掲注5）の予備的主張の関係とは性質が異なると考えることになろう。また，請求原因どおしの関係を考える場合には，それら請求原因は訴訟物たる請求権を支えるものであり，

処分権主義も機能するので，そもそもa＋bの問題は生じないとも考えることができる（この考えに立つと予備的請求（原因）という表現は適切でなく，双方は無関係の請求原因と説明することになろう）。

〈民法の一部を改正する法律（平成16年法律第147号）との関係について〉
　以上の本稿の説明は，上記法律による民法の改正を織り込み済みである。

7

公証業務と要件事実

小倉　顕

1　はじめに
2　公証制度の紛争予防機能について
3　公証業務において要件事実論を取り入れる場合の問題点について
4　公正証書作成と手続的要件について
5　公正証書作成と実体的要件について
6　類型別の公正証書における要件事実とのかかわりについて
7　むすび

1　はじめに

(1)　本稿の趣旨

　本稿の趣旨は、「要件事実論の機能の一つは、紛争解決のために必要かつ十分な事実は何かを突き詰めて分析検討することにあるが、公証業務においても紛争予防のために本質的な事項は何かを突き詰めて考える場合に大いに参考になる理論である」ということを述べようとするものである。

(2)　公証制度の意義について

　公証制度は、私人相互間の生活関係に安定した法律関係を確立し、将来の紛争を未然に予防することを主要な目的とする制度である。そして、公証業務は、この制度目的の遂行に従事する公証人の行う公的な業務である。すなわち、将来起こるかもしれない法的な紛争を、公証人が予め当事者双方の合意等に基づき文書（公正証書や認証文書等の公文書）を作成し、その文書の効力により紛争

1 はじめに

を未然に防止し、さらに当事者に行動の指針（解決の指針）を確立し、仮に紛争が生じたとしてもその解決の内容を予め確定しておくことにより、低廉な費用で簡易迅速に紛争を解決させる業務である[1]。また、すでに裁判所に係属している紛争に関し当事者双方が解決の合意をした場合、その合意内容を公証人が公正証書に記載することにより事件を終結させるという業務もあり、この側面では裁判上の和解あるいは家事調停と実質的に同様な仕事をすることになる（この場合には、すでに生じている訴訟事件は原告側の訴えの取下げによって終了させる）。いずれも裁判外紛争解決制度の一翼を担っているのであり、裁判所の民事事件の負担軽減に役立つ制度である。これらを通じて、公証業務は将来生ずるかも知れない紛争を未然に予防することを主要な使命とし、現在の紛争を解決することを従たる使命としているものと評価することができる。いずれも裁判制度を側面から支えるものである。

公証人の作成した文書は、公文書であって所定の法的効果が生ずるもの（民訴228条2項参照）であるが、これまで、公証業務に要件事実的思考がどのようにかかわっているかの検討はほとんどしてこなかったように思われる。その理由は、要件事実という発想が民事の判決手続において真偽不明の場合の処理に必要な立証責任の問題に端を発していると一般に思われていたこと、したがって当事者間に争いがない場合（合意が成立した場合）にのみ公正証書が作成されるものであるため、立証責任がいずれにあるか、また何をどのように認定すべきかの問題がないこと、そのため請求原因、抗弁、再抗弁という立証責任の分配の問題は生じないことなどからいって、格別要件事実を論ずる必要性がないと考えられていたからではないかと思われる。

1) 日本公証人連合会編・公証人法1頁（ぎょうせい、2004）では、現在のわが国の公証制度は、「私人の法律関係や私権に関する事実について、法務大臣により任命された公証人が公正証書の作成、認証その他の方法によりこれを証明することにより、法律関係や事実の明確化ないし文書（電磁的記録を含む。）の証拠力の確保を図り、さらには、執行力を付与することにより、私的法律関係の安定と私的紛争の予防を図ろうとする」制度であると説明されている。吉井直昭編・公正証書・認証の法律相談〔第2版〕2頁〔吉井直昭〕（青林書院、2000）は、公証とは、「私人の法律生活に関係する事柄を公の機関によって証明する国家の作用をいい」「公証人は、このような公証作用を証書（公正証書）の作成などの方法によって固有の職務として行うものと

して設けられた国家機関」と述べている。

(3) 要件事実の意義についての理解

「要件事実」とは何かをめぐって考え方にいろいろ違いがあるので[2]、公証業務と要件事実との関係を論ずるに当たっては、要件事実の意義をどのようなものと考えているかを明確にしなければならない。筆者の立場は、司法研修所民事裁判教官室編・増補民事訴訟における要件事実第一巻2頁以下で要件事実の意義として説明されているものと概ね同じと理解しており、これが今日実務において一般的に受け入れられている理論と考えている。したがって、議論のあるところについての考えの要点を示すと、要件事実は主要事実と一致していると考えて差し支えないこと、主張責任と立証責任とは理論的には同じでなければならないと理解していること、要件事実を推認させる間接事実は立証段階では極めて重要であると理解していることなどである[3]。この要件事実の理論は当然のことながら、裁判における判決手続において最もその実益があり、主張整理の骨子となるし、主張立証の対象になるだけにその担い手である当事者の代理人（弁護士）にとっても常に念頭に置かなければならない理論である。そこで公証業務において果たしてこの理論が有用であるか否かである。すなわち、今日のように法的紛争解決のために要件事実の重要性が広く認識されてくると、単に判決手続に関与する者のみの理論か否かが問題とされるのであり[4]、法的処理を業務とする公証業務においても、この点が検討されるべきである。すなわち法律効果の発生には一定の法律要件が具備される必要があり、そのためには何が法律要件に該当する具体的事実であるかを考えることは法律問題を処理する場合には常に不可欠なことと考えられるから、公証業務においても要件事実的な思考方法が有用でないはずはない。

なお、本稿で「要件事実論」という言葉を使用することがあるが、その趣旨は、法律の条文の構成を基本としたうえ[5]、当事者間の公平妥当性等の見地から条文の文言に修正を加える立場、すなわち紛争について、まずその紛争の訴訟物が何であるかを考え、その具体的な訴訟物について、要件事実が何かという分析を中心とする考え方をいうものとして用いることとする。したがって、私見は、修正を前提とした法律要件分類説といってよい。

1 はじめに

　要件事実論の特色の一つは，紛争処理の類型化である。法律そのものが権利を抽象的に類型化してなるべく分かりやすく表現したものと考えるが（分かりやすくといっても法律の技術的性質から限度があるが），一方要件事実の考え方には，多種多様な紛争の中から，頻繁に実務で取り扱う典型的な紛争類型を抽出検討して，紛争解決の具体的な解決指針を明らかにしようとする機能がある。この解決指針は，具体的な紛争を処理する際に，要点を迅速に把握し，的確に整理して処理するために不可欠のものである。もちろん多くの実務家が指摘するように，紛争が要件事実だけで処理できるものではなく，特に事実認定における間接事実の重要性は，いうまでもないことである。要するに，紛争類型の骨格となる事実が要件事実なのである。

　具体的な要件事実の定め方については，いろいろな考え方があって当然であると思われるが，どの程度ウエイトを認めるかは別として，要件事実の有用性自体を否定する者は実務家にはないはずである。

　特殊な事案や一般的な不法行為（交通事故に基づく損害賠償事件のように定型化可能な事案を除く）や不当利得については，抽象的な要件事実は掲げることができても，実際の事件で役立つように要件事実を分析し整理することは容易な作業ではない。しかし，要件事実の重要性を多くの研究者が理解し取り組むならば，次第に解明された範囲が広まるものと考えている。どのような事件でもいくら類型化したとしても，その事件でしかみられない特有の事情は常に残るであろうから，それに対する処理の仕方は別途検討しておくべきである。

> 2) 要件事実に関する文献も数多いが，その一部をあげると，司法研修所編のものとして「増補民事訴訟法における要件事実第一巻」，「民事訴訟法における要件事実第二巻」，「紛争類型別の要件事実」，「問題研究　要件事実―言い分方式による設例15題―」「6訂民事弁護の手引き」19頁以下があり，伊藤滋夫・事実認定の基礎（有斐閣，1996），同・要件事実の基礎（有斐閣，2000），同・要件事実・事実認定入門（有斐閣，2003），同「要件事実と実体法」ジュリ869号14頁以下（1986），同「続要件事実と実体法（上）」ジュリ881号86頁以下（1987），同「続要件事実と実体法（下）」ジュリ882号56頁以下（1987），永石一郎「要件事実のすすめ（上）」自由と正義50巻4号74頁以下（1999），同「要件事実のすすめ（下）」自由と正義50巻5号74頁以下（1999），賀集唱「要件事実の機能」司法研修所論集90号30頁以下（1993），吉川愼一「要件事実論序説」司法研修所論集110号129頁以下（2003），伊藤滋夫＝山崎敏彦・ケースブック要件事実・事実認定（有斐閣，2002），加藤新太郎ほか・要件事実の考え方と実

務（民事法研究会，2002），倉田卓次監修・要件事実の証明責任（債権総論）（西神田編集室，1986），同・同（契約法）上（西神田編集室，1993），同・同（契約法）下（西神田編集室，1998），大江忠・要件事実民法（上）（第一法規，2002），同・要件事実民法（中）（第一法規，2002），同・要件事実民法（下）（第一法規，2002），田尾桃二「要件事実論について」曹時44巻6号1031頁以下（1992），並木茂・要件事実原論（悠々社，2003），以上は概ね実務家によるもので多くは法規不適用説に立つが，これに対し証明責任規範説に立つものとして，松本博之・証明責任の分配（信山社，1996），高橋宏志・重点講義民事訴訟法〔新版〕436頁以下（有斐閣，2000），新堂幸司・民事訴訟法〔第3版〕511頁以下（弘文堂，2004）等がある。なお，伊藤滋夫教授が主張される要件事実論は，「要件事実というものが法律的にどのような性質のものであるかを明確に理解して，これを意識した上，その上にたって民法の内容・構造や民事訴訟の審理・判断の構造を考える理論」（前掲要件事実の基礎14頁）であると定義付けておられる。そして，結局は現行民法を立証の公平妥当性を中心とする「裁判規範としての民法」に構成し直すとする考え方であり，そのように構成し直した民法に基づく要件事実が，すなわち要件事実ということになるのだと思われる。

3) ここで主張責任と立証責任とは理論的に同じはずだということと，訴状，準備書面，判決等を国民に分かりやすい表現で書くこととは区別する必要があると考えている。それは，具体的にはこれまでの実務の書き方である，いわゆる「よって書き」の中で，訴訟物を明記し，一部請求を明らかにし，法律上の主張をまとめることによって，請求の趣旨とのつながりをつけるという目的と同じように，主張責任はないが，請求原因に書いてあった方が分かりやすいものはここに記載することである。「よって書き」は，事実ではないから認否も必要ではない（「よって書き」の内容については，司法研修所編・9訂民事判決起案の手引47頁，54頁，伊藤滋夫・前掲注2)「続要件事実と実体法（下）」59頁以下参照）。ただ，「よって書き」という表現はこれまでの実務慣行であるが，この慣行にとらわれなくてもよいとすれば，「(結論)」として書く方がよいのではないかと考えている（新様式判決とは目指す趣旨が，異なるとは思うが）。そうするならば，要件事実，すなわち請求原因や抗弁部分の記載内容は要件事実に限ることに徹底し，これに対する認否も単純な記載にすることができる。同じ趣旨で，抗弁についても「(結論)」があった方がよい場合には，付加して差し支えないと考える（抗弁の場合には「よって書き」の書き出しのもとでは書きにくい）。

4) 伊藤滋夫教授は，「要件事実論は，……当事者がある法的効果を主張するためには，何が本質的に必要かということを考える理論と言ってもよい」「要件事実論のこのような物事の本質は何かを考えるという特徴は，その本質をどのような視点から考えるか，それを抽象的な理論ではなく具体的な事実の持つ機能として考えるかなどと，さまざまに具体的に展開していくことになる」（要件事実・事実認定入門181頁）といわれるが，公証業務を遂行するにも参考になる考え方である。

5) 要件事実は何か，またその要件事実の立証責任がどちらにあるかを判断するには，まず条文の文言がどうなっているかが中心であることはいうまでもない。そして条文の文言に従って要件事実とその負担を定めるのが適切かどうかをみるためには，最高裁判例がどうなっているか，が重要な判断基準であることも強調されなければならないと考える。その上でそのように考えることが公平の観念等に照らして妥当か否かを学説等も参考にして考えるべきである。
6) 司法研修所編・紛争類型別の要件事実，同編・問題研究要件事実―言い分け方式による設例15題―などは，いずれもこのような目的で編纂されたものと考えている。

(4) 公証業務と要件事実とのかかわりについて

　まず，公正証書に記載する条項によって所期の法的効果が生じているか否かの判断は，いうまでもなくこの公正証書によって契約された内容が，その効果発生のための要件事実を満たしているか否かである。将来紛争となった場合に，嘱託人が契約した内容が条項自体で法律違反として無効とされたのでは，嘱託人に損害を与える結果になる。公正証書に記載される契約を例にとれば，当事者間の合意がそのまま効果を生じることを目的としているから，合意の際に要件事実がすべて満たされている必要がある。この段階では，本質的合意事項は何かを分析検討する必要があり，その際に要件事実論がチェック機能として働くことになる。なるほど，当事者としては，その契約の合意に際して本質的部分のみに限らず，いろいろな付加的な合意をし，それも公正証書に書き込んでおきたいという要望がしばしばあるのに遭遇する。その場合付加的な合意事項がどのような法的意味のある契約事項になるのかを検討する必要があるが，しかし，実務的に要望があり，法的意味に問題がないならば，将来の紛争防止のための作成であるから，裁判における要件事実の整理のように厳密に必要最小限に絞り込む必要はない。具体的には例えば賃貸借契約において，賃貸人の義務や賃借人の使用方法に何らかの条項を付加するなどの場合がある。

　公証業務を法律要件の種類の観点から分けると，手続的要件と実体的要件とに分けて考えることができる。そのうち，実体的要件を考えるに当たっては，特に要件事実的考察が有益である。要件事実的考察は，その基本は裁判規範としてのそれであるから，公証業務において考える際には，当然変容させて考察する必要があると考える。裁判における要件事実の考察の出発点は真偽不明の

場合の処理や立証責任の所在であるが，いずれの点も公証業務の中では問題となることは少なく，したがって，また請求原因，抗弁，再抗弁という立証責任の振り分けの必要も通常はない。もちろん，公正証書を作成するに当たり，たまたま将来抗弁に当たる事由が問題となり，その点が紛争になることが想定される場合もないとはいえないから，予め再抗弁に当たる事由も条項に記載することができるとすれば，予防司法の目的にかなうことになるわけで，予め再抗弁に当たる事由を条項に記載することが無駄なこととはいえない。後述する連帯保証はその例である。また，附款の性質について抗弁説と否認説の対立があり，実務や通説は抗弁説であり，契約と附款とを分離することができると解している。この問題も公証実務では，深刻な問題とはならない。どこまでを証明すべきかという問題は背後にあっても，当面は両当事者が認識しているか否かが問題となるに過ぎないのである。しかしこのような議論があることを意識して条項を作成するか否かについては，やはり分かった上でまとめるとすれば，それなりの意義はある。準消費貸借の原告説，被告説についても同様であり，純粋の被告説に立つならば，原因債権の詮索は必要ではないことになる。さらに執行文付与の際に，債権者側で証明する必要のある事実かどうかが，公正証書の文言によって決められることもあるので，条項の作成において，将来例えば債権者が証明すべき事項に当たるか否かを考慮しておく必要のある場合もある。後にそのような例も具体的に示したい。

　要件事実論の中で公証業務に大いに役立つと思われる点は，紛争の類型化の作業である。いいかえれば，公証業務のマニュアル化の作業において参考になる。将来の予想される紛争に対処するというのも，過去のさまざまな紛争事案を念頭において検討するのであるから，当然類型化して考える必要がある。その面ではむしろ公証業務の中にこそ類型化された要件事実が大いに参考になるのである。最近公正証書のマニュアル化の動きが見られるのも，これを反映している[9]。

　この意味でマニュアル化できる部分は，主として実体的要件に関する部分である。なお，手続的要件は，公証業務独自の事項も少なくないのであり，その面での検討はかなり進んでいる[10]。

　さらには，契約ではなく，単独行為を記載する場合，例えば公正証書遺言を

考えるにおいても同様である。どのような条項を記載すれば，自分の死後にどのような法的効果が生ずるかを認識した上で遺言公正証書を作成すべきなのである。その場合，本質的事項と付加的事項があり，その区別をすることは，すなわち，要件事実的考察をしているのである。

公証業務の種類は大きく分けると，①公正証書の作成，②私文書の認証，③確定日付の付与がある。①の公正証書の作成にも，多くは契約であるが，先に述べたように単独行為のこともあるし，法律行為ではなく，事実実験公正証書という類型の公正証書もある。これは，検証調書と類似しており，それ自体は法律行為を直接の目的とはしていない。しかし，法的事象に関係のないものは作成の意味がないのであって，将来何らかの紛争を防止するという法的意味の効果が発生することを期待して作成されるものであることはいうまでもない。このうち私文書の認証，確定日付の付与については，要件事実とのかかわりは，余りないと考えるので，とりあえず公正証書の作成に限って検討してみたい。

7) もっとも，公証人のもとに嘱託人が持ち込んだ契約案には表面上問題はなかったが，将来紛争となり，証拠調べの結果，その契約案が結果的に真実と相違していて無効となったという場合は，公証人には責任はないであろう。しかし，契約案自体に無効原因のあることが判明するような場合には，公証人に責任がある。そのようなときも第一次的な賠償責任は国であるから（国賠1条1項），公証人に故意又は重大な過失がなければ，公証人が求償義務を負うことはない（国賠1条2項）。

8) 伊藤滋夫教授は，前掲注2）要件事実・事実認定入門218頁で，要件事実論的思考が有用である業務分野として，「公証業務」をあげておられ，「すべての手続において，当該手続に必要な効果を発生するために，当該手続の特質を反映した必要な要件があるはずですから，そうした要件に該当する具体的事実を考え，それが存在することによって当該手続において適切な効果が発生するという考え方が妥当するはずだからであります。」と述べておられる。全く同感である。

9) 公正証書のマニュアル化の例としては，公正証書文例研究会編・最新公正証書モデル文例集（新日本法規，1999），日本公証人連合会編・新版証書の作成と文例〔3訂〕（立花書房，1997），小倉顕ほか編・ケース別遺言書作成マニュアル（新日本法規，2003）等がある。

10) 日本公証人連合会編・前掲注1）公証人法61頁以下，日本公証人連合会編・公証実務〔平成第3版〕3頁以下（2002）など。

2 公証制度の紛争予防機能について

　近年の司法制度改革においては，裁判外紛争解決手段がクローズアップされ，和解，調停，仲裁が主として取り上げられている。しかし，公証制度による紛争予防機能，紛争解決機能の重要性については，いまだ十分には意識されていないように思われる。アメリカをはじめとするアングロサクソン系の国々においては，公証制度はあまり重視されておらず，公証人に公正証書作成の権限はなく，文書の認証と宣誓供述書の作成が主たる任務であるのに対し，公正証書の作成が主要な業務である諸国（日本を含むフランス，ドイツ，イタリア，スペイン，ロシア等ヨーロッパの大陸法系諸国，南アメリカ，アフリカのラテン系諸国，中国等の国々約71か国の公証人会が加盟している公証人国際連合がある）所属の公証人とは極めて対照的である。これらの諸国の公証人は，国によって制度が若干異なる面もあるが，概ねいずれも法律家をもって充てられている[11]。すなわち，これらの諸国においては，公証制度に裁判制度と並ぶ紛争解決の大きな役割を担わせているのである。最近日本では，事前抑制は控え目にし，事後審査を強化する動きのあること，そのメリットも否定できないが，当事者の合意に基づいて事前に紛争防止を図ることも尊重すべきであり，いうまでもなく紛争解決手段は，多彩であることが国民にとって望ましい[12]。

　公証人（日本でも，国家によって任命され，公務に従事する公務員であるが，その職務に対する報酬を国家から受け取ることなく，手数料収入によってすべてを賄う立場をとっていることは，公証制度開始以来変わっていない）の法的な助言援助のもとで，当事者の自主的な解決案を中心として成り立っている公証制度は，もっと重視されてよいのではないかと思われる。公証業務の中核をなす執行証書の作成が，簡易，迅速，低廉な費用によって権利内容と給付義務を確定させ，履行を確保し得る手段として，経済取引上重視され，活用されて来た。一方遺言公正証書を含む執行力とは関係のない公正証書の作成も，多くなってきているとはいえ，もっと利用されてよいと思われる[13]。

　このようなことからいって，今後公証人制度の一層の充実発展が課題であり，そのためには公証人の資質の向上を図ることも大いに必要であり，その観点か

らは公証人任命に当たっての日本公証人連合会を中心とする最近の自主的研修は特筆できることである。

公証制度の実質的な充実発展の点からも，要件事実論的見地からのチェック機能をもって公証業務の内容について検討が加えられることは望ましいことと思うのである。

11) 公証人国際連合（ラテン系公証人の国々を中心として形成されている）の平成13年9月27日から10月5日まで開催された総会・国際会議の模様や最近の日本を含む加盟国の活動状況については，土屋眞一「公証人国際連合の第23回国際会議及び加盟国の公証制度等について」公証法学31号129頁以下（2002）に詳細な報告がある。
12) 日本公証人連合会では，平成12年4月26日「公証制度の改善に関する提言」をまとめて法務省民事局等に提出した（公証128号113頁以下（2000）参照）。その提言する改善の内容の骨子は，「公証制度を利用する国民の利便を増進するとともに，法律上の係争を未然に防止する予防司法の作用を一段と充実させ，もって裁判所の負担の軽減にも資するものでなけばならない。」との趣旨で，公正証書の機能の拡大，認証の対象の拡大，遺言登録の制度化，公正証書の承認執行の4項目にわたって説明をつけた提言をしている。稲守孝夫「公正証書の執行力の範囲及び公証事項の拡大に関する実務的検討」公証法学30号47頁以下（2001），日本公証人連合会編・前掲注1）公証人法67頁参照。
13) 日本公証人連合会編・公証制度百年史778頁以下（1988）参照。

3　公証業務において要件事実論を取り入れる場合の問題点について

前述のように公証業務においても，要件事実の意義，問題点は，訴訟の場合とは異なるとはいえ，検討すべきことと考えるので，ここでその特色について考えてみたい。

まず第1に検討すべきは契約公正証書のうちの執行証書である。例えば，金銭消費貸借契約公正証書において期限の利益喪失約款の条項がある。金銭債務の不履行の問題については，後に具体的に検討するが，それ以外の喪失事由の例として，例えば，「債務者が債権者に連絡しないで住所を変更したとき」を入れるか否かが問題となるときがある。債権者としては連絡しないで住所を変更されて，住所を探すのに困難を来たし，債権回収ができなくなるという事情

を述べることがある。ところが，債務者が債権者に連絡しないで住所を変更したとしても，債権者が容易に債務者の住所を探し当てることが可能な場合もある。この場合，前記条項が入っていれば形式的にこれに該当すれば，期限の利益を喪失したと考えることが可能である。もっともこの点が争点となれば，裁判所では，信義則等から期限の利益の喪失を認めないことも十分に考えられる。しかし公証人としてはこの条項のために将来争われること自体望ましいことではない。したがって，前記条項を「債務者が債権者に連絡しないで住所を変更し所在不明になったとき」とすれば，債権者の希望もかなえられ，その紛争は避けられるわけである。このような場合，要件事実的思考が役立つと思われる。また必要最小限という意味では，なくてもよいはずの条項もある。しかし債権者が入れることを希望し，債務者も同意しているとすれば，法的に問題がないならば，挿入することになる。

　民執法27条1項は，「請求が債権者の証明すべき事実の到来に係る場合においては，執行文は，債権者がその事実の到来したことを証明する文書を提出したときに限り，付与することができる。」と規定しているので，公正証書の文面から記載された文言が債権者の証明すべき事実に当たるのか否かは，執行文付与業務（執行証書についての執行文は公証人が付与する。民執法26条1項）に影響がある[14]。

　公正証書のうち大部分を占める契約においては，当事者間の合意（自白の存在といってもよい）が要件であるだけに，一般の訴訟のように真偽不明という現象はない。ただその合意が法的に明確でない場合にはかえって紛争を招くおそれもある。そして将来の紛争予防の必要性は，当事者双方にとって原則として共通のはずである。しかし実際には，一方（例えば甲とする）が公正証書の作成の必要性を考え，相手方（例えば乙とする）の同意を得て作成されることが少なくないが，そのような場合には，甲にとって将来乙との間で紛争になるのを防ぐため，例えば金員を貸し付ける甲が消費貸借契約を締結するに際し借用者乙が分割払いを1回でも不払いしたときは（この条項自体の問題点は後に検討する），乙は期限の利益を喪失し直ちに残金全額を一度に支払う旨の合意をして乙に執行認諾条項を入れることを納得させることが多い。公証人としてはその合意が法的に問題がないかどうか，乙の立場保護に問題がないかどうか検討す

ることになる。乙としては借り入れる際には甲の意向に沿うほかはないし，甲としては乙が了解していることを理由に，債権者側に有利な条項を入れたがることもある。結局は一方の希望があり，相手方も入れることに同意していても，公証人としては，適法な条項でなければ作成してはならないのである。この判断の際にやはり要件事実的思考を行うわけである。

単独行為としては，遺言公正証書が最も紛争防止に役割を果たすことになるが，どのような条項が適切であるか，遺言者の意思に添っているか等に慎重な判断が必要である。

予想される紛争形態との関係において，法律的に効果のある方法でその紛争を予防するにはどうすべきかという視点で考えた場合，その生じた紛争を解決するのは裁判制度であることから見て，当然要件事実的考察を欠くわけにはいかない。公正証書については，後に具体的に検討するとして，他の公証業務，例えば私文書の認証について簡単にふれると，文書がその作成者によって真実作成されたものかどうかが争いとなるのを防止するため，公証人の認証を得ておくことが法的に有益であり，民訴法228条2項の真正の証明に役立つのである。また確定日付は作成された文書がいつ存在していたものであるかの証拠としての役割をはたす。

公正証書の作成に当たっては，弁護士の関与が少なくなく，事前の公証人との打ち合わせの機会がよく持たれる。そこにおいて，紛争解決の指針が明確化される。その場合の要件事実はすでに存在する紛争の解決を通じて将来の紛争予防を見据えているのである。公証人が直接嘱託人と打ち合わせをする場合にも同じような観点から考察することになる。

具体性をどこまで明記すべきかについてもしばしば問題となる。その場合，要件事実的考察（例えば前掲注2）増補民事訴訟における要件事実第一巻52頁以下）は参考となる面が少なくない。時的因子もそうであり，この場合，どこまで正確に特定し，どの程度詳細に明記するかは，将来の紛争予測との関係を配慮することになる。

14) 日本公証人連合会編・前掲注10) 公証実務〔平成第3版〕111頁以下は，民執法27条1項の問題点について事例をあげて説明している。

4 公正証書作成と手続的要件について

　公証業務の中で最も重要な公正証書の作成にあたっては，各種の手続的要件としての法律要件を満たす必要があり，それはあたかも訴訟手続において，訴訟を開始する段階，主張整理の段階，証拠調べの段階，判決言渡しの段階等において，数多くの手続的な規制事項があるのと同様である。すなわち，管轄の有無，嘱託人本人の同一性とその意思確認，代理権の有無確認，第三者の許可または同意の有無，証人が必要な場合の証人適格の有無等について法律で定める要件を満たしていることが必要である。この法律要件に該当する具体的事実が何であるかも検討する必要があるが，本稿で要件事実との関係を検討しようとしている事項の主たるものは，公正証書の内容である実体的要件，すなわち実体法の解釈に関する事項が中心になると考える（この点においては，公正証書の要件事実は，基本的には訴訟における実体法の解釈における要件事実の考え方と変わらない）。したがって，公正証書を作成するにあたっての手続的要件としての各種規制の内容等については，本稿では深くふれることはしないが，公正証書作成に当たって重要であることにはかわりはないし公証業務全体にもかかわる要件ともいえるので，この段階で要点だけ見ておきたい。[15]

　公証人法によれば，公正証書については，「公証人証書ヲ作成スルニハ其ノ聴取シタル陳述，其ノ目撃シタル状況其ノ他自ラ実験シタル事実ヲ録取シ且其ノ実験ノ方法ヲ記載シテ之ヲ為スコトヲ要ス」（公証35条）と規定され，聴取した陳述，実験した事実を録取して作成するものとされている。すなわち，嘱託人が述べたことを書き取って作成するものとされているのである。しかし，その陳述の内容が法律に則ったものであるかについて疑問がある場合には，結果的には形式的審査の範囲にとどめざるを得ないとしても，公証人としては積極的に釈明権を行使して疑問点を解消させる審査権限があると考える。[16] その点に関しては，「公証人ハ法令ニ違反シタル事項，無効ノ法律行為及能力ノ制限ニ因リテ取消スコトヲ得ヘキ法律行為ニ付証書ヲ作成スルコトヲ得ス」（公証26条）と規定しており，[17] また「公証人は，法律行為につき証書を作成し，又は認証を与える場合に，その法律行為が有効であるかどうか，当事者が相当の考慮

4 公正証書作成と手続的要件について

をしたかどうか又はその法律行為をする能力があるかどうかについて疑があるときは，関係人に注意をし，且つ，その者に必要な説明をさせなければならない。」（公証人法施行規則13条1項）とされているから，単に嘱託人の陳述（口頭，文書その他の各種の情報伝達方法を含む。一方又は双方が予め作成した契約書案を公証人に示して，点検等指導を求める場合も多い）をそのまま記載するのではなく，状況に応じて慎重に検討すべきことにつき注意を喚起したものと解される[18]。すなわち，嘱託人の陳述について法律的な効力に問題がないかについて当然に審査すべきことを規定しているといえる。そして，一方で公証人は，正当な理由がなければ嘱託を拒むことはできないとされている（公証3条）から，嘱託人の真意を確認して適法な公証業務を遂行するよう心がける必要がある。ただ具体的にどこまで審査権限があるかについては問題が多い[19][20]。

15) 伊藤滋夫教授も前掲注2）要件事実の基礎2頁において，このような限定をした上で，要件事実の機能等について説明するために，通常の民事訴訟法の教科書で取り上げられている事項の多くは検討の対象にしない旨述べておられる。

16) 公証人には，資料収集の権限が与えられておらず，わずかに法律行為の有効性等について具体的に疑いがある場合に嘱託人らに説明を求める権限を認めているが，相手方にはこれに応ずる義務はない。しかし，公証人は無効違法な公正証書を作成することは許されないから，公証制度の信用を確保し，予防司法の担い手である公証人の職責の重大性を考えれば，審査権限は審査義務よりも広いと考えられている。日本公証人連合会編・前掲注1）公証人法22頁参照。

17) 最判昭32・12・10民集11巻13号2117頁は，公証人法26条違反の公正証書の効力について同条に違反して作成された「公正証書に記載された法律行為の一部が無効であっても，その無効が法律行為全部の無効を来たさない限り，請求異議の訴にもとづき右公正証書の執行力を全面的に排除することはできないと解すべきである。」旨判示している。

18) 最判平9・9・4民集51巻8号3718頁は，「公証人は，法律行為についての公正証書を作成するに当たり，聴取した陳述により知り得た事実など自ら実際に経験した事実及び当該嘱託と関連する過去の職務執行の過程において実際に経験した事実を資料として審査をすれば足り，その結果，法律行為の法令違反，無効及び無能力による取消し等の事由が存在することについて具体的な疑いが生じた場合に限って，嘱託人などの関係人に対して必要な説明を促すなどの積極的な調査をすべき義務を負う。」旨判示している。

19) このような公正証書作成にあたって必要な法律的要件については，日本公証人連合会編・前掲注10）公証実務〔平成第3版〕3頁以下，日本公証人連合会編・前掲

注 1) 公証人法52頁以下参照。
20) 公証人の審査権限については日本公証人連合会編・前掲注 1) 公証人法20頁以下参照。

5 公正証書作成と実体的要件について

　公正証書の内容に関する実体的要件を考えるに，まず公正証書のかなり多くのものは，執行証書であるから（裁判所における執行事件に占める債務名義の割合としては，支払督促，判決についで執行証書は 3 番目に多いといわれている），これについては，まず債務名義として法的に問題がないように作成する必要がある。執行証書として多く利用されている公正証書の種類は，契約であるが，金銭消費貸借契約公正証書，準消費貸借契約公正証書，債務弁済契約公正証書，求償債務履行契約公正証書が，その主要なものであり，これらの公正証書には，権利関係の確認の内容を含んでいても通常それは従たる役割のものである。
　民執法22条 5 号によれば，「金銭の一定の額の支払又はその他の代替物若しくは有価証券の一定の数量の給付を目的とする請求について公証人が作成した公正証書で，債務者が直ちに強制執行に服する旨の陳述が記載されているもの（以下「執行証書」という。）」は，債務名義となることが認められている。この執行証書が金銭債権の回収を確保する手段として社会的に重要な機能を営んでいる。この「債務者が直ちに強制執行に服する旨の陳述」の記載，すなわち執行認諾約款が債務名義としての不可欠な要件事実であることはいうまでもない。執行認諾の意思表示は，私法上の法律行為（一般の意思表示）ではなく，執行力の発生という訴訟法上の効果の発生を目的とする訴訟法上の法律行為（訴訟行為）と解するのが判例通説である。[21]
　公正証書では，判決手続と異なり訴訟物という観念が明確ではない。したがって，訴訟物が何であるかによって，その請求原因の要件事実が自ずから限定されてくるという関係はない。考えて見るに公正証書では過去の各種の紛争類型を参考にして，そのような紛争を惹起しないようにするものであり，将来生ずるかも知れない想定される訴訟物ということになるから，幅を持って考えざるを得ないのである。

しかし，要件事実論の機能の一つが具体的な紛争解決のために必要かつ十分な事実は何かを突き詰めて分析検討し，その判断基準を提供することにあるが[22]，この判断基準は公証業務においても極めて有益であると考える。

　また，必要的公証事項（公正証書による契約でなければ効力を生じないとされている事項）とされている契約，すなわち事業用借地権設定契約（借地借家24条），企業担保権の設定・変更契約（企担3条），任意後見契約（任意後見契約に関する法律3条）がある。これらは契約内容が公証人によって慎重に判断された上で，公正証書によって締結されるべきものとされている以上，本質的に必要な契約事項があると考えなければならない。また契約ではないが，必要的公証事項とされているものに，規約設定（建物区分32条・67条2項）がある。これも同様の趣旨で，公正証書の作成に当たっては，本質的事項を落とさないようにしなければならない。これらの判断に際しては，特に要件事実的思考が有益である。

　21）　最判昭44・9・18民集23巻9号1675頁は，「執行受諾の意思表示は，訴訟行為で」はあるが，「訴訟手続を組成する一連の訴訟行為の一環として行われるものではなく，私人が任意に訴訟外において，債務名義を形成するために公証人に対し直ちに強制執行を受くべき旨の意思表示をする一方的行為」である旨判示している。
　22）　伊藤・前掲注2）要件事実の基礎16頁以下

6　類型別の公正証書における要件事実とのかかわりについて

　各類型別の公正証書の作成上の問題点については，実務的な文献があるので，詳細はそれに譲ることとするが[23]，実務で頻繁に用いられる類型のいくつかについて，要件事実論とのかかわりを具体的に検討するため，若干の例で（主要な条項のみを掲げるが）問題点を検討してみたい。

(1)　金銭消費貸借契約に関する公正証書

　あ　甲は乙に対し平成〇年〇月〇日金〇〇万円を貸し渡し，乙はこれを受け取り借用した。
　い　乙は甲に対し，平成〇年〇月〇日限り上記金〇〇万円を一括して支払

う。
　う　甲と乙との間で利息は年○％とし、乙は甲に対し毎月末日限り既経過分を支払う。
　え　甲と乙との間で乙が期限に支払を怠ったときは、乙は甲に対し遅滞の日から完済まで、年○％の遅延損害金を支払う。
　お　乙はこの契約上の金銭債務を履行しないときは、直ちに強制執行に服する旨を陳述した。

　（説明）　金銭消費貸借契約は、要物契約であるところ、「あ」はその「金員の交付」を甲と乙の両者の側から明確にしたものであり、「い」は「返還約束」とその期限である。いずれも要件事実である[24]。「い」は、また給付条項を明確にしたものであるが、公正証書においては分割払いの合意をし、かつ期限の利益喪失約款を合意することが多い。その場合には「い」にかえて、

① 乙は甲に対し元金○○万円を平成○年○月○日から平成○年○月○日まで毎月○日限り金○万円ずつ分割して支払う。
② 乙について、下記の事由が生じた場合は、甲の通知催告なく乙は当然に期限の利益を失い、直ちに元利金及び期限の利益を喪失した日から支払済みまでの遅延損害金を支払う。
　　Ⅰ　分割金、利息の支払いを1回でも怠ったとき
　　Ⅱ　他の債務につき強制執行、競売、仮差押えを受けたとき
　　Ⅲ　破産手続開始の申立て、民事再生手続開始の申立てがあったとき

と記載する例がある。
　「え」は、遅延損害金条項であるが、「支払いを怠ったとき」については、要件事実的には民法415条の解釈を巡って問題があり、公平の見地から考えると、債権者が主張立証すべき事項ではなく、むしろ「支払った」ことが、乙の抗弁事由と考えられている[25]。また期限の利益喪失事由の「Ⅰ」も同様である。そうすると、これらの内容は、「期間が経過したとき」とし、「ただし乙が支払ったときはこの限りでない」とする方がこの見解に合致することになる。そして、「お」の執行認諾条項の記載の仕方にも同様の問題がある。しかし公正証書は債務名義としての意味もあるが、当事者の行為規範として働くものでもあるか

ら，現段階では従来の表現を変えるべきだ，とまではいえない。将来裁判上の和解の調書や調停調書においても裁判規範としての民法の表現に変わり，その表現に違和感がなくなれば，公正証書も同一歩調をとるべきだということになろう。[26]

弁済による一部請求の公正証書を作成するときは，本来は，弁済は抗弁事由であるが[27]，公証業務では将来の紛争防止という意味で，むしろ弁済により減額された旨を明記する方が適切である。

また利息，遅延損害金約定については，利息制限法の制限内でなければならないことは当然であり，いわゆるグレーゾーン金利で公正証書を作成することはできない。[28]さらに貸金業の規制等に関する法律との関係の説明，特に状況によっては，最判平16・2・20民集58巻2号475頁（利息の天引きと貸金業の規制等に関する法律43条1項に規定するみなし弁済，同法17条1項に規定する書面に該当するための要件），最判平16・2・20民集58巻2号380頁（債務者が貸金業者から交付された同法18条1項所定の事項が記載されている書面で振込用紙と一体となったものを利用して貸金業者の銀行振込の方法によって利息の支払をした場合と同項所定の要件の具備）等の判例を説明して嘱託人の処理につき注意を喚起する必要な事案もあろう。

第三者である丙が連帯保証をすることもしばしばであり，実務では格別意識しないで連帯保証契約として記載しているが，理論的にいえば連帯約定は乙からの催告，検索の抗弁に対する再抗弁に位置付けられるが，その争いを予め防止するため再抗弁としての連帯を明記する趣旨と見てよいことになる。[29]

23) 現在実務で使用されている公正証書の具体的な雛型としては，日本公証人連合会編・前掲注9) 新版証書の作成と文例〔3訂〕，公正証書文例研究会編・前掲注9) 最新公正証書モデル案に掲載されている。各公正証書の内容についての説明は，吉井編・前掲注1) 公正証書・認証の法律相談が詳しい。
24) 司法研修所編・前掲注2) 紛争類型別の要件事実25頁。
25) 司法研修所編・前掲注2) 増補民事訴訟における要件事実第 巻255頁。
26) このような債務不履行条項は，執行実務においても，民執法27条1項の「債権者の証明すべき事実の到来に係る場合」にあたらず，債務者において「支払ったこと」を請求異議で主張立証すべきものとされている。その限りでは通説的な要件事実の考え方と一致している。最判昭41・12・15民集20巻10号2089頁は，旧法当時の判例であるが，このことを認めている。日本公証人連合会編・前掲注10) 公証実務112頁参照。
27) 司法研修所編・前掲注2) 紛争類型別の要件事実2頁，9頁。

263

28) 利息制限法と出資取締法との間の利息はグレーゾーン金利と呼ばれているが，当事者の合意書面に記載があったときは，公正証書作成の際に嘱託人の了解を得てこの部分を除外して，利息制限法の範囲内の利息等に引き直して作成している。日本公証人連合会編・前掲注1) 公証人法56頁参照。
29) 司法研修所編・前掲注2) 紛争類型別の要件事実38頁。

(2) 準消費貸借契約に関する公正証書

> あ　乙は甲に対し，甲が乙に対して平成○年○月○日貸し付けた金○○万円の元金，平成○年○月○日貸し付けた金○○万円の元金の各債務を負担していることを承認し，甲と乙とは，平成○年○月○日この合計額金○○万円を同額の消費貸借の目的とする旨の合意をした。
> い　乙は甲に対し，平成○年○月○日限り上記合計金○○万円及び利息金○万円を付加して支払う。
> う　乙はこの契約上の金銭債務を履行しないときは，直ちに強制執行に服する旨を陳述した。

（説明） 民法588条によれば，準消費貸借契約は，「消費貸借によらないで金銭その他の物を給付する義務を負う者がある場合において，当事者がその物を消費貸借の目的とすることを約したときは，消費貸借は，これによって成立したものと」みなすとされ，消費貸借によらないでと規定しているが，消費貸借でもよいと解されている（大判大2・1・24日民録19輯11頁）。また判例（最判昭43・2・16民集22巻2号217頁）は，この旧債務の不存在を理由に準消費貸借の効力を争う者は，旧債務の不存在の事実を立証しなければならないとしているが，旧債務の中に利息制限法違反の利息・損害金が含まれていないとも限らないことを考えると，将来の紛争防止という観点からも，旧債務の発生要件事実を記載する方がよいと考える。30) 当事者は，準消費貸借契約の日に貸し付けたものとする契約書を持参することも少なくないが，釈明すると実は準消費貸借であることが判明することがある。債務者も格別問題としていないことが多いが，釈明の結果旧債務に問題のあることが明らかとなる実益がある。これも要件事実の

考え方を参考にした結果である。もっとも，前記判例があるので見解は分かれよう。

金銭消費貸借契約公正証書の場合と同様に，支払条項については分割払いの約定と期限の利益喪失約款に入れ替えることが多い。

30) 司法研修所監修・新版民事訴訟第一審手続の解説53頁（法曹会，1994）参照。

(3) 債務承認弁済契約に関する公正証書

あ　乙は平成○年○月○日甲に対し，乙が平成○年○月○日金銭消費貸借契約に基づき借り受けた金○○万円の債務を負担していることを承認し，次条以下の条項に従い弁済することを約し，甲はこれを承諾した。

（説明）　債務承認弁済契約は，債務者が債権者に対して，金銭債務（各種の契約や不法行為に基づく損害賠償債務等）を負担しているときに，債務者がその負担額を承認し，その履行（弁済）方法について契約するものである。公正証書の中でも比較的多く利用されている。実質的に準消費貸借契約による債務の弁済契約のこともあり，その場合には準消費貸借契約公正証書として作成するよう勧める事案もある。いずれにしても債務の特定が問題となることがあるので，慎重に取り扱う必要がある[31]。要件事実としては，どのような債務を承認し，それをどのようにして弁済するかを明確にする必要がある。

弁済条項については，(1)(2)で述べたような分割払いの約定と期限の利益喪失約款の条項を入れることがある。

31) 日本公証人連合会編・前掲注1) 公証人法58頁には，弁済期日と公正証書作成日との関係で問題視される場合のあることについて，またその解決方法について詳細な説明がある。

(4) 求償債務履行に関する公正証書

あ　甲は，乙が丙から平成○年○月○日金○○万円を借り受けるに当たり，乙が丙に対して負担する債務について，乙から平成○年○月○日連帯保

証人になることの委託を受け，甲はこれを承諾した。
　い　甲が上記の保証債務を履行したときは，乙は次の各号に定める金員を直ちに甲に支払う。
　　①　甲が保証債務の履行として弁済した金額
　　②　甲が保証債務を履行するために要した費用の総額
　　③　上記各号の金員に対して，甲が丙に弁済した翌日から乙が履行する日まで年○％の割合による遅延損害金
　う　執行認諾条項

（説明）　これは，民法459条の事後求償の場合であるが，公正証書作成当時には保証人が主債務者に求償できる額が予め決まっているわけではないので，執行実務上，民執法22条5号にいう金額の一定性の要件を欠くとして強制執行を許さないとの扱いが多い。そこで，公証実務では予め額が決まっている民法460条の事前求償の条項も入れているのが実情である。この場合には，上記「い」に加えて

　え　乙が次の各号に該当するときは，甲は，被保証債務の弁済期前であっても，被保証債務全額について，予め乙に対し求償することができる。

として各号の中に民法460条の具体的な事実を記入する例が多い。[33]

　主債務者から委託を受けて，連帯保証契約を締結すると主債務者が債務の履行を怠ったときは保証人が主債務者に代わって債務を支払う義務を負担するが，その義務を履行したときは，債権者に代位して債務者に対して，代位弁済金の請求権を取得するが，この支払に関する公正証書を作成することもある（民459条・442条）。なお，保証人が法人である貸金等債務の根保証契約の求償権については，民法の一部を改正する法律（平成16年法律第147号）465条の5の規定に留意する必要がある。

32)　執行実務と公証人側の考えとが民執法22条5号の「金額の一定性」をめぐって対立していることについて，日本公証人連合会編・前掲注1）公証人法69頁以下，宍戸達徳「現下の公証実務における2，3の問題」公証法学32号2頁以下（2002）に問題

33) 日本公証人連合会編・前掲注1) 公証人法70頁以下参照。

(5) 売買契約（割賦販売）に関する公正証書

あ　甲は乙に対し，平成〇年〇月〇日本件自動車を代金〇〇万円で売り渡し，乙はこれを買い受けた。
い　乙は甲に対し上記代金を次のとおり分割して支払う。
　①　頭金　平成〇年〇月〇日　金〇〇万円
　②　残金　平成〇年〇月〇日から平成〇年〇月〇日まで毎月　25日限り各金〇万円ずつ
　　　乙は甲に対し残金の支払のために約束手形を振出交付する。
う　本件自動車の所有権は，甲に留保し，乙が本件契約による自動車代金の債務を完済した時に乙に移転するものとする。
え　甲は本件契約後〇〇日以内に「い」の約束手形の交付を受けるのと引換えに本件自動車を引き渡す。
お　乙に以下の事由が生じたときは，乙は当然に割賦弁済の期限の利益を失い，甲に対し残債務及びこれに対する期限の利益喪失の日の翌日以降完済まで商事法定利率年6分の割合による遅延損害金を支払う。
　①　割賦金（頭金を含む。）の支払を怠り，20日以上の相当の期限を定めた書面による催告を受けたにもかかわらず，期限内にこれを支払わなかったとき。
　②　乙が甲に連絡しないで住所を変更し所在不明になったとき
か　執行認諾条項

（説明）　割賦販売業者は，指定商品を割賦販売の方法で販売したときは，割賦金の支払義務が履行されない場合でも，20日以上の相当の期間を定めて書面で支払を催告し，その期間内に支払がされないときでなければ，契約を解除し，または支払期限の経過していない割賦金の支払を請求することはできず，これに反する契約は無効とされている（割賦5条）。このような消費者保護の規定に

7 公証業務と要件事実

留意する必要がある。[34]

> 34) 司法研修所編・前掲注2) 増補民事訴訟法における要件事実第一巻270頁以下参照。

(6) 一般定期借地権設定契約に関する公正証書

建物の所有を目的とする土地の賃貸借契約については，借地借家法の適用があるから，同法22条の定期借地権設定契約を締結する場合には，この法律に定める法律要件を満たす必要がある。

あ　甲は乙に対し平成○年○月○日借地借家法22条に定める定期借地権を設定する目的で，甲の所有する別紙目録記載の土地を賃貸する旨の契約を締結し，乙はこれを賃借した。

い　上記賃貸借契約の開始日は平成○年○月○日とし，終了日を平成○年○月○日とする期間50年間とし，契約の更新をしないものとする。

う　甲と乙とは，上記期間満了前に地上建物が滅失し，乙が新たに建物を築造した場合においても，本件賃貸借は上記期間の満了により終了し，賃貸借期間の延長をしないことを合意した。

え　賃料は1か月金○万円と定め，乙は甲に対し毎月末日限りこれを持参または送金して支払う。甲と乙とはこの賃料は3年間増額しない旨を合意した。

お　乙は甲に対し，本件賃貸借終了のときに本件土地上に所有する建物その他乙が土地に付属させたものの買取請求権を行使しない。

か　賃料支払債務につき執行認諾条項

（説明）　存続期間50年以上の借地権については，期間が満了したときに契約の更新がないこと，建物の再築による存続期間の延長がないこと，建物の買取請求をしないことの特約をすることができるものとされている（借地借家22条）。そして，この特約は公正証書による等書面でするときに限って効力が認められる。[35]

> 35) 吉井編・前掲注1) 公正証書・認証の法律相談98頁以下〔小倉顕〕，拙稿では，この契約について，本質的合意事項，必要的合意事項，付加的合意事項に分けて説明し

ておいた。

(7) 事業用借地権設定契約に関する公正証書

借地借家24条の事業用借地権設定契約は必要的公証事項とされているから，その公正証書については，本質的合意事項があり，これが欠けると効力が認められない。

> あ　本件賃貸借契約は，本件土地に借地借家法24条に基づく事業用借地権を設定することを目的とする。
> い　甲は乙が本件土地上に電気事業用に供するため別紙目録記載の建物を建築して所有することを認める。乙はこの建物を専らこの営業の用にのみ用いるものとし，居住用には使用しない。
> う　借地権の存続期間は平成○年○月○日から20年間とし，期間満了の際に契約の更新はしない。
> え　賃料は1か月金○万円と定め，乙は甲に対し毎月末日限りこれを持参または送金して支払う。
> お　賃料支払債務につき執行認諾条項

（**説明**）　この契約は，公正証書による契約でなければならないとされている（借地借家24条）。これは専ら事業の用に供する建物所有の目的で存続期間を10年以上20年以下の借地権の設定契約でなければならず，この要件が満たされた借地権であれば，借地借家法3条から8条（存続期間の法定）まで，同法13条（存続期間満了時における借地権者の建物買取請求権），同法18条（借地契約更新後の建物再築の裁判所の許可）の適用がないものとされている。これは存続期間満了後の存続をめぐる紛争を防止することになる。[36]

このほかに不動産の賃貸借契約を公正証書にすることは少なくない。それは長期間賃貸するものであるから，賃貸人が賃借人に約定をきちんと守らせる目的があるからである。特に賃料の支払については，怠った場合に直ちに強制執行ができることにメリットが大きいからである。この契約の場合，要件事実だけからみれば，付加的な余事記載に当たる事実が記載されていることも多いが，

公正証書としての役割から見て法的に問題がなく当事者にとって必要な条項であるならば付加して差し支えない。

36) 前掲注35）公正証書・認証の法律相談102頁以下，拙稿では，この契約について，本質的合意事項，必要的合意事項，付加的合意事項に分けて説明しておいた。

(8) 定期建物賃貸借契約に関する公正証書

> あ　甲は乙に対し，平成○年○月○日別紙目録記載の建物（以下本件建物という。）を借地借家法38条に基づく定期建物賃貸借として賃貸し，乙は予め甲から同法38条2項に定める書面の交付とその説明を受けた上でこれを借り受けた。
> い　この賃貸借契約は，契約期間の満了により終了し，期間の更新はないものとする。
> う　契約の期間は，平成○年○月○日から平成○年○月○日まで○年間とする。
> え　乙は，本件建物を住居としてのみ使用するものとし，その他の目的で使用してはならない。
> お　賃料は，1か月金○○万円とし，乙は甲に対し毎月末日限り翌月分を支払う。この契約期間中賃料の増減はしないものとする。
> か　賃料支払債務につき執行認諾条項

（説明）　建物の賃貸借においては，賃借人の居住権を保護するため賃貸人は，自己使用その他の正当事由がなければ，更新拒絶，解約ができないものとされていたが，平成12年3月1日から借地借家法の改正により一定の要件のもとに（借地借家38条），当事者の自由な合意による契約期間が経過すれば必ず賃貸借が終了する旨の建物賃貸借を契約することができるようになった。この契約は公正証書による等書面によって契約するときに限って更新排除特約の効力が認められる。[37]

37) 吉井編・前掲注1) 公正証書・認証の法律相談86頁以下〔篠田省二〕。

(9) 死因贈与契約に関する公正証書

> あ　贈与者甲は，受贈者乙に対して平成〇年〇月〇日甲所有の別紙目録記載の不動産（以下本件物件という。）を贈与することを約し，乙はこれを受諾した。
> い　本件贈与は甲の死亡によって効力を生じ，本件物件の所有権は当然に乙に移転する。
> う　甲は乙のために本件物件につき所有権移転保全の仮登記をするものとし，乙が同登記手続の申請をすることを承諾する。
> え　甲は次の者をこの契約の執行者に指定する。

（説明）　死因贈与契約は，遺言（遺贈）と類似するが，遺言（遺贈）が単独行為であるのに対し契約であることが，一番異なる点であり，また贈与の一態様であるが，贈与者の死亡によって効力が生ずる不確定期限付きの贈与契約であるという特色がある。法律上は，遺贈に関する規定に従うと定められている（民554条）が，，この契約は不要式契約と解されている[38]。実情としては推定相続人との間で死因贈与契約がされることが多く，不動産については，仮登記によって予め受贈者の権利を明確なものとして確保すること，また贈与者において受贈者に一定の行為を義務付けること（負担付贈与）などが可能である。相続人が乙のほかに多数いるときは，執行者を定めておいた方が，登記手続がスムースに行われる[39]。他に遺留分権利者がいる場合には，遺言と同様に遺留分減殺の対象となることに留意すべきである。

38) 最判昭32・5・21判タ73号51頁は「同条は，死因贈与契約の効力については遺贈（単独行為）に関する規定に従うべきことを規定しただけで，契約の方式についても遺言の方式に関する規定に従うべきことを定めたものではない」と判示している。
39) 古井編・前掲注1) 公正証書・認証の法律相談174頁以下〔内田恒久〕。

(10) 離婚に関する公正証書

あ　甲と乙は，平成○年○月○日協議離婚することを合意し，その届出を甲は乙に委託した。乙は速やかに離婚の届出をする。

い　甲と乙との間の長男一郎（平成△年△月△日生）及び長女花子（平成□年□月□日生）の親権者を乙と定める。

う　甲は乙に対し上記未成年者らの養育費として平成○年○月○日から未成年者らがそれぞれ満20歳に達する日の属する月まで，1人あたり1か月金○万円を支払うものとし，毎月末日限り乙名義の○銀行普通預金口座（口座番号○○）宛て振り込んで支払う。

（説明）　離婚給付契約等公正証書は，最近比較的多く用いられるようになっている。その理由は，裁判上の和解離婚（人訴37条）や調停離婚（家審21条）と異なり，離婚合意自体は公正証書に記載されたからといって直ちに離婚の効果が生ずるわけではなく，離婚届の届出によって生ずるものではあるが，公証役場に出頭する気軽さと処理の迅速さ等から利用されているといわれている。そして，公正証書の中で，親権者の指定（民819条1項），離婚に伴う慰謝料，財産分与，未成年の子の養育費，面接交渉権等を定めている。

　財産分与及び慰謝料に関する合意をすることも多い。離婚の際に財産分与をしなければならないわけではないが，将来の紛争防止ということでは（民768条），具体的状況にもよるが，双方の意向を確認して財産分与を定めるのか否かを明記することが多い。

　慰謝料については，一方が離婚について責任のあることを認めた場合に合意されるが，具体的には上記以上に状況によるといわざるを得ない。

　金銭的な給付条項については，債務者の執行認諾条項を入れて債務名義としているのが一般的である。[40]

　　40）　吉井編・前掲注1）公正証書・認証の法律相談183頁以下〔橘勝治〕。

(11) 任意後見契約に関する公正証書

> あ　甲は乙に対し，平成○年○月○日任意後見契約に関する法律に基づき，甲が将来事理を弁識する能力が不十分な状況になった場合における自己の生活，療養看護及び財産の管理に関する事務を，以下に定める条項によって委任し，乙はこれを受任する。
> い　この契約は，甲について任意後見監督人が選任されたときからその効力を生ずる。
> う　乙は，この契約締結後，甲が精神上の障害によって，事理を弁識する能力が不十分な状況になり，乙がこの契約による後見事務を行うことが相当となったときは，すみやかに家庭裁判所に対し任意後見監督人の選任を請求するものとする。
> え　甲は乙に対し，別紙代理権目録記載の後見事務を委任し，その事務処理のための代理権を付与する。

（説明）　任意後見契約に関する法律3条によれば，任意後見契約は法務省令で定める様式の公正証書によってしなければならないと規定し，必要的公証事項である旨を定めている。同法2条1号の定義によれば，任意後見契約とは，「委任者が，受任者に対し，精神上の障害により事理を弁識する能力が不十分な状況における自己の生活，療養看護及び財産の管理に関する事務の全部又は一部を委託し，その委託に係る事務について代理権を付与する委任契約であって，第4条第1項の規定により任意後見監督人が選任された時からその効力を生ずる旨の定めのあるものをいう」とされているから，その定められている事項は本質的合意事項であり，要件事実である。平成12年4月から施行された成年後見制度と合わせて判断能力の不十分な成年者（痴呆性高齢者，知的障害者等）を保護するための制度である。この代理権付与の対象は，財産管理に関する法律行為（預貯金の管理・振込依頼・払戻し・解約，不動産その他の重要な財産の処分，担保権の設定，賃貸借契約の締結・解除，遺産分割等）だけでなく，身上看護に関する法律行為（介護契約，福祉関係施設への入所に関する契約の締結・解除，医療契約等）も

含まれるが，代理権付与の対象となる事務に限られる。したがって，これらに付随する事実行為は別として，具体的な介護サービス等の単なる事実行為は含まれない。この契約が効力を生ずるのは，任意後見監督人が選任されたときとされているのは，任意後見監督人の監督のもとにおいてのみ任意後見人が代理権を行使できるものとすることにより，任意後見人の代理権濫用を防止しようとしているのである。この公正証書は，必ず公証人によって作成されるものであるが，どのような要件事実が必要かを嘱託人に予め示しておく必要がある（上記は日本公証人連合会で定めた文案の抜粋である）。

文例としては，将来型，移行型，即効型があるが，ここでは，基本的な将来型によって文例の骨子を示した。なお，公証人としては，この公正証書を作成したときは，任意後見契約の登記を嘱託することが義務付けられている（後見登記等に関する法律参照）。[41]

 41）吉井編・前掲注1) 公正証書・認証の法律相談145頁以下〔篠田省二〕。

(12) 死後事務委任契約に関する公正証書

これまで死後事務委任契約公正証書が作成された例は少ないと思われるが，今後検討すべき公正証書の類型と考え，あえてここに提示するものである。

> あ　甲は乙に対し，別紙目録記載の甲の死後事務処理委任事項を委託し，乙はこれを受託した。
> い　甲が死亡した場合においても，本件契約は終了せず，甲の相続人Aは，委託者である甲のこの契約上の権利義務を承継するものとする。
> う　甲の相続人Aは，後記事由がある場合を除き本件契約を解除することはできない。

（説明）　高齢時代を迎えて，最近死後事務処理委任契約の締結を希望する例が散見される。これは委任契約の一態様であり，生前の事務委任契約や遺言公正証書と共に作成することが考えられる。すなわち，その遺言公正証書の中で，Aに本件委任契約上の権利義務を承継させる旨の条項がなければ，実効性はないからである。このようなことから，これまで本格的に検討されてこなかっ

たように思われる。[42] まず，委任契約は委任者の死亡により終了するとされている（民653条１号）が，特約によりこれを排除できるとすれば，高齢の嘱託人には，死後事務委任契約の公正証書の作成を望む者が増える可能性がある。事案にもよるが，このような場合，相続人による解除自由（民651条１項）を制限する解除権放棄特約を伴う必要性があると思われる。このような契約を私人間だけで締結することは極めて困難であり，締結するとすれば，実際には公正証書によるほかないと思われる。その場合には新しい契約であるから，公証人としては必要な事実，すなわち要件事実を十分に検討しておく必要がある。

> 42) これまでは，委任契約の公正証書を作成しているのは，生前の事務処理を目的としていた。しかし，死後についての事務委任公正証書作成の必要性及びその問題点を指摘する河野信夫「解除権の放棄特約を伴う死後事務委任契約を巡る諸問題」公証132号19頁以下（2002）は，示唆に富む有益な論文である。

(13) 遺言に関する公正証書

遺言事項は，遺言者の意向やおかれた立場によっていろいろであるが，法律上は財産処分行為，身分行為とも民法等の法律の規定に定められたものでなければならない。したがって，それに応じて検討すべき要件事実が異なるが，ここでは一つの例を示して説明するにとどめたい。

あ　遺言者は，遺言者の所有する別紙第一目録記載の不動産を遺言者の妻Ａに相続させる。
い　遺言者は，遺言者の所有する別紙第二目録記載の不動産及びこの遺言書に記載していない一切の財産を遺言者の長男Ｂに相続させる。
う　遺言執行者は，遺言者の所有する第三目録記載の預金の払戻しを受け，遺言者が負担していた一切の債務の弁済をした上，その残金を遺言者の二男Ｃに相続させる。
え　遺言者は，祖先の祭祀の主宰者として長男Ｂを指定する。
お　遺言者は，この遺言の遺言執行者として，弁護士Ｄを指定する。

（説明）「相続させる」という文言は，遺言公正証書では，古くから使用さ

れていたが，最判平3・4・19民集45巻4号477頁が，この場合の遺言の法的性質を，遺産分割方法の指定（民908条）であるとした上，遺産分割方法の指定であっても，遺言者の意思に合致するものとして遺言の効力発生とともに当該遺産をその相続人に帰属させる遺産の一部分割がされたと同様の物権的移転効果がある旨の判断を示して以来，この判断が判例として定着し，実務上の方式の主流となっていることに注目する必要がある。また，遺言者は特定の相続人に全部の遺産を相続させたい場合が少なくない。遺言者の所有する財産の処分であるから，その意思を尊重するのが当然であるが，遺言は遺言者の死後，法定相続による遺産分割の協議でもめるのを避けることが重要なポイントでもあるから，将来遺留分請求等でかえって紛争が生ずることのないように配慮した遺言をすることが望ましい。なお，公正証書遺言については，民法969条に厳格な要件が定められている。同法969条の2は，口がきけない者の公正証書遺言についての規定である。[43]

[43] 公正証書遺言については，蕪山厳ほか・遺言法体系（西神田編集室，1995），内田恒久・判例による相続・遺言の諸問題（新日本法規，2002），小倉ほか編・前掲注9）ケース別遺言書作成マニュアル，清水勇男・遺言をのこしなさい（講談社，2000），宍戸達徳「現下の公証実務における2，3の諸問題」公証法学32号20頁以下（2002），吉井編・前掲注1）公正証書・認証の法律相談193頁以下〔内田恒久〕，同207頁以下〔松野嘉貞〕等文献は多い。

7 むすび

わが国において公証制度が実施されるようになったのは，今から120年近く前の明治22年からで，明治19年に公証人法の前身である公証人規則が公布され，公証人の任命が行われてからである（前掲注13）公証制度百年史26頁以下）。ヨーロッパの法諺に「裁判官は父の如く公証人は母の如し」というものがあるといわれている。公証人規則はこのような考えに基づくフランス公証人法をモデルとしたもので，その後プロイセン法の影響のもとに，明治41年4月現行公証人法が制定公布されたのである。裁判制度と公証制度は，いずれも民事紛争の解決手段としては，紛争後の解決か，紛争前の予防かの違いはあっても，本来相補

う制度として創設されたのである。そのような沿革に照らしても，民事の裁判において欠くことのできない要件事実論が，公証業務においても有益であろうと考えるのは理由のないことではない。そして，要件事実論の機能の一つが紛争解決のために必要かつ十分な事実は何かを突き詰めて分析検討し，その基準を提供することにあるが，この機能は公証業務においても同じように重要なことと考えられる。ところが，これまで公証業務に要件事実という観念を入れる必要があるか否かについては，議論すらされてこなかった。そこで問題提起をしてみたいということで本稿の作成を引き受けたのが動機であった。その結果，公証業務においても何が本質的な事項で，何が付加的な事項であるかを突き詰めて分析検討することが極めて重要な作業であり，その点で要件事実の考え方が参考になり，かつ有益であることを，実感するに至った。公正証書の具体的な類型の中で，もっと深く突き詰めて分析検討すべきではあるが，現段階ではその余裕も能力もないので実現できなかった。しかし，今後機会をみて公証業務において要件事実論の機能がどのように有益であるか，という問題意識をもって公証業務全体を見直すことを将来の課題としたい。

〈民法の一部を改正する法律（平成16年法律第147号）との関係について〉
　本稿の内容は，上記法律による民法の改正を織り込み済みである。

8

司法書士と要件事実
―司法書士業務における要件事実論の有用性―

関根　誠一郎

1　本稿の趣旨
2　筆者が受けた4つの相談事例
3　要件事実論の有用性―4つの相談事例について―
4　要件事実論の有用性―添付書面を例にして―
5　裁判規範としての民法
6　おわりに

1　本稿の趣旨

　改正司法書士法が平成15年4月1日に施行され，所定の研修と考査を終了し法務大臣の認定を受けた司法書士は，簡易裁判所において訴訟代理権を行使できるようになった。
　民事訴訟では，裁判所は，訴訟物である原告の権利又は法律関係の存否を，種々の要件事実の組み合わせで判断しているので，判決手続において，書類作成を通じて本人訴訟を支援したり，簡易裁判所において訴訟代理人として活動する司法書士にとって，要件事実論は民事紛争の適正迅速な解決のために不可欠である。しかし，要件事実論の機能はもとよりそれにとどまるものではなく，司法書士業務において，紛争の予防（後述の【相談事例1】（添付書面例））や不動産取引の安全（後述の【相談事例2】（登記原因例））を考える上においても有用な機能を持っている。
　さらに，要件事実論は，司法書士として，当事者から紛争についての相談を受け，依頼者から事情を聞いて事案の内容を的確に把握するためにも重要である（要件事実と間接事実や事情とを区別する視点を持つことなく，漫然と依頼者の話を聞く

ということでは，不十分である）（後述の【相談事例3】（判決例））。

また，要件事実論的考察は裁判上の和解手続の積極的活用にとっても有用なのではないか（後述の【相談事例4】（和解例））。

このように，要件事実論は，民事訴訟における審理判断において重要な役割を果たすものであるのみならず，幅広い有用性をもっている。本稿は，筆者が受けた4つの相談事例（仮に①添付書面例，②登記原因例，③判決例，④和解例とする）について，要件事実論の有用性を簡単に説明し，その後，1番目の相談事例（①添付書面例）を題材として，要件事実論の有用性を予防法学的観点から明らかにすることによって，司法書士の業務でしばしば問題となる事柄の的確な処理に資することを目的とするものである。

なお，本稿は，要件事実論の有用性を説明する論稿としては，相談事例及び関連する実体法の説明，下級審判例及び学説の紹介をかなり詳細に行っているが，その理由については，6(1)「要件事実論と実体法」(319頁)で述べさせていただく。

本論に入る前に，要件事実の学習をはじめた筆者の学習体験を少々書かせていただきたい。

所定の研修に先がけて，「主として，簡易裁判所において訴訟代理人として訴訟活動を展開していくことになる司法書士」を読者に想定して，要件事実の「基本的な考え方と裁判実務において展開されているところの情報を付与すること」を目的としたテキストブックが裁判官の執筆によって出版された[1]。

その中で，執筆者は要件事実教育について，つぎのように書いておられる。

「要件事実教育は，主として民事訴訟の場面を念頭においたものであるが，要件事実が何かを知ることにより，予防法学的応用ができる」，さらに「社会のさまざまな事象の中から，法律効果を発生させる要素となるものは何かを訓練することは，民事訴訟における訴訟活動の場面を超えて，弁護士の訴訟外の活動についても基礎のところで寄与するものとなる」。その後者の例として，つぎのような弁護士の対談の発言を紹介しておられる。「要件事実とは，一つの法律効果を生むための要件になる事実は一体何かということ。社会のさまざまな複雑な要因の中で，これとこれとは間接的なこと，では，本当の要件は一体何か。それを探る訓練を弁護士は受けている。さまざまな社会現象の中から，

これこそが原因であると，そういうものを探す勉強をずっと仕込まれてきているんです」[2]（弁護士発言）。

そして，執筆者は「要件事実教育は，民法の理解を立体化し，民事訴訟の攻撃防御の構造に組み立て直す役割がある。司法修習生としては，これまで平面的な理解しかしてこなかった民法を『裁判規範としての民法』（伊藤滋夫『要件事実の基礎』183頁）として学び直すことになる」[3]と，書いておられる。

このテキストは，所定の研修や考査には大変参考になったが，このテキストを読むだけでは，要件事実の勉強が「本当の要件を探る訓練」とか，「これこそが原因であるいえるものを探す勉強」という実感をもつことが出来なかったし，なんといっても，「裁判規範としての民法」の正体が分からなかった。

その後，このテキストで書名が引用された『要件事実の基礎』の入門編が出版されて読むことができた[4]。

この入門書では，はじめに「裁判官の判断の仕方を考えるための例題の提示」があり，この例題を題材として，まず「要件事実，間接事実，それ以外の事情が雑多に渾然となって述べられている当事者の言い分を基礎にして，訴訟物が何かを判断し，要件事実とそれ以外の事実との仕分けをし」，次に「主張立証責任の分配を考えながら，具体的な要件事実の内容と複数の要件事実の相互の関係を決定し，請求原因・抗弁・再抗弁・再々抗弁などの攻撃防御方法の体系にまとめ」，その上で「最終的には，第1次請求・第2次請求などの訴訟物相互関係を一つの請求に整理して，かつ，審理の実際に即して実質的争点に収斂させて法律上事実上の判断を重点に集中して行うという作業」の過程が説明されている[5]。著者の道案内によって，読者もこの作業に参加して，さまざまな事象の中から実質的争点に収斂する過程を体験することで，最初のテキストにあった，要件事実教育の「本当の要件を探る訓練」とか，「これこそが原因であるいえるものを探す勉強」という実感をもつことが出来た。そして，この入門書全体を通じて，「裁判規範としての民法」を学ぶことが出来た。

以上が筆者の要件事実学習のはじまりであるが，このような要件事実学習のはじまりは単に筆者個人だけのものではなく，法務大臣の認定を受けた多くの司法書士の共通のものではないだろうか。

1) 加藤新太郎＝細野　敦・要件事実の考え方と実務（民事法研究会，2002）。

2) 加藤ほか・前掲注1) 4頁。
3) 加藤ほか・前掲注1) 5頁。
4) 伊藤滋夫・要件事実・事実認定入門（有斐閣，2003）。
5) 伊藤・前掲注4) 143頁。

2 筆者が受けた4つの相談事例

はじめに，筆者が受けた4つの相談事例を紹介する。

【相談事例1】（添付書面例）

「甲社と乙社の両方の代表取締役社長をAが務めている。今般，甲社が所有している市川市の土地を乙社に売却することになった。代表取締役のAは，取締役会で議決権を行使できますか。また，その取締役会で，議長を務めることはできますか。」との相談が甲社の社員からあった。

【相談事例2】（登記原因例）

「今年の夏に，福島市に本店のある工務店から私が所有している福島市の病院の建物と底地を購入したいとの申込みがあったので，別紙のような『売渡し承諾書』を送って，売買契約が成立した。近々，残金決済をするので，所有権が移転したら，所有権移転登記手続を御願いしたい。」との依頼がBさんからあった。

その別紙には，承諾日，買主，売主，物件の表示（土地，建物）が記載されており，最後に「上記物件を下記の条件にて売り渡すことを承諾します。」とあり，条件として，「1，現状渡しとする。2，その他記載なき事項については，別途打ち合わせの上決定するものとする。」記載があるのみで，売買代金についての記載はなかった。Bさんに尋ねたところ，6,000万円位で売却したとのことだった。

【相談事例3】（判決例）

「当社が管理している港区のマンションについて，北九州に住む家主Cさん

から『借主が1年も賃料を支払っていないので，賃貸借契約を終了させ，内装をしてから，横浜に住んでいる娘の子供（孫）に使わせたい。ついては，部屋の明渡しをするようなんとかしてもらいたい。』との連絡があった。この部屋は，不動産会社が借りていたもので，私がマンションを訪ねたところ，現在は使用している様子もなく，管理人のところに郵便物が溜まっていた。明渡しの手続きを御願いできないでしょうか。」との相談を，筆者の事務所の近くにある不動産会社の社員から受けた。

【相談事例4】（和解例）
「私は，世田谷区にあるマンションを借りて，妻と幼稚園に通っている長女の3人で住んでいます。私の勤めていた会社が倒産し，半年ほど家賃を払っていません。家主には事情を話して待ってもらっていたのですが，最近になって，書面到達後1週間以内に延滞賃料を支払わなければ賃貸借契約は解除となる，との内容証明が届いて，困っています。おかげさまで，私の再就職も決まり，来月からは給料がもらえます。子供もまだ幼稚園ですので，この地を離れたくありません。出て行かなくてもいいような方法はありませんか。」と，借主Dさんから相談があった。

3　要件事実論の有用性―4つの相談事例について―

前述した4つの相談事例について，要件事実論の有用性を簡単に説明する。

(1)　【相談事例1】（添付書面例）について

兼任取締役会社間で売買契約を締結する場合，その承認を受ける取締役会において，その決議について特別利害関係のある取締役は議決権を行使できるのか。また，特別利害関係を有している取締役が議長として議事を主宰することができるのか。兼任取締役会社間の取引の特別利害関係人の範囲について学説・判例の考え方と登記先例の考え方は一致していないし，特別の利害関係があっても，定款または取締役会規則に特段の定めがない限り，取締役会の議長となることは許される，とする有力な学説もある。登記実務においても，特別

利害関係人たる取締役が議事を主宰した取締役会議事録（以下「主宰型議事録」とする）を取締役会の承認を証する書面として，所有権移転登記の申請書に添付して登記申請を行っている司法書士と，特別利害関係人たる取締役に議決権を行使させず，かつ議長として議事の進行を控える取締役会議事録（以下「非主宰型議事録」とする）を取締役会の承認を証する書面として，所有権移転登記の申請書に添付して登記申請を行っている司法書士がいる。筆者は後者である。前者の立場に立って，兼任取締役会社間で売買契約を締結する場合，その承認を受ける取締役会において，その決議について特別利害関係のある取締役が議長として議事を主宰した取締役会議事録を取締役会の承認を証する書面として添付することは，代表取締役による売買契約の効果を会社に帰属させるためには，要件事実論の観点から検討すると，妥当ではないと思われる。

後述するように（5⑷「行為規範としての民法からの裁判規範としての民法の構成」(318頁以下)），「特別利害関係のある取締役が議長を務めた取締役会決議は無効である。ただし，議事の進め方が公正に行われた場合はこの限りではない。」という裁判規範としての民法の要件を構成したとすると，被告会社は，議事の進め方が公正に行われたことを抗弁として証明して初めて取締役会の決議の無効という効果の発生を否定することができる。これは，単に立証責任の所在を定めたのみではなく，要件事実論からいえば，議事の進め方が公正に行われたことの抗弁が，実体法上の消極要件の形で定められていることを意味する。取締役会決議の無効を主張する原告において議事の進め方が不公正に行われたことの要件事実を積極要件の内容として主張立証しなければならないとされているのか，それとも被告会社において議事の進め方が公正に行われたことの要件事実を消極要件の内容として主張立証しなければならないとされているのかによって，どの程度原告にとって有利か，どの程度被告にとって厳しいものかは，大きく異なってくる。前者であれば，原告が要件事実の証明ができなければ原告敗訴となるが，後者であれば，原告がそのような事実の立証をすることは不要であるばかりでなく，被告が議事の進め方が公正に行われたことの要件事実を証明できなければ，原告勝訴となるからである。

要件事実論の予防法学的観点から，登記申請書には主宰型議事録よりも非主宰型議事録を添付するほうが妥当と思われる。相談事例と下級審判例を題材に

して後に検討することとする（**4**「要件事実論の有用性—添付書面を例にして」(288頁)，**5**「裁判規範としての民法」(312頁) 参照）。

(2) 【相談事例２】（登記原因例）について

「不動産登記法の全部を改正する法律」(平成16年法律第123号) が成立し，その公布の日（平成16年6月18日）から起算して１年を超えない範囲内において政令で定める日から施行されることになった。

現行の不動産登記法 (明治32年法律第24号。以下「旧法」という) では，登記の申請書には，原則として，「登記原因ヲ証スル書面」(以下「登記原因証書」と略称する) を添付することを必要とされている (旧不登35条１項２号)。登記原因証書の提出が要求される主たる理由は，申請人の提出したその書面をそのまま利用して登記官が「登記済証」の作成をすること (旧不登60条) により，登記所の事務負担を軽減する便宜に出たものである。そのため，登記原因証書がもともと存在しない場合，または，この書面が存在はするが提出不能である場合には，申請書の副本を提出すべきであり，またそれで足りるとされていた (旧不登40条)。登記原因証書の提出理由が以上のようなものであるから，その適格性を有するためには，①登記の目的たる不動産および権利変動に関する登記事項たるべき事項，が記載され，②その内容において，その申請によって求められている登記の内容をなすべき権利変動がすでに生じていることを示しているものでなければならない (【相談事例２】ではまだ権利変動が生じていない)。しかし，代金額は必要的記載事項ではない[6]。

改正後の不動産登記法では，権利に関する登記を申請する場合には，申請人は，法令に別段の定めがある場合を除き，その申請情報と併せて「登記原因を証する情報」(以下「登記原因証明情報」と略称する) を提供することになった (不登61条) が，登記済証は廃止された。この登記原因証明情報の意義が，旧法の登記原因証書 (旧不登35条１項２号) と同義かどうか，政令も省令も制定されていない今の時点 (平成16年11月) では必ずしも明らかではない[7]。

これに対して，売買契約に基づく代金支払請求訴訟及び目的物引渡請求訴訟において，請求原因（請求を理由づける事実）として当事者間で売買契約を締結したことを主張立証する場合，代金額又は代金額の決定方法の合意を主張し

なければならない。[8]

　もちろん，登記手続と訴訟手続の違いがあるので，単純に登記原因証書の適格性と訴状の必要的記載事項を同一に論じることはできない。

　しかし，司法書士は登記実務において，売買であれば，予め，不動産売買契約書で，売買契約（原因行為）の日付，売買物件の表示，売買代金および支払い方法，当事者（売主，買主）を確認し，残金決済日において，一定の代金の支払いと所有権移転（物権変動）の意思を確認し，登記申請を行っている。また，交換であれば，予め，不動産交換契約書で，交換契約（原因行為）の日付，交換物件の表示，交換物件の評価，差金の有無，当事者を確認し，決済日において，交換を原因とする所有権移転（物権変動）の意思を確認し，登記申請を行っている。このように，司法書士は，物権変動の原因行為とこれに基づく物権変動を調査確認し，不動産登記申請を行っている。旧法の売買による所有権移転登記の場合，登記完了後登記済証（権利証）として扱われるため，登記原因証書として提出された「売渡証」の文言が，「私は，私所有の後記不動産を　　年　　月　　日貴殿に売渡しました。」といった趣旨の簡単なものであっても，あるいは登記原因証書ではなく申請書副本を提出したとしても，司法書士は登記の専門家として，前述したように，不動産の決済において，いわゆる「人・物・意思」の確認を行っている。今回の司法書士法の改正により，法務大臣の認定を受けた司法書士は簡裁代理権を行使できるようになり，そのための研修として，司法書士試験合格後，要件事実研修を中心に特別研修が準備されている。要件事実研修を受けることにより，司法書士は，民事訴訟の場面では請求原因（請求を理由づける事実）を把握し，不動産登記（不動産取引）の場面においては請求原因（請求を理由づける事実）を把握しながら登記原因を確認する。司法書士のための要件事実研修の充実は不動産登記の場面において予防法学的応用ができ，従来よりもさらに取引の安全に寄与することになると思われる。

　　6）　幾代通＝徳本伸一補訂・不動産登記法〔第4版〕129頁以下（有斐閣，2002）。
　　7）　清水響「新不動産登記法の概要について」登記研究680号1頁以下（2004），香川保一「新不動産登記法逐条解説（62）」登記研究682号1頁以下（2004）。
　　8）　司法研修所民事裁判教官室・紛争類型別の要件事実―民事訴訟における攻撃防御の構造―1頁以下（法曹会，1999）。なお，伊藤滋夫・要件事実の基礎261頁注（84）

(有斐閣，2000)参照。

(3) 【相談事例3】(判決例)について

「よく1年もそのままにしていましたね。」と筆者がその不動産会社の社員に聞くと，「貸主は現在，年金で生活をしており，生活には困っていない。賃料の振込み先の通帳は日頃使用していないので，半年ぐらいたって記帳したところ，送金されていないことが分かった。それから，私の会社に貸主から連絡があり，借主と連絡をとって，不払いの賃料を支払うよう請求して欲しいとの依頼がありました。私も借主に連絡をしていたのですが，連絡がつかないので困っていたところです。」と話してくれた。筆者は，建物の謄本，借主の会社謄本，賃貸借契約書(更新分も含めて)，振込み先の通帳の写し，評価証明書等を取り寄せ，貸主，不動産会社の社員，マンションの管理人等から資料をふまえて事情を聞き，そのマンションに行き郵便ポスト，部屋の様子を確認し，写真を撮った。訴額は90万円をわずかに超えており，相談当時(平成15年11月)は地裁管轄の事件であり，貸主は北九州に在住していたので，東京に事務所をもつ筆者が受託することは躊躇したが，貸主本人が裁判が始まったら上京するとの強い意思を示したので，書類作成を通じて本人訴訟を支援することにした。賃貸借契約はまだ存続していたので，不払い賃料の催告と併せて賃料を支払わないときは賃貸借契約を解除するとの停止条件付契約解除の意思表示を内容とした催告書を配達証明付きの内容証明郵便で借主に送られてはどうか，と助言し，催告書の作成を支援した。催告書が借主に届いたが，借主からは何の反応もないので，催告書に続き，賃貸借契約終了に基づく目的物返還請求権としての建物明渡請求権を主請求(訴訟物)とする東京地方裁判所に提出する訴状の作成を支援した。占有状況の調査から，保全処分の必要性はない旨貸主に助言した。訴状を準備するにあたっては，要件事実論的な観点を頭において，具体的事実関係の正確な把握(契約書，現地調査，関係者からの事情聴取を含め)に努めた。例えば，契約の成立日，引渡し日，使用目的，賃料，支払い方法，更新の有無，連帯保証人の有無，借主との関係，賃料の支払い状況，占有状況など。また，訴状を作成するにあたっては，先輩司法書士の訴状，東京司法書士会で開催している裁判事務研修会での弁護士の助言，前に引用した要件事実に関する書籍

等を参考にした。その意味では，裁判事務に精通された司法書士を除き，筆者を含め多くの司法書士にとっては通常の民事訴訟，更に具体的には判決手続についての要件事実研修は，今日，簡裁代理権の獲得に伴ってやっとその端緒を開いたといえるのではないだろうか。筆者自身，これからも，「なぜ」そうなるのかという疑問をもって，「覚える」ということではなく，理解するという態度を基本にして要件事実論・事実認定論を学んでいきたいと考えている。

(4) 【相談事例4】（和解例）について

賃貸借契約の終了に基づく建物明渡請求訴訟において，被告（相談者）が従来は賃料の不払いをし，かつ，賃料の支払いを拒絶できる法律的な理由がない場合，原告（家主）の賃料債務不履行を理由としてされた賃貸借契約の解除は法律的には理由がある。しかし，裁判上の和解手続を進めているとき，被告は既に定職に就いており，相当額の給与の支払いを受けることが決まっていて，従来の不払分も今後発生する賃料債務も継続的に支払える状況にあり，相談者もそのつもりである。原告は，不払賃料をすぐに支払ってもらわないと困るという生活状況にもないし（たとえば，賃料を賃貸物件のローン返済に充てているというような事情はない），明け渡してもらった後も内装工事をして，また別の第三者に賃貸するというような状況にあったする。こうした場合には，和解の問題としては，原告のマンションの即時明渡しにこだわる必要はないと思われる。

訴訟上の和解の役割については，今日では，判決による解決が相当でない場合にのみ限定して，和解を使うというような消極的な考え方から，和解による解決も，判決による解決とともに望ましいものであるという積極的な考え方へ変化してきているように思われる。[9]

そして，こうした考え方の変化に目を向けて，和解手続における要件事実論・事実認定論的思考の積極的活用によって和解の機能の積極的推進をはかる主張がなされている。[10]

建物明渡請求事件は司法書士が受託する訴訟事件のなかでは頻度の高い事件なので，事案に応じて，具体的事情を十分に取り入れた柔軟で安定した合理的類型化の研究の成果を期待したい。[11]

9) 高橋宏志・重点講義民事訴訟法〔新版〕654頁以下（有斐閣，2000）参照。

10) 伊藤・前掲注4) 166頁以下。
11) 伊藤教授は「(合理的類型化の) 研究の成果が挙がれば, あたかも判決規範に照らして法律効果の発生を考えるように, 和解規範に照らして当事者の言い分を和解上は正当化する効果の発生を肯定してもよいように思われます。」と述べておられる (伊藤・前掲注4) 174頁)。

4 要件事実論の有用性―添付書面を例にして
―特別利害関係のある取締役が議長を務めた取締役会決議の瑕疵を題材として―

(1) はじめに

　株式会社の取締役が他の会社の代表者として自己の会社と利益相反関係に立つ不動産取引を行う場合，登記申請の添付書面として取締役会議事録が必要である。たとえば，甲会社と乙会社の代表取締役が同一のAである場合に，甲会社所有の土地を乙会社に売却することには，取締役と会社間の取引につき取締役会の承認を要するとする商法265条1項前段の適用があり，この所有権移転の登記申請には不動産登記法35条1項4号（平成16年改正前の旧法）により，第三者の許可等を証する書面として，当該売買契約につき取締役会の承認のあったことを明らかにする甲会社および乙会社の取締役会議事録の添付を必要とする。この場合，登記先例は，利益相反取引として取締役会の承認を必要としながら，当該取締役の特別利害関係を否定し，取締役会における議決権の行使を認めている。[12]

　これに対して学説，判例は，当該取締役は，特別利害関係を有する者として，取締役会において議決権を行使できないとする。決議に参加しえない特別利害関係人たる取締役の数は，取締役会の定足数算定の基礎となる取締役の総数から除き，決議の成否の判断にあたり，出席取締役の人数にも算入されないので，当該取締役が特別利害関係人にあたるかどうかは，取締役会決議の成否に影響が出てくる。

　また，下級審判例であるが，特別利害関係を有する代表取締役が議長を務め，かつ，議決権を行使した事例で，取締役会決議を無効とする判決がある（4(11)「下級審判例の事案」(297頁)）。

会社の担当者から，取締役会の議長を務める取締役が議題に特別利害関係を有している場合，かかる取締役が議長として議事を進行させることができるのか，との質問を受けたり，利益相反取引を承認する取締役会議事録作成の依頼があった場合，どちらの考え方にたって相談に応じ，議事録を作成したらよいか。取締役会の承認を証する書面として，主宰型議事録と非主宰型議事録のどちらを添付するのが妥当なのか。本稿は，ある相談事例と前述した下級審判例を題材にして要件事実論の立場からこの問題を検討する。

12) 日本法令不動産登記研究会編・事項別不動産登記のＱ＆Ａ170選219頁（日本法令，2003）。「代表取締役Ａは議決権を行使することができます。会社間の取引ですからＡは特別利害関係人に該当しません。」(参考　昭和34年3月31日民事甲669号民事局長回答）。

(2) 相 談 事 例

ある会社の総務担当者から次のような相談があった。

　今般，私の勤務する甲会社の所有する土地を乙会社に売ることになり，甲会社と乙会社との間で土地の売買契約を締結することになった。甲会社には，Ａ，Ｂ，Ｃの3人の取締役がおり，Ａが代表取締役である。Ａは，乙会社の代表取締役でもある。近く開催される甲会社の取締役会に代表取締役Ａの自己取引につき，承認を求める議案を付議することになった。
(質問)
1　甲社の取締役会で，Ａは決議に参加し，その議決権を行使することができるか。
2　甲社の取締役会で，当該議案につきＡが議長を務めることは商法上許されるか。

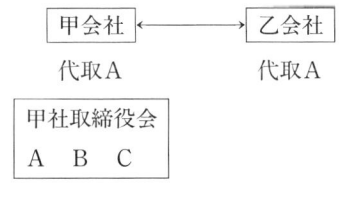

```
        甲会社 ←――→ 乙会社
        代取Ａ         代取Ａ
   ┌─────────┐
   │ 甲社取締役会 │
   │  Ａ  Ｂ  Ｃ  │
   └─────────┘
```

この相談事例の論点を整理すると，
① 取締役会社間の取引と取締役会の承認の要否
② 兼任取締役会社間の取締役会決議における特別利害関係人[13]
③ 特別利害関係を有する取締役と取締役会議長

の3点になる。

> 13) 直接取引または間接取引において，取締役が他の会社の代表者として自己の会社と利益相反関係に立つ取引（以下「兼任取締役会社間の取引」という）は，学説，判例はほぼ一致して，兼任取締役は，特別利害関係を有するものとして，取締役会において議決権を行使できないとするのに対して，登記先例は取締役会の承認を必要としながら，兼任取締役の特別利害関係を否定し，議決権の行使を認めている。ここで，「兼任取締役会社間の取引」という場合，取締役が他の会社の代表者として自己の会社と利益相反関係に立つ場合に限定し，取締役が他の会社の平取締役の場合を除いて使うことにする。なぜなら，商法は会社の代表取締役が取締役（代表権を有しない）を兼任する他の会社と取引する場合をその会社における利益相反取引の事例とはしないで，当該代表取締役に原則として専決執行することを認めているからである。

(3) 利益相反取引の規制

商法265条1項は，①取締役が自己または第三者のために会社と取引（前段）をし，または，②会社が取締役以外の者との間で会社と取締役との利益が相反する取引（後段）をするには，取締役会の承認を要する旨を規定している（前段の取引を「直接取引」，後段の取引を「間接取引」といい，①と②を合わせて，「利益相反取引」という）。

商法265条が，取締役会社間の取引について取締役会の承認を要求しているのは，取締役が，自己または第三者の利益を図るため，会社の利益，実質的には株主全体の利益を害することのないようにするためである。取締役または第三者の利益と，会社の利益とが対立するような取引行為がなされる場合には，取締役会へその開示を要求することによって，そのような取引が秘密裡に行われるという不明朗を防止するとともに，賛成取締役にも，会社が被った損害を賠償する連帯責任を負わせることによって（商266条1項4号・2項)，取引の公正性について，取締役会が厳重なチェックの機能を果たすことを期待している[14]。

この利益相反取引の規制は，取締役がその地位を利用して自己または第三者

の利益を図って会社の利益を害してはならない義務，すなわち忠実義務（商254条ノ3）の内容を具体化したものである。[15]

14）竹内昭夫・判例商法Ⅰ261頁（弘文堂，1976）。
15）善管注意義務と忠実義務の関係については，江頭憲治郎・株式会社・有限会社法〔第3版〕336頁（有斐閣，2004），北沢正啓・会社法〔第6版〕410頁（青林書院，2001），神田秀樹・会社法〔4版〕122頁（弘文堂，2003），龍田節・会社法〔第9版〕84頁（有斐閣，2003），丸山秀平「取締役会の議長と特別利害関係」金商1008号41頁（1996），東京司法書士会・判例研究平成10年度版〔丸山秀平教授講評部分〕15頁（東京司法書士会，1999）参照。
　北沢教授は「取締役の忠実義務を，取締役がその地位を利用し会社の利益を犠牲にして自己の利益をはかってはならないという義務と解するときは，……取締役会社間の取引・間接取引の規制（商265条）……は，忠実義務の体系に属することとなる。」とされる（北沢・前掲412頁）。丸山教授は東京司法書士会の判例研究会の講評において，忠実義務は善管注意義務とは異なり，取締役としての地位を利用して会社に不利益な行為を行ってはいけない，利益相反防止の義務であるとする見解に立たれたうえ，商法264条，商法265条のほかに商法260条ノ2第2項も忠実義務に由来する規定である，と主張されておられる（東京司法書士会・前掲17頁〔丸山〕）。

(4) 取締役会の承認を要する取引

　取締役会社間の取引（直接取引）は，取締役が自ら会社の相手方として，または第三者を代理もしくは代表して会社と取引をなす場合であり，その取締役が代表取締役であると否と，また，自ら会社を代表すると否とを問わない。

　　　　「自己ノ為ニ」　　　　　　　　　「第三者ノ為ニ」
　　　甲会社　―　A　　　　　　　　甲会社　―　乙会社
　　（代）取A　　　　　　　　　　　（代）取A　　　代取A

　取締役会の承認を要する取締役会社間の取引とは，取締役会社間のすべての財産上の法律行為をいい，会社に対する取締役の債務を免除する単独行為も含まれる。ただし，規制の目的からみて，裁量によって会社の利益を害するおそれのない行為は含まれない。例えば，債務の履行・相殺，普通取引約款による運送契約・預金契約は原則として，性質上そのおそれのない行為として，取引から除かれる。

　取締役会社間の取引については，取引の性質上除外される場合を除いて取締

役会の承認を必要とする。なお，取締役会の承認決議において，当該取締役は特別利害関係人（商260条ノ2第2項）となる。

(5) 取締役会の承認を要しない行為

取締役会社間の取引でも，取引の性質以外の特殊な事情から，取締役会の承認を要しない場合がある。例えば，最高裁は「取締役会社間の取引の当時，取締役が会社の株式全部を所有しており，会社の営業が，実質上，取締役の個人経営のものにすぎないときは，会社と取締役の間に利害相反する関係がないから，取締役会の承認を要しない」（最判昭45・8・20民集24巻9号1305頁）と判示している。この判決については，従来の判例は「取引行為の性質に着眼して本条（引用者注―商265条）の適用範囲を制限しようとするものであるが，本件判旨は……取締役と会社との利害の実質的一体性を理由として，これを同条の適用外だと判示したものである。つまり本件は，同条の適用範囲を絞る基準として従来認められて来たのとは全く別の新しいアプローチの仕方を認めたもの」であるとする評釈がある。[16]

16) 竹内・前掲注14) 262頁。

(6) 取締役会の承認を受けない直接取引の効力と追認

取締役会の承認を必要とする取締役会社間の取引（直接取引）が取締役会の承認を受けないでなされた場合，会社は，取締役または取締役が代理もしくは代表した直接取引の相手方に対しては，常に取引の無効を主張できる（通説）。はじめて相対的無効説を採用した間接取引に関する最高裁判決は「取締役が右規定（引用者注―商265条）に違反して，取締役会の承認を受けることなく，右の如き行為をなしたときは，本来，その行為は無効と解すべきである。このことは，同条は，取締役会の承認を受けた場合においては，民法108条の規定を適用しない旨規定している反対解釈として，その承認を受けないでした行為は，民法108条違反の場合と同様に，一種の無権代理人の行為として無効となることを予定しているものと解すべきであるからである。取締役と会社との間に直接成立すべき利益相反する取引にあっては，会社は，当該取締役に対して，取締役会の承認を受けなかったことを理由として，その行為の無効を主張し得

る」と判示する（最大判昭43・12・25民集22巻13号3511頁）。

この判決に，「一種の無権代理人の行為として無効」とあるが，「契約の無権代理行為の一般的効力」とは，つぎのように解されている。

代理人として代理行為をした者が，当該行為について代理権を有しない場合には，代理行為の法律効果は本人に帰属しない。本人に効果が帰属しないのは，効果帰属要件（代理権の存在が効果帰属要件である）を欠くからである。無権代理の効果を無効であるということがあるが，厳密には，現在は本人に効果が帰属していないが，本人の追認があればさかのぼって本人に効果が帰属するところの浮動的状態にあるだけであって（民116条参照），遡及的に効力が否定される本来の無効とは異なる[17]。

したがって，取締役会の承認を受けないで取引をした場合は，相当な期間内に，取締役会の追認（民113条，116条）を受けることによって，その法律効果を帰属させることができる。

実際には，取締役会の承認決議の有効無効が問題となる事例のほかに，本来であれば取締役会社間の取引が利益相反行為になるので取締役会の承認を必要とするところ，看過して取締役会の承認を受けないで取引をしてしまった。あとになって考えてみたら，その取引は取締役会の承認を要する取引だったという事例もある。そのような場合には，相当な期間内にその行為について取締役会で追認をし，法律効果を確定（帰属）することができる。

17) 四宮和夫＝能見善久・民法総則〔第6版〕328頁（弘文堂，2002）参照。

(7) 取締役会の決議と決議の瑕疵

取締役会の決議は，原則として，取締役の過半数が出席し（定足数），出席取締役の過半数をもってなすが，定款でこの要件を加重することができる（商260条ノ2第1項）。取締役会の決議につき特別の利害関係を有する取締役は，決議に参加することはできない（商260条ノ2第2項）。特別利害関係人には，公正な行動を期待できないからである。決議に参加しえない特別利害関係人たる取締役の数は，取締役会の定足数算定の基礎となる取締役の総数から除き，決議の成否の判断にあたり，出席取締役の人数にも算入されない（商260条ノ2第3項）。

取締役会の決議に手続または内容の瑕疵がある場合がある。手続上の瑕疵には，招集通知期間の不足，招集通知洩れなどのような招集手続上の瑕疵[18]，後述する下級審判例の特別利害関係人の決議参加・議事主宰のような決議方法上の瑕疵もある。また，決議内容の瑕疵には，法令・定款違反のほか，総会決議の違反などがある。株主総会の決議の瑕疵については，瑕疵の軽重に応じて，特別の訴えの制度が設けられている（商247条～252条）が，取締役会の決議の瑕疵については規定がない。したがって，決議の内容に瑕疵がある場合だけではなく，決議の手続に瑕疵がある場合にも，一般原則により当然に無効であり，誰が何時いかなる方法でも，決議の無効を主張することができる[19]。確認の利益が[20]認められる限り，決議の無効確認の訴えを提起することもできる（最判昭47・11・8民集26巻9号1489頁（代表取締役選任決議無効確認の訴え））。

18) 取締役会の決議の手続に瑕疵がある場合にも決議は原則として当然に無効であるが，最高裁は「取締役会の開催にあたり，取締役の一部の者に対する招集通知を欠くことにより，その招集手続きに瑕疵があるときは特段の事情のないかぎり，右瑕疵のある招集手続に基づいて開かれた取締役会の決議は無効になると解すべきであるが，この場合においても，その取締役が出席してもなお決議の結果に影響がないと認めるべき特段の事情があるときは，右の瑕疵は決議の効力に影響がないものとして，決議は有効になると解するのが相当である」と判示している（最判昭44・12・2民集23巻12号2396頁，竹内・前掲注14) 222頁による）。この判例に対しては，「たとい名目上の取締役であっても法的には取締役としての権限と義務があり，取締役会は討論により結論を出す会議体であるから，その者が出席しても決議の結果に影響がないと断ずることはできないであろう」という批判がなされている（鈴木竹雄＝竹内昭夫・会社法〔第3版〕281頁（有斐閣，1994))。

19) 取締役会決議の瑕疵による無効については，学説上つぎのような主張がなされている。「総会決議取消の場合と同様に，僅かの手続的瑕疵があってもすべて決議が無効になるというのではなく，瑕疵の性質・程度により裁量の余地を認めてよい。」（鈴木＝竹内・前掲注18) 281頁)，「決議の手続上の瑕疵が軽微であり，かつ決議の結果に影響を及ぼさない場合に限って，決議は無効とならないと解すべきである（商251条参照)。」（北沢・前掲注15）393頁)，「株主総会決議のように裁量棄却を認める規定（商251条）はない。しかし，取締役会についても，瑕疵が軽微で決議の結果に影響を及ぼさない場合は，救済の余地を認めてよい。」（龍田・前掲注15) 112頁)，「軽微な手続上の瑕疵により決議が当然に無効になると解すべきではない」（江頭・前掲注15) 325頁)。

20) 確認の利益については高橋・前掲注9) 311頁以下参照。

(8) 特別利害関係人

　取締役は会社の委任を受けてその地位についている者であり（商254条3項），自己または第三者の利益が対立したときは専ら会社の利益のために職務を執行すべき義務を負っている。したがって，特別利害関係のある取締役は取締役会において議決権を行使できないこととするのが妥当である。

　そこで，昭和56年改正の際，「機関改正試案」第二の四3では，特別利害関係のある取締役の範囲を明らかにするため，競業行為及び利益相反取引の承認を受ける取締役と代表取締役の解任決議における当該代表取締役に限定したうえ，これらの取締役は取締役会において議決権を行使しえない旨を定めようとした。しかし，特別利害関係人とされる場合がこれ以外にありえないかについても，また，解任が問題になっている代表取締役が特別利害関係人に当たると解すべきか否かについても，見解が分かれていることから，このような限定をすることの当否は疑問ではないかと考えられた。そこで，商法260条ノ2第2項では，取締役会決議につき特別利害関係を有する取締役は議決権を行使しえない旨を一般的・抽象的に定め，特別利害関係人の範囲は解釈に委ねられることになった。[21]

　21）　鈴木＝竹内・前掲注18）281頁。

(9) 兼任取締役会社間の取引と取締役会決議における特別利害関係人

　特別利害関係人の範囲について，商法は具体的に定めず，学説も分かれているが，取締役会社間取引承認の場合の当該取締役が特別利害関係人に当たることについては学説上異論はない。

　ところが取締役会社間の取引のうち，兼任取締役会社間の取引については学説・判例の考え方と登記実務の考え方は一致していない。

〈兼任取締役会社間の取引と特別利害関係人（直接取引）〉

　　　　　　　　（売主）　　　　　（買主）
　　　　　　　　甲　会社　―――　乙　会社
　　　　　　　　代取A　　　　　　代取A

　甲会社の立場からみて，学説・判例では甲会社の（代表）取締役Aは特別利

害関係人にあたるが，登記先例では，(代表)取締役Ａは特別利害関係人にあたらない。代表取締役Ａは議決権を行使することができる。会社間の取引であるからＡは特別利害関係人に該当しないとする。[22]

その理由は，利益相反行為となるのは，乙会社自身の行為である。乙会社の代表取締役Ａと甲会社との間には直接に利益相反行為はない。仮にＡが甲会社の行為によって事実上経済的利益を受けることがあっても，これをもって特別利害関係があるとはみないからである。先例の考え方では，権利義務の主体となるのは，乙会社であり，乙会社の代表取締役Ａと甲会社との間に利益相反関係はない。経済的な利益の問題と，法律行為による権利・義務の帰属の問題とを区別して，権利・義務の主体になるかどうかを基準にして利益相反関係を考えているように思われる。

しかし，この考え方には，次の疑問がある。第１に，利益相反行為になるとして取締役会の承認を求めているのに，議決権を有しない特別利害関係人がいないということになる。第２に，甲会社の取締役会の承認決議において，Ａに議決権の行使を認めた場合，Ａは，甲会社の利益よりも乙会社の利益のために議決権を行使するおそれがないとはいえない。

代表取締役は，会社の業務を執行・主宰し，かつ会社を代表する権限を有する者であり(商261条・78条)，会社の経営に大きな権限と影響力を有している。Ａが甲会社の(代表)取締役で，かつ乙会社の代表取締役である場合，双方の会社に対して負担する忠実義務(商254条ノ3)に従い，公正に議決権を行使することは期待しがたいのではないか。それゆえ，かかる忠実義務違反を予防し，取締役会決議の公正を担保するため，特別利害関係を有する者として，当該取締役会の議決権の行使を禁止するのが妥当と考える。[23]

22) 前掲注12)参照。昭41・8・10民事甲第1877号民事局長回答「取締役全員が同一である2会社間の保証について」。要旨「乙株式会社が，取締役の構成員を同じくする甲株式会社のために抵当権を設定するには，取締役会の承認を要するが，各取締役は有効に議決権を行使することができる」。この解説には「利益相反となるのは，乙株式会社自身の行為であって，取締役個人と甲株式会社との間には直接の利益相反行為はないのであるから，取締役が乙株式会社の行為によって経済的利益を受けることがあったとしても，これをもって商法第260条ノ2に定める特別の利害関係があるとみることは適当でないように思われる」とある(登記研究編集室編・改訂不動産登記

先例解説総覧792頁（テイハン，1988））。
23) 丸山教授は「商法265条というのは，もともと忠実義務から派生した，あるいは具体化した規定であるし，260条ノ2第2項もそうだということになりますと，結局条文は別々だけども，趣旨としては同じということになってくるわけです。そのことを前提としますと，〔中略〕甲会社と乙会社でともに代表取締役となっているAが，一方において甲会社を代表し，他方において乙会社を代表して行う取引が，商法265条による利益相反，あるいは自己取引にあたるとしながらも，その承認を行う取締役会において，Aを特別利害関係人ではないとする（先例の）立場は問題なのではないか。」と指摘されておられる（東京司法書士会・前掲注15) 18頁〔丸山〕）。

(10) 所有権移転登記と取締役会議事録添付の要否

①甲会社と乙会社の代表取締役が同一のAである場合に，甲会社所有の土地を乙会社に売却するには，取締役と会社間の取引につき取締役会の承認を要する商法265条1項前段の適用があり，②この所有権移転の登記申請には，不動産登記法35条1項4号（平成16年改正前の旧法）により，第三者の許可等を証する書面として，当該売買契約につき取締役会の承認のあったことを明らかにする取締役会議事録の添付を必要とする。

旧法の不動産登記法35条1項4号は「登記原因ニ付キ第三者ノ許可，同意又ハ承諾ヲ要スルトキハ」「之ヲ証スル書面」を提出しなければならないと規定していた。これは，登記原因が，一定の第三者の許可・同意または承諾をもって，その成立要件（有効要件）とする場合には，そのような要件の備わっていることをたしかめないで登記をすると，無効な登記を発生せしめる原因となるから，その要件の備わったことを証する書面の提出あるときに限って登記をなしうるものとしている。[24]

24) 幾代ほか・前掲注6) 141頁。

(11) 下級審判例の事案

1　AはY株式会社（被告・控訴人）および訴外B株式会社の代表取締役である。
2　Y会社は，平成6年9月19日，7人の取締役のうち6名が出席して

取締役会(本件取締役会)を開催し,Aが議長となって,出席取締役全員の賛成のもとに,Y会社所有の土地を訴外B会社に金8億2,919万円で売却すること(本件売買契約)を承認する旨の決議(本件決議)をした。これに対し,Y会社の株主であるX(原告・被控訴人)が本件決議の無効確認を求めて訴えを提起した。

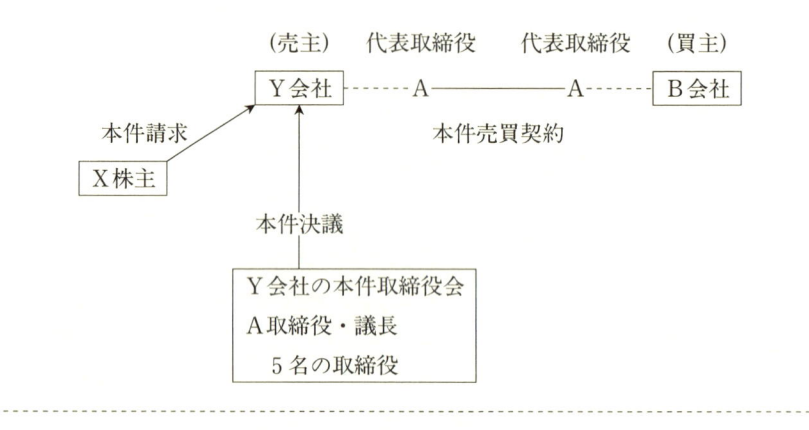

```
                    (売主)    代表取締役     代表取締役    (買主)
                   ┌─────┐                              ┌─────┐
                   │Y会社 │────── A ──────── A ──────│B会社│
          本件請求  └─────┘         本件売買契約        └─────┘
           ↗        ↑
      ┌─────┐       │
      │X株主│       │本件決議
      └─────┘       │
                   ┌──────────────┐
                   │Y会社の本件取締役会│
                   │ A取締役・議長    │
                   │ 5名の取締役      │
                   └──────────────┘
```

原審での争点は次の①ないし③の3点である。
① Y会社の(代表)取締役であるAが,B会社の代表取締役としてY会社との間で本件売買契約を締結することは,商法265条の自己取引に当たるか。
② 特別利害関係を有する取締役であるAが議長となって取締役会の議事を主宰し,議決権を行使したことは本件決議の無効事由となるか。
③ Xが本件決議の無効を主張することは権利の濫用に当たるか。

以上の争点のうち,本稿のテーマとの関連で,①と②の争点につき,当事者はどのような主張をし,その主張に対し裁判所はどのような判断をしたのかを整理してみる。[25]

25) 東京高判平8・2・8資料版商事法務151号「最近の裁判動向3 取締役会決議無効確認請求事件控訴審判決(142頁以下,1996)にある『控訴審判決(東京高判平8・2・8〔確定〕)(143~148頁)』及び『原審(東京地判平7・9・20)(149~158頁)』」から,筆者が当事者の主張と裁判所の判断を争点ごとに整理したものである。

(a) 原告の主張(1)「訴状」（平成6年10月7日付）
1　取締役会決議の無効
「1　本件決議は特別利害関係人が参加してなされたものであり，決議方法に瑕疵があり，したがって無効である。すなわち，①Aが一方でY会社の代表者として，他方でB会社の代表者として，土地の売買契約を締結することは，自己取引に該当する。②Aは，代表者として，一方の会社の資産を，他方の会社へ売却するという決議を求める立場は，特別利害関係人となる。

　Aが，本件決議に参加し，本来行使できない権利を行使したのであるから，その違法性は重大であり，本件決議は無効となる。

2　本件決議は，議事進行の資格のない特別利害関係人Aによって為されたものであり，そのもとで為された本件決議は無効である。すなわち，『特別利害関係人として議決権を失い取締役会から排除される当該取締役は，当該決議に関し，議長としての権限も当然に喪失するものとみるべきである』とされる。その理由は，『取締役会の議事を主宰してその進行，整理にあたる議長の権限行使は審議の過程全体に影響を及ぼしかねず，その態様いかんによっては，不公正な議事を導き出す可能性も否定できないのであるから』である。」

〈筆者コメント〉
＊2の『　』の部分は，東京地判平2・4・20判時1350号138頁の判旨を引用している（309頁参照）。
＊原告が1の利害関係人の議決権行使による無効だけではなく，2の事由も追加したのは，この後の「(d)被告の主張(2)『準備書面』（平成7年4月12日付）の2　特別利害関係人について」の主張を予想したからだと思われる。

(b)　被告の主張(1)「答弁書」（平成6年11月15日付）
1　自己取引について
「自己取引に該当するかどうかは，会社の利益を害するか否かを実質的かつ具体的に判断して決するべきである。Y会社とB会社の株主構成が近似しており，設立の経緯からも両社は実質的に親子会社と同視されるべき関係にあるから，実質的に完全同一体に近く，両社の間に利益相反が生ずることは

なく，本件売買契約の締結は商法265条の自己取引に当たらない。」
2　特別利害関係人について
「（仮に，本件売買契約の締結が自己取引に該当するとして）商法260条ノ2第2項の『決議ニ参加スルコトヲ得ズ』とは，議決権を行使できないことのみを意味するものであり，特別利害関係を有する取締役であっても，取締役会に出席し，あるいは意見を述べ，さらには議決権を行使しない限り，取締役会議長として議事進行に携わることができる。」

〈筆者コメント〉
＊被告は特別利害関係人たる議長の議事運営権については肯定説に立っている（307頁参照）。

(c)　原告の主張(2)「準備書面」（平成7年1月31日付）―答弁書の被告の主張に対する反論―
1　自己取引について
「商法265条の趣旨は，取締役が忠実に職務を行い（同法第254条ノ3），仮にも権限を濫用して会社に損害を与えることのないよう，特に取締役会決議を要求して，職務の適正を手続的に担保しようとしたものである。
　自己取引に当たれば，適正な手続を踏ませるべきであるから，実質的な内容に立ち入ることなく，原則として同条により取締役会決議は必要とされる。
　例外的に同条の取締役会決議を不要とするものは，類型的に明らかに権限濫用の虞れがなく，かつ，会社に損害が生じる虞れがないもの，例えば，約款で予め契約内容が定まっている双務契約とか，取締役から会社への無償贈与などに限られている。」
2　特別利害関係人について
「商法260条ノ2第2項の趣旨は，会社のために忠実に職務を執行することが期待できない虞れのある取締役を取締役会から可及的に排除して，取締役会において会社の利益のために十分な審議を尽くさせようとした点にある。
　特別利害関係を有する取締役は，単に決議において投票できないばかりでなく，当該案件についてはそもそも取締役会に出席し意見を述べる等影響力を行使することは禁じられているものと解さざるを得ない。」

(d) 被告の主張(2)「準備書面」（平成7年4月12日付）―原告への再反論―
1 自己取引について
　「判例は自己取引に該当するか否かの認定基準について，当初は，当該行為の一般的・抽象的性質にしたがって類型化し，それによって判断すべきだとしていたが，最近は行為を個別・具体的に検討し，実質的な考慮を加える傾向にある，と理解されている（例えば最判昭和45年8月20日民集24巻9号1305頁は，『一人会社で取締役が全株式を所有し，会社の営業が実質上取締役の個人経営にすぎない場合には，実質的に利益相反の関係を生じないから，形式上自己取引となっても取締役会の承認は不要である』とする）。」
2 特別利害関係人について
　「特別利害関係を有する取締役が議決権を行使した場合であっても，その者を除いてなお決議の成立に必要な多数が存するならば，決議の効力は妨げられない。
　仮にAが特別利害関係人に該当するとしても，同人を除外してもなお本件決議が定足数を満たし，かつ全員一致の賛成をもって決議されている以上，本件決議は有効である。」

　　〈筆者コメント〉
　　＊原審における被告側の主張を見るかぎり，特別利害関係人の議決権行使を問題にして，特別利害関係人が議長となって取締役会を主宰すること，すなわち議長の瑕疵は問題にしていない。特別利害関係人の議長が議事を主宰することを肯定する立場で，議決権を行使した点についての瑕疵が治癒されれば，決議は無効とはならないと考えていたように思われる。控訴審においては「議長として議事を進行した瑕疵を重視するのは妥当でない」と主張している（(f)控訴人（被告）の主張「準備書面」（平成7年12月19日付）2特別利害関係人について②）。また，被告側は，控訴審において，前述した原審の準備書面の特別利害関係人の主張（(d)「被告の主張(2)の2」）を繰り返した後，「この理は，特別利害関係を有する取締役が議長となって議事を主宰したかどうかにかかわらず妥当する。」と主張している（(f)控訴人（被告）の主張「準備書面」（平成7年12月19日付）2特別利害関係人について①）。

(e) 東京地裁の判断（東京地裁平成7年9月20日判決）
1 争点①について（298頁参照）
　Aは，Y会社の（代表）取締役であり，かつ，B会社の代表取締役であったから，AがB会社の代表取締役としてY会社と本件売買契約を締結する

ことは，Y会社の立場からみて，取締役の自己取引に当たる。
　（判断の理由）
「商法265条1項前段は，取締役が『第三者ノ為ニ』会社と取引する場合も自己取引に当たるとして，取締役会の承認を要求しているところ，『第三者ノ為ニ』会社と取引するとは，取締役が第三者の代理人として，又は，法人である第三者の代表者として，自己が取締役に就任している会社と取引し，その法律効果が取締役ではなく第三者に帰属する場合をいうものと解される。」
　（被告の主張に対して）
「Y会社とB会社の株主構成が全く同一であるとか，あるいは，両社が100パーセント子会社・親会社の関係にあるといった事情がある場合のように両社間に実質的に利益相反の余地がないのであれば，本件売買契約の締結が自己取引に当たることはない。
　被告の主張する，両社の株主構成が近似しているとか，設立の経緯から両社が実質的に親子会社と同視されるべき関係にあるといった事情は，仮にこのような事情が存在したとしても両社間に実質的に利益相反の余地がないということはできない。」

2　争点②について（298頁参照）
　特別利害関係人にあたるAが，自己取引の承認決議について議決権を行使したのみならず，取締役会の議長として当該議案の議事を主宰してその進行にあたったのであるから，本件決議は違法かつ無効なものというべきである。
　（判断の理由）
「①自己取引の承認決議を求める取締役は，当該議案について特別利害関係人に該当するから，決議に参加できないし（商法260条ノ2第2項），取締役会の定足数にも算入されない（同条3項）。特別利害関係人たる取締役は，当該議案に関し，議決権を行使し得ないのはもとより，取締役会の定足数にも算入されないことから，取締役会への出席権もないというべきであって，結局，取締役会の構成員から除外されると解するのが相当である。
　②原則として，会議体の議長は当該会議体の構成員が務めるべきであるし，

取締役会の議事を主宰してその進行にあたる議長の権限行使は，審議の過程全体に影響を及ぼしかねず，その態様いかんによっては，不公正な議事を導き出す可能性も否定できないのであるから，特別利害関係人として取締役会の構成員から除外される代表取締役は，当該議案に関し，議長としての権限も当然に喪失するものとみるべきである。」

（被告の主張に対して）

「本件決議の瑕疵が特別利害関係人にあたるＡが議決権を行使したという点のみに存するのであれば，Ｙ会社の主張のとおり本件決議が有効となる余地はあるが，本件決議については，議長としての権限を喪失したＡが議長となって議事を主宰したという瑕疵も存するのであるから，たとえ，Ａを除いてなお決議の成立に必要な多数が存したとしても，本件決議が有効となるものではない。」

　〈筆者コメント〉
　　＊争点①については，株主構成が全く同一であるとか，あるいは，両社が100パーセント子会社・親会社の関係にあるといった事情がある場合に実質的に利益相反の余地がないものとしている。
　　　争点②については，本件取締役会決議の２つの瑕疵，すなわち，①特別利害関係人が議決権を行使した瑕疵，②特別利害関係人が取締役会の議長として議事を主宰した瑕疵のうち，②の瑕疵のみでも取締役会の決議が無効になったと判断しているように思われる。これに対し，この後の東京高裁判決では，①と②の２つの瑕疵によって，取締役会決議が無効になったと判示している。

(f)　控訴人（被告）の主張「準備書面」（平成７年12月19日付）

1　自己取引について

「Ｙ会社とＢ会社の株主構成は極めて近似しており，主要株主も全く共通である。この近似の程度は著しく，両社間で実質的に利益相反する余地はない。」

2　特別利害関係人について

「①仮に特別利害関係を有する取締役が議決権を行使した場合であっても，その者を除いてなお決議の成立に必要な多数が存するならば，決議の効力は妨げられないと解するべきであり，この理は，特別利害関係を有する取締役が議長となって議事を主宰したかどうかにかかわらず妥当する。

②審議の過程全体に影響を及ぼす程度は，議長として審議に関与した場合と議長以外の取締役として関与した場合とで決定的に異なるものではない。議長としての関与の方が，議長は議事の進行を優先し私見を述べることをできるだけ避けるのが通常であるから，審議全体へ影響を及ぼす可能性は低い。取締役会は，十分な会社に関する知識と判断力を備えた取締役によって構成されている以上，議長ひとりの権限行使の如何によって，漫然と不公正な議事を招来することになる可能性はきわめて低い。議長として議事を進行した瑕疵を重視するのは妥当でない。」

(g) 被控訴人（原告）の主張「準備書面」（平成7年12月19日付）
特別利害関係人について
　（控訴人の主張「2　特別利害関係人について」の②に対して）「控訴人の各主張は一般論としても経験則に反する暴論である。取締役会の議事を主宰してその進行にあたる議長の権限行使は，審議の過程全体に影響を及ぼしかねず，その態様いかんによっては不公正な議事を導き出す可能性は否定し得ない。」

(h) 東京高裁の判断（東京高裁平成8年2月8日判決〔確定〕）
「本件取締役会決議には，議決権のない者が決議に参加した瑕疵のほかに，特別利害関係人として議決権を否定される者が議事を主宰した瑕疵があり，これらの瑕疵を帯びた本件決議は無効と解すべきである。」
　（控訴人の「自己取引について」の主張に対して）
「Y会社B会社の株主構成が近似していても相違がある以上，実質上の同一会社とはいえないのであって，両社の利益が相反することを否定することはできない。」
　（控訴人の「特別利害関係人について」の主張に対して）
「特別利害関係人として議決権のない取締役は，当該決議から排除されるべき者であり，そのような者に議長として議事を主宰する権限を認めることができないことは，特別利害関係人を排除する趣旨からみて当然のことといわねばならない。この点に関する控訴人の主張は，取締役会の議事に対する議長の影響を軽視するもので採用できない。」

〈筆者コメント〉
　＊本件事案には取締役会決議に2つの瑕疵があった。①特別利害関係人が議決権を行使

した瑕疵と，②特別利害関係人が取締役会の議長として議事を主宰した瑕疵である。この二重の瑕疵の関係について，丸山教授は「議長の権限行使が公正に行われたとしても，本件のように特別利害関係人が議決権を行使した瑕疵がある場合に，その瑕疵は，その者を除いても決議が成立していれば，決議は無効とされない」が「議長としての権限行使が不公正なものであれば，それだけで決議は無効とされ，その者以外の投票による決議の成立によってもその瑕疵は治癒されない」と解しておられる（丸山・前掲注15）43頁）。また，丸山教授は2つの瑕疵のうち①の特別利害関係人が議決権を行使した場合の瑕疵が治癒される論理として，最高裁昭和44年12月2日判決の「取締役の一部に対する取締役会招集の通知洩れの場合，その取締役が出席しても決議の結果に影響を及ぼさないと認めるべき特段の事情があれば決議は有効となる」との論理を考えておられる（「もちろん事案は違いますが，論理としては同じ論理でもっていけるのではないか。」東京司法書士会・前掲注15）20頁〔丸山〕）。

(i) 学説・判例の状況

1　兼任取締役会社間の取引と取締役会決議における特別利害関係人

　　兼任取締役会社間取引の場合について，学説・判例の考え方と登記実務の考え方は一致していない。これについては，前述した（295頁参照）。

2　特別利害関係人の出席権，意見陳述権

　　利益相反取引の承認決議（商265条1項）における当該取締役が特別利害関係人に該当することを肯定した場合，特別利害関係人がその議題につき意見陳述権を有するか，それを有しないとして議題の審議中，取締役会の席にとどまる権利を有するか。条文でいえば，商法260条ノ2第2項の「決議ニ参加スルコトヲ得ズ」をどう解釈するかの問題である。

(ｱ)　肯　定　説

　　特別利害関係人たる取締役は，議決権を行使しえないだけで，取締役会に出席することはもとより，特別利害事項に関して意見を述べることも許される[26]。

　　（理由）

①　議決権を排除することによって，決議の公正を図ることにしているが，それを超えて，その取締役が会議に参加することまで制限はしていない。

②　商法260条ノ2第2項は「決議」への参加を禁止している[27]。

　26)　森本教授は「かって判例は，取締役会の定足数は当該決議について特別の利害関係を有する取締役の員数を控除して算定すべきものではないと判示していたが（最判

昭和41・8・26民集20巻6号1289頁)，利害関係取締役が欠席戦術をとる余地を認めることは妥当ではないとして現行法のように改められた」経緯からは「決議に参加しえないとは，議決権を行使しえないことを意味するにすぎず，当該取締役は同僚取締役に対して積極的に当該議案について自己の見解を説明し支持を働きかけうるとする」見解を妥当とされる（森本滋「取締役会の運営をめぐる基本問題〔下〕」商事1110号39頁（1987））。
27) 理由の①及び②は稲葉威雄ほか編・実務相談株式会社法3・681頁〔立花宣男〕（商事法務研究会，1992）による。

(イ) 否 定 説

特別利害関係を有する取締役が取締役会に出席して意見を述べることを認めると，審議の過程で他の取締役の判断に影響を及ぼす危険性を否定できないので，よりひろく取締役会への出席や審議への参加をも排除ないし禁止する趣旨と解する。

　　（理由）

① 特別利害関係人を定足数算定の際にも除外することにしたのは，議決権の行使ばかりでなく，出席して意見を述べる（審議に加わる）ことを禁止した趣旨である。[28]

② 議題につき議決権の行使を排除されている者が，その議題につき自ら意見を陳述してその成否に影響を与える権利が認められると解することは不都合であり，意見陳述権はないと解すべきであり，そうだとすると，その議題の審議中は取締役会の席にとどまる権利も有しないと解すべきである。[29]

28) 北沢・前掲注15) 391頁。
29) 前田庸・会社法入門〔第9版〕360頁（有斐閣，2003）。

(ウ) 東京地裁判決（本件原審）

本件の原審は，「2　争点②について」の判断の理由①（302頁参照）の中で，「特別利害関係人たる取締役は，当該議案に関し，議決権を行使し得ないのはもとより，取締役会の定足数にも算入されないことから，取締役会への出席権もないというべきであって，結局，取締役会の構成員から除外されると解するのが相当である」と判示している。

(エ) 東京高裁判決（本件控訴審）

この点に関する控訴審の立場はかならずしも明確ではない。

〈筆者コメント〉
＊特別利害関係のある当該取締役が排除されることによって，排除された取締役以外の事情に疎い取締役によって有利である取引が不当に否決される虞のあることが指摘されている（大隅健一郎＝今井宏・会社法論中巻〔第3版〕201頁（有斐閣，1992））。この指摘に対して，丸山教授は本件判決の評釈のなかで「当該取締役が排除されるとしても，排除される取締役をオブザーバーとして，その者から審議にあたって当該取引に関する情報の提供を受ける可能性までを否定することはできない。それ故，右の虞れを必要以上に強調すべきではないと思われる。」と述べておられる（丸山・前掲注15) 41頁）。

3　特別利害関係人たる議長の議事運営権

決議について特別利害関係を有する取締役が取締役会の議長として議事を主宰することはできるか，という問題である。取締役会の議長に関しては，商法上何らの規定も設けられていない。ただ，株主総会の場合と異なり，取締役会は取締役のみによって構成される会社の経営政策の決定および業務監督にあたる機関であるから，その議長は会議体としての取締役の構成員でなければならない，と考えられている。

そこで，特別利害関係のある取締役といえども取締役会に出席し審議にまでは参加できるとする立場に従うと，肯定説も可能となる。

(ア)　肯　定　説

特別利害関係人であっても，定款または取締役会規則に特段の定めがない限り，取締役会の議長となることは許される[30]。

（理由）

①　取締役会の議長については商法上の明文の規定はない。

②　特別利害関係のある取締役が取締役会の議長としての欠格事由に当たるという規定もない。

③　議長は会議体の主宰者として会議の秩序を維持し，議事を整理するとともに公正，かつ迅速に進行させる機能と責務を負っているが，決議について決定権を持っているわけではないから，議長としての職責を忠実に行う限り，議長が誰であるかによって決議の結果に影響を及ぼすことにはならない[31]。

これに対して，特別利害関係を有する取締役は取締役会の出席権も意見陳

述権もなく，当該議案に関しては取締役会の構成員から除外されるとする立場，又は，議長の職務の公正性を重視する立場をとるなら，否定説になる。

30) 森本・前掲注26) 39頁。
31) 理由の①ないし③は稲葉ほか編・前掲注27) 681頁〔立花〕による。

(イ) 否　定　説

決議について特別利害関係を有する取締役は議長になれない。
　（理由）

① 「特別利害関係を有する取締役は定足数に算入しないし，取締役会への出席権もない。したがって，特別利害関係のある案件が審議されているときは，その取締役はその議題については取締役会の構成メンバーから外れることを意味するのであって，構成メンバーでない者は議長になれない。」。[32]

② 「当該取締役が議長として，取締役会を主宰することで，その者が自己の個人的利害に方向付けるように議事を進行したり，自己の議長としての立場を利用して，直接的にせよ間接的にせよ，他の構成員の議決権行使に圧力をかけることによって，公正な決議を導かない危険性がある。」。[33]

③ 「決議につき特別利害関係を有する取締役には，取締役会における意見陳述権もなく，退席を要求されれば指示に従わなければならない。また，公正を期する必要上，当然に議長の権限も失う（東京高判平8・2・8資料版商事法務151号143頁）。」。[34]

32) 竹内昭夫ほか「取締役会の運営をめぐる諸問題（下）」商事1051号11頁〔河村貢発言〕，東京弁護士会会社法部編・取締役会ガイドライン〔改訂版〕38頁による（商事法務研究会，1997）。
33) 丸山・前掲注15) 43頁。
34) 江頭・前掲注15) 325頁。

(ウ) 東京地裁判決（本件原審）については，302頁参照。

(エ) 東京高裁判決（本件控訴審）については，304頁参照。

(オ) 本件以前の判例

本件以前の判例は，決議について特別利害関係を有する（代表）取締役は取締役会の議長としての権限を失う，と判示している。

事案としては，議長たる代表取締役が解任議案の対象とされたため，特別利害関係人として議長から排除され，他の取締役が議長となったことにつき，取締役会決議の瑕疵とはならないとしたものである。

（理由）
① 原則として，会議体の議長は議決権を有する当該構成員が務めるべきであるし，取締役会の議事を主宰して，その進行，整理にあたる議長の権限行使は，審議の過程全体に影響を及ぼしかねず，その態様いかんによっては，不公正な議事を導き出す可能性も否定できないのであるから，特別利害関係人として議決権を失い取締役会から排除される当該代表取締役は，当該決議に関し，議長としての権限も当然に喪失するものとみるべきである（東京地判平2・4・20判時1350号138頁）。
② （①に付加して）議長としてのかかる権限行使の結果が審議の過程全体に影響を及ぼし，その態様いかんによっては不公正な決議の結果を導き出すおそれがあることは明らかなところであるから，議決権の行使さえしなければ議長としての職務を行っても決議の結果を左右することはないということはできない（東京高判平3・7・17資料版商事法務102号149頁。①の控訴審）。

なお，②の判断はそのまま上告審で認められている（最判平4・9・10資料版商事法務102号143頁）。

〈筆者コメント〉
＊東京地裁判決（本件事案の原審）の評釈をされた酒巻教授は「この判旨（筆者注：上記(オ)①，②）では，特別利害関係取締役は，取締役会の出席権も認められないので議長の資格を失うのか，それとも議決権行使を排除されるにとどまるが議長の職務の公正性担保の観点から資格を喪失するというのか，必ずしも明らかでない。」とされ，本件事案の地裁判決は，「取締役会の議長は当然取締役会の構成員が務めるべきであるとする前提に立って，『特別利害関係人たる取締役は，当該議案に関し，議決権を行使し得ないのはもより，取締役会の定足数に算入されないことから，取締役会の出席権もないというべきであって，結局，取締役会の構成員から除外される』と解し，その論理的帰結として議長の資格及び権限を喪失するとした点で，従来の立場を一歩進めたもの」と評価される（酒巻俊雄「特別利害関係を有する取締役会の議長」判タ948号77頁（1997））。

⑿ まとめ

　民事裁判は，原告が当該訴訟において裁判所に審理判断を求めて提示している実体法上の権利又は法律関係，本件の事例でいえば取締役会の決議の無効(訴訟物)の存否について判断することによって，当該訴訟の勝敗を決めている。訴訟物である権利又は法律関係が，口頭弁論終結時において存在していると判断できれば，原告の請求を認容して，本件の事例でいえば，「被告の平成6年9月19日開催の取締役会においてなした『別紙物件目録記載の土地をB株式会社に金8億2,919万円で売却することを承認する』旨の決議が無効であることを確認する」判決をし，その権利又は法律関係が存在していると判断することができなければ，原告の請求を棄却するとの判決をする。そして，こうした権利又は法律関係の存否の判断は，これを直接に判断することができないので，その権利の発生・障害・消滅という法律効果の根拠となる事実，すなわち要件事実の存否の判断の組み合わせで，その権利又は法律関係の存否を判断している。

　以上のように，要件事実というのは，実体法上の法律効果を発生させる実体法の要件に該当する具体的事実をいう。

　そして，このような要件事実の存否の組み合わせによる判断の仕方が請求原因，抗弁，再抗弁という判断の枠組みである。

　本件の事例で検討すると，請求原因である「取締役会の決議無効」のうちの，「自己取引」の主張に対して，被告(控訴人)は，「実質的に利益相反の問題は生じない」との法的主張をして，それを根拠付ける事実(株主構成が近似しているなど)を主張・立証しているが，裁判所からは，そのような事実があっても，利益相反の余地がないということはできないとして，その主張が斥けられている。また，「決議方法の瑕疵」(①特別利害関係人が議決権を行使した瑕疵，②特別利害関係人が取締役会の議長として議事を主宰した瑕疵)の主張に対して，被告(控訴人)は，「特別利害関係を有する取締役が議決権を行使した場合であっても，その者を除いてなお決議の成立に必要な多数が存するならば，決議の効力は妨げられない」(控訴審では，さらに「この理は，特別利害関係を有する取締役が議長となって議事を主宰したかどうかにかかわらず妥当する」と主張する)との法的

主張をして，それを根拠付ける事実（仮に代表取締役Aが，特別利害関係人に該当するとしても，同人を除外してもなお本件決議が定足数を満たし，かつ全員一致の賛成をもって決議されている）を主張・立証しているが，裁判所は，そのような事実があっても，②の特別利害関係人が取締役会の議長として議事を主宰した瑕疵もあるから，本件決議は有効となるものではない，と判断している。裁判所は，本件取締役会決議について，「決議方法の瑕疵」（前記の①，②）があったとしても，決議の結果に影響がないと認めるべき特段の事情を認定していない。

このように，本件事案では，原告（被控訴人）の請求原因に対する，被告（控訴人）の抗弁には理由がなく，請求原因から発生する法律効果（取締役会の決議の無効）が妨げられないので（請求原因は生きている），請求原因による法律効果（取締役会の決議の無効）があると認めることができる。本件事案において，原審は取締役会の決議の無効（訴訟物）が存在していると判断して，原告の請求を認容して，「被告の平成6年9月19日開催の取締役会においてなした『別紙物件目録記載の土地をB株式会社に金8億2,919万円で売却することを承認する』旨の決議が無効であることを確認する」判決をし，控訴審は「本件控訴を棄却する」判決をし，その判決は上告されず，確定している。そうすると，本件売買契約は取締役会の承認を受けていないので，一種の無権代理人の行為として無効となる。

35）　訴訟物という以上，通常は「実体法上の権利」（例えば，賃借権）である。給付訴訟ではすべてそうであり，通常の民事訴訟では圧倒的に給付訴訟の数が多いので，普通はそう言うのみで足りる。しかし，厳密には，そうした権利というもののみが訴訟物となるのではなく，確認訴訟で問題となるものとしては，上記の権利のほか「実体法上の法律関係」（例えば，賃貸借関係）も考えられる。

36）　要件事実論・事実認定論の機能と概要については，伊藤・前掲注4）183頁以下参照。伊藤教授は同書において，「裁判において主張立証の対象となる事実を実体法との関係を十分に考えながら定めた上，すなわち，裁判において主張立証の対象となる事実を裁判規範としての民法の要件に該当する具体的事実（要件事実）と考えた上，このことを基本として裁判における法的判断の構造を考える理論を，要件事実論と言う」と説明されている（186頁）。

5　裁判規範としての民法

　ここまでは相談事例と関連する実体法を説明し，下級審判例の事案を検討してきたが，ここからは伊藤滋夫教授の「裁判規範としての民法という考え方」を適用して，特別利害関係のある取締役が議長を務めた取締役会決議の瑕疵による無効について，裁判規範としての民法を考える。[37]

(1) 裁判規範としての民法（実体法）と行為規範としての民法（実体法）

　裁判規範としての民法とは，「民事に関する法的紛争を判決（判決に限り，和解による解決のことは念頭に置かないこととする）によって解決するに当たって，訴訟上事実が存否不明になったときにも，裁判官が判断をすることが不能にならないように立証責任のことまで考えて要件が定められている民法のことである」[38]。

　この「民法」という言葉の意味について，伊藤教授は「民法以外の実体法においても問題は同様なので，本来は，民法ではなく，実体法というべきであるが，民法で実体法を代表させるのが，一番分かり易いと思われるので，便宜このようにいうこととする」[39]とか，また，「（民法の規定は），現行の民法典に明文の規定がある場合に限らず，明文の規定はなくても，解釈上明文の規定がある場合と同様に扱われる場合も含み，民法以外の実体法の規定をも含む趣旨である。」と説明されておられる。[40]

　筆者も，以下，「裁判規範としての民法」，「行為規範としての民法」という用語を用いる場合の，「民法」についてはこの意味で用いることとする。

　伊藤教授は裁判規範としての民法に対して「従来の民法学において問題としてきたような民法を行為規範としての民法」と呼ばれている。[41]

　そして，伊藤教授は「筆者が裁判規範の民法として強調しているのは，裁判の場において立証ということが問題となる場面があり，少なくともその限りでは対応の必要があるのに，立証と実体法との関係を明確にした理論がないからである。民法全体の役割として，裁判規範の面の方が行為規範の面よりも重要であるという趣旨のことを述べているわけではない。」といわれている。[42]

以下,特別利害関係のある取締役が取締役会の議長を務めた場合の無効原因について,裁判規範としての民法と行為規範としての民法のそれぞれの面から特徴を挙げて両者の相違を明らかにする。

 裁判規範としての民法は,要件に該当する事実が訴訟上存否不明になった場合に対応できるように要件が定められており,そこでは,本文,ただし書の形で要件が定められている場合には,必ずしも,その両方の要件が同時に考察の対象となるとは限らない。これに対して,行為規範としての民法の場合には,その要件に該当する事実は,常にその存否が明確であるという前提で考えられていて,要件に該当する事実が訴訟上存否不明になった場合に対応できるように要件が定められておらず,かつ,要件が本文の形で定められていようと,ただし書の形で定められていようと,要件とされているものは,すべて一度に考察の対象とされることになる。主張責任ということは,問題とならない。

 それでは,特別利害関係のある取締役が取締役会の議長を務めた場合の無効原因について,商法上規定がないので,解釈論として,①「特別利害関係のある取締役が議長を務めた取締役会決議は無効である。ただし,議事の進め方が公正に行われた場合はこの限りではない。」というように要件が定められていた場合と,②「特別利害関係のある取締役が議長を務め,議事の進め方が不公正であった場合は取締役会決議は無効となる。」というように要件が定められていた場合の両者を想定した上,取締役会の決議が無効となるかどうかという問題を考える場合において,このような要件の定め方の相違が,結果として何らかの差異をもたらすものかどうかを二つの規範について,各規範ごとに考えてみる。

 はじめに,これらの規定が裁判規範としての民法の規定であるとして,前述した下級審判例の事案を例にして考える。Aは被告Y株式会社及び訴外B株式会社の代表取締役である。Y株式会社でAが議長となってY株式会社所有の土地を訴外B株式会社に売却することを承認する旨の取締役会決議を行った。これに対し,Y株式会社の株主である原告XがこのXの取締役会決議の無効確認を求めて訴えを提起したとする(ここでは,前記①,②の規定の形式の違いからもたらされると考え得る違いの点のみに注意して考えてみる)。要件が①の形で定められていたとすると,この訴訟においてXは,請求原因として,議事の進め方

が不公正だったことを主張する必要もなければ，立証する必要もない。かえって，Y株式会社は，抗弁として，議事の進め方が公正だったことを主張し，かつ，立証しなければならず，例えば，議事の進め方が公正だったことが主張されず又は立証できないと，Xの請求が認容されることになる。ところが，要件が②の形で定められていたとすると，同様の訴訟においても，Xは，請求原因として，議事の進め方が不公正であったことを主張し，かつ，立証しなければならず，議事の不公正であったことが主張されないときは，請求原因が主張失当という理由で，また，主張があってもその立証ができないときは，請求原因が立証不十分との理由で，いずれの場合もXの請求は棄却されることになる。このように，議事の進め方が不公正だったことの主張立証の状況によっては，①の要件の定め方の場合にはXの請求が認められ，②の要件の定め方の場合にはXの請求が棄却されるという，重大な差異が生ずることがある。

次に，これらの規定が行為規範としての民法の規定であるとして考えてみる。行為規範としての民法の問題としては，その立証とか存否不明とかいうことを考えないのであるから，①の要件の形で定めようと，②の要件の形で定めようと，その両者は全く同じことを意味する。また，そこでは，訴訟の場におけるのと異なり，主張責任というようなことも考えないから，ある法的問題について解答を与えるためには，関係する要件のすべてについて，その該当する事実があるかどうかを考えなければならない。そして，それらの要件に該当する具体的事実の存否が不明の場合については，何らの解答も用意されていないということになる。そうだとすれば，行為規範としての民法の問題として考えれば，①，②のいずれの形で要件が定められていようと，その答えに変わりがあるはずはなく，常に同一であることになる（例えば，議事の進め方が公正だったから取締役会の決議は無効とはならない。又は，議事の進め方が不公正であったから取締役会の決議は無効となるといったように）。

37) 伊藤・前掲注8) 183頁以下「第5章　裁判規範としての民法」参照。
38) 伊藤・前掲注8) 206頁。
39) 伊藤・前掲注8) 11頁。
40) 伊藤・前掲注8) 218頁。
41) 伊藤・前掲注8) 211頁。

42) 伊藤・前掲注8) 211頁。

(2) 裁判規範としての民法の構成―特別利害関係のある取締役が取締役会の議長を務めた場合

　裁判規範としての民法の構成という作業の基本をなす考え方は，裁判規範としての民法の規定をその要件に該当する具体的事実（要件事実）が存在したか否か不明の場合にも適切に対処することができるような形で定めることである。そして，裁判規範としての民法の規定に定める要件に該当する具体的事実（要件事実）が存在したことが訴訟上明らかな場合に限って，その事実を存在したものと訴訟上扱うという考え方が相当である[43]。また，裁判規範としての民法も，ある事実の状況がそこで定められている要件に該当するといえる場合又は該当するといえない場合には，そこから導き出される結論が法的に相当なものとなるように，裁判規範としての民法の要件が定められなければならない[44]。

　前述の「要件事実が存在したことが訴訟上明らかな場合」とは「要件事実が存在したことについて当事者間に争いがない場合」と「要件事実が存在したことについて当事者間に争いがあり，その存在したことが顕著な事実であるか又は証拠によって認められる場合」の二つの場合を意味する。そして，それ以外の場合とは，要件事実が存在しなかったことが訴訟上明らかな場合と要件事実が存在したか否か不明の場合である。

　このような意味で，要件事実の存否が訴訟上明らかな場合には，裁判規範としての民法の規定としてどのような要件の定め方をしても，その規定の適用の結果は変わらない。

　この点について，特別利害関係のある取締役が取締役会の議長を務めた場合の無効原因に関する学説の命題を裁判規範としての民法の規定であると仮定して，これを例にして説明する。

　学説として，例えば「モラル（妥当性）の問題は別として法的には利害関係取締役も議長となりえ，取締役会規則等に別段の定めのないかぎり，議長は特別利害関係のある事項についても議長として議事を進行しうる」とする見解がある[45]。

　しかし，この学説によっても，利害関係取締役である議長の権限行使が著し

く不公正な場合には決議の効力が事後的に問題とされる余地はあるとする。[46)]

　また,「特別利害関係者が議長であったことも当然の無効原因とされるが（下級審判例),議事の進め方が不公正であった場合に限るべきではなかろうか」とする学説もある[47)]。

　これに対して,決議について特別利害関係を有する取締役が議長の権限を行使することは当該決議の瑕疵に結びつけられる。「ただし,その議長が議事を主宰してもその権限行使が公正に行われていれば瑕疵は治癒されるが,権限行使が公正に行われていたことの立証はその決議の有効性を主張する側にある」とする学説がある[48)]。

　前者の学説から,「特別利害関係のある取締役が議長を務め,議事の進め方が不公正であった場合は取締役会決議は無効となる。」という要件を,後者の学説から「特別利害関係のある取締役が議長を務めた取締役会決議は無効である。ただし,議事の進め方が公正に行われた場合はこの限りではない。」という要件を定めたとする。いずれも,特別利害関係のある取締役が取締役会の議長を務め,議事の進め方が不公正だった場合はその取締役会決議を無効としている。ただ,前者の要件においては,「議事の進め方が不公正であった場合は取締役会決議は無効となる」と定め,後者においては「議事の進め方が公正に行われた場合は」無効とはならない,と定めている。前者においては,議事の進め方の不公正を取締役会決議無効の発生要件の形で,後者においては,議事の進め方の公正を取締役会決議無効の発生障害要件の形で,それぞれ定めている。前記のような意味で要件事実の存否が訴訟上明らかな場合には,前記どちらの要件の定め方をしても,その結論に差が出ることはない。

　しかし,要件事実の存否が訴訟上明らかでない場合には,要件の定め方は,その規定の適用,不適用について,重大な差異をもたらすことになる。仮に,議事の進め方の公正,不公正の点が不明であるとすると,前者の要件の場合には,取締役会決議は有効になるし,後者の要件の場合には,取締役会決議は無効となる。

　　43)　伊藤・前掲注8) 221頁「裁判規範としての民法の構成原理の基礎」参照。
　　44)　伊藤教授は,裁判規範としての民法の構成という作業の基本をなす考え方について,別著でつぎのように説明されている。「ある民法の規定に該当する事実が証明さ

れなかった場合にはその要件に基づく法律効果を発生するものと扱うか扱わないかということが問題となっているわけですが，普通，人はある事実が証明されたときに限ってその事実をあったものと扱うと考えられますから，裁判所も，この普通の人の扱い方と同様に，ある事実が証明されたときに限りその事実をあったものと扱うのが相当であると考えます。そうすると，ある民法の要件に該当する事実が証明されたときに限って，その事実をあったものと扱って，その要件に基づく法律効果を発生するものと扱い，その事実が証明されなかったときにはその事実をあったものとは扱わず，その要件に基づく法律効果を発生するものとは扱わないのが相当であることになります。そして，そうした場合に法律効果の発生という観点から見ても結果が妥当である必要があります。」(伊藤・前掲注4) 27頁)。
45) 森本・前掲注26) 39頁。
46) 森本・前掲注26) 39頁。
47) 龍田・前掲注15) 112頁。
48) 丸山・前掲注15) 43頁。

(3) 行為規範としての民法の要件の定め方

特別利害関係のある取締役が取締役会の議長を務めた場合の無効原因に関する行為規範としての民法の要件を定めるに当たっては，議事の進め方の不公正さ，あるいは公正さの点について，次のような立場が考えられる。第1に，議事の進め方の不公正さ，公正さを問わないという立場がある。第2に議事の進め方の不公正か，公正かによって，取締役会の決議が無効になるか否かを区別しようとする立場が考えられる。

さらに，行為規範としての民法の要件の定め方に関しては，次の点も注意を要する。前述したように，行為規範としての民法の問題としては，その立証とか存否不明とかいうことを考えないのであるから，議事の進め方の点について，不公正の面から発生要件の形で定めようと，公正の面から発生障害要件の形で定めようと，その両者は同じことを意味する。また，そこでは，訴訟の場におけるのと異なり，主張責任というようなことを考えないから，ある法的問題について解答を与えるためには，同時に関係する要件の全てについて，その該当する事実があるかどうかを考えなければならない。そうだとすれば，行為規範としての民法の問題として考えれば，前記要件のいずれの形で要件が定められていようと，その結論に差異はない。

(4) 行為規範としての民法からの裁判規範としての民法の構成

　裁判規範としての民法は，行為規範としての民法から構成していくことになるが，ここでは，前記第2の立場にたって，裁判規範としての民法を構成するに当たっては，議事の進め方の点をどのような形で規定するのがよいかを考える（ここでは，ある立場を前提とした場合に裁判規範としての民法がどのような形式で構成されるべきかを検討することを目的とする)。[49]

　第2の立場では，特別利害関係のある取締役が取締役会の議長を務め，議事の進め方が不公正だった場合はその取締役会決議を無効とし，議事の進め方が公正だった場合は取締役会決議は有効となると定まっているのであるが，議事の進め方が不公正であったか公正であったかが訴訟上不明になったときにはどうするかは，何も定められていない。そこで，まずこの点についてどう考えるのが正しいかの判断をしなければならない。この点については，種々の考えがあり得るところであろうが，ここでは，その点を決める前提となる実体法上の考え方として，「取締役会の特別利害関係人が議長として議事を主宰することは，決議の瑕疵に結びつく。ただ，その特別利害関係をもっている議長が議事を主宰しても，結果的にその権限行使が公正に行われて，公正な決議がなされれば決議は治癒される。」というように考えるのが相当であるとの立場を採ることとする。[50]

　この説明では，既にこの段階において，議事の進め方が不公正な場合は，取締役会決議は無効になるという形で問題が捉えられていない。この立場は，議長の権限行使によって不公正な議事を導き出す可能性がある，という考え方であるから，この考え方を前提とすると，前記のように，議事の進め方が公正であったことが訴訟上明らかになったときは，取締役会の決議は無効とならないが，前記のように，議事の進め方が不公正であったか公正であったか訴訟上不明になったときには，その取締役会の決議を無効とする方が，相当であると考えることになる。そうだとすれば，その次の問題は，このような考え方をどのようにして裁判規範としての民法の要件の定め方の上に反映させるかということになる。

　前述したように，裁判規範としての民法の規定に定める要件に該当する具体

的事実（要件事実）が存在したことが訴訟上明らかな場合に限って，その事実を存在したものと訴訟上扱う考え方と，特別利害関係のある取締役が取締役会の議長を務めた場合の無効原因についての相当であるとした考え方の双方をともに満足させるように要件を定めなければならない。そのためには，特別利害関係のある取締役が議長を務めた取締役会決議は無効である旨をまず定め，「ただし，議事の進め方が公正に行われた場合はこの限りではない。」旨を定めればよい。そうすれば，このただし書の要件である議事の進め方が公正に行われたことが訴訟上明らかな場合に限って，議事の進め方が公正に行われたと訴訟上扱うということになるのであるから，そのような場合に限って，取締役会決議の無効という効果の発生を否定することになり（その点が訴訟上不明であるときは，取締役会の決議を無効とすることとなり），前記の特別利害関係のある取締役が取締役会の議長を務めた場合の無効原因についての相当であるとした考え方に沿う結果を導くことができる。

49) 丸山教授は前述した東京高裁の判決（本件控訴審）（304頁）にたいして，つぎのように述べておられる。「一応取締役会の特別利害関係人が議長として議事を主宰することは，決議の瑕疵に結びつくと考えるのですが，ただ，その特別利害関係をもっている議長が議事を主宰しても，結果的にその権限行使が公正に行われて，公正な決議がなされればそれはそれでいいだろうということなんです。当たり前といえば当たり前かもしれませんが，その点は可能性として残しておく必要はあるだろう。（中略）判例はそこまでいっているわけではないのです。ただ，だめだといっているだけで切っているのですが，考え方として，判例がそこまでいっているかどうかわかりませんが，私はそういうふうにとらえたい。」（東京司法書士会・前掲注15) 21頁〔丸山〕)。
50) 丸山・前掲注15) 43頁。

6　おわりに

(1)　要件事実論と実体法

本稿は，要件事実論の有用性を説明する論稿としては，相談事例，関連する実体法の説明，下級審判例・学説の紹介をかなり詳細に行っているので，その理由を，2つの点から述べることとする。

第1の理由は，要件事実論の機能は，基本的には，従来の実体法学において論じられてきた要件として取り上げるべき事項について，立証責任の公平な分担という考え方の下に，裁判規範としての民法の要件を定めるというものである。要件事実論は，このような両当事者への分配ということに先立つ問題として，そもそも実体法上の要件として取り上げるべき事項は何であるかを決めることはできない。要件事実論は，従来の実体法学の研究の成果の上にたっている[51]。

　特別利害関係のある取締役が取締役会の議長を務めた場合について，要件事実論は，原告に，決議に特別利害関係を有する取締役が取締役会の議長として議事を主宰したことの主張立証責任があり，議事の進め方が公正に行われたことの主張立証責任が被告にあるというように分配することはできるけれども，そもそも，決議に特別利害関係を有する取締役が取締役会の議長として議事を主宰することができるかどうか，という事項については解決することはできない[52]。解決できない事項については実体法の研究の成果によるほかはないのである。

　第2の理由は，裁判規範としての民法は，前述したように，行為規範としての民法から構成する。しかし，議事の進め方が不公正であったか，公正であったかが訴訟上不明になったときにどうするかは，行為規範としての民法には何も定められていない。そこで，裁判規範としての民法を構成するにあたり，この点についてどう考えるのが正しいかの判断をしなければならない。その点を決める前提となる実体法上の考え方として，「取締役会の特別利害関係人が議長として議事を主宰することは，決議の瑕疵に結びつく。ただ，その特別利害関係をもっている議長が議事を主宰しても，結果的にその権限行使が公正に行われて，公正な決議がなされれば決議は治癒される。」と考えるのが相当であるとの立場を採った場合，その立場を採った理由が明らかにされなければならない。

　伊藤教授は「裁判規範としての要件の構成原理の重要な出発点は，実体法としての民法（民法典その他の実質的民法のすべて）の制度趣旨（例えば，他人物売買の買主の保護の程度はどのようにあるべきか，詐欺の場合における第三者は取引の安全と欺罔された被害者の保護の両方の視点を考慮して，どの程度まで保護されるべきかなど）を基

本に据えて，民法の定めている内容を理解することにある。その上でこれを『ある事実の存在が訴訟上明らかになった場合に限って，訴訟上存在したものと扱う』という構成原理に従って要件の形に表現するというのが，裁判規範としての民法の構成という作業の本質である。」と述べておられる。[53]

51) 伊藤・前掲注8) 162頁以下参照。
52) 伊藤教授は，「要件事実論では解決できないといった事柄は，要件事実論の守備範囲外の事柄である」と説明されている。(伊藤・前掲注8) 163頁)。
53) 伊藤・前掲注8) 237頁。

(2) まとめ

取締役会の議長を務める取締役が議題に特別利害関係を有している場合，かかる取締役が，利益相反取引を承認する取締役会において，議決権を行使できるか，議長として議事を進行させることができるのか，との質問を受けた場合，前者については，取締役の忠実義務違反を予防し，取締役会の決議の公正を担保するため，当該取締役の議決権の行使を禁止するのが，後者については，議長の権限行使が，審議の過程全体に影響を及ぼしかねず，その態様いかんによっては不公正な議事を導き出す可能性は否定しえないので，判例の立場を支持し，交代することが妥当である考える。仮に，裁判において取締役会の決議が無効とはならない（有効となる）可能性があるにしても，要件事実論の観点から，抗弁として，取締役会において議事の進め方が公正に行われたことを主張，立証する被告会社の負担（議事の進め方が公正に行われたことが訴訟上不明であるときは，議事の進め方が公正に行われたと訴訟上扱うことができないので，取締役会の決議は無効となる）を考えると，特別利害関係のある取締役を議長として議事を主宰，進行させることは避けたほうが妥当だと考える。そうだとすると，兼任取締役会社間で売買契約を締結する場合，その承認を受ける取締役会において，特別利害関係人たる取締役に議決権を行使させず，かつ議長として議事の進行を控える非主宰型議事録を取締役会の承認を証する書面として，所有権移転登記の申請書に添付して登記申請を行うほうが，代表取締役による売買契約の効果を会社に帰属させるためには妥当と考える。

〈現行の不動産登記法（明治32年法律第24号）における「第三者の許可等を証する書面」（35条1項4号）と新しい「不動産登記法」（平成16年法律第123号）及び「不動産登記令」（平成16年政令第379号）との関係について〉

　本稿執筆時の現行の不動産登記法（以下「旧法」という）では，登記申請書の添付書面である「第三者の許可等を証する書面」（旧法35条1項4号）（例えば，利益相反取引における取締役会議事録）については法律で規定されていた。これに対して，平成16年6月18日に公布された改正後の不動産登記法（以下「新法」という）では，条文の現代語化に併せて，法律事項も整理され，法律事項は，登記所，登記記録，申請権者又は申請義務者，登記事項その他の登記制度の骨格に関する事項等に限られ，旧法の添付書面に相当する添付情報（申請情報と併せて登記所に提供しなければならないもの）のうち，「登記識別情報」（新法2条14号）の提供（新法22条）と権利に関する登記における「登記原因を証する情報」（登記原因証明情報）の提供（新法61条）は，法律に規定されているが，それ以外の添付情報及びその提供の方法等については政令に委任している（新法26条）。平成16年12月1日に公布された不動産登記令7条1項は，添付情報の内容を定め，権利に関する登記を申請するとき，登記原因について第三者の許可，同意又は承諾を要するときは，当該第三者が許可し，同意し，又は承諾したことを証する情報を提供しなければならない（5号ハ）と規定している（旧法35条1項4号に相当する規定）。また，同日に公布された「不動産登記法の施行期日を定める政令」（平成16年政令第378号）により，新法の施行期日は，平成17年3月7日とされ，不動産登記令も新法の施行の日から施行される（不動産登記令附則1条）（河合芳光＝板谷秀継「不動産登記令の解説」登記研究685号1頁以下（2005））。

〈民法の一部を改正する法律（平成16年法律第147号）との関係について〉
　本稿の内容は，上記法律による改正とは関係がなく，その説明に変更はない。

9

弁理士業務と要件事実

光 石 俊 郎

1　はじめに
2　証明責任の意義
3　民事訴訟における証明責任の分配
4　行政訴訟（抗告訴訟）における証明責任の分配
5　審査における証明責任
6　審判における証明責任
7　審決取消訴訟における証明責任
8　まとめ

1　はじめに

　弁理士は，これまで特許等の産業財産権に関する特許庁における手続等についての代理その他の業務を行うことを主な業としていた（弁理士4条1項参照）。そして，裁判所との関係は，特許権等の侵害訴訟事件について，補佐人として当事者又は訴訟代理人とともに出頭し，陳述又は尋問をすることができ（弁理士5条），審決取消訴訟に関して訴訟代理人となることができた（弁理士6条）。しかし，知的創造サイクルの構築・強化，公的資格制度を巡る環境の変化及び司法制度改革の動きに合わせ，先ず平成12年の弁理士法改正により，弁理士業務に税関における輸入差止手続の代理，専門的仲裁機関における仲裁代理並びに特許等の他著作物及び技術上の秘密に関するライセンス契約等の代理，媒介及び相談業務が追加された（弁理士4条）。続いて，平成14年の弁理士法改正により，弁理士は，一定の試験に合格しその旨の付記を受けたときは，特定侵害訴訟（「特許，実用新案，意匠，商標若しくは回路配置に関する権利の侵害又は特定不正競争による営業上の利益の侵害に係る訴訟」）に限り，弁護士との共同受任を

条件に，その訴訟代理人となることができるようになった（弁理士6条の2）。

前記試験のため，弁理士に対し能力担保措置の一環として特許権等侵害訴訟の実務研修が実施され，特許権，実用新案権，意匠権，商標権及び不正競争防止法の侵害訴訟についての要件事実の講義が行われ，訴状，答弁書等の自宅起案も実施されている。そのため，弁理士の間にもにわかに要件事実の関心が高まった。弁理士は，これまで審決取消訴訟の訴訟代理権を有していたが，審決取消訴訟の証明責任についてはあまり関心がなかった。

本稿では，審査，審判及び審決取消訴訟における証明責任を論じ，知的財産権侵害訴訟における要件事実については，第2巻の「知的財産権事件と要件事実」に譲ることとする。また，特許権，実用新案権，意匠権及び商標権の登録要件全てを検討するのではなく，特許要件のうち実務において問題となることの多い新規性・進歩性（特許29条1項及び2項）と明細書の記載（特許36条4項1号及び同6項）に限って個別に検討する。最初に，基本的な問題として証明責任の意義，民事訴訟における証明責任の分配及び行政訴訟（抗告訴訟）における証明責任の分配を述べ，次に審査，審判及び特許審決取消訴訟を順次検討する。最後に，審査，審判及び審決取消訴訟の証明責任につき，簡単にまとめてみたいと思う。

2　証明責任の意義

そもそも特許要件の審査において証明責任が問題になるか。

「証明責任とは，事実がはっきりしない場合にどうするか（どうやって裁判を行うか）という問題なので，民事訴訟に限らず，人事訴訟，行政訴訟，刑事訴訟など，あらゆる裁判で問題になる。あるいは，もっと広く考えれば，裁判に限らず，事実の確定が必要なあらゆる問題において，証拠から事実がはっきりしない場合にどうするかという問題は常に生ずるのであり，証明責任という問題は，必ずしも法律学に限定されない。事実の確定が必要とされる場合には，常に考えなければならない極めて一般的な問題なのである。」[1]

したがって，特許要件の審査においても証明責任は問題になる。[2]審判及び審決取消訴訟においても当然証明責任は問題となる。ただし，職権証拠調べが行

われているので，これが認められていない場合より真偽不明の場合が減ることになる。[3]

ところで，「審査では，職権で必要な調査をし，収集した資料を検討したうえで判断するのであり，当事者対立構造を前提とするものではない（審査では特許要件の調査する者と特許要件を判断する者は同一である）」[4]

また，査定系の審判においても審判官の職権調査はなお存在するが，当事者系の審判においては，二当事者対立の構造がとられているので，審判官の職権調査は原則として存在しない（後述 6 参照）。

この職権調査も証明責任の真偽不明の場合を減少させるものであるが，審査及び審判における証明責任は，行政庁の調査義務として行われているこの職権調査と一緒に検討しなければならない。

審査及び審判において証明責任が問題になることにつき，相田義明審査官（特許庁）も同じ認識である。「実際に調査検討をしようとすると，種々の基本的な問題に遭遇する。これは，特許審査とはなにか，という問いにもつながる。特に悩まされるのは，①どのような事項をどこまで調査すべきか（調査の範囲・程度），②どの程度の心証が形成されれば事実を認定していいか（証明の程度），③法律効果を直接発生させる事実がはっきりしない場合にどのように判断したらいいか，という問題である。」[4]

1) 小林秀之・新証拠法〔第 2 版〕158 頁（弘文堂，2003）。
2) 同旨　松野嘉貞「審決取消訴訟における主張立証責任」特許争訟の諸問題513頁（発明協会，1986）。
3) 小林・前掲注 1) 208 頁。
4) 相田義明「特許要件」特許審査・審判の法理と課題60頁，59頁（発明協会，2002）。

3　民事訴訟における証明責任の分配

民事訴訟法における証明責任の分配につき，実務は，基本的には法律要件分類説（規範説）によっている。証明の対象となる要件事実とは，権利の発生要件に該当する具体的事実（権利根拠事実），権利の発生の障害に該当する具体的事実（権利障害事実），権利の消滅要件または権利行使を一時的に阻止する要件

に該当する具体的事実（権利消滅等事実）をいい，権利の主張者は権利根拠事実について，権利を争う者は権利障害事実と権利消滅等事実について証明責任を負担する。そして，上記三種の事実の区別を主に実定法規の法文の表現方法に依拠している。

基本的には法律要件分類説を維持しつつ，「権利根拠事実と権利障害事実の区別につき疑問が生じる場合は，法文の表現にとらわれることなく，実体法の立法趣旨・目的，取引の簡便，安全の確保，原則・例外などの実質的考慮に基づき，解釈によって決するとする」修正法律要件分類説が，現在通説である[5]。

判例について，小林秀之教授は，「客観的に言えることは，従来の法律要件分類説に合致しない判例はこのほか（注：①履行不能における債務者の帰責事由，②準消費貸借の旧債務，③虚偽表示の第三者の善意，④代理権消滅後の表見代理，⑤背信行為と認めるに足りない特段の事情のこと）にも相当数あり，特に不法行為の領域では目につくが，全体としては従来の法律要件分類説に合致する判例のほうが多い」と述べられる[6]。

したがって，特許要件の証明責任の分配について，基本的には法律要件分類説により，疑問が生じたときは，修正法律要件説の考えを取り入れることにする。

 5) 小林・前掲注 1) 162頁，186頁。
 6) 小林・前掲注 1) 192頁。

4　行政訴訟（抗告訴訟）における証明責任の分配

(ア)　行政事件訴訟の形態として，抗告訴訟，当事者訴訟，民衆訴訟，機関訴訟の四種があるが，審決取消訴訟は，抗告訴訟中の処分の取消訴訟に属する。行政事件訴訟法に関し，特別に定めがない事項については，民事訴訟の例による，となっており（行訴 7 条），職権証拠調べが補充的に認められている（行訴24条）。

前記 2 で述べたように，行政事件訴訟においても証明責任が問題になる。ただし，職権証拠調べが補充的に認められているので，これが認められていない場合よりも真偽不明の場合が減ると考えられる。

(イ)　抗告訴訟の証明責任の分配について，諸説に分かれているので，司法研修所編「行政事件訴訟法の一般的問題に関する実務的研究」によって考察すると以下のとおりである。[7]

①民事訴訟と同じ法律要件分類説。②当事者の公平，事案の性質，事物に関する立証の難易等により，具体的な事案について，いずれの当事者に不利益に判断するかを決するとする説。③国民の自由を制限し，国民に義務を課する行政処分（侵害処分）の取消しを求める訴訟においては，行政庁がその適法であることの立証責任を負担し，国民の側から国に対して，自己の権利領域，利益領域を拡張することを求める申請の却下処分（受益処分の拒否）の取消しを求める訴訟においては，原告がその申請の根拠法規に適合する事実についての立証責任を負担するとする説。

法律要件分類説の難点として，行政実体法規が，必ずしも裁判規範として機能することを目的として立法されておらず，この説に従って法規の文理解釈をしようとしても困難である場合が多いという点が言われている。また，行政庁と国民との関係は，公権力の行使との関係では，権力，服従の関係であって，権利，義務の関係ではないから，後者の関係についての理論である法律要件分類説を直ちに持ち込むことは問題があるとされている。[8]

そのため，一般の抗告訴訟においては，通常，③説を基本として，これに①説や②説の方法論も取り入れて，証明責任の分配を決定している。

しかし，特許法の場合は，法律要件分類説の上記難点はいずれも該当しない。例えば，特許法49条2号で引用されている25条，29条，29条の2，32条，38条，39条1項から4項までの規定及び49条4号で引用されている36条4項1号若しくは6項，37条の規定は，原則規定と例外規定，本文と但書といった伝統的な立法技術を用いつつ，特許権の成立に係る実体的要件を比較的明確に権利根拠規定と権利障害規定とに分けて規定しているからである。

また，行政庁と国民との関係が権力・服従の関係であるということが，一般に行政処分の処分要件が行政庁の裁量的要素を含む場合が多いことに関係する趣旨であるとしても，そのことは，特許審決取消訴訟に当てはまらない。特許審決取消訴訟において，例えば，特許法29条2項の「容易に発明することができた」との文言について，特許庁側にいわゆる法規裁量が認められるというよ

うな解釈はされていないからである[9]。

したがって，審決取消訴訟においては，上記③説ではなく，法律要件分類説が維持される[10]。なお，審決取消訴訟においては，審決取消訴訟の審理の方式及びその判決書の構成の問題が存在し，この点からも証明責任の分配が問題になるが，これについては，後述する。

- 7) 司法研修所編・行政事件訴訟の一般的問題に関する実務的研究156頁（法曹会，1995）。
- 8) 司法研修所編・前掲注7）157頁。
- 9) 特許法の場合法律要件分類説の難点が存在しないことにつき，石原直樹「特許審決取消訴訟における立証責任」知的財産法と現代社会560頁（信山社，1999）。
- 10) 同旨　石原直樹判事及び松野嘉貞判事。

5　審査における証明責任

(1)　審　　査

審査官は，調査検討の上特許出願を審査し，拒絶の理由（特許49条）を発見しないときは，特許をすべき旨の査定をしなければならない（特許51条）。審査の結果，拒絶の理由を発見したときは，特許出願人に対して，その理由を通知し，相当の期間を指定して，意見書を提出する機会を与えなければならない（特許50条）。

審査官は，提出された意見書をさらに審査し，拒絶の理由が解消されないと判断されるときは，拒絶をすべき旨の査定をしなければならない（特許49条）。

出願審査手続につき，君嶋祐子助教授は，次の二つの作用を指摘され，民事行政手続であり，非訟事件手続の特質を有するとされる。特許出願人が将来競業者に対して特許権を主張するために必要な権利の客体を確保する作用と潜在的競業者のいわば代弁者の役割を与えられた審査官が拒絶査定をする作用，即ち，将来特許権を主張された競業者がいちいち抗弁を主張立証して特許権者と争うことにより紛争が複雑になることを防止する作用である。

そして，出願審査手続は事実が法律要件に該当するかどうかを審理判断する

手続であるが，具体的紛争の不存在及び二当事者対立の構造が存在しないことを理由に訴訟手続であることは否定する。結局，出願審査手続は，潜在的争訟性を有し，具体的争訟性を要件とする訴訟に極めて近い位置にある民事行政手続であり，非訟事件手続の特質を有すると述べられる。

やや具体的争訟性を強調しすぎるきらいがあるが，出願審査の法的実態を的確に捉えられている。出願審査は，職権調査による行政手続の一種であり，潜在的争訟性を有する。

11) 君嶋祐子「出願審査手続の法的性質」知的財産法と現代社会289頁以下（信山社，1999）。
12) 松野判事は，「審査，審判は，職権探知による行政手続の一種」とされる。前掲注2）512頁。

(2) 証明責任

前記2で述べたように，特許要件の審査においても証明責任は問題になる。

(3) 証明責任の分配

審査官は，願書とこれに添付された明細書，特許請求の範囲及び図面を基に，特許法49条に列記された事項を具体的に判断する。前述の相田義明審査官の論文によって職権調査の範囲・程度と共に証明責任の分配を検討する。

(a) 特許法36条4項1号

発明の詳細な説明は，「経済産業省令で定めるところにより，その発明の属する技術の分野における通常の知識を有する者がその実施をすることができる程度に明確かつ十分に記載したもの」でなければならない。

(ア) 実施可能要件　特許庁の審査基準は，実施可能要件につき，その発明の属する技術分野において研究開発（文献解析，実験，分析，製造等を含む）のための通常の技術的手段を用い，通常の創作能力を発揮できる者（当業者）が，明細書及び図面に記載した事項と出願時の技術常識とに基づき，請求項に係る発明を実施することができる程度に，発明の詳細な説明を記載しなければならない，と定める。

審査官は，記載事実に疑義が生じた場合は，その分野の一般的な教科書や辞

典などを調べ，当業者が有していると想定される知識を参照することによって疑問点の理解に努めるべきである。また，審査官は分析・実験等の設備を有しないので分析・実験等の内容に関して疑義があり，それが実施可能要件の評価に不可欠である場合は，出願人に説明を求めるべきである。

　審査官は，上記の限度で調査義務を負担している。なお，出願人が意見書や説明書を提出したときも，同様で，当業者に想定された能力を超える調査検討は不要である。[13)]

　　13)　相田・前掲注4) 64頁，65頁。

　(イ)　委任省令要件　　委任する省令 (特許規24条の2) は，「発明が解決しようとする課題及びその解決手段その他その発明の属する技術の分野における通常の知識を有する者が発明の技術上の意義を理解するために必要な事項を記載することによりしなければならない」と定める。

　出願時の技術水準に照らして当該発明がどのような技術上の意義を有するか (どのような技術的貢献をもたらすものか) を理解できるように記載することが重要である。発明の技術上の意義を理解するためには，どのような技術分野において，どのような未解決の課題があり，それをどのように解決したかという観点からの記載が発明の詳細な説明中になされていることが必要である。また審査や調査に役立つように，当業者が発明の技術上の意義を理解するために必要な事項を記載すべきものとし，委任省令では，記載事項の例として課題及び解決手段を掲げる (審査基準)。

　この要件を満たすか否かの調査は，発明の理解を促進し，新規性・進歩性の判断のための先行技術の調査・検討を容易にする趣旨を実現する限度でなされればよい。発明の評価をするための合理的な調査検討ができないときは，審査官は，記載の不備を指摘するなどして出願人に対して説明を求める任務を負っている。[14)]

　(ウ)　証明責任の分配　　特許法36条1項では，出願人は所定の事項を記載した願書を特許庁長官に提出することを，2項では，当該願書には明細書，特許請求の範囲および図面等を添付すること，3項では当該明細書には，発明の詳細な説明等が記載されていること，そして4項では，当該発明の詳細な説明の記載要件を定めている。従って，本条は，立法の趣旨及び条文の表現から権利

根拠事実に該当する。また，出願人は発明の資料及びデータを保有しているので，立証の難易及び資料との距離からいっても証明責任を審査官ではなく出願人に負担させても公平の観点から問題ない。証明責任は，出願人が負担する。

したがって，「調査を尽しても真偽不明の場合は，拒絶査定の処分がなされる」[14]。

14) 相田・前掲注4) 66頁，65頁。

(b) 特許法36条6項

「特許請求の範囲の記載は，次の各号に適合するものでなければならない。
　一　特許を受けようとする発明が発明の詳細な説明に記載したものであること。
　二　特許を受けようとする発明が明確であること。
　三　請求項ごとの記載が簡潔であること。
　四　その他経済産業省令で定めるところにより記載されていること。」

特許請求の範囲の記載に基づいて，特許発明の技術的範囲が定まるので（特許70条），特許請求の範囲の記載は重要である。

1号につき，請求項に係る発明は，発明の詳細な説明に記載した範囲を超えるものであってはならない。請求項に係る発明と，発明の詳細な説明に発明として記載したものとを対比・検討する。その際，発明の詳細な説明に発明として記載したものとの表現上の整合性にとらわれることなく，実質的な対応関係について審査する。実質的な対応関係についての審査は，請求項に係る発明が，発明の詳細な説明において発明の課題が解決できることを当業者が認識できるように記載された範囲を超えるものであるか否かを調べることにより行う。

2号及び3号につき，特許請求の範囲の記載は，これに基づいて新規性・進歩性等の特許要件の判断がなされ，これに基づいて特許発明の技術的範囲が定められるという点において重要な意義を有するものであり，一の請求項から発明が明確に把握されることが必要である。第三者がより理解しやすいように簡潔な記載とすることが適切である。

4号につき，独立形式請求項と引用形式請求項の記載形式を定める（以上，審査基準）。

審査官は，出願の時点で，また当業者の判断レベルで出願に係る明細書およ

び図面と，その発明が属する分野の技術常識を調査し，本条の要件を満たしていないときは，出願人に説明を求めるべきである[15]。

本条の証明責任は，特許法36条4項と同様の理由により権利根拠事実に該当するから，出願人が負担する。

したがって，「調査検討を尽しても，想定される当業者からみて要件事実の真偽がはっきりしないときは，……拒絶査定の行政処分がなされるべきである」[15]。

15) 相田・前掲注4) 67頁。

(c) 新規性・進歩性

「第29条　産業上利用することができる発明をした者は，次に掲げる発明を除き，その発明について特許を受けることができる。

一　特許出願前に日本国内又は外国において公然知られた発明

二　特許出願前に日本国内又は外国において公然実施をされた発明

三　特許出願前に日本国内又は外国において，頒布された刊行物に記載された発明又は電気通信回線を通じて公衆に利用可能となつた発明

2　特許出願前にその発明の属する技術の分野における通常の知識を有する者が，前項各号に掲げる発明に基づいて容易に発明をすることができたときは，その発明については，同項の規定にかかわらず，特許を受けることができない。」

特許制度の趣旨は発明の公開の代償として独占権を付与するものであるから，特許権が付与される発明は新規な発明でなければならない。29条1項各号の規定は，新規性を有しない発明の範囲を明確にすべく，それらを類型化して規定したものである。29条2項の規定の趣旨は，通常の技術者が容易に発明をすることができたものについて特許権を付与することは，技術進歩に役立たないばかりでなく，かえってその妨げになるので，そのような発明を特許付与の対象から排除しようとするものである（以上審査基準）。

(ア) 先行技術文献開示制度　　新規性・進歩性の判断に必要な先行技術の調査検討をすることは，審査官に課される重要な任務である[16]。

この点について，平成14年の特許法改正により先行技術文献開示制度が導入された。出願時の先行技術文献情報の開示義務を，発明の詳細な説明の記載要

件としている（特許36条4項2号）。先行技術文献情報が開示されれば，審査官及び競業者にとって先行技術の調査検討が容易になり，また出願された発明の理解も容易になる。

明細書中に開示がない場合には，審査官から通知をして開示を促し（特許48条の7），それでも開示がない場合には，拒絶の査定となる（特許49条5号）。

なお，進歩性については，調査との関係で特別な問題がある。進歩性を有するか否かは，評価的事実であり，これを直接証明することはできないので，一段低いレベルの具体的事実の積み上げによって推論するほかない。調査した範囲で発見した最も近い構成を有する先行技術（引用発明）を出発点として，課題の共通性や技術分野の類似性といった観点からの検討を加え，経験則に導かれて容易想到性を推認できる状態に達した時点で，出願人に拒絶の理由を通知し，意見を求めるべきである[17]。

16) 相田・前掲注4) 68頁。

(イ) 証明責任の分配　特許法29条1項は，「産業上利用することができる発明をした者は，」「その発明について特許を受けることができる」と原則を規定し，1号ないし3号が例外を規定している。また，特許法29条2項は，「同項（注：1項のこと）の規定にかかわらず，特許を受けることができない」と規定し，1項の原則に対して例外であることを規定している。

したがって，新規性・進歩性はいずれも権利障害事実に該当し，証明責任は審査官が負担する。なお，先行技術文献情報の開示義務（特許36条4項2号）が新設されたので，資料との距離からいって証明責任を審査官に負担させても公平の観点から問題ない。

したがって，「出願人が提出した説明資料等によっても新規性・進歩性を有するか否かはっきりしないときは，……行政庁は出願人に有利に判断すべき」である[17]。

17) 相田・前掲注4) 68頁，69頁。

6　審判における証明責任

(1)　審　　判

特許法は，審査官の拒絶査定に対する不服や特許の無効等を目的とする審判制度を設けている。審判手続は，審判官により裁判類似の手続により厳格に行われる。審判においては，民事訴訟法が多数準用されている（証拠調及び証拠保全の規定を準用する特許151条）が，弁論主義ではなく職権主義が採用されている。職権主義の内容として職権探知と職権進行（特許152条等）がある。

職権探知として，審判官は職権で証拠調，証拠保全をすることができる（特許150条）。ただし，審判官は，職権調査の義務を負うものでなく，裁量でなしうる。また，審判においては，当事者が申し立てない理由についても，審理することができるが，請求人が申し立てない請求の趣旨については，審理することができない（特許153条）。

審判は，裁判に類似した手続で審理される準司法機関であり，その法的性格は行政争訟の一種で，審決は行政処分である[19]。

　　18)　中山信弘・工業所有権法（上）　特許法〔第2版〕262頁（弘文堂，1998）。
　　19)　中山・前掲注18）235頁。

(2)　証 明 責 任

前記2で述べたように，審判においても証明責任は問題になる[20]。当事者系審判の場合は，当事者対立の構造がとられ審判官が審決をするので，通常の民事訴訟に類似している。

　　20)　同旨　松野・前掲注2）513頁。

(3)　証明責任の分配

査定系審判と当事者系審判とでは性格を異にするので別々に検討する。

(a)　査定系審判

拒絶査定に対する審判の性格は，新たに審査を最初からやり直す覆審ではな

く，続審である（通説判例）。特許法158条及び159条は，審査と審判が続審関係にあることを示している。続審とは，審査においてした手続を土台として審理を続行し，新たな資料を補充し，原査定が維持できるか（特許出願について拒絶をすべきか，特許すべきか）を審理するものである。[21]

したがって，審判官は，特許法36条4項1号及び同条6項について，行政処分の結論が維持できるかどうかにつき，審査で述べた範囲の調査をする任務がある。審判官は，審査官がした拒絶査定の理由を補強する必要がある場合に，一般的な技術水準を示す資料を調査することや，審査官がした拒絶査定が維持できない場合に，他に拒絶の理由がないか否かを判断するために必要な調査をする。

しかし，新規性・進歩性については，先行技術を新たに調査して発見する任務までは一般に負わないと考えられる。先行技術の探知は第一義的には審査の役割だからである。[22]

証明責任は，審査のところで述べたことがそのまま当てはまる。特許法36条4項1号及び同条6項については，審判請求人が証明責任を負担し，新規性・進歩性については，審判官が証明責任を負担する。

したがって，「技術専門官として必要な調査をし，審理を尽くしても要件事実の真偽がはっきりないときは，……特許法36条の実施可能要件と特許請求の範囲の記載要件については，これを満たさないと判断し，特許法29条1項，同条2項の新規性・進歩性については，これを否定できないと判断すべきである」。[22]

21) 吉藤幸朔＝熊谷健一補訂・特許法概説〔13版〕590頁（有斐閣，1998）。
22) 相田・前掲注4) 70頁。71頁。

(b) **当事者系審判**

特許付与後特許の有効性を争う手続として，無効審判制度がある。平成15年の特許法の改正により異議申立制度（査定系構造）と無効審判制度が統合され無効審判制度に一本化された。新しい無効審判は，従来どおり，当事者対立構造としつつ審判官の職権探知もできることとした。ただし，請求人適格は，冒認及び共同出願違反を除き何人にも与えられた（特許123条2項）。

二当事者対立の構造がとられていることから，審判官は，原則として職権で調査しないほうがよい。当事者に不公平感を与えるからである。ただし，審決

の結論に影響をおよぼすかもしれない証拠の存在を容易に推知しうるような場合や特許発明の新規性・進歩性に対して強い疑義を抱かせる文献について審判官が知っているか容易に知りうるような場合で，これを放置しておくことが公益に反するような場合に限って，審判官は調査すべきである。[23]

証明責任については，原則として，特許法36条4項1号及び同条6項については，特許権者である被請求人が証明責任を負担する。新規性・進歩性については，特許庁に代わって審判請求人が原則として，証明責任を負担する。

23) 相田・前掲注4) 71頁。

7 審決取消訴訟における証明責任

審決取消訴訟は，行政事件訴訟法の定める手続により審理される行政訴訟(抗告訴訟中の処分の取消訴訟) であり，審判とは続審的な関係になく，切り離された審理が行われる。審決取消訴訟において判断されるのは，審決が実体上あるいは手続上，違法であるか否かということである (判断の対象は，原行政処分自体の違法性であり，当該出願を登録すべきか拒絶すべきかでない)[24]。そのため前記 4 で述べたように，当然，証明責任が問題になり，法律要件分類説が適用される。

24) 中山・前掲注18) 282頁。

(1) 実務の審理方式及びその判決書の構成の問題

この問題につき，石原判事は以下のように的確に述べられる。即ち，被告が立証責任を負う事実 (抗弁事実) であるにもかかわらず，「実務の審理方式としては，拒絶審決取消訴訟，無効審決取消訴訟，無効不成立審決取消訴訟を通じ，弁論準備手続において，まず原告に対し，これらの事由 (出願に係る発明又は特許発明が法29条1項各号，同条2項又は29条の2の各要件に該当しないこと，あるいは願書に添付した明細書の発明の詳細な説明及び特許請求の範囲が法36条4項，6項の記載要件を満たしていないこと) に係る主張を求め，また，判決の構成上，これらの主張を含む『原告主張の審決取消事由の要点』が，『被告の反論の要点』に先立って記載され，請求原因事実として扱われているように見えることが問題となろう。そのため，前記 4 で述べたように，これらは，いわゆ

る新様式判決スタイルが一般化する前は,『審決取消事由』として,請求原因中に記載されていたから,問題はより鮮明であった。[25]」

　実務の審理方式及びその判決書の構成を重視し,法律要件分類説によらず,「基本的には国民の自由を制限し,国民に義務を課する行政処分の取消訴訟については被告行政庁に,国民の側から国(公共団体)に対して自己の権利・利益領域を拡張を求める請求(却下処分の取消)訴訟については原告国民に負担させるとともに,これによって著しく当事者間の公平を欠く結果となる場合には,個別的な法律関係ごとにこれを修正するのが相当である[26]」とする考えもある(この考えは前記4で述べた③説に近いと思われる)。

　この説によれば,個々の条文の体裁等ではなく訴訟類型毎に見ていく。(a)拒絶審決取消訴訟では,特許権付与という自己の権利領域の拡張を求めるものであるから原告出願人が審決の具体的な違法事由の主張・立証責任を負担する。(b)無効審決取消訴訟では,自己に付与された特許権を無効とする行政処分の取消しを求めるものであるから,特許庁長官にかわって被告審判請求人が審決の具体的な違法事由の主張・立証責任を負担する。(c)無効不成立審決取消訴訟では,被告に付与された特許権の無効を求めるもの(自己の利益領域の拡張を求めるもの)であるから,原告審判請求人が審決の具体的な違法事由の主張・立証責任を負担する[26]。

　しかし,法律要件分類説によれば,上記のような実務の審理方式及びその判決書の構成を説明する仕方が問題になるだけである。被告が立証責任を負う審決の違法事由について,立証責任は被告にあるが,主張責任は原告にあるとする考えや,積極否認事実としての原告の主張とする考えがあるが,審決の違法事由の指摘責任が原告にあるとする考えが妥当と思われる[27]。

　この考え方は,一般の抗告訴訟の実務において行われている運用と合致するものである。即ち,被告が主張立証責任を負う適法要件のうち,主要かつ重要なものは当然被告が主張,立証すべきであるが,そうでないものについては,そのうちのいずれかを訴訟において問題とし,被告にこれを主張,立証させるかは,結局原告の選択に任され,そのような適法要件については,原告がその適法性を争うことを明示しない限り,裁判所は,被告の具体的な主張,立証がなくとも,弁論の全趣旨により,その適法性を肯定するという運用が行われて

いる。[28]

- 25) 石原・前掲注9) 566～567頁。
- 26) 竹田稔編・特許審決等取消訴訟の実務46～60頁（発明協会，1988）。
- 27) 学説の詳しい紹介は，石原・前掲注4) 567頁。
- 28) 司法研修所編・前掲注7) 154頁。

(2) 証明責任の分配

(a) 拒絶審決取消訴訟

特許法36条4項1号及び同条6項については，原告である出願人が，特許法29条1項，2項の新規性・進歩性については，被告である特許庁長官がそれぞれ負担する。

(b) 無効審決取消訴訟

特許法36条4項1号及び同条6項については，特許権者である原告が，特許法29条1項，2項の新規性・進歩性については，被告がそれぞれ負担する。

(c) 無効不成立審決取消訴訟

特許法36条4項1号及び同条6項については，特許権者である被告が，特許法29条1項，2項の新規性・進歩性については，原告がそれぞれ負担する。

8 まとめ

(ア) 特許法における審査，審判及び審決取消訴訟においても，証明責任は問題になる。

ただし，審査及び審判においては，行政庁の調査義務として行われている職権調査が証明責任の真偽不明の場合を減少させるものであることに注意する必要がある（以上，前記2参照）。

また，審査及び査定系審判においては，二当事者対立の構造がとられていないので，証明責任は，通常の場合と異なり変則的な形をとる（前記5・6参照）。

(イ) 審査は，二当事者対立の構造が存在しない民事行政手続である（前記5 (1)参照）ので，証明責任は，審査官が職権調査義務を尽した後の行政処分（特許査定，拒絶査定）において出願人が証明責任を負担している事実かどうかと

いう形で問題とされる。

(ｳ) 審判は行政争訟の一種であるが，査定系審判においても，証明責任は，審判官が職権調査義務を尽した後の行政処分（審決）において出願人が証明責任を負担している事実かどうかという形で問題とされる（前記6(3)(a)参照）。

これに対し，当事者系審判においては，二当事者対立の構造がとられているので，原則として，審判請求人又は被請求人が証明責任をそれぞれ負担している（前記6(3)(b)参照）。

(ｴ) 審決取消訴訟は行政訴訟であるので，通常の訴訟と同じく，原告又は被告がそれぞれ証明責任を負担している（前記7）。

(ｵ) なお，本稿で取り上げた特許法36条4項1号及び6項は，権利根拠事実であり，特許法29条1項及び2項は権利障害事実に該当する。

〈民法の一部を改正する法律（平成16年法律第147号）との関係について〉

本稿の内容は，上記法律による改正と関係がなく，その説明に変更はない。

10 法学・法曹教育における要件事実論

田尾 桃二

1　はしがき
2　要件事実論・要件事実教育のはじまり
3　要件事実論の現況寸描
4　要件事実論の特徴，内容
5　法学教育，法曹教育における要件事実論

1　はしがき

(1) 概　説

　司法研修所（以下「司研」という）の集合研修は，よく起案教育といわれるが，そのうち民事裁判修習は要件事実教育といわれる。民事裁判の使命は権利又は法律関係の存否の決定であり，その決定は権利又は法律関係のもとになる要件事実の存否にかかっているのであるから，要件事実の何たるかを知ることは民事裁判を習うための不可欠の第一歩である。しかし大学法学部におけるそれに関しての教育はきわめて不十分であったから，司研としては否応なしに要件事実教育に力を入れざるを得なかったのである。また，要件事実教育は，法律家の卵に，広く法律知識を与え，民事裁判に関するスキル，リーガルマインドを植え付けるのにもっとも適した教育方法であったことも司研に要件事実教育が根付いた理由であった。
　かくして，昭和20年代に司法修習が始まって以来，特に30年代以降，今日にいたるまで改良・変革はあるものの，司研は一貫して要件事実教育を続け，その民事裁判教官室（以下「民裁教官室」という）は要件事実論の研究をたゆみなく

続けてきたのである。

　手許にある司研発行の研修時報106号登載の平成13年の司研の修習日程によると，第55期司法修習生の前期修習は同年4月3日から6月29日までの3か月であるが，その間に，起案が4回，その講評が4回なされており，同年の第54期司法修習生の後期修習は同年7月4日から10月5日までの3か月であるが，その間に，起案が3回，講評が3回なされている。起案は，もとは宿題として在宅でなされることが多かったが，現在は司研の教室で即日起案として行われることが多い。起案は，実際の訴訟記録から作成された民事修習記録に基づき，判決の全文あるいは一部，時にはその他の形（問題点，釈明すべき点の指摘等）でなされる。それは，修習記録に現れている双方当事者の主張を要件事実論に基づき整理し，判決文に構成することが中心となる作業である。したがって，起案教育であるとともに要件事実教育である。なお，修習記録に基づく事実認定を行うこともいうまでもないが，ここでは省く。

　司法修習を経た法律家は，すべて，この起案教育，要件事実教育の洗礼を受けている。彼等のほとんど全ての者は，司法修習の冒頭・前期修習においてこの教育に接し，一種のカルチャーショックを受けたという。彼等は，そこではじめて，法律の現実の働きや生きた法学とはどういうものかを体感するとともに，それまで培ってきた法学知識は，司法試験は受かっているものの，いかに不十分なものであるかを深刻に悟り，あらためて新しいスタートを切ったという。

(2)　**司法制度改革と要件事実教育，要件事実論**

　今回の司法制度改革により，法曹養成の中核として法科大学院が設けられ，司法修習は現行の1年半から1年に期間短縮されることとなり，修習内容も現場における実務修習が中核となり，現在の前期修習はなくなるようである。一方，法科大学院は，実務的な法理論教育を目指し，教員には一定割合（2割程度）で実務家教員を置くこととし，実務基礎科目として必修科目を定め，その中に法曹倫理，事実認定等と並んで要件事実があげられている（司法制度改革審議会意見書，中央教育審議会の法科大学院の設置基準等について）。このことは，要件事実論の実務や法律家養成における重要性が広く認識されてきたことを示すもの

である。司研が行ってきた要件事実教育は，今後，すべての法科大学院で行われ，要件事実論はそこで研究されることになるのである。それは，間もなく大学法学部に波及することであろう。後述(3)するように，現在要件事実論が盛んであるのは，このような，かつてない要件事実教育，要件事実論の広がりによる。

(3) 本稿の内容

本稿は，要件事実論，要件事実教育の重要性を考察するとともに，法学教育や法曹教育において，要件事実教育がいかになさるべきかを検討，研究するものである。

2から4までは，要件事実論や要件事実教育の重要性，その価値を明らかにすることに重点を置く。

「2　要件事実論，要件事実教育のはじまり」では，わが国で要件事実論はどのようにして始まったか，法律家養成との関係，つまり要件事実教育との関りを，司法官試補時代の終期，司法修習の初期の頃について考察する。

「3　要件事実論の現況寸描」では，法科大学院設置が決ってから現在にいたるまで（若干はそれ以前のものもある），盛んになってきた要件事実論についての解説や研究を，単行本，雑誌論文等を紹介することを通じて述べる。内容的に深入りせず，どのような研究がなされ，文献があるかを，外面的に眺めるにとどめた。要件事実教育実施の際の文献を提示することをも意図した。なお，ごく最近（平成16年秋以降刊行のもの）の文献については，表題を掲げる程度にしか触れられなかった。

「4　要件事実論の特色，内容」では，(2)特色と(3)内容に分け，(2)では，要件事実論の学問としての特色をいくつかあげた。陳腐なことの羅列に過ぎないが，法学の他の分野を念頭に置きながら要件事実論を考えると，要件事実論の特色が浮かび上がり，そのことにより教育上考えるべき事柄も出てくるよう思われる。(3)では，要件事実論において現在重要とされている問題点のいくつかにつき，司研民裁教官室の説，伊藤滋夫教授の説（それらの説は多数説あるいは通説といえよう）に軸足を置き，反対説と対比しながらみていく。反対説の松本博之教授，並木茂教授等の説も要点のみにすぎないが紹介する。ただ，紙幅の関

係もあり，重要な問題点で取り上げないものも少なくないし，各論点において，深い探求はできない。

5は，「**法学教育，法曹教育と要件事実論**」である。本来本稿の主要テーマで詳論しなければならないところであるが，その予備的考察というべき1から4で紙面を取りすぎ，本論が手薄となった。この章では，法学の学習における要件事実論の効用，価値(2)を考察し，法学教育，法曹教育で要件事実論をどのように教育すべきか，すなわち要件事実教育をどうすべきか(3)を考察する。(3)に重きを置く。そこでは，法学部，法科大学院，司法修習に分けて述べる。

2　要件事実論：要件事実教育のはじまり

(1)　本稿の趣旨

本稿は，我が国における要件事実論の歴史を素描することによって，要件事実論と要件事実教育のかかわり，ひいては法曹教育，法学教育における要件事実論の重要性を確認しようとするものである。

(2)　法曹養成における判決起案—司法官試補の教育と司法修習の比較

裁判官の仕事の中心が判決書の作成であることはいつの世でも変りはないが，昭和20年代頃までの裁判官の仕事の中で判決書作成の占める位置，重みは，今より，はるかに大きかった。現在は，訴訟の準備や進行管理や和解等他の作業に裁判官はかなりの重きを置くが，もとは，裁判官の作業は，判決書の作成に集約され，その行うすべての行為は判決書を志向し，その努力のすべては良い判決書作成に向けられていた。裁判官の事案について抱いたすべての考えや思いはもっぱら判決書において発表された。判決書作成がアルファであり，オメガであった。

司法修習でも，起案教育が中心であり，起案の中でも判決起案に重きが置かれているが，判決中の一部に限っての起案，問題点の指摘等近時多様となってきており，二回試験も判決全文の起案でなく，部分的起案，問題点の指摘等工夫されてきている。比べると，戦前の司法官試補の教育は，純粋に，あるいは

単純に，判決書作成について訓練され，二回試験も模擬記録に基づく判決全文の起案であった。更に，等しく判決書作成の教育・訓練といっても，司法官試補のそれと，司法修習のそれとでは，かなり異なる。前者では，判決書における用語，判決書各欄（当事者，前文，主文，事実，理由）の様式，表現方法等，形式的，技術的なことの修得に重きが置かれていた。その指導方法も，昭和14年に司法研究所が設けられ集合教育もなされたが，主としては，裁判所における実際の事件処理に際し，裁判官指導のもとに，試補に判決起案をさせ，裁判官が批判，添削することを主内容とする個別的指導であった。それは教育というより先人の技の伝承という色合いが濃かった。

(3) 司法官試補教育の改革の動き

一般教育におけると同様，司法官試補教育においても，徒弟的訓練から体系的・理論的・科学的教育への動きがあった。昭和14年司法省に司法研究所が設置され，岩松三郎，垂水克己等理論家肌裁判官を教官として配置し，集合研修，研究が始められたのもその現れである。

この頃，判決書作成，その教育，訓練について研究がなされた。1は，島方武夫判事の「刑事判決書の研究」(昭和16年)，「罪となるべき事実」(同12年)[1]である。2は，村松俊夫判事の「民事事件の実務的研究」(昭和17年)[2]である。いずれも，良い判決書作成のための書であるが，そのために判決書には何を書くべきか，反面何を省くべきか，その判断の基準，方法は何かを研究したものである。

> 1) 島方判事には，これに先立つ昭和12 (1937) 年に「罪となるべき事実—有罪判決書の必要的記載事項として—」(法曹会雑誌15巻1号45頁，2号51頁)という論文がある。
> 2) この論文は，同判事「民事裁判の諸問題」(有信堂，1953) に収録されている。

(a) 島方判事の研究

島方判事の研究は，判決書に記載されるべき「罪ト為ルヘキ事実」(旧刑訴法360条1項) についてのものであり，当時盛んであった刑法学における構成要件理論との関連において「罪ト為ルヘキ事実」を論じている。刑事事件における要件事実論の嚆矢といえよう。この書は，刑事実務における判決書作成の指針

を広く刑事裁判官に宛てて示すものであるとともに，司法官試補の判決書作成の教育方法をも示すものである。興味深い書であるが，本稿ではこれ以上触れない。

(b) 村松判事の研究

村松判事の研究は，当時の司法官試補の教育が，もっぱら実践的技術の修得に終始していること，それでは広い法学的知識や高い法的判断力が養われないこと等を指摘し，より理論的，体系的，すなわち学問的，科学的教育に改める必要があるとして，新しい考え方・方法を提案し，指導方法の改善を求める。民事訴訟は権利又は法律関係の存否の決定を目的としているから，そこでは実体法上権利の根拠とされている事実の存否が最重要問題であり，良い判決は，権利の根拠として不可欠の事実を漏れなく書き入れることと，反面それに当たらない事実の記載をしないことによってはじめて得られるとする。そのような視点に立って当事者の主張の取捨・整理をすることが良い判決書作成への道であり，その能力養成が試補教育の要諦であるとする。そして，同研究では，具体的に，土地明渡請求事件の記録（実際の記録を補正したもの）に基づきその作業を試み，示している。その一部を以下に紹介する。

事案は，抵当権実行による競売によって土地を取得した原告が，同土地を賃借，使用借して建物を所有している被告甲，同乙に対し，建物収去土地明渡しを求めた事件である。村松判事が特に取り上げたのは，請求原因二で主張された次の事実である。

「二　被告両名は訴外荒木太郎とそれぞれ本件宅地につき賃貸借又は使用貸借契約を締結していたが，被告両名がそれぞれ本件宅地上に所有する諸建物は登記したる建物にあらず，また仮に登記したる建物なりとするも，右契約を以て原告に対抗することを得ず，何となれば原告が本件宅地を競落した競売の基本たる抵当権は，大正十五年一月十二日附抵当権設定登記に係る訴外株式会社日本勧業銀行の元本債権三萬円のものなる故，たとえ被告等の建物の保存登記がその前後に為されたりとするも，被告らの賃貸借，使用貸借は抵当権設定後なれば原告に対抗し得ないからである。」」。

村松判事は次のように指摘する。「二の事実は請求原因として必要な事実であろうか。本件の場合においては，原告が本件土地の所有者なること及び被告

等が何等の権原なく本件土地を占有せる—被告等の占有の態様を含めて—ことのみで，請求原因事実としては必要かつ十分なのである。[3] 被告等においてその占有の権原として原告に対抗し得る賃借権等を有することを主張したならば，そのときにおいて初めて被告等主張の賃借権等が原告に対抗し得ざる事由として二項記載のごとき事実の主張をすれば十分なのである。もし被告等において何等の抗弁をも提出せず又は原告の予想と全然別個の抗弁を提出した場合においては，右事実は原告の請求の当否を決するのに全く関係ないのである。原告の立場としては，争訟関係の全貌を明らかにし，出来ればそれによって被告の理由なき抗弁の提出を予防し，少なくとも訴訟を一日でも早く終結に導かんとして，右のごとき先廻り的な主張をなしたものであろう。然し，訴訟を進行せしめる立場から言えば，被告等が賃借権等の主張をせざる以上まったく不必要のものであるから，右のごとき事実は陳述せしむべきでない。いたずらに右の事実を陳述せしめたる上被告に認否をなさしむるがごときは事実関係を錯綜せしめ争点を多岐に渉らしめる結果となる。被告等において賃借権等に関する抗弁を提出した場合に始めて右の事実を陳述せしむるよう扱うべきである。判決における事実摘示についてもこのことは十分に考慮されるべきことであり，たまたま口頭弁論において十分に整理されなかった場合でも，原告が請求原因の一部において陳述したとの一事によって判決の事実欄に記載すべきではなく，理論的な検討を加えた上，もし被告等において賃借権等に関する主張をしなかったならば事実摘示から全く抹殺すべきで，もし被告等において賃借権等の主張をした場合はその事実は再抗弁として記載すべきである。」

村松判事は，まず訴訟物である権利が何であるかを把握した上，数多い主張事実の中から，その権利の発生，根拠に必要不可欠の事実のみを選び出し，それのみを判決書の請求原因として記載すべきであるとする。その前提として，訴訟審理においても，必要不可欠でない事実の排除，逆に，必要不可欠の事実が欠けているときは釈明等によって補充させるべきであるとする。そこでいわれている「必要不可欠の事実」は，今日要件事実論でいわれている「要件事実」であり，「必要不可欠の事実」の選別，それのみの判決書への記載という考え方，手法は，まさに要件事実論であり，わが国の要件事実論は，村松判事のこの論文に始まったといってよいであろう。もっとも，この論文では「要件事

実」という言葉は使われていない。同論文は、この必要不可欠の事実をどのようにして決め、選別するかについては、実体法、訴訟法の研究、訴訟の動態の考察が不可欠であり、それらについて学習することが、司法官試補の教育上肝要であり、そのような教育、訓練をすることによって、試補教育を徒弟的訓練から科学的教育に昇華させるべきであると主張する。

　3)　現在の多数説では、「何等の権原なく」という主張も不要とされている（司研編・問題研究要件事実59頁（法曹会、2003）、最判昭35・3・1民集14巻3号327頁）。

(4) 司法修習制度発足直後の要件事実教育

　戦後、司法修習制度が発足し、司研が創設された時、村松判事は民裁教官室の上席教官となられ、上記論文で提案された教育方法を実行に移された。要件事実教育の始まりである。上述のように、同判事は、論文では要件事実という言葉は使われなかったが、この教育では「構成要件」という言葉はよく使われた。これより前、刑事法学では、内外で構成要件理論が盛んに論ぜられ、そこでタートベスタント（TATBESTAND）という言葉が頻出していた。村松判事の構成要件という言葉は刑法学の構成要件理論に触発されたものであろう。また、前述のように、抗弁が出て始めて再抗弁が必要となるというように訴訟の動態的考察の方法の影響も受けているものであろう。

　その時の民事修習の具体的な方法は、修習生に実際の訴訟記録から作成された民事修習記録に基づき判決を起案させ、教官においてその添削、講評をすることであった。起案をするためには、実体法、訴訟法、訴訟の動態の勉強、考察が不可欠であり、それらの学習を教官の適切な指導や同僚とのディスカッションの下に行うことは、修習生の教育、訓練として、きわめて有効、おそらくもっとも有効な方法であろう。このように具体的事案（記録）を通して要件事実を探り出すことが要件事実教育であり、村松判事の主導により当時の民事裁判修習の方法が、現在の要件事実教育の始まりであり、それは大筋において今も変りはない。

　4)　田尾桃二「村松先生と法曹教育」（判タ630号87頁（1987）参照）。

(5) 要件事実教育の発足に影響した諸理論

先に触れたように、要件事実教育の発足には、刑事法学における構成要件理論と訴訟法学における訴訟の動態的考察方法の発展が影響していると思われるので、これらについて触れる。

(a) 刑事法における構成要件理論

昭和のはじめ頃、小野清一郎博士、瀧川幸辰博士その他の刑法学者は構成要件理論を盛んに論じた。それは、それより前、ドイツにおいて、E・ベーリング、M・E・マイヤー等が構成要件理論を唱え、それらがわが国に移入されたからである。以下、小野博士の「犯罪構成要件の理論」、同「構成要件概念の訴訟法的意義」、瀧川博士の「犯罪論序説」により構成要件理論を瞥見する。

ドイツには TATBESTAND という言葉があるが、それは普通法時代の CORPUS DELICTI（罪体）（証明された犯罪事実）に由来する語で、元来訴訟法的概念であった。同じ起源でフランスには、ÉLÉMENTS CONSTITUTIS の語がある。これら独、仏の語はわが国に入り、学者により、「犯罪構成要件」、「犯罪構成事実」、「成立要素」、「成立要件」、「構成要件」等と使われ、大審院判決においても同様の言葉が使われた。

しかし、本格的な構成要件理論は上記刑法学者の研究に始まる。小野博士によると、構成要件とは、違法でかつ道義的に責任のある行為を類型化した観念形象（定型）で、刑罰法規において科刑の根拠として概念的に規定されたものである。同博士は、構成要件の機能として、構成要件に該当することが刑事責任の基本条件であり、違法性ある行為中構成要件に定型化された行為だけが可罰的なものであり、道義的責任を画すのも構成要件であるとされる。また、同博士は、訴訟の関連において、「公訴事実」（旧刑訴法256条3項）、「罪となるべき事実」（同法335条）（旧々刑訴法・大正11年法・360条）は構成要件該当事実であり、構成要件は刑法においても体系構築のための指導形象となるが、訴訟法においてより一層指導形象となるのであり、刑事訴訟は、ある構成要件を指導形象としてその観念的指導のもとに具体的形成が行われる手続であるとされる。

構成要件理論は、総論に比べ軽視されがちであった刑法各論を重視し、刑法学の実証化をもたらし、刑法各論各条の解釈に力を入れさせることになる。構

成要件理論の思想的基盤は、一般には、罪刑法定主義、法実証主義に求められる。ただし、小野博士はその道義的責任論に基づき独自の考えをもっておられる[11]。

　構成要件理論が、法律効果は法律要件に該当する事実のあるときにのみ発生することを強調し、したがって法規の字句、その意味を重視する理論であり、また構成要件が訴訟の指導形象となり、判決の「罪となるべき事実」も構成要件該当事実とするのであるから、民事裁判における要件事実論や要件事実教育にも、その考え方や手法は使われるべきであり、民裁教官室が、要件事実教育を始めるに当たって、刑事法学における構成要件理論に触発され、また参照したことは自然のことであった[12]。

5) 小野清一郎「構成要件充足の理論」松波先生還暦祝賀論文（有斐閣、1928）〔小野清一郎・犯罪構成要件の理論（有斐閣、1953）に収録されている〕、同「構成要件概念の訴訟法的意義」牧野教授還暦祝賀刑事法論集（有斐閣、1938）〔小野・前掲「犯罪構成要件の理論」に収録されている〕、瀧川幸辰・刑法総論〔現代法律学全集第24巻〕80頁（日本評論社、1929）、同・犯罪論序説（文友堂、1938）・佐伯千仭「タートベスタント序論」法学論叢29巻208頁（1933）等。
6) E. BELING. DIE LEHRE VON VERBRECHEN (1906), 同, DIE LEHRE VON TATBESTAND (1930).
7) M. E. MAYER・DER ALLGEMEINE TEIL DES DEUTSCHEN STRAFRECHTS (1915) S.182.
8) たとえば、大判昭8・10・30刑集12巻1858頁は、「業務上過失傷害の構成要件たる過失……」と使う。
9) 小野・前掲注5) 犯罪の構成要件理論11頁。
10) 小野・前掲注5) 409頁、13頁。
11) 小野・前掲注5) 416頁ほか。
12) 私は、村松判事に司法研修で司法修習生として教えを受けたが、その折り、同判事から「タートベスタント」、「構成要件」、「ベーリング」、「マイヤー」、「小野」、「瀧川」等の言葉をしばしば耳にした。

(b) 訴訟の動態的考察

　要件事実は、上記村松論文で明らかなように、訴訟の動きに沿って各段階において考察される。請求が争われたときに請求原因事実が必要となり、抗弁が提出されたときに再抗弁が問題となる。要件事実論のこのような動的考察方法は、訴訟法、特に民事訴訟法における動態的考察方法を重視する理論の興隆と

照応しているといえよう。そこでこの理論に少し触れておく。

訴訟を関係者間の静態的法律関係ととらえる訴訟法律関係説が有力であった中、ドイツにおいて20世紀に入り、W・ザウエル[13]、J・ゴールドシュミット[14]等が、訴訟を動態的に考察し、訴訟は、判決を目指して発展する実体法、訴訟法の交錯する場・訴訟状態ととらえ、有力説となった。この考えを、兼子一博士が、「訴訟承継論」（昭和6年）でとられ、さらに「実体法と訴訟法」（昭和30年）で発展ないし完成された。その内容に入る余裕はないが、実体法と訴訟法との交錯の視点で、その発展段階に照応して、考察を進めるその方法は、要件事実論や要件事実教育にふさわしい方法であり、その発生や進展に大きな影響を与えたといえよう。[15]

13) W. SAUER, GRUNDLAGEN DES PROZESSRECHTS (1919, 2AUFL 1926).
14) J. GOLDSCHMIT, PROZESS ALS RECHTSLAGE (1925).
15) 兼子一・民事法研究第一巻1頁（弘文堂書房、1940）

(6) その後の司研における要件事実論

以上のとおり、昭和20年代に要件事実論や要件事実教育は始まったが、当初は要件事実という言葉もそう行きわたったものではなく、要件事実についての体系的な研究はおろか、文献も、実務家の小論文はともかく、本格的なものはなかった。本格的な最初の研究は、昭和36年の民裁教官室の「民事訴訟における要件事実について」（司法研修所報26号）であり、そこで吉岡進判事が民法総則の要件事実を詳細に解説された。今日のような完成度の高い意味での要件事実論や要件事実教育は、この時に始まったというべきであろう。要件事実という言葉もこの頃以降急激に広まり、定着していったし、その後の要件事実論の発展も目覚ましい。これらの経緯については、伊藤教授の簡潔な紹介を見ていただきたい。[16]

16) 伊藤滋夫・要件事実の基礎288頁（有斐閣、2000）、同「民事訴訟における要件事実—総論—について(1)」判時1124号3頁。

3 要件事実論の現況寸描

(1) 本稿の趣旨

　司研の集合研修においては、判決起案を通じての要件事実教育が一貫して続けられ、要件事実論については、民裁教官、実務家により研究が深められてきた。しかし、前にも述べたように、要件事実論や要件事実教育の発展の詳細は本稿では省く。本項では、要件事実論について、現在なされている研究、発表されている文献の状況の大勢を、外側から、表面的に眺めることとする。本稿は要件事実論学習の際の文献として役立つことも意図した。

　　17）伊藤・前掲注16)、田尾桃二「要件事実論について」曹時44巻6号（1992）。

(2) 司研民裁教官室刊行の編著

　昭和60年3月、同教官室は、長年にわたる研究の成果を、「民事訴訟における要件事実第一巻」として刊行し、同61年3月には、その増補版を刊行した。平成4年3月、「民事訴訟における要件事実第二巻」を刊行した。これ等は民事修習におけるもっとも重要な資料として司法修習生に教科書的に尊重されている。

　その内容をみる。第一巻は、第一部総論において要件事実論の基礎理論を、第二部民法の要件事実において、代理、条件及び期限、相殺等について個別的に要件事実を説明する。第三部民裁教官室だよりにおいては、対抗要件、金銭債務の履行・不履行の主張・立証責任、貸借型の契約と返還時期の合意、攻撃防御方法の内包関係、せり上がり等の諸問題が解説されている。更に同部末尾で、民事裁判修習の現状が紹介されている。

　同第二巻は、第一巻第二部民法の要件事実の続編であり、賃貸借の各条についての要件事実を解説する。その末尾の「民裁教官室だより」においては、攻撃防御方法の内包関係（続）として、予備的主張について説明する。

　このほか、同教官室は、平成11年3月「紛争類型別の要件事実」を、同15年12月「問題研究要件事実―言い分方式による設例15題」を著した。前者は、訴

訟類型ごとに要件事実を明らかにしたものである。売買契約に基づく代金支払請求訴訟、貸金返還請求訴訟、所有権に基づく不動産明渡請求訴訟、登記手続請求訴訟、賃貸借契約終了に基づく不動産明渡請求訴訟、動産引渡請求訴訟、譲受債権請求訴訟等の諸類型に分け、それぞれにおける要件事実を解説する。後者は、各訴訟類型ごとに、原被告双方の言い分を記載した具体的設例に即して要件事実を解説したものである。例えば、売買契約に基づく代金支払請求訴訟では、第1問売買代金支払請求の表題のもと、1事案、2請求の趣旨、3訴訟物、4要件事実とその役割、5請求原因、6請求原因事実に対する認否、7事実記載例、8ブロック・ダイアグラムの各項目について懇切丁寧な説明がされている。

以上4冊は、民事修習の教科書、副読本であり、また、司研の要件事実論の内容を明らかにするもので、実践的にも理論的にもきわめて重要なものである。

(3) 伊藤滋夫教授（元司研教官、判事、弁護士）の諸著

伊藤滋夫教授は、我が国における代表的な要件事実論者であり、要件事実に関する数々のモノグラフを発表して来られているが[18]、ここでは最近の著書についてのみ述べる。

伊藤教授は、平成12年12月、「要件事実の基礎」（副題・裁判官による判断の構造）を、同15年10月、「要件事実・事実認定入門」を、同14年12月、山崎敏彦教授と共編・10数名の執筆者による「ケースブック要件事実・事実認定」を著しておられる。そのほか、要件事実論と密接な関係にある事実認定について、平成8年3月、「事実認定の基礎」（副題・裁判官による法的判断の構造）を著された。

「要件事実の基礎」の内容の骨子は次のとおりである。先ず、民事判決における法的判断の基本構造との関係で要件事実の機能が述べられる（第二章）。次いで、第三章要件事実論の基礎で、要件事実の意義、要件事実の内容、攻撃防御方法の体系から見た要件事実等について説明される。第四章で、要件事実論の守備範囲が述べられている。第五章で「裁判規範としての民法という考え方」が提唱されている。要件事実論の基礎理論として提唱された理論である。そこで、「裁判規範としての民法」を構成する必要性、意義、構成の方法、同

民法の内容，証明責任規範という考え方との関係等が詳細に論じられている。この部分は，伊藤教授が従来の要件事実論を踏まえ更に一歩進められた部分である。実体私法が行為規範か裁判規範かは，古くから論じられたところであり[19]，伊藤教授が提唱される「裁判規範としての民法」と同じ考え方は，すでに司研の要件事実論でとられているので，その意味では目新しい考えではないが，民法・実体法を裁判規範として構築し直そうという壮大な試みは同教授によって初めてなされたといってよい。なお，後述のように，大江忠弁護士によって，実体私法のみならず，公法をも含めて裁判規範として構成しようとする試みがなされている。

「事実認定の基礎」は，事実認定問題のうち，「事実認定における判断の構造」を研究対象としている。「事実認定の対象となる事実の確定」（第二章），「証拠から事実を認定する判断の構造」（第三章），「間接事実から要件事実を推認する判断の構造」（第四章），「事実の認定ができたとする判断の構造」（第五章）からなる。

「要件事実・事実認定入門」は，上述の2著が高度の研究書で初心者には取っ付きにくい面があるので，あらためて初心者向けに分かりやすく書かれたものである。生の長い紛争事実を例題として掲げた上，要件事実を解説し（第2章），事実認定を説明し（第3章），関連訴訟書面の作成の仕方を示す（第4章）。その後，いくつかの訴訟類型について要件事実を示し（第5章），和解における要件事実論の機能を論じ（第6章），要件事実論，事実認定論による法的思考力，リーガルマインドの修得を説く（第7章），本書は全体として実務家に有用なものであるが，就中，法科大学院の教材に好適である。特に，第7章で，要件事実論，したがって，その教育が法的思考力の養成にどのようにして役立つかを述べる個所や，要件事実論の特徴として訴訟物との関係を考える，要件事実とそれ以外の事実を仕分けする，具体的事実とその機能を考える，論理的に厳密に考える，段階を付けて考え，その際，原則，例外の考え方を重視する等を掲げている個所は，要件事実教育にとって，参考になるところがきわめて多い。

「ケースブック要件事実・事実認定」は，第1編が要件事実・事実認定の総論であり，第2編がケース研究になっている。第2編では，民法総則の虚偽表

示から倒産法にいたるまで32の項目に分け，各項目ごとに，事例を掲げ，その事例について，「事案の要約」，「事案の問題点」，「事案における事実の位置づけ」，「事実の要件事実論的構成」，「事件のすわり」の諸点から懇切丁寧な解説がされている。各項目はその分野にふさわしい実務家，学者が執筆を担当している。この書は，要件事実・事実認定を教える，あるいは学習する一つの良い方法を示すものであり，法科大学院における絶好の参考文献となるであろう。

18) 伊藤教授の諸論文は，前掲注16) の要件事実の基礎11頁以下に記載されている。
19) 後に「4 要件事実論の特徴，内容」で述べる。

(4) 大江忠弁護士（元司研教官，慶應義塾大学大学院教授）の諸著

大江弁護士は，多くの，あるいは全ての法律を，裁判規範として構成しなおそうという壮大な試みを着々と実現されている。「要件事実民法」（平成7年），同第2版（同14年），「要件事実商法」（同9年），「要件事実民事訴訟法」（同11年），「要件事実知的財産法」（同14年），「要件事実労働法」（同15年），「要件事実租税法」（同16年）を相次いで刊行されている。何千という条文あるいは項目について要件事実を明らかにするという偉業である。その基本的立場は，司研民裁教官室や伊藤教授の考えとほぼ同一である。その方法は，各条，あるいは各項目について，訴訟物を明らかにした上，請求原因，抗弁，再抗弁の各事実を具体的に示す。要件事実論研究に理論的に貢献することはもとより，実務特に訴状，準備書面作成についての指導書となる。

大江弁護士は，これらの研究を踏まえ，平成15年7月「ゼミナール要件事実」を刊行された。第1一般民事訴訟では，民法から民事訴訟法（執行法を含む）にわたり，40の類型別の事例を掲げ，各事例ごとに，要件事実論に基づき，訴訟物，請求原因，抗弁等を解説する。第2行政訴訟では13の，第3社会保障訴訟では4つの，第4税務訴訟では5つの，第5労働訴訟では4つの，第6知的財産訴訟では4つの各事例を掲げ，第1の一般民事訴訟についてしたと同じ手法によって説明する。最後の第7において，行政訴訟の主張・立証責任を論じられる。更に，平成16年10月「ゼミナール要件事実2」を出された。司法試験における過去問を素材に民法，民事訴訟法の100題につき要件事実を解説されたものである。

⑸　加藤新太郎司研教官・細野敦判事の共著

　加藤・細野共著の「要件事実の考え方と実務」（平成14年9月）は，第1部要件事実の考え方，第2部要件事実と実務からなる。第1部では，要件事実と法律実務家養成（第1章），要件事実の意義（第2章），売買を例にとっての請求原因，抗弁，再抗弁（第3～6章），要件事実の構造と効用（第7章）が取り上げられている。第1章において，司法修習冒頭の要件事実教育が修習生に鮮烈な印象を与えることを述べる。また，第7章で，要件事実論の効用として，論理的思考力の養成，実体法の知識を民事訴訟の場で使える立体的なものに組替えるスキルの涵養等があげられている。考え方の基本は司研民裁教官室や伊藤教授のそれと同じである。第2部は，土地明渡請求，建物収去（退去）土地明渡請求，登記関係，土地・建物所有権確認，賃貸借契約関係，消費貸借契約関係，請負契約関係，不法行為関係，債務不存在確認，不当利得金返還請求，請求異議，境界確定の12の訴訟類型に分け，各類型ごとに，訴訟物と請求の趣旨，要件事実としての請求原因，抗弁，再抗弁を説明する。

⑹　**升田純教授（元判事，弁護士）の諸著**

　升田教授「要件事実の基礎と実践」（平成15年5月）は，法学部学生，法科大学院学生，司法修習生や若い法律実務家に，要件事実の基礎的な考え方，実践の仕方を懇切に解説する。第1講から終講まで11講から成る。第1講「要件事実の意義と実務」は，民事訴訟の実務や法学・法曹教育における要件事実論の重要性を説く。要件事実を抽象的要件事実と具体的要件事実に分ける。司研民裁教官室等多数説が，法律要件とこれに該当する要件事実を分けるのに対応している。前者については，教科書や裁判例の学習を後者については裁判例の学習をすすめる。第2講から第10講までは類型別に要件事実を解説する。贈与，売買，所有権の帰属関係，賃貸借，貸金，請負，不法行為と債務不履行，境界確定，消費者契約が取り上げられている。各講において，関連の裁判例が多数掲げられているのが他書にない特徴である。終講「裁判例を用いた要件事実の学習方法」は，裁判例の意義，構造を明らかにしながら裁判例の学習が要件事実修得の最良の方法であるという。「ひたすらに裁判例を読み，自分の知識，

能力に磨きをかけること」の大事さをいわれるが，升田教授自身の日頃の努力の姿であろう。法学・法曹教育にとって一つの具体的な提案として価値がある。

升田教授は，平成16年6月，「要件事実の実践と裁判」を刊行された。上記前書の姉妹書である。前書の応用編ともいえよう。裁判例編と事例編に分かれる。前者では，和解と錯誤，賃貸建物の修理・修繕から死後の事務処理の委任，日常家事債務，法人格の否認，サービス提供契約上の債務不履行その他8種の近時裁判例を賑わしている重要な問題点につき，具体的事実をあげ，紛争の状況を明らかにするとともに裁判例を引きながら要件事実を解説する。事例編では，訴訟において，主張や証明をどのように準備するか，対策をとるか，実践するか等を，建物区分所有，金銭消費貸借，共同相続，製造物責任等々現在ホットな訴訟類型について，懇切丁寧に説明する。本書は，法科大学院生，司法修習生の指導書として格好のものであるばかりでなく，本書により現在の民事訴訟の動きをも知り得る。

(7) 倉田卓次弁護士（元判事）等の諸著

倉田監修「要件事実の証明責任 債権総論」（昭和61年），同契約法上巻（平成5年），同下巻（平成10年）は，ローゼンベルクの「証明責任論」の翻訳その他数々の業績により我が国の証明責任論につき指導的立場にある倉田弁護士監修のもとになされた，数名の民法，民訴法学者，実務家の共著である。共同研究会の討論を経た上での各執筆者の分担執筆で，内容が濃い。債権総論，契約法の重要な論点について，内外の学説，我が国の判例を渉猟し，高度な議論を展開する。要件事実と主張・証明責任が項を分けて論じられている。考え方のベースは規範説であるが，必ずしもそれにとどまらず，多様な考え方が示されている点でもレベルの高い研究である。債権総論の序章「規範説をどう見るか―各人の基本的立場」において，各執筆者の基本的な考え方や両論併記の執筆方針が明らかにされており，更に根本的な問題としての「法不適用原則」と「証明責任規範」の問題が討議されている。契約法の序章「規範的要件事実について」において，重要な基本的諸問題について詳しく討論されている。たとえば，履行遅滞による損害賠償請求における証明責任問題につき，債権者説，債務者説を，判例，内外の学説を踏まえ，各共著者がその考えを述べている。多数説

は債務者説である。なお，この点について，本書は，例外的に主張・証明責任の喰い違いを認めている。[20]

　この書は，研究者，法律実務家にとって最高の文献であるが，法科大学院生にはやや難しすぎるであろう。

　　20）　倉田卓次・要件事実の証明責任〔債権総論〕31頁，34頁（西神田編集室，1986）。

(8)　並木茂教授（元司研教官，判事）の著書

　並木教授は「要件事実原論」（平成15年）を著わされ司研民裁教官室や伊藤教授等の要件事実論を根本的に批判し，独自の考えに基づく要件事実論を構成する。同書「II本論―要件事実の考え方」がその基本的考えを示す。それは，1 要件事実の重要性，2 主張責任の分配と証明責任の分配，3 主張責任と証明責任からなる。民法を行為規範とみ，主張・証明責任の分配を行って行為規範を修正したのが裁判規範であり，この裁判規範において法律要件とされた類型的な社会事象が要件事実であり，要件事実を充足する具体的事実が主要事実であるとする。[21] 並木説は，各論点において特色があるが，総論におけるその一つをあげると，主張・証明責任分配の根拠を，旧民法証拠編1，2条，その後は慣習法に求めることである。これは，多数説である法規不適用説や有力説である証明責任規範説とは全く異なる新たな発想である。各論でも，独創的見解が多い。各論最後（3 主張と証明責任）において，行為責任と結果責任という視点から，この問題をみようとする試みも面白い。

　この書は要件事実論を根本に遡って学ぼうとする者にとって，きわめて興味深く，有益なものである。

　　21）　並木茂・要件事実原論67頁，69頁（悠々社，2003）。

(9)　松本博之教授の著書

　証明責任論の権威である松本教授は「証明責任の分配（新版）」（平成8年）を著された。我が国の多数説が法規不適用説に立つことを批判し，ドイツの学説を引いて証明責任規範説を主張する。また，「要件事実論と証明責任論（第8章）」において，司研民裁教官室や伊藤教授の要件事実論や「裁判規範としての民法」という考え方を深い所から批判する。主張・証明責任の分配の各論

においても，多数説を批判することが多い。条件付き法律行為の証明責任に関する抗弁説，所有権に基づく請求各訴訟における判例，通説も俎上に上がっている。

この書は，多数説ないし通説を根本から批判するものであり，要件事実論を研究するに当たっては必ず見ておくべきものである。なお，松本教授の最近のモノグラフについては，後述(11)。

(10) その他の単行本

その他の単行本にもすぐれたものが多いが，ここでは以下のものを表題だけ掲げるにとどめる。三井哲夫「要件事実の再構成〔増補新版〕」(平成5年)，定塚孝司「主張立証責任論の構造に関する一試論」(平成4年)，春日偉知郎「民事証拠法研究」(平成3年)，竜嵜喜助「証明責任論」(昭和62年)。

(11) 最近の雑誌論文

過去，特に昭和60年代に重要な雑誌論文が多いが，伊藤教授や松本教授の各著書に引用されたり，反駁されたりして容易に見得るので，ここでは，ごく最近の重要なもののみにとどめる。

中野貞一郎教授は，平成16年始め「要件事実の主張責任と証明責任」(法学教室282号，2004年3月)で，司研民裁教官室や伊藤教授の考えを紹介するとともにその批判をされた。特に，主張責任と証明責任を例外なく一致させる点について詳しく批判される。

松本博之教授は，昨年末から本年始めにわたり，「要件事実論と法学教育(要件事実論批判を中心に)(1)(2)(3)」(自由と正義54巻12号〔平成15年12月〕55巻1，2号〔同16年1，2月〕)で，司研民裁教官室や伊藤教授の説を徹底的に批判される。多数説が実務や学界に浸透することに危機感を持っておられると思う程のきわめて烈しい論調である。一読熟慮すべき論文である。

吉川愼一判事「要件事実論序説」(司研論集110号2003年Ⅰ号)は，現在の要件事実論の状況，多数説を分りやすく解説される。司研説，伊藤説に立つ。

永石一郎弁護士の「要件事実のすすめ(上)(下)」(自由と正義50巻4号5号〔平成11年〕)は，要件事実論の機能，効用を肯定的に論じた上，問題点を指摘され

る。

　最近，判例タイムズ1163号（平成17年1月）が要件事実論について特集し，そこで西口元判事が「民事訴訟における要件事実の役割」，山本和彦教授が「民事訴訟における要件事実」，那須弘平弁護士が「要件事実の多層性」を寄稿されている。いずれも，民事訴訟実務において要件事実がいかに働いているか，その効用を説くとともに，その限界，問題点を指摘，将来を展望する。要件事実論の新しい展開を予感させる好論文が揃っている。

　　22）　昭和60年学者と実務家の共同研究がなされ，学者の要件事実論に対する関心は高まった。同研究会については，ジュリ869号（1986年10月1日号）に詳しい。

4　要件事実論の特徴，内容

(1)　本稿の趣旨

　本稿においては，要件事実論はさまざまな法学の中でどのような特徴を持った学問であるかを考察し(2)，次いで，その要件事実論の内容(3)として，主要な論点について判例通説をもとにして，反対説をも顧慮しながら大観することとする。このことによって，法学，法曹教育において要件事実論をどのように扱うべきかについて見えてくることが多い。いわば「法学，法曹教育における要件事実論」の予備的考察である。

(2)　要件事実論の特徴

　要件事実論の学としての特徴をみる。

(a)　実務家による理論

　要件事実論は，実務家が，法曹養成や実務運営のため，みずから築き上げた理論である。もとより，内外の挙証責任論を踏まえた理論であるが，今やそれに限局せぬ体系的理論となっている。もっぱら実務家の手になるという点で我が国の法学中特色がある。ただし昭和60年以降学者も論ずるようになってきている。実務家による理論ということによる長所としては，論理的厳密性，現実密着性，具体的事実の尊重等があげられよう。反面，短所としては，新しい考

えや外国の学説の採り入れが不十分なことがあげられよう。訴訟物を考えるに当たって，旧訴訟物論を固守し，新訴訟物論を全くといってよい程無視していることや証明責任規範説を提唱するドイツにおける証明責任についての新しい動きが顧慮されていない等がその例である。

(b) 実務的技術性

要件事実論は，理論であるが，より実務的な技法，スキルでもある。訴訟関係書類をどのように書くか，釈明権をどう行使すべきか等，実務における行動についての規準を明らかにするものである。遡ると，紛争をめぐる複雑，雑多な事実をどのように，紛争解決のため，整理し収斂するかの手法を示す，技術的な学である。加藤判事もこのことを強調される。[23]

23) 加藤＝細野・要件事実の考え方と実務3頁。

(c) 総合的な考察方法

わが国においては，法律は，憲法，民法，商法というように個別的，分断的に研究され，教えられており，各法律の中でも，総則，物権というように分けて対応されている。実務のための学としての要件事実論では，このような個別的，分断的な対応ではなく，諸法，諸編の総合的な考察，活用が必然となる。社会的な事象においては，諸法が同時に働いているからである。したがって，法律行為の条件について，抗弁説か否認説かを考えるに当たっては，総則の条件と債権の契約を総合して考察することが必須である。また，民法と商法を総合して考察することも必要となる。たとえば，最判昭49・3・22民集28巻2号368頁は，会社が役員の代表権喪失の登記をしたときは，その役員の取引について民法112条の適用はないとしたが，要件事実論的に商法12条，民法112条を総合的に考察することにより，この結論が導き出されているのである。

(d) 汎用的通用性

要件事実論の考え方，手法は，あらゆる法域で通用する。表現の当否は別として，このことを頭記のように掲げた。前述したように，大江弁護士が，民法から知的財産法にいたる諸分野で要件事実を明らかにし，また同弁護士の「ゼミナール要件事実」は，民商法関係訴訟のみならず，行政訴訟，税務訴訟等における要件事実を解説する。行政法規と私法の差異や民事訴訟と行政訴訟の構造の違いから，問題はあるが，基本的には要件事実論の理論と技法は行政訴訟[24]

でも通用するのである[25]。

　要件事実論は，すべての法域，あらゆる類型の訴訟に通用するツールである。この汎用性は，要件事実論が実務や法曹教育上で重要視される縁由である。

　　24)　遠藤博也・実定行政法379頁（有斐閣，1989）は行政法規に私法におけると同様に法律要件分類説が妥当するかにつき疑問を呈している。
　　25)　大江忠・ゼミナール要件事実416頁（第一法規，2003）。

(e)　動態的考察，ダイアログ的考察

　要件事実論の働く場である民事訴訟は，訴訟物である権利の存否を決定する場である。そこでは，請求に対する対応，請求原因，その認否，抗弁，認否，再抗弁というような動的な展開の中で考えていくことになる。請求が争われて始めて請求原因が必要となる。所有権に基づく物上請求訴訟において，原告の所有権が争われて始めて対抗要件の問題が生ずる[26]。

　また，上例でも明らかなように，要件事実論では，絶えず，原告の主張に対する被告の対応，被告の主張に対する原告の反論というように，ダイアログ的，対論的に考察していく。この特色から，前掲・司研「問題研究要件事実」は，各訴訟についての請求原因，抗弁等の説明について，表を，更にはブロックダイアグラムを使っている。また，裁判実務において，裁判官が双方の主張を図表化した手控えを作っていることが多いのも，要件事実論のダイアログ性によるといえよう。

　　26)　田尾・前掲注4)　参照。

(f)　事実の重視

　伊藤教授は，要件事実論の特徴として，法律論をすべて具体的事実によって考えることをあげられる。具体的な個々の事実が，訴訟物とどう関っているか，各具体的な事実が相互にどういう関係にあるか，どういう機能を果しているかを厳密に検討し，当該法律効果の発生についてどの事実が本質的重要性を持つかを見きわめて，要件事実を定めるのが要件事実論の真髄だとされる[27]。

　　27)　伊藤滋夫・要件事実・事実認定入門190頁（有斐閣，2003）。

(g)　各論の重視

　要件事実論が働くのは，現実の各訴訟においてであり，各法制度，各法条についてである。したがって要件事実論は，各論，各法規を重視する。それらを

おいての要件事実論はあり得ない。司研民裁教官室の「民事訴訟における要件事実」が、大部分を民法の諸制度の法規の要件事実の解説に当て、同「紛争類型別の要件事実」がすべて各論であることは、このことを示している。また、3 であげた要件事実論に関する多くの書が各論に重きをおいているのも、このためである。

(h) 法規の文言、体裁の重視

要件事実論は、法律要件分類説に基盤を置くし、実務を重視するから、法規の文言や体裁にはきわめて重きを置き、厳密に読み、考える。

(3) 要件事実論の内容

最近問題となっている論点のうち、法学教育、法曹教育を念頭に、いくつかの基本的な事項について、批判説を顧慮しながら、通説（司研民裁教官室説、伊藤教授説）に軸足を置き、現在における要件事実論の内容をみることとする。

(a) 要件事実の定義について

司研教官室や伊藤教授は、要件事実を、実体法の法律要件に該当する具体的な事実であり、主要事実と同一であるとする[28]。実務ではこの考えが一般であるが、学説では異なる考えが多い。そこでは、要件事実は、実体法規が法律効果発生の法律要件として定めている抽象的、類型的な事実であり、それは法的概念であって、その下位にある具体的事実である主要事実とは異なるとする[29]。要件事実論は、事実存否不明の場合に対処する理論であるから具体的事実レベルの問題であり、法規上の法的概念である抽象的事実は、法律そのものであり、事実とはいえないから、司研説、伊藤説が正しい。ただし、反対説の指摘するように、司研、伊藤説は事実に重きを置くため、法規上の定めと要件事実が離れてくる場合が出るおそれはありうる[30]。

28) 司研・増補民事訴訟における要件事実第一巻 3 頁（法曹会, 1989）、伊藤・前掲注16) 59 頁。

29) 山木戸克己「自由心証と挙証責任」民事訴訟法論集25頁（有斐閣, 1990）、青山善充・講座民事訴訟 4 巻396頁、367頁（弘文堂, 1985）、並木・前掲注21) 66頁、中野貞一郎・法学教室282号34頁（2004）、松本博之・自由と正義（2004年 1 月号）101頁、倉田卓次・民事実務と証明論118頁（日本評論社, 1987）。

30) その点を非難するのは、松本・前掲注29) 102頁。

(b) 法律要件分類説

司研や伊藤説等通説は，立証責任の分配につき基本的に法律要件分類説に立つ。しかし，法規の構造や字句の表現などに重きを置く原初の法律要件分類説・規範説ではなく，より総合的な考え方をとる。司研「増補民事訴訟における要件事実第一巻」101頁は，「実体法規の文言，形式を基礎として考えると同時に，立証責任の負担の面での公平，妥当性の確保を常に考慮すべきである。具体的には，法の目的，類似又は関連する法規との体系的整合性，当該要件の一般性・原則性・例外性及びその要件によって要証事実となるべきものの事実的態様とその立証の難易などが総合的に考慮されなければならない。」とする。この考え方に現在あまり異論はない。

(c) 法規不適用説か証明責任規範（BEWEIS LAST NORM）説か

司研，伊藤教授その他多数説は，実体法規は要件事実の存在が認められたときにのみ適用されると考える法規不適用説を採る。これに対し証明責任規範説は，要件事実の存否不明の場合に裁判官が判断できるためには証明責任規範の存在が必要であり，多数説は論理的に欠落があるという趣旨の批判をする[31]。証明責任規範を介在させて考えることも出来ようが，伊藤教授が詳細に指摘されるように[31]，第1に，証明責任規範を入れて考えることは，事柄を分かりにくくする，要件事実を具体的事実ととらえ，その存在が認められたときに初めて法規が適用され法的効果が生ずると考えることで足りるし，それが自然で分かりやすい。第2に，あらゆる実体法について証明責任規範を構築することは難事であり，それよりは，裁判規範としての民法・実体法を考えていく方がよいと思われる。あえて，証明責任規範を観念する必要はない。

31) 松本博之「要件事実と法学教育(1)」自由と正義54巻12号（2003年12月号）。証明責任規範については，同・証明責任の分配（新版）7頁以下，特に21頁以下（信山社，1996）に詳しい。

(d) 「裁判規範としての民法」という考え

伊藤教授は「裁判規範としての民法」の構成を提唱され，実践されている。伊藤教授の述べるところによりその骨子をみる[32]。

我が国の民法（実体私法）は訴訟上事実が存否不明になったとき裁判官が直ちに判断できるように要件が定められていることは少ない。つまり，行為規範

としての民法は裁判規範としては十全でない。そこで，そのようなときに裁判官が判断できるよう，立証責任のことまで考えて要件を定めている民法を構想することが必要となる。そのような民法が「裁判規範としての民法」であり，それは行為規範としての民法を基礎に構成されるが，基本となる考えは「ある事実の存在が訴訟上明らかになった場合に限って訴訟上存在したものとして扱う」ということであり，この原理に沿って要件を構成していくのである。それは，民法の解釈という性質をもち，すぐれて実体法上の問題である。

　伊藤教授の「裁判規範としての民法」という考えは，司研民裁教官室その他多くの要件事実論者の考えと異ならない。その用語についても，かなり浸透してきている[33]。しかし，この考え方に対する厳しい批判も生じてきている。民法が行為規範であることを重視し，それと証明責任論の結び付きによって事を解決すべきだとする松本教授[34]や並木教授[35]の批判である。

　民法が裁判規範であることを初めて主張されたのは，大正末期の末弘博士である[36]。田中（耕）博士が直にこれを批判され[37]，以来裁判規範か行為規範かは論じられてきた。その後，兼子博士[38]，川島博士[39]が裁判規範説を主張され，現在有力な説となっている。私は，民法（実体私法）は，原則として，国民を名宛人とする行為規範であると考える。ただもとより，それが同時に裁判の規準ともなるので，裁判規範であることも間違いない。

　「裁判規範としての民法」と対比して考えられる原理は「行為規範としての民法と証明責任規範による補正」ということとなろう。前者がまさっているのは，要件事実の問題を，立証責任の視点からに踢踏せず，広く実体法の問題として把える点である。これにより，実体法学者の議論への参加がえられるし，実体法学習に有用となる点である。そのような意味で，「裁判規範としての民法」という考え方，その構築は非常に有意義である。ただ，「裁判規範としての民法」という表現は，かなりきつい，オーバーな表現であり，行為規範としての民法とは別の民法があるかのような印象を与えるおそれがあり，反発を買うきらいがある。「民法の裁判規範としての修正」くらいが無難ではないかと思う。

32)　伊藤・前掲注16) 183頁ほか。
33)　吉川愼一「要件事実論序説」司法研修所論集110号131頁 (2003)。

- 34) 松本・前掲注31)。
- 35) 並木茂・要件事実原論66頁以下, 73頁。
- 36) 末弘厳太郎 法窓閑話269頁 (1925)。
- 37) 田中耕太郎「法窓閑話を読む」法と宗教と社会生活363頁 (改造社, 1927)。
- 38) 兼子一・実体法と訴訟法46頁 (有斐閣, 1957)。
- 39) 川島武宜・民法総則41頁, 42頁 (有斐閣, 1965)。

(e) 主張責任と立証責任の関係

司研，伊藤教授は主張責任と立証責任の分配の一致をいう[40]。要件事実論からすると当然のことであるとする。この考えが実務では多数である[41]。しかし，あらゆる場合に主張責任と立証責任の分配を一致させる考えについては強い批判がある。特に，債務不履行による損害賠償請求訴訟における債務不履行の事実についての主張責任の分担が問題とされており，前田，中野，松本教授等が批判され，伊藤教授が反論されている[42]。また，民法117条の無権代理人の責任追及訴訟における代理権不存在の主張責任の分担についても争われているが，後記(g)で触れる。

- 40) 司研・前掲注26) 20頁以下, 伊藤・前掲注16) 要件事実の基礎81頁。
- 41) 吉川・前掲注33) 152頁。
- 42) 前田，中野，松本教授らの批判。伊藤教授の反論については，伊藤・前掲注16) 要件事実の基礎195頁以下に詳しいので，そこに触れられていない後記に最近のものを掲げるほか省略する。中野・前掲注29) 34頁, 松本・前掲注29) 110頁。

(f) 停止条件付契約についての抗弁説と否認説

司研等多数説は抗弁説をとる。条件付きであることが立証できなかったときは無条件の契約と扱う考えである。松本教授[43]，並木教授[44]は，条件付契約と無条件の契約は別な契約だとし，否認説をとり，多数説を批判する。否認説は，抗弁説の誤りのもとは，要件事実を法律要件として一体不可分ととらえず，事実ととらえ可分とするところに胚胎するとする[45]。

- 43) 松本・前掲注29) 102頁以下。
- 44) 並木・前掲注21) 140頁以下。
- 45) 松本・前掲注43) 同所。

(g) 無権代理人の責任追及訴訟における要件事実

民法117条の無権代理人の責任追及訴訟における要件事実についても烈しい争いがある。司研ら多数説は，取引の相手方X (甲) は無権代理人Y (乙) と

の間で契約が成立したこと，顕名のあったことを主張すれば足りるとし，代理権及び追認の不存在を主張する必要はないとする[46]。これに対し，松本教授は，そのような議論は，本来代理人としたYの行為を，代理人としての行為とYを本人とする行為の二つに解する，すなわち，事実を分解することによってYの行為の意味が法的に異なることを無視する点において，誤っているとする[47]。

46) 司研・前掲注28) 105頁，伊藤・前掲注16) 要件事実の基礎83頁。
47) 松本・前掲注29) 103頁。

(h) 所有権訴訟における要件事実

所有権に基づく物上請求について，通説，判例[48]は，原告Xにおいて所有権取得の原因事実を主張・立証すべきであり，物の占有者あるいは登記名義人である被告Yにおいて，Xの所有権喪失の事実，たとえば，YがXからその物の所有権を取得したとか，YがXの前者からその物の所有権を取得した等の事実を主張・立証すべきであるとする。これに対し，松本教授は，占有の権利推定力や登記の推定力等を根拠に，原告Xにおいて被告Yの無権利であること，たとえばAY間の所有権移転の不存在を立証すべきであるとする[49]。

48) 最判昭35・3・1民集14巻3号327頁，最判昭38・10・15民集17巻11号1497頁参照。
49) 松本・自由と正義55巻1号（2004年1月号）60頁以下。

(i) その他の諸論点

現在，要件事実論で問題とされているものは，上述のほかに，規範的要件，黙示の合意，理論的問題としては，訴訟物理論と要件事実論との関係，新様式判決と要件事実論との関り等多々あるが，本稿では取り上げない。

5 法学教育，法曹教育における要件事実論

(1) 本稿の趣旨

本稿では，要件事実論を学習することが，法学学習上どのような効用があるかを考察する(2)とともに，要件事実論をいかにして教えあるいは学習すべきかを考究する(3)。後者は，大学法学部，法科大学院，司法修習と各段階ごとに考

える。

(2) 要件事実論の法学学習上の（ひいて法曹育成上の）効用

(a) 本質的な事柄を選別する能力，習性の涵養

要件事実論では，ある法律効果発生のための法律要件を見定め，その法律要件に該当する事実を，無限に広がり続く社会的な事実の中から選びとる考察，作業が中心となる。それは，雑多な瑣事に惑わされず，事の本質に迫ることであり，大局を見誤らずに迅速な判断を可能にする。本質的な事柄を把みとる能力と習性が養われる。それは，法学学習だけでなく，あらゆる場面で役立つことであるが，法学学習ひいて法曹育成上においても重要なことであり，要件事実論の効用として，先ず挙げたい。

(b) 法律の読み方，考え方の厳密化

要件事実論は，基本的には，法律要件分類説に立っているから，各法規の文言，その形式等に最大限の注意を払って読み，その本質に迫ろうとする。たとえば，消費貸借は金銭の貸借であるが，民法587条を読むと「返還をすることを約して……金銭その他の物を受け取ることによって，その効力を生ずる。」とあり，消費貸借契約の中核が返還約束にあることを知りうる。使用貸借についての民法593条には「使用貸借は，……返還をすることを約して……物を受け取ることによって効力を生ずる。」とあり，消費貸借同様，返還約束に重きが置かれていることがわかり，返還に重きが置かれることと，要物契約であることとの結び付きもよくわかるのである。また，使用貸借と賃貸借は，無償か有償かという点で異なるが，そのほか，要物契約か否か，それに伴って返還約束の重みが違う点でも異なっていることが理解できる。

以上はほんの一例にすぎないが，法規をよく読み，本質を把える考え方の能力，修得の涵養に要件事実論は有用である。

(c) 法律の立体的・動態的・総合的把握

法律は，社会の現実とは別に，民法，商法というように，別個独立に定められており，一つの法律でも，総則，契約というように各事項ごとに静態的に規定されている。現実の紛争を解決するための要件事実論では，法律を立体的に，動態的に，総合的に把え，使う。訴訟物である権利（または法律関係）につい

て，その要件はどうなるか，積極要件（権利根拠規定）は何か，消極要件（権利消滅，障害，阻止規定）は何かを，広く各法条や各法律から探すのである。権利の根拠規定は，割合見付けやすい。しかし，消極要件である諸規定は，さまざまな分野にわたり，いろいろな態様をとるので，なかなか定めにくい。たとえば，贈与の権利根拠規定は民法549条により容易に把握できる。しかし，その消極要件に関わる規定は多い。錯誤もあるだろうし，詐欺もありうる等である。したがって，その積極，消極両要件を考えるに当たっては，多くの法律を渉猟し，多くの条文を学習し，総合的に，立体的に考えていかなければならない。のみならず，要件は，たとえば原告が被告の抗弁を認めれば，再抗弁は必要なくなるように，相手方の動向に応じ，絶えず動的に考えていかなければならない。

このような要件事実論の手法は，法学を生きた学とするとともに，法学学習において，広く各法や各法規を総合的に，立体的しかも動態的に学習し，考えることに導くのである。

(d) 事実の重視による効用

法律の学習の初歩においては，法律上の用語や概念を理解し，それに該当する事実を考えるという順序，方法が従来の一般的方法である。それは，一つは，思考や学習の経済からであり，二つには，初学者は，社会的事実に詳しくないからであり，三つには，わが国が成文法主義をとっているからである。

要件事実論は，もとより，法律の要件を中心とする理論であるが，しかし，同時に事実，具体的事実を重視する理論である。具体的事実を熟視し，そこから，帰納的に法理論を考える理論でもある。そのことにより，一つの事実から，いくつもの権利が生ずる請求権競合やその場合の各権利の要件の異同，関係等について考察ができるようになる。また，事実を注視すると，法規や制度上は一見遠い事柄が，実は紙一重の関係にあることが分かることがある。たとえば，子が父の土地を父に無断で他へ売却したような場合，無権代理も考えられるし，他人の権利の売買（民560条）も考えられる。遠いところにある条文が事実の介在により近いものとなる。それぞれの要件を検討してそれぞれの制度を考えることとなる。このような例は多い。事実に足場を置き，そこから権利を考え，要件を考えることは，生きた法学知識の修得，役立つ法的思考力の養成として，

(e) 主張・立証責任を絶えず念頭に置くことによる効用

　要件事実論は主張・立証責任と密接に結びついた理論であり，そのことから，上記(a)のように法律を厳密に読み考えることとなるが，そのほかに，主張・立証責任を絶えず考えながら法律を学ぶことによって，各制度や権利の趣旨，社会的な働き，それに関わる人々の利害関係等について，深く広い考察をすることとなり，それによる該博な知識が得られ，リーガルマインドが養われる。自賠法，製造物責任法等における立証についての配慮，不法行為法，特に公害関係訴訟における立証についての裁判例等，主張・立証責任について絶えず考慮することの意義は大きい。

(3) 要件事実論の学習，教育について

(a) 大学法学部における学習，教育

(ｱ) 概　　説　　法学学習の早い時期から要件事実論を学ぶことは，法曹志望者にとっては望ましいことであるが，わが国の大学法学部にそれを期待することは難しいし，おそらく適当でもないであろう。法学部は，法曹養成のためだけではなく，社会の広い分野に進む学生のために，法学の基礎的知識や法的素養を授けることを主として来ており，そこでは，裁判を視野に入れ，主張・立証責任を踏まえた要件事実論的な教育は，原則的には，して来なかったのである。基本的な法律について，その諸制度，諸概念，諸原理を講義形式で伝授することを主として来た法学部教育は，多くの法律について，効率的に知識を与え，一般的法学教育としては大きな成果をあげて使命を果たして来た。ただ，要件事実論的教育という視点からみると，それに当たるにふさわしい教員も抱えておらず，教材である教科書も，最近では徐々に要件事実論的視点を採り入れたものが増えたとはいえ，乏しく，教材にも欠けていた。カリキュラムも，要件事実論を採り入れる余裕はなかった。今後も，法学部の学生の大多数は法曹にならないであろうし，教員や教材の状況も変らないであろう。したがって，前述のように，そこでの要件事実論教育は難しいのであるが，次に掲げるようなことは可能であるし，有用である。

(ｲ) 要件事実論学習における基礎的一般的法学教育の意義，重要性　　要件

事実論的配慮は十分でないにしろ，多くの基本的な法律についての講義を受け，教科書を読み，諸制度，諸概念，諸原理をしっかり修得しておくことは，要件事実論学習の基礎として，きわめて重要なことである。

(ウ) 民法の学習，教育において

(i) 民法の授業の入口において，私法の意義，法源等が取り上げられるが，その際，民法が行為規範であるとともに裁判規範であることを教えこむことが要件事実論への第一歩として有効である。そこでは，民法が裁判の基準になるという程度の法源論的抽象的な説明ではなく，より具体的に，たとえば，法律は要件と効果から成っており，要件に該当する事実が存在するときにはじめて効果が生ずることを具体的に条文をあげて説明することが望まれる。そして，教科書だけでなく，条文をよく読み，考えるべきこともすすめるべきである。

(ii) 民法のいろいろな場面で主張・立証責任が取り上げられ，学説，判例が説明される。たとえば，債務不履行による損害賠償責任追及の際の主張・立証責任，準消費貸借における旧債務の存在についての主張・立証責任，不法行為法や特別法における主張・立証責任等々の諸問題等である。このような場面は，主張・立証責任，要件事実論を学習させるよい機会である。

(エ) その他の実体法学習，教育において　商法でも主張・立証責任の問題が判例，学説で取り上げられることが少なくない。最近では保険に関するものが多い。行政法でも，一般的に主張・立証責任の問題が論じられるほか，個別的にも推計課税の問題等立証の問題が多い。要件事実論学習のよい機会である。

(オ) 民事訴訟法の学習，教育において　要件事実論に関して体系的に基礎知識を学生に与える科目は民事訴訟法である。民事訴訟の仕組，判決の構造，それに関わる原理，原則，たとえば，弁論主義，自由心証主義，経験則，主張・立証責任等要件事実論の内容がそこでは取り上げられる。出来るだけ多くの時間が与えられることが望ましい。

(カ) 演習・ゼミナールにおいて　どの法学部でも演習・ゼミナールを行っている。そこでは，判例研究や問題研究が多いが，現実の紛争やそれに近い問題が取り上げられ，要件や要件事実，その主張・立証責任が討議される。要件

事実論学習の一つの場である。
　(b)　法科大学院における要件事実論の学習，教育
　㋐　概　　　説　　司法制度改革による法科大学院の創設，司法修習期間の短縮，前期修習の廃止（予定）により，従来司研が行って来た要件事実教育は法科大学院が担うことになった。[50]

　ほとんど全ての法科大学院は，(法律)実務基礎科目の一つとして，要件事実を必修科目としてカリキュラムに取り入れている。その名称は，「要件事実論」，「要件事実と事実認定」，「事実と証明」等要件事実，事実認定にしぼるものが多いが，より広くとらえ，「民事総合」，「民事裁判基礎論」，「民事訴訟実務の基礎」，「民事訴訟法総合」，「裁判法務演習」等と総合的に学習させるところも少なくない。単位数としては，ほとんどが2単位としているが，3単位とするところが若干，4単位とするところが1校ある。開講学年は，大多数が2年次，ごく少数3年次とするところがある。担当教員は，実務家教員の担当としているのが大多数であるが，実務家教員と研究者教員の共同担当とするところもある。教育方法としては，少人数教育，双方向，多方向性のソクラティック・メソッドによることを標榜しているところが多い。

　以上のように，法科大学院は，要件事実教育に力を入れ，態勢を整えつつある。昨春（平成16年），法学大学院は始まり，要件事実教育は，法学既修者についてはすでに行われているが，法学未修者については第2年次，すなわち平成17年から行われる。先頃（平成16年12月11日）法科大学院協会主催のシンポジウム「法科大学院における教育の実際」において，中央大学の要件事実論教育の実情が三角比呂教授（最高裁派遣裁判官）によってビデオを使って紹介されたが，その教育内容は，従前の大学法学部の法学教育と比べると，少クラス制双方向的多方向的ディスカッションによる授業進行，教育内容の実務密着性等々画期的に改まっている。

　また，3で述べたように，要件事実論や要件事実教育に関して，ここ1，2年の間に数多くの文献が刊行されている。更に，要件事実教育の教材はかなり整っているといえる。

　かくして，法科大学院の要件事実教育には大きな期待が持てるのであるが，次に掲げるようないろいろな問題点がある。その教育の成功を期するため，そ

の問題点をあげるとともに対応策を述べたい。主に，司研における要件事実教育との対比で考える。

> 50) 法科大学院の教育については，日本法律家協会編・法科大学院を中核とする法曹養成制度の在り方（商事法務，2003）に詳しい。本項において，特に注記せずに引用する。

(ｲ) 法科大学院における要件事実教育の問題点と対策―司研のそれとの対比において

　(i) 概説・教育体制　　新生の法科大学院に司研なみの充実した要件事実教育を直ちに期待することは無理である。徐々に充実していくであろう。そこで忘れてならないことは，司研の要件事実教育や要件事実論は，50年にわたる司研教官，元教官の協働作業によって練り上げられてきたということである。また，他教科の教官の協力も大きい。法科大学院でも担当教員の協働，後への引継ぎ，他教科の教員全員の理解と協力が先ず望まれる。

　(ii) 授業時間と教育内容　　前述のように，多くの法科大学院は，要件事実教育について2単位を予定している。セメスター制であるから週2回，14週として28時限位である。時間数は少ない。司研では，前期修習だけで，起案4回，講評4回，一審訴訟手続の講義が6回である。そのうち，要件事実教育そのものは起案とその講評の計8回である。それは一見法科大学院の要件事実教育の時間数とそう違わないようにみえる。しかし，司研の起案は，古くは在宅・宿題の形でなされたことが多く，現在は教室で即日起案でなされることが多いが，いずれにしてもそれに要する時間は長大なものである。より大事なことは，修習生活における起案の占める位置がきわめて大きいことである。民裁といわず，刑裁，検察，民弁，刑弁いずれも起案と講評が学習，修習生活の中心・中核となっている。特に民裁ではそうである。要件事実の起案を通じての学習に修習生は集中，更には専念しているといってよい程であり，まさにそれは要件事実教育の場である。一方，法科大学院における要件事実論の学習，要件事実教育は，多くの教科目のうちの1科目であり，90数単位（3年制），60数単位（2年制）中のせいぜい数単位である。修習生のように要件事実に集中して勉強することは難しい。

　このような状況下で次のような対策が考えられる。要件事実論においては，

講義ではなく，出来るだけ，数多く，各種の具体例を学生に与えそれに即して，要件事実を起案させ，その添削，講評をすることに力を入れる。起案は宿題の形で授業時間外で作成させ，授業時間内では講評に終始する。このようにして授業時間の少なさをカバーし，宿題として在宅で起案させることによって，要件事実の重要性を感得させ得るであろう。また，在宅起案により，要件事実について，自学自習をする習性を養い得よう。

(iii) 学生の法律知識　　要件事実教育が成果をあげるためには，受ける側において，広く，正確な基本的法律知識を持っていることが大事である。司研の要件事実教育が成果をあげているのは，修習生が司法試験合格者であるため多くの基本的法律知識を修得していることによることが多い。比べて，法科大学院生は，法学未修者はもとより，既修者といえど法律知識はかなり薄いといわざるを得ない。法科大学院の要件事実教育の一つの問題点である。

これに対しては，教員側が，その点を絶えず自覚し，設例などを出来るだけ，簡明，単純なものを選び，要件事実が掴みやすいものとすることや解説を分かりやすくすることが大事である。要件事実論には，かなり難しいものがある。出来るだけ避けるべきである。また，いくつかの法科大学院は要件事実というよりは，民事総合という形を取っている。そういう方法も学生の法律知識不足を補うためのよい方法であろう。

(iv) 教員　　法科大学院は，一定数の実務家教員を置くこととされている。公表されているカリキュラムによると，要件事実については，実務家教員が担当しているところが大多数であり，ほかに実務家教員と研究者教員が共同して担当するところがある。後者は民事総合というような形をとるところである。できれば，民法研究者と実務家教員の共同担当が望ましいことである。実務家教員も秀れた人が就任しており，かなりの態勢は整っているようである。しかし，司研民裁教官室と比べると，なお体制は不十分である。民裁教官室は，起案，講評に当たっては，全教官（時代によって5名の時も10名を超える時もあるが）により徹底した研究，検討が，対象の事案や提出された起案から生ずる全ての問題点についてなされ，その結果に基づき起案添削や講評がされている。何百という起案が提示する問題点は非常に多く，多数の教官のそれに対する意見も多様である。その問題点についての徹底した合議を通じての結論は完成度の高

いものである。司法修習生が，要件事実教育に感銘を受けるのは，教官の秀れた添削，講評であるが，そのもとは教官室の合議にある。法科大学院は，秀れた実務家が担当するとはいえ，民裁教官室のような多くの教官による合議はなされないであろう。

対応策としては，多数の（実務家の講師，アシスタント等の協力を得て），少なくとも2人以上の教員で担当し，あらゆる問題についてできるだけ合議をすることである。それも不可能ならば，学生の起案を通じて提起されてきた問題点について，教室において，教員と学生，学生同士，双方向的，多方向的にディスカッションすることである。要件事実教育において，もっとも避けるべきことは，概念的，観念的に要件事実論の原理，原則の講義に終始することである。具体的事案を通して，多くの問題点を拾いあげ，ディスカッションしながら要件事実を摑んでいく，そしてそれを文章にして行く方法をとることは要件事実教育の王道であり，また，それによって，少ない教員による担当という弱点をいくらかでもカバーすることが出来る。

(v) 自習，教材，判例等　法科大学院においては，従来の大学法学部と比べ，学生により充実した予習，復習，その他の自習が要請される。要件事実教育については特にそうである。少ない授業時間による不十分さは，学生の自習によって補うほかない。既に，3で述べたように，要件事実論については，かつてない程多くの秀れた単行本や論文が現れている。学生は，これらの文献により充実した自習ができるはずである。

自習の際，裁判例を読み，研究することも有効な方法である。要件事実論に関係する判例だけでなく，広く多種の裁判例を法律雑誌等でできるだけ多く読むことは良い方法である。その際，法ルールとしての判決要旨を記憶するというような読み方ではなく，判決のもとにある社会的紛争事実が，判決中でどのような事実にまとめられているかというような視点で読んでみることも大事なことであろう。

(c) 新司法修習と要件事実教育

(ア) 概　説　司法制度改革による法科大学院の創設に伴い，司法修習期間は現行の1年6か月から1年に短縮されることとなり，それに応じた新しい司法修習制度が構想されているところである。[51]それによるともっとも著しい変

革は前期修習の廃止である。新修習は，実務修習を中核とし，司研における集合修習・研修はその補完的なものと位置付ける。新修習制度では，前期修習を置かず，修習開始後直ちに，民裁，刑裁，検察，弁護の各分野別の各2か月の実務修習に入る。8か月の実務修習の後，2か月の総合型実務修習があり，最後に2か月の司研における集合研修が行われる。この集合研修では，具体的事件を素材とする教材に基づき，起案，講評，ディスカッションが予定されており，現在前期修習で行われている起案教育，要件事実教育が，より洗練され，高度化された形で行われることが予想される。要件事実教育の総まとめがそこでなされる。これより前各実務修習中には，実務に関係しながら，みずから要件事実論を学び，あるいは指導者とディスカッションしながら，その知識と関連能力を高めていくことになろう。

51) 丸山哲巳「新しい司法修習の構想について」法律のひろば56巻3号（2003年3月）による。

(イ) 問題点　従来，要件事実教育の中心は，前期修習にあった。新修習が前期修習を廃止するのは，法科大学院が，従来前期修習が果たしてきた役割を担うとされるからである。要件事実教育もそのうちの重要なものである。司研における要件事実教育の大半は法科大学院でなされることが予定されている。しかし，先に(b)においてみたように，司研の従来の要件事実教育と比べると，法科大学院のそれは，かなり手薄すなものにならざるをえないと思われる。

従来の修習においては，実務修習に先立つ前期修習で，要件事実をたたきこまれ，あるいはその重要性を強く意識させられていたから，修習生は，実務修習においても，不断に要件事実論的視点からすべてを見，考えることになったが，前期修習の洗礼なしでの実務修習では，そのような姿勢を取り得るか，不安である。総合的にみて，新法曹養成制度では，要件事実教育は従来より劣化するおそれがある。

これに対する対策として，ここでも修習生の自覚と自習を促すことが捷径である。多くの好文献を片手に，実務修習で出会う事件において，要件事実が何であるか，どう整理したらよいか等要件事実論的眼力を養い，思考力を高めていくこと，指導者や同僚との絶え間ないディスカッションによる考えの深化も重要である。また，裁判例を多く読み，考えてみることも，法科大学院におけ

ると同様大事であろう。

〈民法の一部を改正する法律（平成16年法律第147号）との関係について〉
　以上の本稿の説明は，上記法律による民法の改正を織り込み済みである。

事項索引

あ

悪意 ……………………………………193
新たな権利……………………………37
新たな実体法の動き………………36

い

意見陳述権 ……………………305,307
遺産分割の協議 ……………………276
慰謝料 …………………………………272
遺贈 ……………………………………271
一時使用の合意………………………20
一般条項 …………………………200,205
遺留分減殺 …………………………271
遺留分請求 …………………………276

う

動かし難い事実………………………27
訴えの利益 …………………………136

か

改革審意見書…………………………49
解除権放棄特約 ……………………275
改正後の不動産登記法 ………284,322
確定日付 ……………………………257
　　──の付与 ………………………253
確認の利益 …………………………294
瑕疵 ……………………………139,207
家事調停…………………………………35
過失 ………………………199,202,204,213
過剰主張 ……………………………224,225
価値的概念 ……………199,201,202,203
カラオケ …………………………………39
間接事実 ……………………………24,52,117
間接事実説 …………211,212,214,215,218
間接反証 ……………………………140
間接反証類推説 ……………………219,220

き

議決権を行使した点についての瑕疵 ………301

期限の利益喪失約款 …………255,262,265
基礎法学の叡智………………………59
議長の瑕疵 …………………………301
規範説 …………………………127,172,356
規範的要件 ………………121,138,198,200,202
既判力 …………………………………108
旧訴訟物理論 …………………128,160,360
共通言語 ………………………………13

く

具体性と特定性………………………47
具体的主張の先後関係………………19
具体的に厳密に考える………………65
具体的要件事実 ……………………355
グレーゾーン金利 ……………263,264

け

計画審理…………………………………26
経験則……………………………27,110,370
契約の無権代理行為の一般的効力 …………293
激動する時代の動きや方向………52
欠陥 ……………………………………206
原因債権 ……………………………252
嫌煙権 …………………………………37
現行民法典 ………………………………5
現代用語化 ……………………………11
兼任取締役会社間の取締役会決議における特別
　利害関係人 ……………………290
兼任取締役会社間の取引 ……282,290,295,305
権利行使阻止事実 …………………113
権利根拠事実 ………………………113
権利障害事実 ………………………113
権利滅却事実 ………………………113
権利濫用 ………………………………204,226

こ

故意 ……………………………………139
行為規範 ……………………………163,353
行為規範としての民法 …………312,314,320
　　──からの裁判規範としての民法の構成

事項索引

……………………………………318	
――の要件の定め方…………317	
攻撃防御方法…………82, 218, 230	
抗告訴訟…………………………326	
公衆自動送信……………………40	
公証業務…………………………54	
公証制度………………………246	
――の改善……………………255	
公証人……………………………54	
公証人国際連合……………254, 255	
公序良俗違反………………205, 226	
更新排除特約…………………270	
公正証書のマニュアル化……252	
構成要件…………………197, 348	
構成要件理論…………………348	
抗弁	
……7, 82, 152, 231, 280, 283, 310, 311, 314, 321	
抗弁説……………………221, 244	
高齢化社会………………………54	
コンプライアンス………………49	
――という考え方………………50	

さ

最近の立法例……………………10	
債権譲渡の対抗要件……………48	
再抗弁………7, 82, 152, 222, 232, 280, 310	
再々抗弁……………………82, 232	
財産分与………………………272	
財産法の改正……………………42	
裁判外紛争解決手段…………254	
裁判外紛争解決制度…………247	
裁判規範……………………163, 353	
裁判規範としての民法	
……5, 84, 133, 161, 168, 170, 196, 197, 280, 312, 320, 352, 363	
――の構成……………………320	
――の要件…………………64, 283	
裁判規範としての民法説……176	
債務者を特定しない債権譲渡…45	
債務不存在確認の訴え………136	
債務不履行……………164, 183, 192	
在来様式判決書…………………98	
査定系審判…………………334, 339	

し

事案解明義務……………………18	
事案解明責任………………21, 116	
事案説明義務……………………18	
事案説明責任……………………18	
死因贈与契約…………………271	
事業用借地権設定契約………269	
時系列……………………………28	
時系列表………………………123	
司研の要件事実教育との差異…56, 127	
事件類型…………………………29	
事後監視…………………………49	
事後求償………………………266	
自己決定権………………………66	
死後事務委任契約……………274	
自己取引…………………299〜304	
事実概念………………………147	
事実実験公正証書……………253	
事実的概念……………………199	
事実的要件……………………200	
事実認定論………………………22	
――との総合的活用……………25	
――との有機的連携……………24	
事実の確定……………………324	
事実判断の構造…………………23	
事実問題………………………109	
事情……………………………110	
事前規制…………………………49	
事前求償………………………266	
執行証書……………………255, 260	
執行認諾条項………256, 262, 268〜270	
執行認諾約款…………………260	
執行文付与…………………252, 256	
実体法…………………………312	
実務基礎科目…………………371	
実務基礎教育……………………12	
実務修習……………………56, 375	
時的因子………………………146	
時的要素………………………146	
私文書の認証…………………253	
司法官試補……………………343	
司法官試補教育………………344	
司法研究所……………………344	

事項索引

司法研修所 ……………………72, 83, 127, 148
司法研修所前期 ………………………………56
司法修習生 …………………………………56, 127
司法制度改革 ………………………………254, 341
司法への市民の参加 …………………………66
社会経済現象 …………………………………44
社会現象 ………………………………………36
社会の変化 ……………………………………25
釈明権の行使 …………………………………107
集合修習・研修 ………………………………375
自由心証主義 …………………………………370
修正法律要件分類説 …………………129, 174
主張共通の原則 ………………………104, 179
主張自体失当 ……………………………32, 225
主張責任 ………………80, 109, 170, 178, 179
主張責任対象事実 ……………………………6
主張・立証責任 …………………15, 112, 197, 248
　──の分配 …………………………………63
出席権 …………………………………………305
受動喫煙 ………………………………………37
主要事実 ………………………110, 117, 161, 362
主要事実説 ……………………211, 213, 214, 216
準主要事実説 …………………………………212
準消費貸借 ……………………………………252
準消費貸借契約 ………………………………264
条件・期限一体合意説 ………………………240
証拠 ……………………………………………52
消費者契約法 …………………………………42
消費者契約法9条1号 ………………………43
消費者保護 ……………………………………44
消費貸借契約 …………………………………367
証明責任 ………………………………171, 324
証明責任規範 …………………………10, 131, 167
証明責任規範説 ………………177, 250, 357, 359, 363
証明度 …………………………………………34
消滅時効 ………………………………………164
職権調査 ………………………………………325
所有権移転登記と取締役会議事録添付の要否
　……………………………………………297
新規制・進歩性 ………………………324, 332
真偽不明 ………………………………………228
審決取消訴訟 …………………………336, 339
親権者の指定 …………………………………272
審査 ……………………………………328, 338

新司法試験サンプル問題 ……………………12
新司法修習制度 ………………………………55
新訴訟物理論 …………………………160, 360
審判 ……………………………………334, 339
新法の場合 ……………………………………43
新様式判決書 …………………………………99
審理の手引 ……………………………………29

せ

請求異議 ………………………………………183
請求原因 ……7, 82, 152, 227, 230, 280, 284, 285,
　310, 311, 313, 314
請求原因説 ……………………………………244
製造物責任法4条 ……………………………13
正当事由 ………………………………205, 228
制度の基本的趣旨 ……………………………33
成文法主義 ……………………………………368
成立要件 ………………………………………348
成立要素 ………………………………………348
せり上がり ……………………………184, 185
善意 ……………………………………………193
善解 ……………………………………………110
善管注意義務と忠実義務の関係 ……………291
前期修習 ………………………………………341
全部合意説 ……………………………………242
専門的技術的要素 ……………………………67
占有 ……………………………………147, 208

そ

相続させる ……………………………………275
争点及び証拠の整理 ………………………27, 90
ソクラティック・メソッド …………………371
訴訟運営 ………………………………………30
訴訟行為の解釈問題 …………………………110
訴訟の動態的考察 ……………………347, 348
訴訟物 ……………………………7, 88, 160, 367
訴訟法律関係説 ………………………………349

た

第三者の許可等を証する書面 ……288, 297, 322
貸借型 …………………………………………142
建物所有目的の合意 …………………………20
他人物売買 ……………………………………164

379

事項索引

ち

知的財産……………………………………41
忠実義務…………………………………291,296
忠実義務違反……………………………321
抽象的要件事実……………………………355
調査義務……………………………………338
調停規範………………………………………35
直接事実……………………………………117
直接証拠………………………………………24
著作権…………………………………………38
著作権侵害……………………………………40
賃貸借契約終了………………………………19

て

定期借地権設定契約………………………268
定期建物賃貸借契約………………………270
停止条件付契約についての抗弁説…………365
典型契約………………………………………36
電磁的記録…………………………………247

と

登記原因証書…………………………284,285
登記原因証明情報……………………284,322
当事者系審判…………………………335,339
特段の事情………………………………40,43
特別利害関係人………………282,288〜,318,321
　　──が議決権を行使した瑕疵………303,304,310
　　──が取締役会の議長として議事を主宰した瑕疵…………………303,305,310,311
　　──たる議長の議事運営権…………300,307
特別利害関係のある取締役が取締役会の議長を務めた場合………………………………315
特別利害関係を有する取締役と取締役会議長…………………………………………290
特許法………………………………………327
特許法29条1項及び2項………………339
特許法36条4項1号……………………329,339
特許法36条6項…………………………331,339
取締役会決議…………………293,295,305
　　──における決議内容の瑕疵………294
　　──における決議方法上の瑕疵……294
　　──における招集手続上の瑕疵……294
　　──における手続上の瑕疵…………294
　　──の瑕疵……………293,294,310,311,318
　　──の瑕疵による無効………………312
　　──の無効……299,310,311,313,316,319
　　──の無効確認……………………294,298
取締役会社間の取引と取締役会の承認の要否…………………………………………290
取締役会における意見陳述権………………308
取締役会の議長……………………………307
取締役会の出席権……………………307〜309
取締役会の承認を受けない直接取引の効力と追認…………………………………………292
取締役会の承認を要しない行為……………292
取締役会の承認を要する取引………………291

な

内部統制システムの構築……………………50
中野貞一郎……………………………………16

に

二重の瑕疵の関係…………………………305
任意後見監督人……………………………273
任意後見契約……………………………273,274
人間の自然の行動……………………………28

の

ノン・リケット……………………………226

は

背信行為と認めるに足りない特段の事情…………………………………………120
背信性………………………………204,206,222
売買型………………………………………142
破産法…………………………………………10
パブリシティ権………………………………41
バランスを欠く議論…………………………28
犯罪構成事実………………………………348
犯罪構成要件………………………………348
反対間接事実…………………………………24
汎用的要件事実論……………………………36

ひ

必要的公証事項………………………261,269,273
非典型契約…………………………………122

380

総括編集者
伊藤　滋夫

民事要件事実講座

〔第1期　全5巻〕

要件事実論の理論的正確性と法律実務における有用性の両面を
広範囲に徹底的に追求!!

◆第1巻　　総論Ⅰ──要件事実の基礎理論
　　編集者　伊藤滋夫　難波孝一

◆第2巻　　総論Ⅱ──多様な事件と要件事実
　　編集者　伊藤滋夫　長　秀之

◆第3巻　　民法Ⅰ──債権総論・契約
　　編集者　牧野利秋　土屋文昭　齋藤　隆

◆第4巻　　民法Ⅱ──物権・不当利得・不法行為
　　編集者　藤原弘道　松山恒昭

◆第5巻　　企業活動と要件事実
　　編集者　山浦善樹

総括編集者

伊　藤　滋　夫
　い　とう　しげ　お

〔総括編集者紹介〕
昭和29年名古屋大学法学部卒業，同年司法修習生。昭和31年東京地・家裁判事補。同36年米国ハーバード・ロー・スクールマスター・コース卒業（LL.M.）。同41年東京地方裁判所判事。以後，東京高等裁判所部総括判事などを歴任。平成7年退官。その間，司法研修所教官，司法試験考査委員なども務める。現在，創価大学法科大学院客員教授，法科大学院要件事実教育研究所長，弁護士，博士（法学）名城大学。
本『講座』総括編集者及び第2巻共同編集者。

〈主な著書・論文〉
民法注解・財産法第1巻・民法総則〔共同監修・共著〕（平元，青林書院），同第2巻・物権法〔共同監修・共著〕（平9，青林書院），事実認定の基礎―裁判官による事実判断の構造（平8，有斐閣），要件事実の基礎―裁判官による法的判断の構造（平12，有斐閣），ケースブック要件事実・事実認定〔共同編著〕（平14，有斐閣），要件事実・事実認定入門（平15，有斐閣）。「要件事実と実体法」ジュリスト869号（昭61），「基礎法学への期待―民事法研究者の立場から」伊藤滋夫編・法曹養成実務入門講座別巻　基礎法学と実定法学の協働所収（平17，信山社）ほか事実認定・要件事実に関する論文多数。

民事要件事実講座

第1巻

2005年3月31日　初版第1刷発行
2008年4月10日　初版第3刷発行

総括編集者　伊　藤　滋　夫

発　行　者　逸　見　慎　一

発　行　所　株式会社　青林書院
　　　　　　　　電話（03）3815-5897
　　　　　　　　振替　00110-9-16920
〒113-0033　東京都文京区本郷6-4-7
印刷・三松堂印刷株式会社

検印廃止　落丁・乱丁本はお取り替えいたします。
© 2005　伊藤滋夫　Printed in Japan
ISBN978-4-417-01382-2

JCLS　〈㈳日本著作出版権管理システム委託出版物〉
本書の無断複写は著作権法上での例外を除き禁じられています。複写される場合は，そのつど事前に，㈳日本著作出版権管理システム（TEL03-3817-5670，FAX 03-3815-8199，e-mail:info@jcls.co.jp）の許諾を得てください。

事項索引

──の法律的性質 …………………………………4
要件事実教育………………………………………55,101
　　──の位置づけ……………………………………57
　　──のやり方………………………………………58
　　──の歴史…………………………………………76
要件事実論…………………83〜,118,278,311,319
　　──と事実認定論の類似性………………………23
　　──と実体法……………………………………319
　　──と民法学………………………………………61
　　──の意義…………………………………………83
　　──の回顧……………………………………………9
　　──の学習，教育………………………………369
　　──の課題…………………………………………25
　　──の機能………………………7,88,278,320
　　──の定義……………………………………………4
　　──の有用性…………………278,279,282,288,319
　　──の理論的正確性……………………………67
要件事実論的思考…………………………………32
要件事実論的枠組み………………………………19
要件事実論批判説…………………………………15
要証事実……………………………………………117
要素の錯誤……………………………………………8
要物契約…………………………………………262,367
よって書き…………………………………………250
予備的抗弁…………………………………………231
予備的主張…………………………………………222
予備的請求…………………………………………244

り

利益衡量説…………………………………………173
利益相反関係に立つ不動産取引…………………288
利益相反取引………………………289,290,305,321
　　──の規制………………………………………290

履行請求権…………………………………………229
履行遅滞……………………………………188,191,225
立証責任……………………………5,80,112,170,171
　　──の所在…………………………………………10
　　──の分配………………………………………113
立証責任対象事実……………………………………5
立証の公平…………………………………………36
立証の困難…………………………………………63
立法趣旨……………………………………………42

る

類推解釈……………………………………………41
類推適用……………………………………………39

れ

連帯保証契約…………………………………263,266

ろ

労働事件審理ノート………………………………29
労働法における要件事実…………………………31
論理則……………………………………………110

わ

和解規範……………………………………………32
和解上の要件事実…………………………………34
和解手続……………………………………………31

アルファベット

ADR …………………………………………………31
CORPUS DELICTI（罪体）……………………348
ÉLÉMENTS CONSTITUTIS ……………………348
TATBESTAND ……………………………………348

否認説 …………………………………… 219,365
評価根拠事実 ……………………… 217,221,224,227
評価障害事実 …217,218,219,221,222,224,227
評価的概念 ……………………………………199
評価的要件……198,200,206,210,215,220,221,
223
表見代理…………………………………………65
表示価値……………………………………209

ふ

不意打ち防止 …………………………………106
付加的合意事項 …………………… 251,268,270
付加的事項 ……………………………………253
不相当過大 ……………………………………120
負担付贈与 ……………………………………271
不動産登記法 …………………………………288
　　改正後の―― ……………………… 284,322
　　現行の―― ………………………… 284,322
不当利得返還請求権 …………………………243
部分合意説(返還約束説) ……………………235
ブロック ………………………………………124
ブロック・ダイアグラム ………………150,361
紛争解決規範 ……………………………………35
紛争処理の類型化 ……………………………249

へ

平均的な損害の額 …………………………42,44
平成15年改正民事訴訟法………………………30
平成16年法律第148号 …………………………46
弁済 ……………………………………… 187,188
弁理士業務 ……………………………………323
弁論主義 ……………………6,112,166,216,370

ほ

法意識………………………………………………37
法科大学院 ……………………………… 55,71,101
法規不適用説 ……………… 167,168,250,357,363
法現象 ……………………………………………36
法的観点指摘義務 ……………………………107
法的判断の構造 …………………………………23
冒頭規定説 ……………………………………233
法の支配の理念 …………………………………50
法律行為の条件についての抗弁説 …………360
法律行為の条件についての否認説 …………360

法律問題 ………………………………………109
法律要件 ………………………………………197
法律要件分類説 …………… 113,248,326,327,363
法令順守 …………………………………………51
補助事実 ………………………………………117
本質的合意事項 …………………… 251,268,269,270
本質的事項 ……………………………………253

ま

前田達明……………………………………………16
松本博之……………………………………………16

み

民事財産法の変化………………………………25
民事修習記録 …………………………………341
民事訴訟実務の基礎 ………………………14,56
民事訴訟法248条 ………………………………45
民事法関係の教育 ………………………………56
民法学から学ぶべきこと ………………………62
民法学にいう要件 ………………………………64
民法の一部を改正する法律 ……………………11
民法の制度の趣旨 ………………………………63
民法109条 ………………………………………11

む

無過失 …………………………………………115
無資力 …………………………………… 204,206

め

明細書の記載 …………………………………324
面接交渉権 ……………………………………272

も

黙示の意思表示 ………………………………209
物のパブリシティ権……………………………40

ゆ

有理性 ………………………………… 132,166,184

よ

養育費 …………………………………………272
要件事実 ……79,117,161,170,196,279,280,
310,315,319
　――の重要性 ………………………………29,88